李晓东文物论著全集

（第一卷）

文物出版社

图书在版编目（CIP）数据

李晓东文物论著全集. 第一卷／李晓东著. —北京：
文物出版社，2020.8

ISBN 978 - 7 - 5010 - 6325 - 3

Ⅰ. ①李…　Ⅱ. ①李…　Ⅲ. ①文物工作 - 中国 - 文集
Ⅳ. ①K870. 4 - 53

中国版本图书馆 CIP 数据核字（2019）第 228390 号

李晓东文物论著全集（第一卷）

著　　者：李晓东

责任编辑：周　成　宋　丹
责任印制：陈　杰
封面设计：程星涛

出版发行：文物出版社
地　　址：北京市东直门内北小街 2 号楼
邮　　编：100007
网　　址：http：//www. wenwu. com
邮　　箱：web@ wenwu. com
经　　销：新华书店
印　　刷：北京荣宝艺品印刷有限公司
开　　本：889mm×1194mm　1/16
印　　张：22. 75　插页 1
版　　次：2020 年 8 月第 1 版
印　　次：2020 年 8 月第 1 次印刷
书　　号：ISBN 978 - 7 - 5010 - 6325 - 3
定　　价：220. 00 元

　　李晓东，字应震，又字启明，男，1936年4月出生于山西省芮城县曲里村。中共党员，研究员，享受国务院政府津贴专家。1961年毕业于北京大学历史系考古专业。曾任河北省文物事业管理局局长、国家文物局巡视员和综合财务司负责人、中国文物学会副会长等职。主要著作有《河北易县燕下都故城勘察和试掘》《文物保护管理概要》《中国文物学概论》《文物学》《文物法学：理论与实践》《文物保护法概论》《文物与法律研究》《文物保护理论与方法》《民国文物法规史评》和《坚持中国特色文物保护利用之路》等。主编、主持编撰的著作有《中华人民共和国文物保护法讲话》《文物法规与文物管理》《文物保护单位防范体系研究》等。合作的著作有《可爱的河北》《河北风物志》《燕下都》《文物保护法释义》《以案说法》《新中国文物保护史记忆》和《中国文博名家画传·谢辰生》等10种。主持选编《国际保护文化遗产法律文件选编》《外国保护文化遗产法律文件选编》《中华人民共和国文物法规选编》（二）等。

目　录

河北易县燕下都故城勘察和试掘 ·· 1

河北名胜古迹

前　言 ·· 37

避暑山庄 ·· 39

外八庙 ··· 46

万里长城和滦平第二个"八达岭" ··· 57

万里长城——山海关 ··· 59

孟姜女庙 ·· 61

清东陵 ··· 63

避暑胜地北戴河 ·· 66

李大钊故居 ·· 68

清远楼和镇朔楼 ·· 70

燕下都遗址 ·· 72

满城汉墓和金缕玉衣 ··· 74

义慈惠石柱 ·· 76

定县开元寺塔 ··· 77

阁院寺 ··· 79

北岳庙 ··· 80

清西陵 ··· 82

冉庄地道战遗址 ·· 85

沧州铁狮子 ·· 87

封氏墓群 ·· 88

中山灵寿故城和王嚳墓 ……………………………………………… 90

安济桥与永通桥 ………………………………………………………… 93

正定开元寺钟楼 ………………………………………………………… 95

赵州陀罗尼经幢 ………………………………………………………… 96

隆兴寺（附毘卢殿） …………………………………………………… 97

广惠寺华塔 ……………………………………………………………… 100

苍岩山福庆寺 …………………………………………………………… 101

西柏坡中共中央旧址 …………………………………………………… 103

华北军区烈士陵园 ……………………………………………………… 105

赵邯郸故城 ……………………………………………………………… 107

武灵丛台 ………………………………………………………………… 109

响堂山石窟 ……………………………………………………………… 111

娲媓宫 …………………………………………………………………… 113

吕仙祠 …………………………………………………………………… 114

晋冀鲁豫烈士陵园 ……………………………………………………… 116

可爱的河北（文物遗址·名胜古迹·革命纪念地）

文物遗址 ………………………………………………………………… 121

名胜古迹 ………………………………………………………………… 149

革命纪念地 ……………………………………………………………… 182

河北风物志（名胜古迹、革命纪念地）

名胜古迹 ………………………………………………………………… 205

革命纪念地 ……………………………………………………………… 249

文物保护管理概要

第一章　《文物保护法》和受国家保护的文物 ……………………… 259

第二章　文物保护单位 ………………………………………………… 274

第三章　地上文物的管理 ……………………………………………… 300

第四章　地下文物的管理 ………………………………………… 316

第五章　其他文物的管理 ………………………………………… 338

第六章　文物保管机构的任务和惩奖工作 …………………… 347

后　记 ……………………………………………………………… 356

河北易县燕下都故城勘察和试掘

河北省文化局文物工作队　李晓东执笔

　　燕下都故城是战国时期有名的都城之一。它位于河北省易县城东南，介于北易水和中易水之间。1930 年春，马衡先生领导的燕下都考察团曾对城址进行过调查和老姆台的小型发掘。解放以后，对燕下都做的勘察工作比较多，其中主要有：1957 年 2 月谢锡益等的调查；[1] 1957 年冬至 1958 年春河北省文管会的勘察；1958 年初由中央文化部文物局组织的燕下都文物工作队，作了比较全面的调查，[2] 等等。

　　1961 年 3 月 4 日，国务院公布的第一批全国重点文物保护单位，燕下都是其中之一。为了作好这一处重点文物保护单位的"四有"和规划工作，并给以后的发掘和研究工作打下基础，我队组织了易县燕下都"四有"规划工作组，自 1961 年 7 月初开始，根据 1958 年调查的线索，采取划分地段、复查和普查相结合的方法，进行了有目的的勘察，到 1962 年底基本上完成了全面勘察任务。同时，对部分遗址和建筑遗迹进行了试掘。前后参加这次工作的有我队孙德海、敖承隆、陈应祺、刘锁练、王锡堂和李晓东等同志。

　　通过这次勘察工作，不仅证实了 1958 年调查的一部分成果，而且新发现了很多遗迹。这就使我们清楚而较全面地了解到燕下都城址的整个面貌。至于在这次勘察中发现有与《燕下都城址调查报告》[3]（以下简称《报告》）里的一些不同之处，另在文中或附注中作些简略的补充。

　　1958 年调查以后，曾把燕下都城址分为"内城"和"外城"两部分。根据这次对燕下都八道城垣实际钻探的结果，我们将其分为东城和西城。另外，我们还复查和调查了建筑基址（土台）十二座（11 和 12 号为汉以后所筑）；勘探了十二处夯土建筑遗迹、二十七处文化遗址、四条古河道、二十九座古墓葬（墓 29 是汉墓）。对于这些古代文化遗存，我们都予以分类编号。

　　现将这次勘查工作的收获，报导如下。

一、城址勘察

燕下都故城平面略呈长方形，东西长约 8，南北宽约 4 公里。中部有南北纵贯的 1号古河道（"运粮河"），其东侧有与它平行的城垣一道，因而这河把燕下都故城分为东西两城（图一）。

（一）东城

东城位于"运粮河"以东，平面近似方形。在东城中间偏北处有一道东西横贯的"隔墙"，把城址分成南北两部分。东城内文化遗存异常丰富，布局比较清楚。但城垣绝大部分湮埋于地面以下，地面上仅可以看到一些隆起的残迹。墙基宽度，除"隔墙"宽约 20 米外，其余均在 40 米左右（图一）。

1. 城垣

南垣　东起西于坻村南约 600 米处，西向约 300 米地面上有隆起的城垣残迹；继续西行，到西贯城（故安城）村西，这一段只有墙基夯土保存在地面以下；再西因地势低洼，墙基夯土尚未找到。已知长度 2210 米，[4] 方向 102°30′。

东垣　东垣与南垣相交处近似直角，[5]自交角处北行，经西于坻、北于坻和郎井庄村东，到炼台庄南约 650 米处与北垣相交成 117° 的交角。[6]全长 3980 米。南段方向23°，北段有曲折，接近北端的一段城垣方向是 8°25′。[7]城垣遗迹，在郎井庄东北和快到北端一带断崖上，都可以看到暴露的夯土层（图版贰，6）。

北垣　墙基或暴露于断崖，或隆起于地面，走向不一，拐折较多。自东垣交角处向西，经炼台村和北董村南，到 3538 米处以近似直角向北折出 190 米，[8]复西向 226米，被"古河道"遗迹（宽约 38 米）截断。从"古河道"西岸再向西行 640 米，到"运粮河"东岸与西垣相接。[9]全长 4594 米，总的方向为 115°30′。

西垣　由于有东向的古河道从中穿过，故分为南北两段，方向一致，约为 15°。北段位于"虚粮冢"西侧，长 1630 米。在这次勘察时找到了此段北半部分城垣遗迹，并与北垣衔接，这对于复原城址面貌有着重要的意义。南段北起"九女台"西北角，南行至北沈村村西，长 3000 米。这段城垣已遭到比较严重的破坏，有三段共长 820 米的墙基夯土今已不存。

"隔墙"　紧贴 1 号建筑基址（武阳台）的北部，自西至东横亘于东城，两端并与东、西城垣相接。全长 4460 米，方向 110°。残存在地上的唯一一段"隔墙"，位于"虚粮冢"的南部，长 80、高 3 米（图版贰，3）。从这道"隔墙"的位置和布局上看，它对中心建筑起着保护的作用。

2. 城垣上的附属建筑

7 号建筑基址（"朱家台"）位于"隔墙"东段，东距 Ⅱ 号城门约 750 米。这一基址的夯土遗迹，南北突出于墙基之外。南北长 80、东西宽 65 米（图一）。地面上保存的夯土部分不多，残高约 4 米（图版肆，3），其上散布有瓦片和红烧土。

9 号建筑基址　位于东垣北段转折处，南侧不远是 Ⅱ 号城门。基址的底部夯土范围，东西长 80，南北宽 30 米，突出于城垣以外（图一）。残存于地上部分高约 3 米，呈圆丘形（图版肆，5），上面散布有绳纹瓦片，并暴露有红烧土等。

10 号建筑基址（"炼台"）位于北垣自东西行 500 米处（图一）。台高约 11 米，分为四层（图版肆，4）。自下而上，第一层高约 2 米，向北突出于城垣基址 20 米（加城垣宽度共 60 米），东西 60 米，与城垣没有叠压现象。第二层台面东西长 40，南北宽 20，高约 6 米。此层最上面有 1.5 米为后代修建，夯层厚 16—18 厘米，内含砖瓦块、瓷片、石灰渣等。第三、四层呈圆形，是近代夯土建筑遗存。在土台四周散布有大量战国绳纹瓦片，也有红烧土等。

这三座建筑基址，经过钻探了解，都是由城垣和突出于城垣的夯土部分构成的。同时，在基址四周或其上部都有瓦片散布。这说明当时基址上有建筑物，以便驻扎戍卒，守卫都城。从它们的位置看，至关紧要。7 号和 9 号紧靠城门，俯临中心建筑，显然是为了加强城门和中心建筑的防卫而设的。7 号和 10 号之间的建筑群是宫殿区之一。因此，这种设施也加强了对这个区域的护卫作用。我们认为，这三座建筑基址可能是当时军事上的防御设施。

3. 城门和道路（路土）

东城到目前为止，发现有三个城门（Ⅱ 号在东垣，Ⅲ 号在北垣，Ⅳ 号在"隔墙"中段）和三条道路。除 2 号道路位于〔1〕号夯土建筑遗迹内之外，3 号和 4 号道路分别与 Ⅲ、Ⅳ 号城门连接。

Ⅱ 号城门（东门）位于东垣自南而北 3170 米处（图一）。1958 年修干渠时曾发现有路土、石块和石条等。由于干渠正从此通过，并在这里筑了小水闸，以致破坏。这次复查时只找到小片零星路土。城门宽度，亦不得而知。但在城门里 75 米处，有〔10〕号夯土遗迹，东西长 70，南北宽 35 米左右。这一遗迹可能与城门建筑有密切关系。

Ⅲ 号城门（北门）位于北垣自东起 1800 米处（图一），宽约 20 米，中间有路土。城门的建筑情况，因取走许多石块和石条，破坏严重，未能详细了解。

从城门往北，有 3 号道路（路土），宽 10 米左右。路土厚 0.2—0.4 米，断断续续直通 4 号建筑基址（老姆台）。

Ⅳ号城门　位于"隔墙"中段，在武阳台西北 280 米处（图一）。城门宽约 15 米，中间有路土，路土并向北延伸约 50 米（即 4 号道路）。从路土的走向观察，可能直通向Ⅲ号城门，是当时由城北的唯一大型建筑老姆台通向中央建筑群的一条主要衢道。

（二）西城

西城（即"运粮河"以西部分）只有南、北和西三道城垣（图一）。城内文化遗存甚少，但保存于地上的城垣颇多，即湮没于地下的城垣，仍可在 0.5 米以下找到墙基，宽约 40 米。

1. 城垣

南垣　西起城角村西南约 300 米处，东行经城角村和军营村南（有少部分被压于村下），到燕子村里消失。已知长度 1755 米，[10] 方向 275°49′。城垣残存有四段，其中矗立于城角村南的一段，保存较好，高达 6.8 米，外侧面有非常清楚的穿棍、穿绳和夹板夯筑痕迹（图版壹，5、6）。

北垣　西起固村西南约 200 米处，东行至西斗城村西。这一段城垣残存有 5 处，因雨水冲刷和破坏，都已成为土冈。从西斗城村以西开始，城垣变换走向，首先折向东北 471 米，方向 16°5′；又东拐 417 米，这里尚有残存的城垣，方向 284°10′；再折而向南 450 米，方向 170°。由于几经拐折，便形成了一个斗形。[11] 之后，城垣复东行，直至东斗城村中部。北垣全长 4452 米，方向为 275°48′。

西垣　它与南、北城垣衔接，其交角为直角。全长 3717 米，[12] 方向 4°50′。保存于地上的城垣，如冈峦起伏，显得特别巍峨壮观（图版壹，1）。共有六段，总长约 2680 米，最高处在 6 米以上，并且有清楚的夯土层（图版壹，2、3）。在西垣的最南部，由于在 1.5 米以下探出了墙基夯土，可以把西垣和南垣连接起来。[13]

2. 城门和道路（路土）

目前探知西城只有一个城门和与其相连的一条道路。

城门（Ⅰ号）位于西垣中部，现有横穿的大车道。阙口宽约 30 米（图版壹，4），中间有路土，即 1 号道路（图一）。路土向城外延伸 425 米，向城里延长 750 米。它的最宽处约 7 米，最窄处仅 4 米。

3. 城垣筑法

由于西城部分城垣保存较好，加之 1957 年冬配合修干渠时对西垣墙基作过发掘，使我们了解到城垣和墙基的建筑情况。

1957 年冬季发掘的西城西垣墙基，宽约 40 米，中部 8.55 米宽的一道夯土，其夯层非常清楚，夯层厚 10—25 厘米。两侧的夯土则比较乱，为分段板筑，每段宽 1.6 米，交接痕迹清晰可辨（图二）。夯土层里出土的遗物，有扁平式陶纺轮、碗形陶豆、尖状器足，以及一些绳纹夹砂红陶片等（图版陆，8）。从它们的特征来看，属于东周时期的遗物。

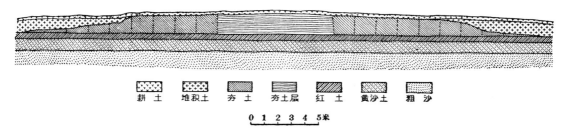

图二 西城西垣墙基断面图

城垣筑法，系采用穿棍、穿绳和夹板夯筑。夯层一般厚 8—12，最厚达 17 或 23 厘米。从南垣西端一段城垣的夯土平面观察，夯窝痕迹比较清楚，残存深度约 2 厘米。夯窝排列较密，且有叠压现象（图版贰，1）。部分夯层之间有铺草痕迹（图版贰，2），估计这是为了夯打时避免湿泥沾上夯具而作的。

穿棍、穿绳和夹板夯筑痕迹，以西城的西垣南段和南垣西段最为明显。西垣南段穿棍痕迹仅见于城垣上部，穿绳痕迹则上下都有（图三）。棍眼直径 7—10，最大的 16 厘米。它们的左右距离是 0.8—1.1 米，上下两行交错排列，间距约 0.5 米。保存绳眼痕迹最清楚的是矗立于城角村村南的一段南垣。绳眼直径约 4 厘米左右，每四个为一组。这些绳眼的上下距离等于夯层的厚度。在两端交接处，绳眼比较密集，间距为 6—10 厘米（图版壹，5）。

根据上述现象，我们推测当时城垣的筑法与《报告》中的推测有所不同：由于城垣太厚，不可能一次夯成，而需由里向外、或由外向里，逐段加宽夯筑。这样就呈现在城垣的纵断面上由并列紧密的几道城墙合成似的（图版壹，1）。每一道墙的筑法，可能是用两块木板上下排列，用绳从两端揽紧，绳的两头压于填土里边，然后打夯。夯完一层之后，把揽绳砍断，取下木板，这时揽绳的两头便留在夯土里边。因此，现在有些绳眼里仍能看到禾草绳的残迹（图版贰，4、5）。另一个新的夯层开始，又把取下的木板向上移动，重新用绳揽紧，继而填土打夯。正是由于这样层层加夯和木板逐层向上推移的结果，就使墙侧面上显现的夯层有凸凹的不同。关于木桩孔（棍眼）的迹象，一般都是在垣城的上部发现，可能是固扎木板之用。

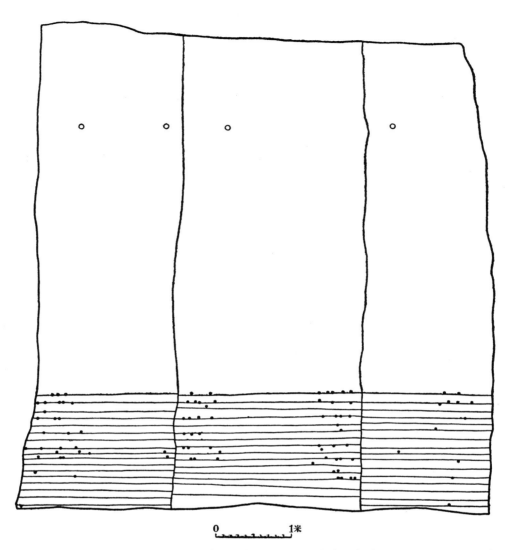

0　　　　　　　　1米

图三　西城西垣穿棍、穿绳和夹板夯筑痕迹实测图
（因城垣过高，上部没有实测）

二、城内文化遗存分布

经过这次勘察，对西城的文化遗存有比较清楚的了解。西城仅有两处战国时期的住址（19、20 号），五座古墓葬（墓 24—28，表四），一座汉以后建筑基址（12 号）。地面上文化遗存甚少。

东城的文化遗存相当丰富，显然是当时人们活动的中心。下面主要叙述东城内的文化遗存分布情况，大体可以分为宫殿区，铸铁、制兵器、铸钱、烧陶器和制骨器等手工业作坊区，市民居住区，墓葬区等部分。

（一）宫殿区

宫殿区在城址的东北部，遗存有大量的夯土建筑基址（图一），有饕餮纹、双鹿纹、云山纹、树木对兽纹[14]等半瓦当（图版伍，1—3、5），蝉纹板瓦、绳纹板瓦和筒瓦、栏板砖等残片。依据夯土建筑基址遗存的大小及其分布情况，分为大型主体建筑和宫殿建筑组群。

1. 大型主体建筑

有1—4号建筑基址。1号建筑基址（武阳台）是宫殿区的中心建筑，也是大型主体建筑最南端的一座。在它之北，有2号建筑基址（望景台）、3号建筑基址（"张公台"）和城北的4号建筑基址（老姆台），均坐落在一条直线上。而4号是大型主体建筑最北端的一座（图一）。如果说"在城中建立一座突出的土台基址，这可能是我国封建社会萌芽时期的都城要邑的建筑形式"，[15]那么以更多高大的夯土台作为主体建筑物的基址，则是战国中期燕下都城市建筑上的一个特点。

1号建筑基址（武阳台）武阳台在武阳台村西北角，高出地面约11米，分为上下两层（图版叁，1）。上层四周向内收缩4—12，高约2.4米。下层高约8.6米，形状已不甚规整，基本上呈方形。上下两层均系夯筑，在上层西侧和下层东侧暴露的夯层都十分清楚。[16]夯层一般厚10—15，最厚达20厘米。夯土中有极少的东周时期陶片。在土台下层东北角暴露有不少红烧土和战国时期的陶片、瓦片等，夯土建筑不太坚实，并有部分已经坍毁，看来应是汉以后补修的部分。武阳台基址是燕下都所有土台基址中最大的一个，东西最长处140（其中约40米的夯土已埋没地下，测图仅表现了地上部分），南北最宽处110米。在东侧向外约10、西侧向外约15米的范围内，距地面0.3米以下，还保存有厚0.3米左右的夯土。南侧因有断沟，夯土无存。北侧与"隔墙"墙基夯土相连。

1962年9月，在武阳台中央5.4米深的地方发现上下衔接的陶管下水道三节（上下还有，未动）。可知当时的建筑已有排水设备。陶管每节长0.7，母口直径0.31，子口直径0.27米（图版伍，4、6）。

此外，在武阳台西210米处的断崖上，也发现一段陶管下水道，已知长度约100米，东西向。从它所在的方向和位置看，与武阳台中心建筑的下水道可能有密切关系。

2号建筑基址（望景台）在武阳台北220米处。因遭多年破坏，地上残存的夯土已经很少，东西长8，南北宽4，高3.5米（图版叁，2）。地下夯土范围东西长40，南北宽26米。

3号建筑基址（"张公台"）在望景台以北，平面呈方形，长、宽各40，高约3米

（图版叁，3），系夯筑而成。夯层厚10—15厘米。在土台顶部及其四周散布有大量瓦片、红烧土和草泥烧土块等。由台基向南、向西各约8，向东约6米，地面以下都有夯土遗迹。台基北侧因地势低洼，未见夯土。

在台东13米以外，有〔11〕号夯土建筑遗迹，两者之间有红烧土和瓦砾堆积。夯土遗迹面积，东西长80，南北宽40米。它可能是"张公台"的附属建筑遗迹。

"张公台"和望景台的间距约450米。[17]《报告》指出中间有二片夯土遗迹，未说明其大小，只在图上加以表示。这次在这一带作了详细的钻探，夯土既不相连，又不成形，而且夯土之下是淤沙和淤泥。经勘查，发现是一个"内湖"。这些夯土很可能是后代人们把附近土台上夯土填进去的。

4号建筑基址（老姆台）距"张公台"730米，是城北唯一的一座大型建筑。平面呈方形，南北长110，东西宽90，高出地面约12米。土台分四层，作阶梯状（图版叁，4）。自下而上，一、二层高约7米。第二层台面长、宽各约60米，北侧面夯土遗迹明显，为窝夯。夯层厚6—9厘米，土质较纯，包含陶片极少，是战国时期的建筑遗存。三、四层属汉以后建筑遗存，呈凸字形，高约5米。第三层台面东西长约30，南北宽约25米，东、西两侧夯层明显，为平夯，夯层厚15—20厘米，包含物有长方砖、布纹瓦、点纹和蝉纹筒瓦等残片。

在台基南侧中部地面以下，发现了南北长50、东西宽30米的夯土遗迹。接近台基北端的夯土深约2，南端深只1米，并与3号道路相连。看来夯土遗迹可能作斜坡状，是当时人们登高的道路的遗存。

老姆台东北160米处，有〔12〕号夯土建筑遗迹，东西长80，南北宽25—55米。夯土厚1.8米，已暴露于断崖上。夯土中包含有少数东周时期的瓦片。从夯土遗迹的方位看，也可能是老姆台主体建筑的附属建筑。

2. 宫殿建筑组群

宫殿建筑组群有三个，分布在武阳台东北、东南和西南等处。它们都围绕着中心建筑武阳台。每个建筑组群，都是由一个大型主体建筑基址和若干处有组合关系的夯土建筑遗迹组成的。

（1）武阳台东北建筑组群

此建筑组群有8号建筑基址（"小平台"），和〔1〕、〔2〕、〔3〕号夯土建筑遗迹（图一）。

8号建筑基址（"小平台"）位于武阳台东北1100米处，是这个建筑组群的主体建筑，高约5米（图版叁，6），在上部有0.7米厚的红烧土和瓦砾堆积。"小平台"台面很平，为椭圆形，底部东西长53，南北宽35米。在土台东侧向外4、西侧向外10、南侧向外 3、北侧向外 5 米处，地面以下都有夯土遗迹。西侧夯土遗迹已毁。我队经报请中央文化部批准后，进行了清理。共开 5 米×5 米探方六个，2 米×5 米探沟一条，发掘面积共 160 平方米。

地层堆积　各个探方（探沟）的堆积情况相同，均可分四层：即耕土层，厚 0.2 米；扰土层，主要是近代濠沟和坑穴；烧土瓦砾层，厚 0.2—0.7 米；夯土层，厚 1.5—2 米。

房基遗存　当清理完红烧土和瓦砾堆积之后，在探方（探沟）里暴露出四间房基（F1 – F4），方向 22°。房基平面呈长方形，每间房内南北长 5，东西宽 3.8 米。屋内地面平坦，其上有薄薄一层踩踏成的路土。四面墙壁很平直，残存高度 0.1—0.4 米不等。在墙壁中部和转角处都有柱窝，直径约 0.3 米，内有木炭灰烬或瓦片，底有兽骨和鸡骨。柱窝的距离，以 F1 为例，南北排列的间距 1.2，东西 1.4 米左右。布局对称，东西两面各四个柱窝，南北两面各三个柱窝。F2 – F4 已露出的部分均与 F1 相同（图四）。由于破坏严重，都未发现门道痕迹。在西面墙基夯土中，发现

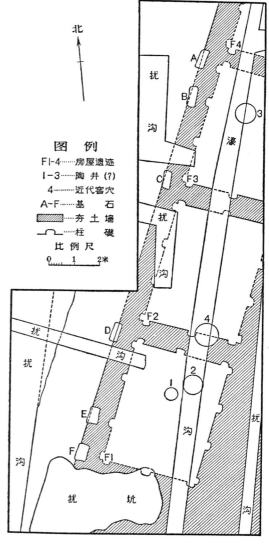

图四　"小平台"西侧房屋建筑遗迹平面图

有长方形青石条六块，间距 0.8—2.8 米。每块石条长 0.8，宽 0.35，厚 0.1 米。

根据上述迹象，我们对当时的建筑方法有了初步的了解：为了使建筑物的基址牢固，修建时先挖坑，再填土打夯；然后根据平面布局，挖出间次，留出墙壁（墙壁与屋内地面无接缝痕迹）；继而挖柱窝。在转角处有二个柱窝，这显然是采取了两柱并立的做法。柱窝里有兽骨或鸡骨，是立柱奠基时的祭祀遗存。西面墙基夯土中的石条，可能是起着垫基的作用。房顶筑法，从烧土和瓦砾堆积中包含有厚 3—5 厘米的一面印有芦苇凹痕的草泥烧土块看，应是先铺芦苇，再涂草泥土，在草泥土之上又涂厚 1 厘米的"三合土"，最后铺瓦。总之，房屋的结构是面阔三间，进深两间。其梁架部分，可能用木材。具备着这样的一些建筑程序。

在 F1 和 F3 里，有大小陶井（?）三眼（图四）；F1 里的大小陶井各一眼，其间距

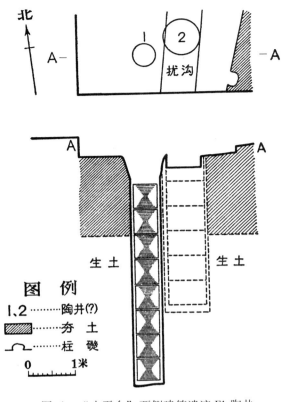

图五　"小平台"西侧建筑遗迹 F1 陶井
（？）平、剖面图

约 0.3 米。它们的口部稍低于屋内地面而呈缓坡状，没有打破现象。F1 大陶井从屋内地面下深 3.3 米，以下为生土。它与 F3 里的大陶井，都是以六节绳纹灰陶圈砌成。陶圈每节直径 0.8，高 0.55 米。小陶井深度约 5 米，陶圈共九节，每节直径 0.5，高 0.55 米（图五）。

三眼陶井内的堆积情况大体相同。以小陶井为例：第一层是烧土和瓦砾层，厚约 2 米；第二层是黄砂土，厚约 2.3 米，土质较纯，无遗物；第三层是灰色胶泥土，厚约 0.7 米，包含有陶豆、尊、板瓦和筒瓦等残片，还有铜镞和牛、羊、鸡骨和炭渣等。其中以残豆足最多，共有二十个。

这几眼陶井是饮水用的还是渗水的，还是蓄藏的窖穴？目前尚难以肯定。但在这样小的范围内，甚至一间房子里有两眼陶井，是很难理解的。同时，在陶井里又未发现提水工具，相反陶豆很多，又有鸡、牛、羊的骨骼。因此这种用陶圈砌成的深穴可能不是水井，而另有其他用途，这是今后需要探清楚的。

文化遗物　以建筑材料较多，有栏板砖、板瓦、筒瓦、云山纹半瓦当和方锥形建筑材料等，其他有陶豆、盆、尊和罐，玉饰残片和铜镞等。遗物多残破，能复原的很少。

栏板砖　12 件。皆残。T2 出土一件饰有双兽，皆俯首，伏身，翘尾，形象生动（图版陆，2）。

板瓦　复原 1 件。F1 小陶井出土。长 41，宽 30，厚 1.3 厘米。表面不平，饰绳纹（图版陆，3）。

筒瓦　4 件。两件 F3 陶井出土，其中一件带有圆瓦钉孔，并附有双兽纹半瓦当，双兽已磨损不清。瓦面饰绳纹，被抹成许多小段（图版陆，5）。另一件无圆瓦钉孔和半瓦当，长 43 厘米。瓦面饰绳纹，仍被抹断，每段长 3 厘米左右（图版陆，4）。

方锥形建筑材料　12 件。一件 T3 出土，素面，长 23 厘米（图六，1）。

豆　复原的 1 件。F3 陶井出土。高 16 厘米，细把浅盘，底呈喇叭口（图六，2）。

上述建筑遗存属于战国时期。红烧土和瓦砾堆积，可能系燕国灭亡时建筑物被焚烧后倒坍的。这几座房基的发现，说明了在"小平台"主体建筑的西侧有附属建筑。从而对燕下都其他主体建筑附近有无附属建筑，以及其他夯土遗存附近的红烧土和瓦砾堆积的性质的了解，提供了重要的线索。

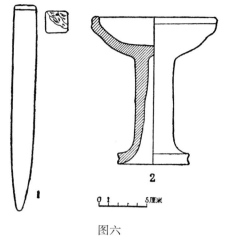

图六
1. 方锥形建筑材料 2. 陶豆

〔1〕号夯土建筑遗迹　位于"小平台"东南100米处。这处夯土遗迹的发现，是这次勘察中的主要收获之一。夯土建筑遗迹形似方形城廓。东面夯土遗迹南北长155，东西宽19米；西南夯土遗迹南北长196，东西宽14米；南面夯土遗迹东西长231，南北宽15米；北面夯土遗迹有断续，东段东西长44，南北最宽处35米，西段长38，宽13米。东、南、西三面夯土遗迹相连接，唯北面例外，但方向仍相称。又于东、南、西三面夯土遗迹的两侧，北面两片夯土遗迹的中间，发现十四处夯土、烧土、灰土和瓦砾堆积，厚0.4—0.9米。其中⑧、⑪和⑫号堆积有较好的红烧土面及瓦砾遗物，厚0.4—0.6米。十四处堆积中，以⑬号面积最小，约60平方米；④号面积最大，约539平方米。形状除①和⑦号呈方形外，其余均为长方形（图七）。

在〔1〕号夯土建筑遗迹里，有一条南北向的路土（2号道路），长247，宽8.5米。路土深距地面0.5—0.8，厚0.05—0.2米。它的北部已跨出夯土建筑遗迹约50米，南部至⑩号堆积的东北角消失。

在〔1〕号夯土建筑遗迹里，除了2号道路和靠近夯土遗迹的堆积之外，两次钻探均未发现其他情况。由此我们认为四面夯土遗迹，可能是当时的建筑基址。这种方廓状的建筑，是一种少见的古代建筑形式。至于夯土遗迹两侧的红烧土、灰土和瓦砾堆积，根据在东面夯土上试掘暴露的夯土断面和红烧土、瓦砾堆积的关系观察，大部分可能为建筑物焚烧后倒坍的堆积。

〔2〕号夯土建筑遗迹　位于"小平台"以西470米处，东西长85，南北宽40，厚1.1米。

〔3〕号夯土建筑遗迹　位于"小平台"西北650米处，东西长150，南北宽30米。在北侧断崖上暴露有夯土、路土、草泥烧土面、红烧土，以及方薄砖、瓦砾等遗迹和遗物。经试掘了解：建筑物的地基是夯筑的，上面有一层坚硬而平坦的草泥烧土做居住面；墙壁平直，亦为夯筑；红烧土与瓦砾遗物，则是建筑物焚烧后倒坍的堆积。

（2）武阳台东南建筑组群

这个建筑组群的夯土遗存最丰富，形状也比较复杂。有6号建筑基址（"路家

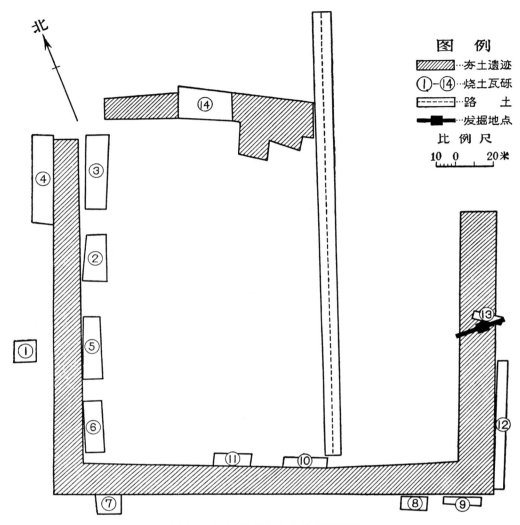

图七　〔1〕号建筑遗迹分布平面图

台"），〔4〕、〔7〕、〔8〕、〔9〕号四处夯土建筑遗迹。其中〔7〕、〔8〕、〔9〕号是这次勘察中新发现的有组合关系的夯土遗迹（图一、八）。

　　6号建筑基址（"路家台"）坐落在建筑组群的东南角，距武阳台约1050米。土台现存部分为长方形，南北长12，东西宽8，高约3米（图版肆，2）。系夯筑而成，夯层厚9—13厘米。土台四周暴露有瓦片、红烧土和草泥烧土块等。台西侧55米的范围内，地面以下均有夯土遗迹，夯土最西端两边作台阶状，逐渐变窄（图八）。

　　〔4〕号夯土建筑遗迹　位于"路家台"以北，西北距武阳台约800米，共由十五片夯土遗迹组成。A—F号紧靠"路家台"，形状有长方形和曲尺形，面积都不大；H号在最北部，呈方形，面积较小；G号居于中央，由八片长方形、刀把形等夯土遗迹相连而成。形状比较规整，在西北角和东南角还有阙口（图八）。G号夯土遗迹范围，南北长180，东西宽160米。夯土保存较好，深度距地面1.6—2，厚0.8—1.7米。在

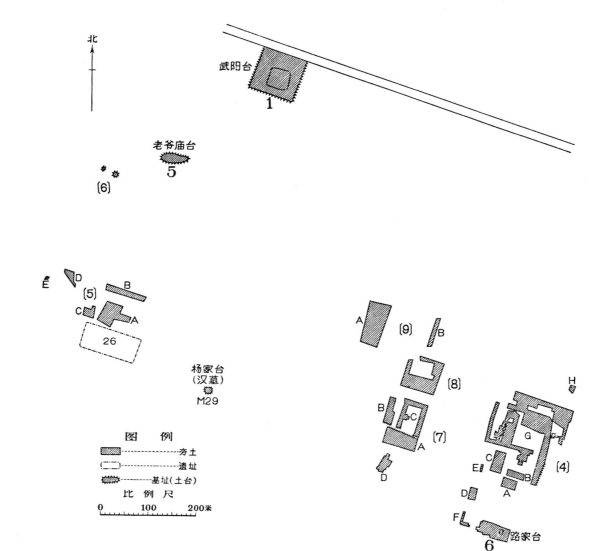

图八　〔4〕—〔9〕号夯土建筑遗迹平面图

这个范围内钻探时，偶尔探到较好的红烧土面或散乱的烧土。同时，往往于夯土遗迹的内外，发现有陶片和瓦片。在东侧断崖上暴露的瓦片和陶片堆积中，有饕餮纹、云山纹半瓦当等遗物。看来〔4〕号夯土建筑遗迹，似为一组相互联系而又完整的宫殿建筑基址。

〔7〕号夯土建筑遗迹　位于〔4〕号以西140米处，共有四片夯土遗迹（图八）。其中D号在最南部，呈多角形。A—C号由长方形、刀把形和凹字形等夯土遗迹组成。形状比较规整，阙口在西北角。由于路沟的破坏，已不完全相连。这座建筑基址的夯土范围，南北长110，东西宽80，夯土深距地面1.1—2.3，厚0.7—1.3米。在夯土遗迹附近，有灰土、瓦片和陶片等。

〔8〕号夯土建筑遗迹　位于〔7〕号之北，形状与〔7〕号相似（图八），亦比较

规整，阙口亦在西北角。基址夯土遗迹范围，长、宽各 70 米。夯土深 2，厚 1.1 米左右。在其附近，同样发现有灰土、瓦片和陶片。

〔9〕号夯土建筑遗迹　位于〔8〕号的西北，靠近武阳台村。夯土遗迹分东、西两片，均为长方形（图八）。两片夯土遗迹的南端靠近干渠，沿渠钻探时，发现有零星的夯土块，可能南面的夯土遗迹在修渠时已被破坏。

从〔4〕、〔7〕和〔8〕号夯土建筑遗迹的分布可以看出：它们在形式上有共同之处，即整组夯土遗迹的西北角都留有阙口。这与武阳台中心建筑在它们的西北方向似有关系。同时也说明了从武阳台到"路家台"之间的许多组宫殿建筑，可能都是以武阳台为中心来进行设计的。

（3）武阳台西南建筑组群

这个建筑组群的夯土遗迹有〔5〕、〔6〕号，绝大部分已被取土破坏。现存的有凸字形、矩形和多角形等。面积都比较小。在夯土遗迹的北部有 5 号建筑基址（"老爷庙台"），是这个建筑组群的主体建筑（图八）。

"老爷庙台"在武阳台西南 200 米处，基址东西最长 57，南北最宽 20，台身高（从南侧地面量起）9.5 米（图版叁，5）。夯筑，夯层厚 10—16 厘米。

（二）手工业作坊区

手工业作坊是根据目前的勘察了解，以具有代表性的遗物和遗迹来区分的。从这些遗址的分布看出：围绕着宫殿区，自"虚粮冢"以东起，向南到高陌村北，再东到郎井村南一带，在一个由西北到东南的弧线上，基本上是属于手工业作坊的范围。

1. 铸铁作坊　共有遗址三处。两处分布于"虚粮冢"以东（21、23 号），一处（5 号）在高陌村西北 650 米处（图一）。勘察这些遗址时，都发现有较多的铁块、炼铁渣、炉渣、红烧土、草泥土和草灰等。中国历史博物馆曾在 5 号遗址采集有生产工具，如斧、锛、镰和铲、钁及犁铧等。[18]23 号是遗址中面积最大的一处，约 170000 平方米，堆积厚达 2 米。它的北半部以陶片和瓦片较多，似为居住地；在南半部采集有两块炼铁锅残壁，其他铸铁遗物也比较多。

2. 兵器作坊　有遗址二处（13、18 号）。13 号遗址位于郎井村西南 200 米处（图一），面积约 30600 平方米。在遗址东部断崖上，暴露残窑址一座，窑膛宽约 1 米，窑底为烧土硬面，厚约 0.3 厘米。窑内堆积厚约 0.5 米，其中有大量残破的陶镞范和铤范（图版陆，6），也有瓦片、炭渣等。

18 号遗址在武阳台西北 750 米处（图一），面积南北长 700，东西宽 200 米。在遗址的南半部，发现铁块、炼铁渣、炉渣等遗物较多；而遗址北半部有铸箭铤的残范块，与 13 号遗址的窑址内所出的铤范相同。同时还发现有小铁杆，可能是残铤。这由燕下都发现的铜镞多系铁铤，可以得到证明。

3. 铸钱作坊　　位于高陌村西北 300 米地方（图一），只有这一处（4 号）。遗址面积约 8000 平方米。经试掘了解，地层堆积简单，主要是战国层。包含遗物很少，有残刀币范、残刀币、炼铜渣、焦渣、红烧土和炭渣等。该遗址南部是取土场，曾出过不少刀币，看来遗址的主要部分可能已被破坏。

4. 烧陶作坊　　有遗址一处（11 号），在郎井村东南 30 米地方（图一），面积 102000 平方米。在遗址北部断崖上，暴露一座残破的窑址，窑壁厚 0.3 米。在窑址附近的断崖上，有厚 0.8 米的陶片和瓦片堆积。文化层里包含有红烧土和炭渣等。

5. 骨器作坊　　有遗址一处（22 号），位于 21 号遗址的南边（图一），附近地势平坦。在地面上散布有不少经过锯截的骨料，长约 3 厘米左右。文化堆积厚 2 米，有灰褐土、烧土、陶片和瓦片等。在勘探中也发现有经过锯截的骨料。

（三）市民居住区

市民居住遗址分布在东城的西南、中、东和东北各部分，编号有 1—3、6—10、12、14—17、19、20、24—27 等号（其中 19、20 号在西城东南角）。

位于城址西南部（即高陌村以南，北沈村以东，东沈村以东，西贯城村以西和以北这些区域）的有 5 处（6、7、8、9 和 12 号）。除 7 号之外，其他面积都较大（图一，表一），文化堆积也比较厚。遗物丰富，有东周时期常见的陶豆、盆、尊、罐、釜和鬲等，而板瓦、筒瓦和半瓦当等则少见。另外，在这一带也有早期的文化遗存。现选择 6、7、9 号略加说明。

6 号居住址　　位于东沈村以东，面积最大，东西 480，南北 700，堆积厚约 3.8 米。在它的东南角取土场断崖上，有分布稠密的窖穴。我们清理了部分残存的窖穴，形状多方形圆角，也有椭圆形，圆形则少见。出土遗物很少，其中有西周遗物，如鬲口沿（与图一〇的口沿相同）、石镰、角笄、骨镞和角锥等（图九）。因此，6 号居住址不仅是战

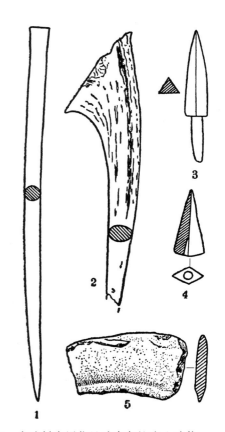

图九　东沈村东居住址残存灰坑出土遗物
1. 角笄（H10：10）　2. 角锥（H3：3）
3. 骨镞（H10：7）　4. 骨镞（H2：2）
5. 石镰（H3：4）（均1/2）

国时期的市民居住地，而且早在西周时这一带已经有人居住了。

6 号居住址的东南角有一土台，名叫"鼓楼台"，高约 3 米，四周断崖上暴露有很厚的灰土堆积，以及较大的窖穴。[19]曾于灰土堆积中采集到一件西周陶鬲（图一〇；图版陆，1）。可见"鼓楼台"在最早也许是 6 号居住址的一部分，以后被取土而切割开了。

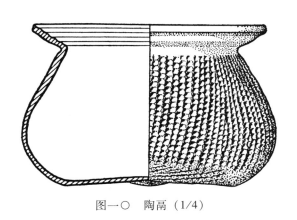

图一〇　陶鬲（1/4）

7 号居住址　在西贯城村以西、"鼓楼台"以东，正处于东城南垣西向的延长线上。附近地势较低，有些地方的灰土已暴露于地面。从断崖看，有方形窖穴，填土呈灰色，质松软。遗物中有骨料和较多的兽骨，以及残骨笄和骨锥等。在这一带调查时，曾采集到早期石镰一件（图版陆，7）。《报告》中所说的"在土台东约 200 米处发现有大量铜渣"，[20]则又与汉代砖瓦块混在一起，或相粘结。由此我们认为，这处遗址延续的时间比较长，文化性质也比较复杂。

9 号居住址　在西贯城村北。地面散布有许多陶片。从地面或断崖暴露的遗物看，以夹有细碎蚌壳片的红陶器较多，如釜、鬲、瓮和盆等残片。勘探时，发现有些地方有汉代堆积，采集有五铢钱和卷云纹半瓦当等遗物（图版陆，9）。在遗址西南角一带，尚散布有汉代烧陶窑具和残窑址一座。

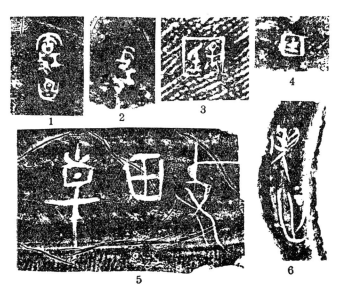

图一一　陶文拓片（1/2）
1. 匋攻昌　2. 匋攻　3. 余氏　4. 土　5. 韩畈　6. 契（？）之

总之，城址西南部这个居住区域，文化内含比较复杂。从目前材料看，自西周以来（也可能还要早），这一带就已成为居民聚居的地区。这对于了解燕下都建筑以前这个地区物质文化的发展将有重要的意义。

10 号居住址　在郎井村西北，东西长 480，南北宽 430，堆积厚约 2 米（图一）。文化遗物除有居住址中常见的以外，还有不少绳纹板瓦、筒瓦和半瓦当。它隔古河道与宫殿区相毗邻，可能不会是一般市民的居住地。

14、15 号遗址　在北于坻村西（图一）。经勘察了解，主要是战国堆积，其中有绳纹板瓦和筒瓦片，且数量较多。估计过去在这里的居住者，有别于一般市民。

至于 1、2、3、16、17、24、25、26 和 27 号等九处遗址（图一），或因其文化堆积较薄，或遗存比较单纯（主要是瓦砾堆积），或有冲积迹象，仅通过钻探，未能进一步了解其文化性质。所以，我们都暂称为"一般遗址"。九处遗址中，以 27 号面积最小，约 2100 平方米；24 号面积最大，约 40000 平方米。勘察时所见到的遗物，都是一些东周时期常见的器物和建筑材料。采集品中，有带陶纹的豆把和器物口沿（图一一）。这些遗址的文化性质，还有待于今后的工作去确定。

（四）墓葬区

墓葬区在城址内的西北角，共有二十三座（M1—23）。以相传的名称"虚粮冢"和"九女台"而分成两个墓区（图一）。

1."虚粮冢"墓区

这一区有十三座古墓（M1—13），地面都有高大的封土，而多数封土四周的地面以下还有夯土遗存。依封土现存情况可分为三类：第一类有六座（M1、3、4、7、10、13），封土最大，长宽约 40—55，高 7—15 米；第二类亦有六座（M5、6、8、9、11、12），封土较第一类小，长宽 15—30，高 2—7 米；第三类只有一座（M2），由于取土破坏，封土残存最少，长 9，宽 4.5，高仅 3 米（表二）。

十三座墓的排列，井然有序，分作四排。最北一排四座（M1—4），东西两两成组；最南一排三座（M11—13），成鼎足状；中间两排，每排三座，东西并列。从现存封土的分类可以看出：最北一排封土面积最大，而每排之中东端一座封土又最大。封土全系夯筑，夯层厚 10—18 厘米，包含物极少，有东周时期的绳纹瓦片和"鱼骨盆"之类陶片。

这次除墓 13 因封土高大未进行钻探外，其余皆从封土顶部、中腰或边部进行了钻探（表二），有的因夯土甚坚（M4、7），或其他原因（M10）未能深探，情况不详。钻探深度一般都深入地面以下 4.6—9.4 米之间。其中墓 3、5、6、10 四座有坚硬的红

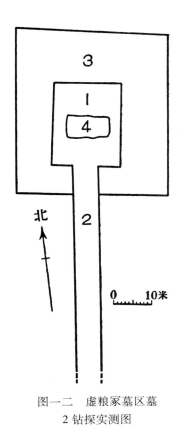

图一二　虚粮冢墓区墓
2钻探实测图

烧土层，最厚达2米；墓6、8两座有木炭（积炭）；墓2、9两座的墓底有青灰土；墓8、11两座的墓底有红漆，颜色鲜艳；墓12探出板灰和漆皮，漆皮颜色异常鲜艳。

为了对上述墓葬作进一步的了解，又选择封土最少的墓2进行仔细钻探。结果表明现存封土四周地面以下，有范围广大的夯土遗存，南北长46，东西宽40米。墓室范围南北长23，东西宽18米。墓室以外的夯土遗存，厚约2米。在墓室南侧，发现有长56（因遭破坏，未到头）、宽约7米的墓道（图一二）。靠近墓室的墓道深约5.3米，远离墓室56米处的墓道深仅2.4米，可见墓道呈斜坡形。

2. "九女台"墓区

这一区有墓十座（M14—23），在"虚粮冢"墓区的南部。两个墓区被古河道和城内"隔墙"相隔开（图一）。十座古墓亦全有封土，全系夯筑，夯层厚15厘米左右。在夯土中包含有极少的东周陶片。这些古墓的封土，除墓23残存过少外，其余九座墓封土大小相差不大悬殊（图版肆，1）。在大部分封土周围地面以下，也有夯土遗存（表三）。

古墓的排列也很有次序，北排五座（M14—18），其中西三座为一组，东两座成一组。南排四座（M19—22），分成东西两组。墓23位于"九女台"西南角。

墓14—22的钻探，都是从封土顶部中央落孔，深入地面下2.2—9米之间（表三）。其中三座（M16、17、19）有异常坚硬的红烧土层，颜色鲜艳，颇似红朱。已知最厚的达6米；墓17、18、20三座有蚌壳层；墓18、20两座也有木炭层。这些墓都因封筑坚固，而未能探到底。只有三座墓（M15、21、22）钻探到底，发现青灰泥（M21、22）和板灰（M15）。墓21钻探到接近墓底时，还发现一段鸡的腿骨。

从两个墓区勘探的结果，知道这些古墓营造复杂，全部都为夯筑，极其坚实。有些古墓内还有红烧土层、木炭层和蚌壳层等防盗、防潮和防腐的设施。在探到底的一部分墓中，有战国墓的墓底中习见的红漆或青灰泥，个别墓中还有板灰的痕迹。通过以上种种迹象，我们推断这些古墓的时代属于战国时期大致是无误的。

关于战国时期带有封土和墓道的墓葬，在其他地方已有发现，如安徽淮南市蔡家岗赵家孤堆战国墓（初期），[21] 河北邯郸百家村25号墓（中期），[22] 河南辉县固围村2号墓（晚期），[23] 都是带有封土的。其中赵家孤堆战国墓和固围村1—3号墓，同时还设有墓道。燕下都的这批墓葬，地面都有高大的封土，有的墓还有墓道。这说明决不是偶然的现象，当是战国时期一部分大墓所共有的特征。

　　然而，当时把墓葬区规划在城址内，是我们没有预想到的问题。这究竟是由于地理环境的限制，还是为了墓葬的安全；是战国时期的通制，还是燕下都的个别实例，现在都还不能予以肯定。但就燕下都的具体情况考察，城南北有易水，其间平原很少；东面是交通要冲；北面易水之北，距城较远，岁祭亦不方便。再者燕下都为燕国南方的军事重镇，可能为了墓葬安全而把它葬在城里。

（五）古河道遗迹

　　古河道遗迹的走向和位置，反映出在城市布局上占有重要的地位。因此，在这里予以叙述。

　　1号古河道　位于东城西垣外，全长4700米。相传为燕国时期的"运粮河"。依北高南低的地势，使"运粮河"北引北易水，南流入中易水（图一）。河道现已淤塞。经复查了解，河道北段宽约40米左右，向南逐渐加宽，中段约80，南段约90米。河南北两端皆为流沙，具体宽度不详。河道中心宽度以中段为例，中间有宽48米左右的流沙层，想见当时河道中心宽度亦在40米上下。河道与东城西垣的间距，北段25，中段40，南段60米。河道堆积：在耕土层以下，有细沙土层、淤沙土层、流沙层和黑胶泥土层，以及碎陶片等。堆积最厚处达3.9米。

　　《报告》中曾提到："另一道相传为'运粮河'的河道，在'虚粮冢'以东。又在武阳台区夯土建筑遗迹以南，发现有一段东西向的河道，两端去向不明。"这次经过详细地钻探，了解到它们的走向。东城内有两条（2、3号）古河道，它们的共同入口处在"九女台"西北角，与"运粮河"（1号）相连。古河道沿"九女台"北侧向东，于750米处分为两支，一支（2号）屈而北向，另一支（3号）东去（图一）。河道现已淤平，只有部分段落尚呈低凹地。

　　2号古河道　它向北穿过"隔墙"，经"虚粮冢"墓区东侧，折而向东，到"张公台"北，屈而转南，历"张公台"东，入台南的"内湖"（目前未找到出口，故暂称"内湖"）。全长5700，宽60—80米。"内湖"直径约260米。古河道与"内湖"遗迹保存在地面以下0.5米，有流沙、淤泥和黑胶泥土。

　　3号古河道　它与2号古河道分流后，稍向南弯，向东直抵武阳台村西550米处，拐向南去约800米，复东向经郎井村北，历"路家台"南，于郎井庄东南约350米处穿过城垣。长4200，宽约40米。在郎井村西北拐弯处，宽约150米左右。到下游河道变窄，宽仅10余米。

　　4号古河道　即东城东垣外的"护城壕"，是这次勘察的一大收获。它北起"炼台"以北约 130 米处（未往北探），斜向东南，拐过东北城角之后，沿城垣向南，到郎井庄东南与 3 号古河道相汇合，继续向南。距东南城角 300 米，以南地下全系流沙，未能确定其具体走向。从整个走向观察，它可能沟通着北易水和中易水（图一）。

"护城壕"宽约 20，拐弯处宽达 40 米。它与城垣的距离，最窄处 10，最宽处达 60 米。壕深约 4 米，淤积以黑胶泥、淤泥为主，其次有淤沙（图一三），在拐弯处还发现有流沙。

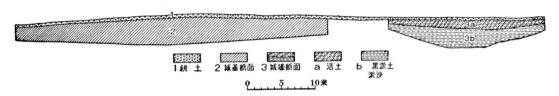

图一三　东城墙城基、城壕横断面图

护城壕在山西"大马古城"、[24]禹王城[25]和牛村古城[26]等处都有发现。燕下都东城的东垣外发现"护城壕"，对了解东城的整体布局和西城与东城的关系上有很大的启示。

我们认为，在城市规划上，2 号和 3 号古河道的作用有：（1）捍卫中心建筑区。中心建筑区在 3 号古河道以北，手工业作坊区在其以南；2 号古河道又把墓葬区和东部的手工业作坊区与中心建筑区隔开（这一手工业作坊区与东部的宫殿区，可能由 3、4 号城门之间相连的道路隔开）。（2）从手工业作坊的分布来看，都靠近古河道，这样就解决了用水的水源问题。（3）方便了城市交通，供应了居住区的生活用水，并解决了市区的排水问题。而 1 号和 4 号古河道，在布局上则起着捍卫东城的作用。

三、结语

燕下都城址在未进行详细勘察以前，是作为一个城来看待的。在日人关野雄的《中国考古学研究》一书中，所画的燕下都城址范围就是示意图。傅振伦的文章中，所附燕下都遗址附近地形图，对城址范围也是示意的。[27]1958 年中国历史博物馆调查时，曾找到了"运粮河"东岸和武阳台北侧东西横贯的城垣，并把燕下都分作"内城"和"外城"，算是较前有了进一步的了解。但按《报告》中的分法：武阳台北侧城垣以南为"内城"，此道城垣以北的东、北城垣与"运粮河"西部城垣构成了"外城"。这样一来，"虚粮冢"墓区西侧的城垣属于"内城"还是"外城"的呢？《报告》里把它划作"内城"西垣的一部分，这就很难圆满地解释"内城"西垣的一部分，何以位于"内城"北垣之外。又"运粮河"以西城垣，地上部分颇多；"运粮河"以东属于"外城"的城垣，竟荡然无存。这虽有破坏轻重之分，恐不会相差如此悬殊。

根据这次勘察的结果，我们把它分为东城和西城。"虚粮冢"墓区西侧城垣的北端与"外城"北垣相衔接，这是解决上述问题的一个主要证据。再以城垣方向作参考，"运粮河"西部南、北城垣的方向基本一致，与西垣构成"匚"形，形状比较规整。"运粮河"以东城垣方向虽不尽相同，但相差不大，构成了一个近乎方形的城址。更重要的是古河道的分布提供了有力的证据：1 号古河道（"运粮河"）位于东城西垣外，4 号古河道（即护城壕）位于东城东垣外。由于东城南、北有易水，东、西有古河道，就使整个东城成为一河水环绕、形势异常严密坚固而又完整的城堡。这是古河道的布局上给我们一个明确的启示。同时，我们认为东城建筑之初，是作为一个整体规划来考虑的；西城则是东城的一个附城。另外，西城城垣保存得较多，又提示了东城和西城的建筑有早晚的差别，因而对其营建年代也有了进一步的认识。

由于东城和西城的地下钻探，可以看出两城在建筑时间上东城要稍早于西城，西城地上保存较多的城垣，是建筑较晚的一个特征。但从西城垣夯土中包含有红陶瓮片、"鱼骨盆"陶片等东周遗物，以及西城还没有发现战国以后的遗址（只是在西斗城村附近有较多的汉代陶片）等来看，它的下限仍然不会晚于战国。因此，西城可能是为了适应战国末年战争形势的需要，加强东城防御而建的一个附廓。西城内没有大型建筑遗存，仅有两处普通的战国遗址，并曾采集到兵器等遗物，这是了解它的建筑性质的一个线索。

燕下都城址的建筑年代，在古文献中有燕桓侯徙临易、燕文公徙易和燕昭王营建下都等不同记载。已知燕桓侯和燕文公徙易，所指皆不是现今易县，而是在今雄县境。今易县建置于隋开皇十六年。可见以燕昭王营建较为可靠。据《水经注·易水》记载："其一水东出，注金台陂，侧陂西北有钓台，……台北十余步有金台，……北有小金台，台北有兰马台。……访诸耆旧，咸言昭王礼宾，广延方士。……故修建下都，馆之南垂。"又说："武阳，盖燕昭王之所城也。"从东城内保存的古代遗存，与这些记载基本上是符合的。因此，东城的营建年代，不会晚于燕昭王时期，即战国中期。但就城内的夯土建筑和手工业作坊而论，也可能是在建城以后逐渐修筑和经营起来的。

燕下都城址的位置，北、西和西南有山峦环抱，东南面向着华北大平原，正处在从上都（蓟即今北京）到齐、赵等国去的咽喉地带，成为燕国南方一个重要的门户和屏障。东城建筑得那样严固，不但四周环水，而且城门亦少，是与它的形势相适应的。

　　从东城城内的建筑布局，反映燕下都为当时燕国南方一个政治、经济和军事重镇。如武阳台和它东南及西南面的建筑组群周围，北侧有东西横贯的"隔墙"，西侧和南侧有 3 号古河道，东有 2 号城门及加强防卫的一系列建筑，说明了武阳台这个宫殿建筑组群是燕下都的中心建筑。从整个夯土建筑遗迹的分布看，武阳台又成为它们的核心。而武阳台以北，有三座大型的主体建筑，前后排列。这些主体建筑和其他建筑组群，又显得主次分明。从而可以看出宫殿区的布局是复杂而庞大的；使用了多种多样的建筑材料，也可想见当时的建筑物是宏伟而豪华的。又在宫殿区周围，环绕着铸铁、制兵器、铸钱、制陶和制骨器等这些为国家掌握的官办手工业作坊。而市民居住区则分布于离宫殿区稍远的西南部。墓葬区在城址西北角。像这样规模宏大规划有条理的、全城布局围绕着一个中心的城市建筑，充分反映了战国中期以后封建政治权力的强盛。同时，城的规模和土方工程的浩大，又是当时社会经济向前发展的一个重要表征。

　　这次勘察燕下都，仅是我们对它进一步了解的开始，以后还有许多工作要做，许多重大问题还有待于今后的科学发掘才能证实。

注　释

[1] 谢锡益《燕下都遗址琐记》，《文物参考资料》1957 年 9 期。

[2] 中国历史博物馆考古组《燕下都城址调查报告》，《考古》1962 年 1 期。

[3] 同［2］。

[4]《报告》11 页，"向西直至东故安城（东贯城）村东即断，全长 1540 米"。

[5] 同［1］10 页，"城墙的东南角为圆角"。

[6] 同［1］11 页，"其东北城角亦为圆角"。

[7] 同［1］11 页，"方向和内城东墙相同"。

[8] 同［1］11 页，"……拐弯成圆角"。

[9] 同［1］10 页，"燕下都城址图"上，"外城"北垣"运粮河"以东一段未与"虚粮冢"西侧一段城垣相接，相差甚远。

[10]《报告》11 页，"……至燕子村西后痕迹不明。已知长度为 1500 米左右。"

[11] 同［10］10 页，"燕下都城址图"上，西斗城村东、西无城垣。

[12] 同［10］11 页，"全长 3570 米"。

[13] 同［10］10 页，"燕下都城址图"上，西垣两端均未与南、北城垣相连。

[14] 树木对兽纹半瓦当是齐国作风，在已发表的燕下都材料中，尚未见到。这次亦只采集到一件。

[15] 中国科学院考古研究所《新中国的考古收获》68 页，文物出版社，1961 年。

[16]《报告》12 页，"上层未经夯打过，……可能为汉以后的建筑残基。"经我们调查，上层仍系夯筑，但时代还需进一步了解。

[17]《报告》12 页，"张公台和武阳台相距 125—160 米"，从武阳台北侧到"张公台"南侧，其间距应是 700 米左右。

[18]《报告》15 页。

[19]《报告》13 页，"在台周围和附近的断崖上都发现有建筑遗迹、窖穴和灰土堆积。"这次复查时未发现建筑遗迹。

[20]《报告》13 页。

[21] 安徽省文化局文物工作队《安徽淮南市蔡家岗赵家孤堆战国墓》，《考古》1963 年 4 期。

[22] 河北省文化局文物工作队《河北邯郸百家村战国墓》，《考古》1962 年 12 期。

[23] 中国科学院考古研究所《辉县发掘报告》88 页，1956 年。

[24] 陶正刚《山西闻喜的"大马古城"》，《考古》1963 年 5 期。

[25] 陶正刚、叶学明《古魏城和禹王古城调查简报》，《文物》1962 年 4—5 期。

[26] 中国科学院考古研究所《新中国的考古收获》68 页，文物出版社，1961 年。

[27] 傅振伦《燕下都发掘品的初步整理与研究》，《考古通讯》1955 年 4 期。

表一　燕下都战国遗址登记表 （单位：米）

编号	遗址位置	性质	面积（东西×南北）	文化层深厚度	主要遗物	备注
5*	高陌村西北 650 米	铸铁	300×300	0.21—1	铁块、铁渣、炉渣	
21	18 号遗址西北	铸铁	300×300	0.4—1.8	铁块、铁渣、炉渣	
23*	"虚粮冢"墓区东	铸铁	200×850	0.4—2.4	北半部多陶片、瓦片，南半部多铁块、铁渣、炉渣	
13	郎井村西南 200 米	制兵器	170×180	0.5—2.5	镞范和铤范，豆、盆、鬲、釜	烧范残窑一座
18	武阳台西北 750 米	制兵器	200×700	0.6—1.6	残范块、铁棍、铁渣等	
4*	高陌村西北 300 米	铸钱	100×80	0.6—2.1	炼铜渣、炉渣、残刀币范、残刀币	
11	郎井村东南 30 米	烧陶	170×180	0.5—0.9	陶片、瓦片、炭渣堆积	残窑址一座
22	21 号遗址南边	制骨	100×300	0.4—2.4	锯截的骨料，长 3 厘米	
6*	东沈村东	居住	480×700	0.8—4.1	豆、盆、罐、尊、釜	有西周遗物
7*	西贯城西，"鼓楼台"东	居住	160×160	0.8—1.8	豆、盆、罐、釜	有西周遗物
8*	北沈村东	居住	400×300	1.3—2.3	豆、盆、尊、釜、鬲	
9*	西贯城村北	居住	400×320	1.2—2.2	豆、盆、尊、罐、釜、鬲	有汉代遗物

续表

编号	遗址位置	性质	面积 （东西×南北）	文化层深 厚度	主要遗物	备注
10*	郎井村西北	居住	480×430	1.5—3.6	豆、盆、尊、罐、釜、板瓦、筒瓦	
12	高陌村南500米	居住	250×400	0.6—2	豆、盆、釜、鬲	
14	北于坻西	居住	110×150	1—3	豆、盆、罐、釜、鬲、板瓦、筒瓦	
15	北于坻西北70米	居住	210×270	1.2—2	盆、罐、釜、板瓦、筒瓦	
19*	西沈村北	居住	300×800	0.6—2	豆、盆、罐、鬲、板瓦、筒瓦	
20	燕子村东北340米	居住	125×320	0.3—1	豆、盆、鬲	
1*	高陌村北	一般	80×60	2.1—2.35	陶瓦	
2	高陌村东北100米	一般	200×170	1.8—2.8	陶片、瓦片	
3	高陌村东北30米	一般	100×80	0.6—1.8	豆、盆、瓮、板瓦、筒瓦	
16	"小平台"西200米	一般	250×100	0.3—2.3	豆、盆、釜、鬲、板瓦、筒瓦、牛瓦当	
17	"张公台"西100米	一般	200×130	0.4—1.6	板瓦、筒瓦	
24	高陌村北700米	一般	200×200	0.4—2.3	陶片、瓦片	
25	武阳台村西南500米	一般	45×80	0.6—1.8	豆、盆、釜、罐、带戳记豆把	
26	武阳台村西南200米	一般	122×54	0.7—2.8	陶片	
27	武阳台村西400米	一般	30×70	0.3—1.8	瓦砾堆积	

注：1. 有"＊"者为复查遗址，以《燕下都城址调查报告》中提到的为准。

2. 文化层深、厚度：前为文化层上距地面的深度，后为文化层下距地面的深度，两者之差，即文化层厚度。

3. 主要遗物：仅个别可以复原，所指皆按器形而言；板瓦、筒瓦亦属残片。

表二　　"虚粮冢"墓区墓葬勘察登记表　　　　（单位：米）

墓号	封土						夯层厚	钻探结果
	地面以上	地面以下（封土四周）						
	南北×东西×高	东	西	南	北	厚		
1	50×45×7.5	7	2	8	7	2	0.15	从封土顶中央钻探，0—15是夯打花土，未下探
2	4.5×9×3	18	12	18	9	2	0.15	从封土南侧中部钻探，0—8是夯打花土，同深发现青灰底，下是白胶泥土
3	40×38×9.5	10	12	10	12	2	0.15	从封土北侧距地面高4.4米处钻探，0—4.9夯土，4.9—6.9红烧土，6.9—10夯土，10—10.6红烧土，因坚硬未下探

墓号	封土						夯层厚	钻探结果
	地面以上	地面以下（封土四周）						
	南北×东西×高	东	西	南	北	厚		
4	55×55×11.4	0	5	0	6	2	0.13—1.18	从封土北侧距地面高6米处钻探，0—8.6夯土，以下坚硬未探
5	18×20×2	0	0	4	7	2	不明	从封土顶中央钻探，0—5夯土，5—7"淤土"，7—8夯打花土，8—9.3红烧土，甚坚，以下见水
6	18×15×3.6	7	5	6	7	1.8	0.18	从封土顶中央钻探，9.5以上夯打花土，9.5—10.2红烧土，10.2—10.6黑灰土，10.6—11黑炭，下见水
7	52×48×9.5	8	7	7	5	2	0.13	从封土顶中央向下9全是夯土，因坚硬未下探
8	18×18×7	6	14	5	15	1.5	0.1—0.13	从封土北侧中部钻探，0—2夯土，2—3淤土，3—3.05木炭，下仍有零星木炭，4.6发现松香、红漆
9	22×22×5	7	7	8	6	1.8	0.17	从封土顶中央向下10.5是夯打花土，下面"淤土"与夯土相间，14.2发现青灰泥
10	45×48×11	7	7	18	7	2	0.12—0.15	从封土北侧距地面高2.6米处钻探，0—0.6夯土，0.6—1红烧土，1—2淤土、乱夯土，2—2.1白灰，下为花土，9.4处因土质软未下探
11	30×30×6	4	4	7	8	1.6	不明	从封土顶中央钻探，0—15夯打花土，下有"淤土"，15.4见红漆
12	15×15×3.5	7	7	7	7	2	不明	从封土顶中央钻探，0—8.5夯打花土，下有"淤土"，10现板灰、漆皮，颜色鲜艳，10.8到底
13	54×51×15	10	7	7	7	2	0.13—0.17	由于封土高大，未钻探

表三　"九女台"墓区墓葬勘察登记表　　　　（单位：米）

墓号	封土						夯层厚	钻探结果
	地面以上	地面以下（封土四周）						
	南北×东西×高	东	西	南	北	厚		
14	41×46×6.5						0.15	从封土顶中央钻探，0—13夯土，下因夯土甚坚，未钻探
15	40×32×6.5	8				2	0.15	从封土顶中央钻探，0—12夯打花土，12—13.6淤土，夹杂夯土块，13发现一薄层似板灰灰土，13.6以下胶土

墓号	封土						夯层厚	钻探结果
	地面以上	地面以下（封土四周）						
	南北×东西×高	东	西	南	北	厚		
16	38×36×7	6	6	8		2	0.15	从封土顶中央钻探，0—9 夯土，9—9.2 红烧土，因太坚硬，未下探。1964 年上半年发掘，为战国墓
17	30×22×6.6	7	7	6	6	2	0.10	从封土顶中央钻探，0—9.3 夯土，9.3—15.4 红烧土，甚坚、颜色鲜红，15.4 下蚌壳，经火烧成黑灰色，到 30.2 即停
18	28×23×5.6		10	2	8	2	0.15	从封土顶中央钻探，0—5 夯打花土，5—9.3 "淤土"与夯土相间，9.3—9.4 木炭，下蚌壳，到 10.2 停止
19	32×34×7						0.15	从封土顶中央钻探，0—8.5 夯土，8.5—10 花土，10 红烧土，10.2—13.55 极坚硬红烧土，颜色很红，因太硬未下探
20	34×25×6.3				2	2	0.15	从封土顶中央钻探，0—13 夯打花土，13—13.5 木炭，13.5—14.3 蚌壳，因坚硬未下探
21	32×27×6	3	6	8	7	2	0.15	从封土顶中央钻探，0—9 夯打花土，9—13.2 花土、"淤土"，13.2 探出一段鸡腿骨，13.3—13.45 见板灰，13.55 到生土
22	32×30×6	4	5	12	4	2	0.15	从封土顶中央钻探，0—13 夯打花土，13—13.5 淤土，13.7 青灰泥，13.9 生土（黏砂土）
23	12×8×3.5	8	7	8	12	2	0.15	从封土北侧中部地面钻探，0—7 乱夯土夹炭渣，7.8 见水

表二、三中夯法均为窝夯。

表四　西城墓葬勘察登记表　　　　　　　　　　　　（单位：米）

墓号	现存封土（南北×东西×高）	夯法	夯层厚	钻探结果
24	26×29×4	窝夯	0.15	从封土顶中央钻探，0—6 夯土，6—8.2 夯打花土，8.2 发现青灰泥，下为生土
25	30×30×4.7	窝夯	0.13	从封土顶中央钻探，0—6.2 夯土，6.2—8.2 "淤土"、花土，下是红烧土，因太硬只探了 0.5
26	20×20×5.9	窝夯	0.08—0.13	从封土中腰钻探，0—5 夯土，5—9 夯打花土，9.4 发现板灰，9.4—9.6 木炭，下为生土

墓号	现存封土 （南北×东西×高）	夯法	夯层厚	钻探结果
27	16×16×5.9	窝夯 柱形夯	0.09— 0.13	只残存部分封土，从挖去封土的地面钻探，0—0.5 夯土，0.5—2.1 淤土、花土，2.1—5.5 红烧土，5.55 发现板灰，5.55—5.8 红烧土，下见水
28	25×20×5.3	窝夯 柱形夯	0.1— 0.13	从封土顶中央钻探，0—5.3 夯土，5.3—7.7"淤土"，7.7—9.1 花土，并有少许炭渣，9.1 发现板灰，9.1—9.8 木炭层，9.8—9.9 红烧土，下为青砂

原载《考古学报》1965 年第 1 期

（图　版　壹）

1. 西城西垣南段（东南向）

2. 西城西垣南段夯土层（东向）

3. 西城西垣南段夯土层（西南向）

4. 西城西垣中间门阙（西向）

5. 西城南垣绳眼痕迹（南向）

6. 西城南垣断面（东向）

（图　版　贰）

1. 西城南垣西段夯窝（俯视）

2. 西城南垣西段铺草痕迹（俯视）

3. 东城内"隔墙"地面上的城垣

4. 西城南垣西段草绳痕迹

5. 西城西垣南段绳眼和绳痕

6. 东城东垣墙基破坏情形（东北向）

（图　版　叁）

1. 1 号建筑基址（武阳台，北向）

2. 2 号建筑基址（望景台，南向）

3. 3 号建筑基址（"张公台"，西向）

4. 4 号建筑基址（老姆台，西向）

5. 5 号建筑基址（"老爷庙台"，南向）

6. 8 号建筑基址（"小平台"，北向）

（图　版　肆）

1.“九女台”全景

2.6号建筑基址（“路家台”，北向）

3.7号建筑基址（“朱家台”，北向）

4.10号建筑基址（“炼台”，北向）

5.9号建筑基址

（图　版　伍）

1. 双兽饕餮纹半瓦当

2. 三角纹地饕餮纹半瓦当

3. 树木对兽纹半瓦当

4. 武阳台出土陶下水道管

5. 云山纹半瓦当

6. 武阳台出土陶下水道管

河北易县燕下都故城出土遗物

（图　版　陆）

1. 陶鬲

2. 栏板砖

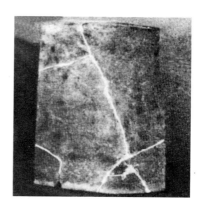
3. 板瓦

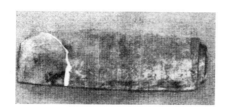
4. 筒瓦

6. 镞范和铤范

5. 筒瓦

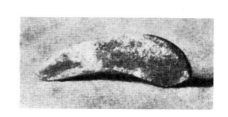
7. 石镰

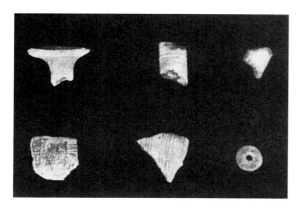
8. 西城西桓墙基出土遗物

9. 汉代卷云纹瓦当

河北易县燕下都故城出土遗物

河北名胜古迹

河北人民出版社·1982 年第 1 版

前　言

　　河北省历史悠久，山河壮丽，有灿烂的文化和光荣的革命传统，有优美的风景名胜。绚丽多姿的名胜古迹遍布全省各地。为了向广大读者介绍河北的名胜古迹，向广大旅游者提供欣赏、游览河北名胜古迹的方便，向一些爱好者和有关部门提供必要的参考材料，我们编写了这本小册子。

　　本书介绍的四十二处名胜古迹中，有我省的全国重点文物保护单位二十一处，它们是：冉庄地道战遗址、响堂山石窟、安济桥（大石桥）、永通桥（小石桥）、定县开元寺塔（料敌塔）、广惠寺华塔、义慈惠石柱、赵州陀罗尼经幢、隆兴寺、万里长城——山海关、普宁寺、普乐寺、普陀宗乘之庙，须弥福寿之庙、避暑山庄、沧州铁狮子、赵邯郸故城、燕下都遗址、封氏墓群、清东陵、清西陵（参见《河北省名胜古迹分布示意图》）。

　　在整理资料和编写过程中，曾得到许多同志的热情帮助和大力支持，特别是国家文物事业管理局著名古建工程师罗哲文同志，对本书初稿进行了认真的审阅，提供了许多宝贵的意见。在这里，谨向罗哲文同志和所有给予帮助的同志，致以最衷心的感谢。

　　本书力求资料翔实，介绍准确、生动，富有知识性和一定的趣味性。由于水平所限，疏漏和不妥之处在所难免，请读者批评指正。

作　者
1981 年 6 月

河北省名胜古迹分布示意图

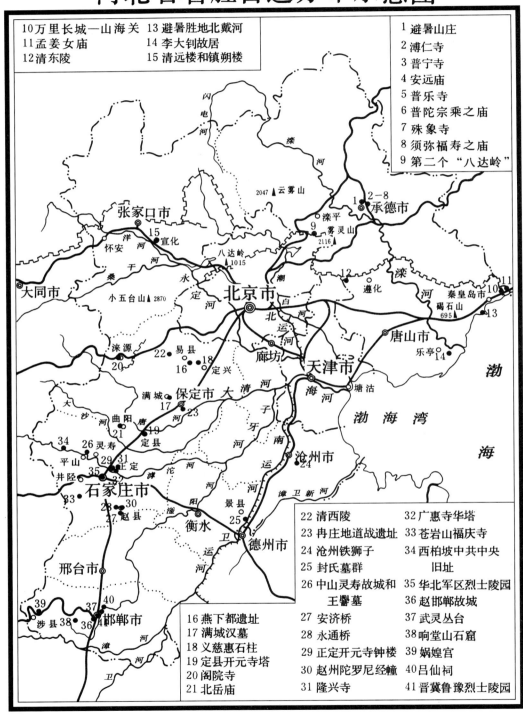

河北省名胜古迹分布示意图

避暑山庄

避暑山庄,原是清代皇帝避暑和从事各种政治活动的地方,也叫热河行宫或承德离宫。它位于承德市区北半部,规模宏大,占地面积约五百六十万平方米,合八千四百多市亩,是我国现存规模最大的古代园林。

避暑山庄周围环绕着"虎皮墙",随山势而起伏,因地形而变化,气势雄伟,长达二十华里。南面有三个门,中为丽正门,东为德汇门,西为碧峰门;东北有惠迪吉门,也称北门;西北有西北门。另有流杯亭门和仓门等专用门。

避暑山庄不仅文物古迹琳瑯满目,而且是我国北方难得的自然风景区。山庄内有康熙(玄烨)皇帝和乾隆(弘历)皇帝题名的七十二景。康熙皇帝题名的三十六景均以四字为名:

1. 烟波致爽
2. 芝径云堤
3. 无暑清凉
4. 延薰山馆
5. 水芳岩秀
6. 万壑松风
7. 松鹤清越
8. 云山胜地
9. 四面云山
10. 北枕双峰
11. 西岭晨霞
12. 锤峰落照
13. 南山积雪
14. 梨花伴月
15. 曲水荷香
16. 风泉清听
17. 濠濮间想
18. 天宇咸畅
19. 暖溜暄波
20. 泉源石壁
21. 青枫绿屿
22. 莺啭乔木
23. 香远益清
24. 金莲映日
25. 远近泉声
26. 云帆月舫
27. 芳渚临流
28. 云容水态

29. 澄泉绕石	30. 澄波叠翠
31. 石矶观鱼	32. 镜水云岑
33. 双湖夹镜	34. 长虹饮练
35. 甫田丛樾	36. 水流云在

乾隆皇帝题名的三十六景，均以三字为名：

1. 丽正门	2. 勤政殿
3. 松鹤斋	4. 如意湖
5. 青雀舫	6. 绮望楼
7. 驯鹿坡	8. 水心榭
9. 颐志堂	10. 畅远台
11. 静好堂	12. 冷香亭
13. 采菱渡	14. 观莲所
15. 清晖亭	16. 般若相
17. 沧浪屿	18. 一片云
19. 苹香泮	20. 万树园
21. 试马埭	22. 嘉树轩
23. 乐成阁	24. 宿云檐
25. 澄观斋	26. 翠云岩
27. 罨画窗	28. 凌太虚
29. 千尺雪	30. 宁静斋
31. 玉琴轩	32. 临芳墅
33. 知鱼矶	34. 涌翠岩
35. 素尚斋	36. 永恬居

整个避暑山庄湖水碧澈，山峦苍翠，林木葱茏，殿宇巍峨，有各类建筑一百多处，可分为宫殿区和苑景区两大部分。

宫殿区

宫殿区在山庄南部，是清代皇帝处理政务、举行庆典、会见外国使臣和帝后居住的地方，包括正宫、松鹤斋、万壑松风和东宫（已无存）四组建筑。

正宫在宫殿区的最西边，是清帝处理政务和居住的主要场所。它的平面呈长方形，周围有围墙与其他建筑隔开。在南北中轴线上，由南而北排列着丽正门、避暑山庄门、澹泊敬诚殿、四知书屋、烟波致爽殿、云山胜地楼。在其两侧，还布置了一系列的对称的建筑物。

丽正门是正宫的正门。上为城楼，下开三座门。中门上方用满、藏、汉、维、蒙五种文字题"丽正门"三字。门前两侧分置石狮和下马碑。迎门是高大的红色照壁。按清朝规定，只有清帝和太皇、太后才能由中门出入，文武官员和少数民族的王公贵族只能从左右侧门进出。

避暑山庄门位于内朝房北，是一座五间建筑的大门，因悬康熙皇帝题"避暑山庄"匾额而得名。两侧墙上有乾隆皇帝的诗刻石。门前置一对精工铸造的铜狮子。清帝经常在这里检阅近侍射箭比赛和接见官吏，所以也称阅射门。

澹泊敬诚殿俗称"楠木殿"，在避暑山庄门内四合院里，坐北朝南，是正宫的主体建筑。面阔七间，进深三间，周围有廊，单檐歇山式，布瓦顶。整个大殿全部构件均用珍贵的楠木制成，不施彩绘，保持本色，散发着一股馥郁的清香。它的隔扇、天花板等都饰以精致的雕刻图案。特别是天花板心，每间一百零八块，都有万字、寿字、蝙蝠、卷草等深浮雕纹饰，是雕刻艺术的杰作。地面全铺花斑石。殿内北山墙当中三间是隔扇门，两侧四间为墙壁，壁上安装书橱，原为存放《古今图书集成》的地方。东西山墙上原挂有清代全国大地图《皇舆全图》。该殿是避暑山庄的正殿，各种隆重的"大典"，如皇帝过生日，正式接见文武大臣、少数民族王公贵族和外国使节等，大都在这里举行。

四知书屋在楠木殿北面，面阔五间，进深三间，硬山式建筑。原康熙皇帝题名为"依清旷"，后乾隆皇帝改题为"四知书屋"。清帝常在这里个别召见少数民族的王公贵族。乾隆皇帝就曾先后在这里接见了来承德的六世班禅和土尔扈特蒙古渥巴锡汗。

四知书屋北面是栉比而列的十九间房，名为"万岁照房"。它把正宫分成"前朝"和"后寝"两部分。

后寝是皇帝居住的地方。寝宫的主体建筑是烟波致爽殿，康熙皇帝以"四周秀丽，十里平湖，致有爽气"而题此名。殿面阔七间，进深三间，歇山式布瓦顶。这座殿宏敞阔朗，殿内布置富丽堂皇，中间两间设宝座，两间设佛堂，最西一间为皇帝寝宫。嘉庆（颙炎）和咸丰（奕詝）两个皇帝就死在此殿。寝宫的东西各有一座小院，叫东所和西所，与寝宫有侧门相通，是后妃居住的地方。当年，慈禧就住在西边的小院里。1861 年咸丰皇帝死后，她在这里阴谋策划，终于篡夺了清朝的统治大权。

寝宫后面的云山胜地，是一座二层楼建筑。楼前有玲珑的假山，假山上有蹬道，拾级而上，可达二楼。

松鹤斋在正宫东边，与正宫平行排列，布局和建筑也类似正宫。原来庭中养鹤，遍植古松，景致清雅，是乾隆皇帝的母亲和嫔妃的住所。大殿七间已无存，现存主要建筑只有一座"畅远楼"。它与正宫后部的云山胜地楼相似，为歇山式建筑。

万壑松风位于松鹤斋正北，由万壑松风殿（纪恩堂）、鉴始斋、静佳室等建筑组成。整个建筑据岗临湖，布局参错，灵活多变，颇有南方园林建筑风格，与前面严整的四合院建筑格调迥异。

万壑松风殿是这组建筑的主殿。后来，乾隆皇帝为了纪念康熙帝，将它改为"纪恩堂"。面阔五间，进深二间，周围有廊，歇山顶。当年康熙皇帝常在这里读书、批阅奏章和接见官吏。

南面正对纪恩堂的建筑是鉴始斋，面阔三间，是乾隆皇帝少年时读书的地方。

东宫在松鹤斋东面，地势较低，南对德汇门，北临湖畔。这组建筑 1945 年焚于大火。原有前殿、清音阁（大戏楼）、福寿园（看戏处）、勤政殿（清帝处理朝政的别殿）和卷阿胜境殿等。

卷阿胜境殿坐落在湖岸。殿内有乾隆皇帝写的"五福五代堂"匾额，是乾隆皇帝奉母进膳的地方，1933 年被日本侵略军烧毁。1979 年已经修复。

苑景区

避暑山庄的苑景区包括湖区、平原区和山区三个部分。

湖区在宫殿区北面。这里湖光变幻，粼粼闪烁，洲岛错落，楼阁亭榭掩映，花木葱茏，景色宜人，呈现出一派江南风光。它是山庄风景的中心。

湖区水面广阔，现有水面约四百八十亩，仅及原来的三分之二。湖沼总称为塞湖，被洲岛桥堤分割为澄湖、长湖、西湖（无存）、半月湖（无存）、如意湖、银湖和镜湖。湖面上分布着月色江声、如意洲、青莲岛、金山、戒得堂、清舒山馆、文园狮子林、环碧（千林岛）等十来个大小不同，形式各异的洲岛。湖区主要建筑群有：水心榭、文园（无存）、清舒山馆（无存）、戒得堂（无存）、月色江声、如意洲、烟雨楼、金山等。

水心榭是一处重要风景点，在卷阿胜境殿北。湖上架石为桥，桥分三段。南北两段石桥上各建亭一座，中间一段石桥上建三楹重檐水榭。三座建筑并列，结构紧凑，比例匀称，恰如一只精雕细刻的游船，在湖心荡漾。亭内雕栏朱柱，周围垂柳袅娜。每当夏季，亭内凉风拂面，荷香沁人心脾，远山近水，令人心醉神迷。

水心榭下有水闸八孔，俗称"八孔闸"。它使湖水保持一定水面，外低内高。榭的四周胜景多姿，相映成趣。

月色江声是水心榭北面的一组建筑。因门殿悬挂"月色江声"匾额而得名。三面环水，风景秀丽。建筑布局基本上采用了北方四合院形式前后布列。南面临湖三间为门殿（月色江声）。西有冷香亭，因湖内荷花盛开，清香袭人而取名。人们常在此观赏水色，享受荷风萍香。门殿北依次为静寄山房、莹心堂和湖山罨画。静寄山房是皇帝读书的地方。湖山罨画院内的布置采取了南方庭院的艺术处理手法，有假山、藤架，增添了庭院的自然气氛。月色江声岛后有鱼矶，是皇帝和后妃们钓鱼游戏的地方。

如意洲以岛的形状似如意而得名。西南与芝径云堤相连；东南有桥与月色江声相通，是山庄主要风景点之一。岛上主要建筑有：延薰山馆、乐寿堂、观莲所、金莲映日、一片云楼、般若相、沧浪屿等，建筑比较完整，布局比较灵活，利用长廊与短墙分割成数个景区，既有北方四合院的特点，又有南方的园林手法，构成了一组组风景如画的建筑群。

延薰山馆不饰雕绘，朴素雅致，是康熙和乾隆皇帝在湖区接见蒙古王公贵族的别殿。乐寿堂原为康熙皇帝所题"水芳岩秀"，乾隆皇帝为祈祷皇太后长寿而改名为"乐寿堂"。一片云楼为二层建筑，有"白云一片才生岫，瞥眼烟云一片成"的佳趣，是皇帝和皇后，王公大臣们看戏的地方。

乐寿堂东北的一个小区为沧浪屿。有室三楹，后檐北向，窗外临池，西、北、东三面叠石为山，石间古藤盘缘，阶下苔痕萦绿，水从石缝泄出，如白云浮空，堪称如意洲中的园中之园。

烟雨楼位于如意洲西北的青莲岛上。岛为澄湖环绕，独立水中，现有桥与如意洲相连通。烟雨楼是岛上的主体建筑。楼东有青杨书屋，楼西有对山斋。此外，还有散置的方亭、八角亭和耸立在假山之上的翼亭。楼前有游廊与南面的门殿相通。

烟雨楼是仿浙江嘉兴南湖中的"烟雨楼"而建造的。楼为二层，上下各五间，周围有廊。每当夏雨绵绵之际，登楼远眺，水天一色，一片苍茫，其景色无异于南国水乡。

金山在如意洲之东，与如意洲隔湖相对。整个岛全部用石砌筑，峭壁峻崖，突兀湖中，既是岛，也是一座宏伟的假山。乾隆皇帝因其状似紫金浮玉，故题名为"金山"。

金山下有洞府，上为平台。平台上建有天宇咸畅殿，面阔三间。后为上帝阁（俗称金山亭），平面呈八角形，高三层，外有廊，八角攒尖顶，是仿照江苏镇江金山寺的意境修建的。它是湖区最高的多层建筑，也是重要的高视点。阁内有楼梯。循梯而上，有一步一层天之感；登阁四望，面面风景如画。阁西还有镜水云岑殿和半月形游廊等建筑，丰富多姿，错落有致。

热河泉在湖区东北，是整个湖区的结景部分。这里泉水平涌，碧澈见底。每当寒冬季节，湖水结冰，这里不仅水流淙淙，而且早晨湖面热气腾茏，蔚为奇观。

平原区在湖区北面，东界宫墙，西部傍山。这里地势平坦，区域辽阔，是一处面积约千余亩的平原。整个平原区主要分"万树园"和"试马埭"两部分。

万树园古树参天，绿草如茵，一派北国草原风光。原有古榆、苍松、巨槐、老柳，挺拔劲立，麋鹿出没，极富山野情趣。乾隆皇帝经常召集各少数民族政教首领、蒙古王公贵族和随从人员在这里野宴，看烟火、马戏、杂耍，听少数民族音乐。每进行这些活动时，都要临时设置蒙古包和帐篷。他还曾在这里接见了六世班禅和英国使节马戈尔尼。

试马埭在万树园西。这里原是一片绿草地，一切均按蒙古草原的风格布置，修有驰马道。清帝去围场狩猎之前，都要先在这里举行"考牧"仪式，识别马的骏驽和骑马试箭。

在万树园东部和东北部，原有嘉树轩、春好轩、永佑寺和乐成阁等建筑掩映林间。矗立在北部的永佑寺塔，是仿南京报恩寺和杭州六和塔的形式建造的，平面呈八角形，底部有白玉石栏杆平座，上建砖塔，高九层。塔内转梯十层，全部木构。每层檐部用绿琉璃瓦，塔刹为鎏金宝顶，巍然耸立，是山庄内重要风景点之一。

在平原区西部山麓，建有一座高洁素雅的文津阁。阁平面六间，明为二层，实为三层，中间一层为暗层，是藏书库。它是仿浙江宁波范氏天一阁的形式建造的。原藏《古今图书集成》和《四库全书》各一部。《古今图书集成》是康熙皇帝召集朝臣编纂的，用了十年时间才完成初稿。雍正皇帝时又经过三年时间，改编成一万卷、五百二十三函，另编目录二函二十册，总计五百二十五函。《四库全书》编纂于乾隆三十八年至四十六年，全书按经、史、子、集分类，共收书三千四百五十七种，七万九千零七十卷，订为三万六千三百册，约有七亿七千四百九十三万字，是我国最大的一部丛书。

文津阁前有泉石园林，假山上东有月台，西有趣亭。

在平原区南部，沿湖岸自东而西布列有甫田丛樾、莺啭乔木、濠濮间想和水流云在四个亭子，既点缀风景，又可坐览湖光山色。

山区在整个山庄的西北部，约占避暑山庄面积的五分之四。起伏的山峦，横亘全区，松云峡、梨树峪、榛子峪、西峪等幽谷奇峡，环峰直下。山内溪流纵横，峰回路转，清雅幽静，极富山村气息。峻峭叠翠的峰峦，犹如一道天然屏障，阻挡了冬季西北风对湖区和平原区的袭击，对调节山庄气候起着重要作用。

山区原建筑众多，有寺庙，有亭榭轩斋。这里的寺庙较之山庄其他部分建筑，尤其富丽堂皇。解放前，这些建筑均已被毁坏。解放后，已恢复了南山积雪、四面云山和锤峰落照三个亭子。它们和北枕双峰亭，分别坐落在山区的四个主要高峰上。登临亭间，视野开阔，可以从不同角度观赏全园风景，还可以分别远眺磬锤峰、蛤蟆石、天桥山、僧帽山、罗汉山，以及黑山和金山等壮丽名胜；金碧辉煌的外八庙奇景，也历历在目。

避暑山庄自康熙四十二年（公元 1703 年）开始修建，历经八十七年的时间，到乾隆五十五年（公元 1790 年）才最后告竣。它是根据清朝统治者的政治和生活需要而建造的，体现了清代前期我国统一多民族国家的巩固与发展的主题思想。它以独特的手法，继承了我国南北园林建筑艺术的优秀传统，模拟我国南北的地理风貌，构成了祖国锦绣河山的缩影。当时的劳动人民，以自己高度的智慧和无与伦比的才能，为我们留下了这座举世罕见的名苑。

外八庙

　　在避暑山庄的东面和北面，星罗棋布的分布着一组寺庙建筑群，这就是举世闻名的外八庙。

　　外八庙原有寺庙十一座，其中溥善寺、普佑寺、广安寺、罗汉堂已无存，现仅存七座。它们是溥仁寺，普宁寺、安远庙、普乐寺、普陀宗乘之庙、殊象寺、须弥福寿之庙。这十一座寺庙是自康熙五十二年（公元 1713 年）至乾隆四十五年（公元 1780 年）间陆续修建的，与避暑山庄的营建时间大体相同。因当年十一座寺庙中有八座分八处办事机构管理，位置又在避暑山庄之外，所以习惯上称为"外八庙"。

　　在清朝前期，特别是在康熙和乾隆时期，中央政府集中力量解决北部和西北部边疆及西藏问题。在这个过程中，为了团结各少数民族上层人物，巩固中央政权，清政府采取"因其教，不易其俗"的政策，建造了这些庙宇，供来承德朝见清朝皇帝的各少数民族王公贵族观瞻和居住。外八庙记录了清政府对我国边疆少数民族加强管理的历史，在一定程度上反映了我国多民族国家进一步巩固和发展的进程。

　　气势宏伟的外八庙在布局上匠心独运，建筑构思非常合理。它宛如众星捧月，烘托着避暑山庄，并与山庄遥相呼应，交相辉映，组成为一个不可分割的建筑群体。

　　外八庙在地形的选择和利用上，是非常成功的。各庙虽都依山傍水，坐落在向阳之处，但又或平地，或山坡，各选风景佳美之地。它运用我国造园借景的传统方法，既巧妙地利用了自然风景和地势，又充分照顾到各庙之间的互相联络和因借，还周密地考虑到山庄景色的呼应要求，从而构成了和谐壮丽的景观。

　　外八庙的建筑，集中、融合并发展了我国汉、藏等各民族的建筑艺术。殿、阁、楼、亭、廊、塔、白台、红台等丰富多采的建筑造型琳琅满目；大面积使用黄、红、白、绿、黑等单色或间色的建筑色彩于对比中求得和谐，不愧为一组辉煌的建筑艺术杰作。

溥仁寺

溥仁寺位于武烈河东岸的山麓下。它依山傍水，坐落平原。渡桥入寺，清幽宜人，大有"带水尘风隔，屏山秀色融"之感。庙宇坐北朝南，占地面积三万七千六百平方米。原来主要建筑有：山门、钟楼、鼓楼、天王殿、东西配殿、正殿、后殿等。这些建筑布置在一条南北中轴线上及其左右两侧，匀称而规整。其平面布局和建筑造型都纯粹是汉族寺庙形制。

现存主要建筑有正殿和后殿。正殿称慈云普阴殿，面阔七间，进深五间，单檐歇山式黄琉璃瓦顶。殿内天花为"六字真言"图案，北面正中三间坛上供三世佛，东西两侧坛上置有十八尊罗汉。这些佛像都是用贵重的鬃漆夹纻造，艺术价值较高。殿前左右，有汉、满文字石碑各一通，上刻康熙皇帝撰写的《溥仁寺碑记》。

后殿又称宝相长新殿，面阔九间，进深三间，硬山式灰瓦顶。殿内放置九尊无量寿佛，表示对长寿的希求。殿内天花也是"六字真言"图案，质朴而高洁。

溥仁寺创建于康熙五十二年（公元 1713 年）。这时，清政府平定了漠北厄鲁特蒙古准噶尔部上层反动分子噶尔丹的武装叛乱，加强了对漠北、漠南、喀尔喀等蒙古地区的行政管理，巩固了北部边疆。蒙古各部与清中央政府的关系日益密切。在康熙皇帝六十岁生日时，蒙古各部王公贵族来山庄祝贺，并请求建立寺庙为皇帝祝福和纪念这次盛会。康熙皇帝欣然同意，并指定地点修建了溥仁寺和溥善寺。这是外八庙中建造年代最早的寺庙，也是康熙时期修建的仅有的两座庙宇。可惜溥善寺已倒塌无存。

普宁寺

普宁寺位于避暑山庄东北五里处，背靠松树岭，武烈河萦绕其前。寺庙依山就势，气势磅礴壮丽。因寺内主阁大乘之阁内有一尊巨大的木雕佛像，所以俗称为"大佛寺"，中外驰名。

寺内建筑分前后两部分，布局和形制极富特点。大雄宝殿之前为前半部，建筑布局规整，有明显的中轴线，为一般汉族寺院建筑形式。大雄宝殿以后为后半部，建筑依据地势的高低变化，布局比较灵活，但着意突出了主体建筑大乘之阁，为藏族寺庙建筑形式。整个寺庙虽有前后布局的不同，但因前半部分的建筑是对称规整的，所以仍给人以严谨均衡的感觉。

普宁寺规模宏大，建筑物保存也最为完整。寺的山门南向，正对避暑山庄，面阔五间，单檐歇山式琉璃瓦顶，内置哼哈二将塑像。

山门内东为钟楼，西为鼓楼。中间有一座碑亭，平面呈三间方形，重檐歇山式建筑。亭内竖立三通高大的石碑：中间一通为乾隆皇帝御制《普宁寺碑文》，记述了修建普宁寺的经过；东边一通《平定准噶尔勒铭伊犁之碑》和西边一通《平定准噶尔后勒铭伊犁之碑》，分别记载了清政府平定厄鲁特蒙古准噶尔部达瓦齐、阿睦尔撒纳叛乱的经过，是十分珍贵的历史文物资料。三通碑均为方形，用满、汉、蒙、藏四种文字镌刻。

天王殿面阔五间，进深三间，单檐歇山顶。殿内两侧置四大天王：手持琵琶的是东方持国天王，手持宝剑的是南方增长天王，手持蛇的是西方广目天王，手持宝幢的是北方多闻天王。殿内主尊是弥勒佛化身的布袋和尚。

雄伟的大雄宝殿是该寺前半部分的主体建筑，东西有配殿各五间。大雄宝殿面阔七间，进深五间，重檐歇山顶。在正脊中央置铜制鎏金舍利塔，以链条与殿顶连接，不仅增加了稳固性，而且也是一种装饰。殿顶覆盖黄琉璃瓦，到檐口改镶绿琉璃瓦，黄顶绿边，分外别致。整个殿建在高大的须弥座台基上，上置石栏杆，前出宽大的月台，有出阶。台基四角有螭首。殿内中央置巨大的三世佛，两侧石坛上有十八罗汉像。墙面绘有以佛教故事为题材的壁画，颜色鲜艳，形象活托动人。

在大雄宝殿后，有九米高的石砌金刚墙，设有踏道可通后部。它是普宁寺前后部分的分界。根据普宁寺碑文所记，后半部分建筑是按照佛教宇宙观设计的，表现了完整的佛国世界的形象，有着浓厚的宗教色彩。

这组建筑建在一个高出前部地面达九米的石台上。主体建筑大乘之阁，坐落在石台的正中央，体量宏大，高达三十六点七五米。在体型的组合上，大乘之阁采用了汉族建筑的楼、阁、殿、亭等多种形式。面阔七间，进深五间，正面外观为六层，背面四层，两侧五层。内部层次与外观层次不一，为三大层。外观三层以上统属于内部的第三层。

大乘之阁从第四层起，面阔和进深向上逐渐收分，第五层面阔只有五间，进深只有三间，其四角的一间，各单独建造成一个呈方亭形攒尖顶，上置鎏金铜宝顶。中间部分则高出一层，略微内收，上面建造大方亭形攒尖顶，其上置巨大的鎏金铜宝顶。从外观上看，在不同的高度上耸立着五个攒尖屋顶，四角四个小的，簇拥着中央一个大的，不仅高低错落，造型美观，而且增强了建筑的纵向感觉，在建筑史上具有很高的价值。

大乘之阁正中矗立着我国也是世界上最大的一座木雕大佛——密宗神，名叫大悲金刚菩萨，是西方三圣之一。大佛有三只眼睛，表示知道过去、现在和未来三个时代。

大佛头顶上的立像和帽子上镶嵌的坐像，是无量光佛。立像高约一点四米，它是大佛的老师，置于头上是表示尊敬的意思。

大佛高二十二点二八米，腰围十五米，重约一百二十多吨，俗称"千手千眼菩萨"。实际上它全身只有四十二只手，四十三只眼。手中持有刀、枪、箭、戟和轮、螺、伞、盖、花、罐、鱼、肠、日、月、铃、杆、哈达等法器；左手托日代表人体左部血的运行，右手托月代表人体右部气的运行。

关于大佛的构造，民间流传它是由一棵巨大的老榆树雕刻而成的。实际并非如此。大佛内部中空，由一木构架支承着全部身躯与四十二只手臂，用松、柏、榆、杉、椴五种木材雕刻而成，共用材一百二十多方。大佛腰部以下用十五根圆木围圆，中心柱是一根直径六十五厘米、高达二十五米的通柱，直通头部，做为骨干。腰部密铺木板一层，板上四角各立一根圆木，在圆木之上用钩环连挂的办法，分前后两层安装四十二臂。木架结构用三层木板将框架层层围住，分层雕刻衣纹，通体饰以金箔，灿烂辉煌。整个大佛体态匀称，雕工精细，衣纹潇洒，造型生动优美，是我国木雕艺术的杰作。

大佛两侧的善才、龙女立像，高约十四米。两侧壁面上有一万一千三百多个小佛龛，俗称"万佛龛"。龛内置雕刻精美的贴金无量寿佛，解放前被军阀盗窃一空。

在大乘之阁的四周，布置了喇嘛宝塔四座，均由台基、塔身和相轮等部分组成。塔身形态各异，用白、绿、红、黑等色釉砖镶嵌。塔上做成"如来八宝"等装饰。白塔上是法轮，绿塔上是法螺，红塔上是莲花，黑塔上是宝杵。这四座塔分别代表着佛的"四智"，也是代表构成世界的地、金、水、风四种元素。

四座重层白台，象征着佛教世界的四大部洲：东为胜神洲，西为牛贺洲，南为瞻部洲，北为俱卢洲。两座长形白台，上建日光殿和月光殿，象征着日月环绕佛身。

在大乘之阁东侧南端有一组建筑，自成院落，为妙严室，是乾隆皇帝登大乘之阁时的小憩处。在西边，与妙严室对称的一个院落，是讲经堂。阁前方有一座梯形殿，前宽后窄，殿顶为庑殿式，位于金刚墙坎墙的正中。阁北后部的山崖上，还有方阁一座。这些建筑都簇拥着大乘之阁，使这一组建筑，更显得主次分明，严谨富丽。

普宁寺建于乾隆二十年（公元 1755 年）。这一年，清政府平定了厄鲁特蒙古准噶尔部达瓦齐叛乱。乾隆皇帝在避暑山庄大宴厄鲁特蒙古四部（准噶尔、都尔伯特、辉特、和硕特）的上层人物，并分别封以汗、王、贝勒、贝子等爵衔。因为他们信奉喇嘛教，所以乾隆皇帝下令"依西藏三摩耶庙之式"建造普宁寺，以为纪念。三摩耶是藏语，就是汉语的三阳或三羊，意即三阳开泰、吉祥如意。所谓"依西藏三摩耶之式"，是指普宁寺后半部分的布局和建筑而言。

安远庙

安远庙坐落在避暑山庄东部，武烈河对岸的岗阜上。平面布局呈长方形，具有方整密合的风格。内外三层围墙，最内层原是用六十四间群房连接而成的围廊。廊内绘有释加牟尼一生演化的故事壁画，名为"佛国源流"。现仅存基址。

普渡殿是安远庙的主体建筑，高大宏伟。平面呈方形，规则整齐。殿高三层，底层为西藏堡垒式建筑形式，但没有藏式梯形盲窗。上两层为重檐歇山顶，覆盖黑色琉璃瓦，显得庄严肃穆，富于宗教气氛。殿内正中有大型木雕地藏王像，四壁绘有佛教故事题材的壁画，虽有剥落，但仍历历可观。

殿前置卧碑一通，上刻乾隆皇帝撰写的《安远庙瞻礼书事（有序）》，它以叙事诗的形式记载了乾隆皇帝修建安远庙的目的。

安远庙建于乾隆二十九年（公元1764年），是沿习固尔扎庙旧制修建的。原来，每到夏季，新疆准噶尔部远近牧民都要到伊犁河北岸的固尔扎庙进行宗教活动。后来，阿睦尔撒纳叛乱，这座漠北首屈一指的固尔扎庙焚于战火。1759年，准噶尔的达什达瓦部六千余人，迁居承德，住在岗下的川谷地带和普宁寺周围。准噶尔部和厄鲁特蒙古其他各部首领每年夏季也都来避暑山庄聚会。乾隆皇帝为了满足他们进行宗教活动的要求，命"肖固尔扎庙之制"，修建了安远庙。乾隆皇帝在安远庙碑文中说，他修建安远庙绝不仅是为了满足准噶尔部众的宗教信仰，还为了"绥靖荒服，怀柔远人，俾之长享乐利，永永无极。"

安远庙建成之后，每年夏季，各少数民族王公贵族来承德朝见清帝时，都在这里集会，诵经踏步，进行宗教活动。

普乐寺

普乐寺位于武烈河东岸、磬锤峰下的岗峦上。平面呈长方形。建筑分前后两部分，前部从山门至宗印殿，中轴线明确，建筑比较规整。

山门为单檐歇山顶，门前置石狮一对。进山门，左右是钟楼和鼓楼。正面是天王殿，面阔五间。殿脊用云纹花琉璃瓦，脊上安置三座琉璃喇嘛塔。殿内置四大天王，中间为布袋和尚与韦驮像。穿过天王殿，正面是宗印殿，两侧为配殿。

宗印殿是该寺前部的主要建筑，宏伟高大，面阔七间，进深五间，重檐歇山式琉璃瓦顶。殿脊装饰色彩缤纷的琉璃饰件，用黄琉璃件组成的数条黄龙贯穿起来。正中嵌置大型琉璃喇嘛塔一座，两侧是佛教八宝。殿内供巨大的三世佛，两侧是八大菩萨。天花为喇嘛教"六字真言"图案。配殿各五间，南配殿叫慧力殿，北配殿叫胜因殿，殿内各置怪金刚像。

普乐寺前半部建筑无异于一般佛教寺庙，基本上是汉族寺庙布局，但在一些建筑细部，也具有喇嘛教的建筑手法。

普乐寺后半部分的主体建筑是阇城和旭光阁。阇城是一座用砖石建造的方形台子。它实际是一座巨大的"曼陀罗"实物。曼陀罗是"坛"或"道场"的意思，在佛经中它是圣贤集会的地方，取万德交归之意。阇城高三层，造型颇具特色。

第一层墙四面有门，西为正门，墙内连接四门的是七十二间单层群房，已无存。第二层墙则是阇城的本身，四周墙上有雉堞，类似城墙。从正中入口左右双行蹬道可通二层顶部。在四角和四边中央部位，各建一座琉璃喇嘛塔，造型别致，色彩艳丽。在四角的是黄色，在前面中央的是紫色，背面的是黑色，南面的是青色，北面的是白色，似取"青龙"、"白虎"、"朱雀"、"玄武"之意。在二层南北两面正中设有单行蹬道，可达顶层。顶层四周有石栏杆围绕，正中台座上建有圆形殿宇，外形与北京天坛祈年殿相仿，乾隆皇帝题名为"旭光阁"。

旭光阁建在圆形殿座上，内外槽各有柱十二根，上覆重檐黄琉璃瓦圆顶。在阁内圆形石须弥座上，建有大型立体"曼陀罗"模型。这种立体"曼陀罗"，除印度和我国西藏外，其他地方则非常罕见。曼陀罗用三十七块木头做成，代表着释迦牟尼三十七种学问。曼陀罗中间置胜乐王铜像（俗称欢喜佛）。阁内藻井造型精美，雕刻十分细腻，中央悬有鎏金的二龙戏珠，金光灿烂，是国内罕见的艺术珍品。

普乐寺始建于乾隆三十一年（公元1766年），于次年建成。修建这座寺庙的目的，是因为清政府平定了准噶尔部的叛乱后，西北边疆日益巩固，那里的各民族与清政府的关系日益密切。厄鲁特蒙古杜尔伯特部及哈萨克、布鲁特等少数民族相继来承德朝拜乾隆皇帝，奉表贡物，接受封爵。于是乾隆皇帝从政治上着眼，修建了普乐寺，借以团结蒙古、维吾尔、哈萨克以及布鲁特各族的上层人物，加强中央政权。《普乐寺碑记》，详细地记述了建寺的缘起，就明显地表露了这种意图。

普乐寺建筑在选择和利用地形上匠心独运。它东面远处危崖上的磬锤峰与普乐寺中轴线完全取直，这种精心设计，把天然景物和人工创造巧妙地结合在一起，远眺层次分明，色调各异。金壁辉煌的圆亭子和灰褐色的磬锤峰，周围衬以巍峨的山峦和绿色的田园，巧似一幅美丽的画图。

普陀宗乘之庙

普陀宗乘之庙位于狮子沟北岸的山坡上，与避暑山庄隔沟相望。占地二十二万平方米，由近四十座佛殿、僧房组成。它是外八庙中规模最大的一座庙宇。

普陀宗乘之庙是仿照西藏拉萨布达拉宫的法式修建的。普陀宗乘是藏语布达拉的汉译。因此，该庙还有小布达拉宫之称。

这座庙从山门到琉璃牌楼以前，严格以中轴线布列建筑物，布局均衡整齐。琉璃牌坊以北部分，地形渐趋高起，建筑物自由散置，参差错落，园林气息比较浓厚。

山门南向，下为砖砌城座，中开拱门三个，两侧墙上有雉堞，东西两角有隅阁，原为守望之用。

山门北面正中为碑亭。碑亭四面开拱门，重檐歇山式琉璃瓦顶。亭内置乾隆三十六年立的石碑三通，中间一通为《御制普陀宗乘之庙碑记》，左右分别为《御制土尔扈特全部归顺记》碑和《优恤土尔扈特部众记》碑，都是十分珍贵的历史文物资料。

碑亭以北为五塔门，高十余米，辟三个拱门，上面设有藏式梯形盲窗。顶部建造五座喇嘛塔，形式各异，象征着佛教中的五个教派。五塔门两侧有腰墙横断。门前左右置石雕大象，高二米余，象征着佛教中的大乘教派。

过五塔门，在北面山坡的平台上，建琉璃牌楼一座。为三间四柱七楼形式，两侧附有琉璃护壁，前出月台，置石狮一对。这是乾隆时期通行的式样，与北京北海小西天"须弥春"及香山静宜园等处的牌楼极相类似。

琉璃牌楼以北，有白台、白台僧房、五塔白台、单塔白台等三十多座，自由散置在地势起伏的山坡上，构成了高低错落、极富变化的平面布局。白台有二层或三层不等，平面或长方形，或梯形，很不规则。从外观上看，有的是平顶白台，把木建筑围在里面；有的是因为台基较高，在外面仍能看到耸立于台壁之外的木构建筑顶部，极富变化之妙，充分体现了西藏建筑艺术的独特风格。

在白台如林的北面正中部位，耸立着普陀宗乘之庙的中心建筑大红台，通高四十三米。下部为大白台，高近十八米，台下部用花岗石建造，上用砖砌筑。壁面有三层盲窗。窗饰紫红色，壁面涂白色，红白相间，分外鲜亮。大白台上东西两边原有文殊圣境殿和千佛阁等建筑，现已毁坏无存。

大白台之上矗立着大红台。台高二十五米余，下宽五十九点七米，上宽五十八米。下部仍用花岗岩石料建造，上部为大砖修砌。台的中央部分，自上而下嵌饰着六个琉璃佛龛，内置佛像，外饰黄紫相间的琉璃帏幔。在佛龛左右壁面，排列七层窗户，下层为横置的汉式长方形窗，上六层为藏式梯形盲窗。大红台顶部设女儿墙。墙中央部位建有喇嘛塔和琉璃八宝，转角处安置宝瓶，上插铁旗。

大红台内正中为万法归一殿，平面呈方形，面阔进深各七间，重檐攒尖顶。殿内供有佛像，藻井精致辉煌。

大红台的东侧有卷棚歇山顶的落伽胜境殿，东北角有重檐八角的权衡三界亭，西北角有重檐八角的慈航普渡亭。万法归一殿和两个重檐八角亭，都覆盖着鎏金铜瓦，金光闪耀，与红墙白石相辉映，光彩夺目。

整个大红台建筑，高耸宏伟，巍峨壮丽。它犹如巨城凌空，驾于琳琅满目的白台之上，加之背后蓝天做衬，周围以松柏环绕，更显出一派庄严肃穆的宗教气氛。

普陀宗乘之庙是乾隆皇帝仿效康熙皇帝修建溥仁寺的故事修建的。当年因"群藩叩祝皇祖（指康熙皇帝）六旬万寿，请构溥仁一寺"修建了溥仁寺。1770 年正是乾隆皇帝的六十寿辰，第二年又是他母亲的八十岁诞辰，于是他先期下令修建该庙。自 1767 年破土动工，到 1771 年建成，先后用了四年半的时间。当庙落成之时，蒙古、维吾尔等各少数民族的上层人物齐集这里，向皇太后祝寿祈福，钟鼓齐鸣，梵呗不断。

这时，恰好长期流落游牧于伏尔加河流域的厄鲁特蒙古土尔扈特部，不堪沙皇俄国的奴役和压迫，经过万里跋涉，冲破重重艰难险阻，回到了祖国。渥巴锡来到承德朝见乾隆皇帝。乾隆皇帝倍增喜悦，在避暑山庄和万法归一殿隆重接见了他，封渥巴锡为汗，并立《御制土尔扈特全部归顺记》《优恤土尔扈特部众记》碑为志。

殊象寺

殊象寺位于普陀宗乘之庙西侧、狮子沟北岸的山坡上，面向避暑山庄。该寺建筑物依山就势布置。最前面为山门，门前置石狮一对。山门面阔三间，进深一间，单檐歇山顶。殿内东西置哼哈二将。

山门内两侧有钟楼和鼓楼，形式相同，都是下层面阔五间，进深三间；上层面阔三间，进深一间，歇山顶。山门正北为天王殿。它与殿后的东西配殿均已无存。

登三十五级台阶，在高坛正中建有会乘殿。殿前的东西配殿只存墙垣与台基。会乘殿是殊象寺的主殿，保存较好。它面阔七间，进深五间，前、后都是中间三间开门，重檐歇山式黄琉璃瓦顶。但上层平面减为面阔五间，进深三间。殿内正中置文殊、普贤、观音三尊菩萨像。其前方左右置三层塔佛龛，原有三百零四个镀金铜佛，后被军阀汤玉麟盗走。殿内原有经橱，放置满文藏经，今已无存。

自会乘殿以后，为寺的岩庭部分，完全采用中国传统的庭院建筑手法。假山蹬道，岩洞过桥，溪水飞泻，苍松挺拔，当年，这里应是园林建筑中之佼佼者，今虽只存假山、断垣，但仍不失为幽雅的兰若之所。

岩庭部分的宝相阁，原是寺内的主体建筑，八角重檐攒尖顶。阁内石台基上原有巨大的文殊骑狮坐于莲台之上，高十二米余。左右侍者，身披甲胄，高丈许。可惜今已不存。

在会乘殿西北，原有一小区建筑，北以圆墙围绕，中设堂室五间。前面东有方亭，西为倚望楼三间，中以回廊相连，配以水池、月门、假山、花木，令人有曲径禅房、花木通幽之感。这里是乾隆皇帝当年小憩之所。现在只存基址。

殊象寺建于乾隆三十九年（公元 1774 年），次年完工。其规制完全是汉族寺庙形式，是仿照山西省五台山殊象寺建造的。建寺的缘起是，乾隆二十六年（公元 1761 年），乾隆皇帝陪他母亲到五台山烧香、游玩。五台山为文殊师利菩萨的道场。山上有座殊象寺，塑有文殊菩萨像，相传是文殊出现的地方。太后默记文殊像貌，回北京后，命人刻成石像，在北京香山建"宝相寺"供奉。后又仿效五台山殊象寺在承德修建了殊象寺。清初，曾有清帝是文殊化身之说。乾隆皇帝建殊象寺显然是为了达到神化自己，麻醉人民的目的。

殊象寺的喇嘛都习满文。当时，有藏文和蒙文佛经，却没有满文佛经。乾隆皇帝认为在满族统治的国家里这是不应该的。于是在乾隆三十八年（公元 1773 年）成立了清字经馆，译制满文藏经。历时十八年，译成三部满文大藏经，存于会乘殿经橱内。又聚满人喇嘛六十人习满文，诵读满文经卷。解放前，这三部满文经卷，一部为日本帝国主义盗走，现存东京，另一部在法国巴黎图书馆，一部散佚，下落不明。

须弥福寿之庙

须弥福寿之庙位于狮子沟北岸山坡上，与普陀宗乘之庙毗邻。须弥福寿之庙是仿照班禅六世在后藏日喀则住的扎什伦布寺修建的，所以又称作扎什伦布庙。藏语"扎什"是"福寿"（吉祥）的意思，"伦布"是"须弥"山的意思。须弥福寿是扎什伦布的汉译。乾隆皇帝七十岁生日时（公元 1780 年），班禅六世从后藏来承德朝贺，乾隆皇帝下令"肖其所居'，建该庙供六世班禅居住和讲经，因此该庙又称为班禅行宫。它修建于乾隆四十五年（公元 1780 年），是外八庙中建筑年代最晚的一座庙宇。占地面积三万七千九百平方米，仅次于普陀宗乘之庙。

须弥福寿之庙最南面为五孔桥。桥北为山门。山门开拱门三个，上建门楼。东西两隅角建有隅阁。山门内正北有一座碑亭，方形，面阔进深各三间，底部是巨大的须弥座台基，顶部为重檐歇山式。亭内立有乾隆四十五年（公元1780年）《御制须弥福寿之庙碑》一通，全高八米余，碑下承龟趺。龟趺、碑身和碑额用一块整石雕刻而成。

碑亭以北，地势逐渐高起。沿不规则的石阶盘转而上，可达琉璃牌楼。牌楼为三间四柱七楼式，前有月台，布列石狮一对。

大红台是须弥福寿之庙的主体建筑，坐落在琉璃牌楼的北面，规模宏大。南面正中筑有琉璃墙门。广大的壁面上有窗户三层，每层十三个，为长方形。窗头上浮嵌着琉璃制的垂花门头，为汉族建筑手法。

大红台为藏式平顶，用方砖铺砌。内外均有女儿墙。四角各建小殿一座，面阔进深各三间，庑殿顶，脊上吻兽南面两殿饰孔雀，北面两殿饰鹿。殿内供金刚佛。

大红台内部四周为群楼，高三层，有楼梯可供上下。在群楼环抱的中央，耸立着一座被誉为胜境奇观的"妙高庄严"殿。殿平面方七间，高三层，前有廊。殿顶为重檐攒尖式，覆盖鎏金铜瓦。瓦呈鱼鳞状，阳光下，金光闪烁，光彩夺目。殿脊呈波状，垂脊下面做成龙头形。每个殿脊上置两条巨大的鎏金伏龙，一个向上，一个向下，共八条。龙的造型体态优美，欲跃欲飞。中央宝顶为钟形。整个殿顶造型奇特，具有强烈的藏族建筑风格。殿内供奉佛像。这是六世班禅打坐讲经的地方。

在大红台东侧，有重层的东红台，外观形式与大红台大致相同，原是乾隆皇帝来此休息之所。

在大红台西北，建有吉祥法喜殿，是六世班禅来承德时的住室。殿方五间，两层。殿顶重檐歇山式，覆盖鎏金铜瓦。垂脊做波浪形状，垂兽为龙头形，正脊有奇怪的吻兽，脊中央有钟形顶饰。东西两山墙有藏式盲窗。

在大红台正北中轴线上，有一组建筑，外观为白台形式。现只存一座万法宗源殿，面阔九间，进深三间，两层楼建筑，歇山式黄琉璃瓦顶，绿琉璃瓦脊及檐瓦。脊上做成雷文，正吻垂兽，形式奇特。两侧与后面墙上做成藏式梯形盲窗。这里是六世班禅弟子们的住所。

在万法宗源殿后面的山岗上，建有一座琉璃宝塔。这是该庙中轴线最北端的一座建筑。它居高突起，绚丽灿烂，是须弥福寿之庙的标志。

塔建在一个八角形的须弥座台基上。底层有木围廊，廊顶为八角形平台，上置八角七层塔身。各层塔身壁面用绿琉璃瓦修砌而成，壁面上辟有佛龛，仿木构建造。出檐部分（塔檐）盖黄琉璃瓦。最上做成八角形屋顶，塔刹已无存。这座琉璃宝塔与避暑山庄内永佑寺塔，都是仿杭州六和塔的形式建造的。

须弥福寿之庙在外观上，为藏式建筑。但在平面布局上，沿中轴线两侧作基本对称的安排，把大红台置于整体的中心，后面建琉璃宝塔，这又是汉族大型建筑的基本特点。此外，须弥福寿之庙的白台建筑相对减少，大红台周围布置假山叠石，因山借势，具有明显的园林建筑手法。这一切，都说明须弥福寿之庙是汉、藏建筑艺术交流、融合的结晶。

万里长城和滦平第二个"八达岭"

万里长城是我国古代一项最宏伟的建筑工程，是中华民族勤劳和智慧的象征，是我国古代灿烂的文化遗产。万里长城以它悠久的历史，磅礴的雄姿，浩大的工程，而驰名中外，被誉为世界伟大奇迹之一。

早在两千多年前的战国时期，各诸侯国为了防御毗邻诸侯，就在自己的土地上修筑长城。甚至一些小的诸侯国，如我省境内的中山国，为了保卫自己也修筑了高大的防卫墙。特别是地处北方的燕、赵、秦三国，为了抵御北部匈奴奴隶主贵族的侵扰，都在其北部修筑了长城。这便是后来秦始皇修万里长城的基础。秦始皇统一中国后，为了保卫多民族统一国家的安全和有利于经济、文化的发展，巩固中央集权，派大将军蒙恬率三十万大军北击匈奴，同时大规模地修筑长城，把原来秦、赵、燕三国北部长城连接起来，并增修了许多段落，形成了东起辽东，西至临洮（今甘肃岷县）巍峨壮观的万里长城。

自秦以后，西汉、东汉、北魏、北齐、北周、金、明各代，都对长城进行了大规模的修筑和增建，其长度已远远超过万里。据初步统计，目前我国十六个省、市、自治区都有长城遗存，总长度达十万多华里。

我们现在一般所说的万里长城，是指明代长城。它是在明朝开国后的第二年，即公元1368年开始修建的。明太祖朱元璋派大将徐达修筑居庸关等处长城。此后，修筑长城的工程一直连续不断，直到公元1500年前后，经历了一百余年，才完成了明代长城的全部修筑工程。它东起鸭绿江，西达祁连山，长达一万二千七百余华里。其重要地段为东起河北省山海关，西至甘肃省的嘉峪关。河北省境内的长城，从山海关老龙头起，西到怀安县马市口止，分布在唐山、承德、张家口和保定等地区的一些市、县境内，长二千四百多华里，大都用砖石筑成，是现存长城中修建得最为坚固的一段，是万里长城中的精华部分。

长城构造复杂，有主干，有分支，还有关城、城楼、罗城、瓮城、关口、障、堡、敌楼、战台、烽火台（烟墩）等建筑，构成了一个完整的防御工程体系。

　　长城东部重要地段，采用了整齐条石和砖包砌的结构。一般是上部为砖砌，下铺条石；也有的地段是以条石为主砌成。长城城墙平均高为十米，下部厚六米，上宽五米，可容五马并骑。关口处修建城墙二、三层，一般有小城为"障"，距关较远处设"堡"（即城堡）。敌楼和战台多依山势与防御需要而建，疏密不等。修筑长城所用砖的数量，是极其惊人的，如果用这些砖石建成一条高九尺、宽三尺的城垣，足可绕地球一圈。

　　北京的八达岭，地势险要，山崖陡峭，经过这里的万里长城，雄伟壮观。到北京的国内外游人，以能亲眼目睹八达岭的雄姿而为快。但象这样气势磅礴的长城地段，并非八达岭一处。1980年6月，有关部门在调查长城保护情况时，发现滦平县境内，古北口东约二十华里处有一段长城，保存完好，长约二十多华里，分布于龙峪口、五里坨口、砖垛口、沙岭口、花楼子、望京楼一带，蜿蜒曲折，起伏多姿，雄伟壮观，被人们誉之为第二个"八达岭"。

　　这段长城敌楼密布，每隔里许即建造敌楼、战台一座。建筑精致多采，各具特色。敌楼有砖木结构的，也有砖石结构的。建筑形式因山而异，一楼一式，一楼一样，有方楼、圆楼，也有扁楼、拐角楼；有单层的，也有双层的；有平顶，穹窿顶、船篷顶，也有四角钻尖顶等，式样繁多，各有千秋。这样丰富多采的建筑形式，实为长城其他地段所不及。

　　龙峪口至望京楼一段长城是明代长城的一部分。当时，由徐达督修的这段长城，宽不逾九尺，高不过丈二。到了明穆宗隆庆元年（公元1567年），戚继光镇守北疆，后调集士卒，又继续进行艰巨的修墙、筑台工程。一座座雄伟森严的敌楼和一个个坚实雄浑的战台，高低错落，突兀参差，构成了一套完整的防御工事。

　　这一带长城，虽然建筑在险峻的燕山主脉山脊之上，工程异常艰巨，但它的建筑规格之严，质量之高，建筑艺术之精，堪称万里长城之最。它西面的古北口，是进关必经的关口，为历代兵家必争之地。这段长城在军事上有着极为重要的战略意义。据记载，在戚继光镇守北疆的十六年间，北部边防没有出现过大的动乱，京师的安全得到了保证。

　　这段长城蜿蜒曲折，有如巨龙逶迤、腾跃于崇山峻岭之巅，变化莫测，雄伟壮丽，景色迷人，堪与北京的八达岭媲美。

　　登上第二个"八达岭"远眺：千姿百态的北国风光，辽阔无垠；绵延起伏的长城，令人心旷神怡；几百座敌楼战台，让人联想到惊人肺腑的烽火狼烟；密云水库水天一色的奇丽景色，美景如画。国家已决定整修这段长城，接待游人观赏。

万里长城——山海关

　　山海关，是万里长城东端的一个重要关口，位于秦皇岛市东北。据记载，明太祖朱元璋洪武十四年（公元 1381 年），大将军魏国公徐达，因这里"枕山襟海，实辽蓟咽喉"，故在这里修建关城，设立卫所，始名为山海关。又因城楼悬"天下第一关"巨匾，所以又叫"天下第一关"。

　　山海关城北依燕山的崇山峻岭，南临碧波汹涌的渤海，地势极为险要，自古以来，就是军事要塞，为兵家必争之地。关城周长八里多，城墙高四丈余，厚二丈。城墙内部土筑，外面用砖包砌。四面各有城门一个。城外修有一条深二丈五尺，宽五丈的护城河。

　　关北万山叠嶂，气势雄伟，长城从陡峭的山崖蜿蜒而下，与关城东墙北端相接，并把关城东墙作为长城的一部分，然后从东墙南端继续向南延伸，在老龙头伸入茫茫渤海之中。

　　关城与附近的长城、城堡、城楼、敌楼、墩台、关隘等，共同组成了一个完整的防御工程体系。在关城的东面，有个外伸的小城圈，叫东罗城，建于明嘉靖十二年（公元 1533 年），是一个防御设施。在"天下第一关"城楼南侧城墙上，原有奎光阁和牧营楼；北侧城墙上原有威远堂和临闾楼，可惜均已无存。另外，在关城的南北两侧，还建有南翼城和北翼城，这些设施都是为了驻兵防守，储备粮草，并与关城相呼应的。

　　"天下第一关"门楼，就是山海关城的东门楼，原名"镇东"，也叫"箭楼"。因为它是通往关外的大门，所以增设了许多防卫设施：第一道防线是罗城，第二道防线是瓮城，第三道防线才是山海关城东门。"两京锁钥无双地，万里长城第一关"的诗句，就是形容它的险要和坚固的。

　　"天下第一关"门楼建在一座十二米高的长方形城台上，台下正中是砖券门，安装有巨大的城门，控制着关内外的交通。城楼高十三米，重檐歇山式建筑，面阔三间，进深七间。下层西面中间辟门，上层三间均安装隔扇门。北、东、南三面开设箭窗六十八个，供作战时射击之用，同时在造型上也增加了城楼外形的美观。登上"天下第一关"城楼，南望长城伸入大海，恰似苍龙戏水；北望长城跃上燕山顶峰，犹如巨蟒抬头。气势雄伟壮丽，古人用"万顷洪涛观不尽，千寻绝壁画应难"的诗句来形容它的雄姿胜景是恰如其分的。

在城楼西面上层檐下，悬有"天下第一关"巨幅匾额，全长五点九米，宽一点五五米。每字高达一点六米，"一"字长一点零九米。字体为行楷，行家一看，即可知出自名家手笔，安静、简穆、雅健、雄强，更增加了"天下第一关"雄关虎踞的气势。据文献记载，此匾额为明宪宗成化八年（公元1472年）进士肖显所书。原书匾额现珍藏在城楼一层楼内。

解放后，人民政府对"天下第一关"的保护十分重视，不断拨款维修，已将城楼及其南北两侧的城墙修葺一新。

孟姜女庙

从山海关往东行十三里，在望夫石村北，有一座孤零零的小山，叫凤凰山。孟姜女庙（也叫贞女祠）就建在这个小山上。山的南面，有一百零八蹬石阶，沿阶而上，可达庙内。

庙内建筑不多，只有山门、前殿、后殿、振衣亭和钟亭。

钟亭在山门内东侧，内悬古钟一口，击之声音宏亮。西侧前后坐落着两座殿宇。前殿正中有泥塑孟姜女像，身着青衣，面带愁容，微微左侧，南望大海。两侧塑有童男童女，手持衣物、雨具侍立。孟姜女像上方，悬有"万古流芳"黑底金字匾额，两旁楹联为："秦皇安在哉万里长城筑怨；姜女未亡也千秋片石铭贞"，传为南宋文天祥所题。西面墙上嵌有碑石多块，其中有清代皇帝的题诗。东面墙上嵌有"天下第一关"石匾，是仿制品。檐柱上有一幅对联，虽是文人舞文弄墨，玩弄文字游戏，却也反映了孟姜女庙的自然风光。对联是：

海水朝朝朝朝朝朝朝落
浮云长长长长长长长消

对联中一个字多次重叠使用，引人注目。这幅对联的读法和意思，只要在几个"朝"字和"长"字旁加上三点水，并加上标点，就十分清楚了。即：

海水潮，朝朝潮，朝潮朝落。
浮云涨，长长涨，长涨长消。

后殿原供有观音像，已无存。殿后有一块巨石，相传孟姜女寻夫至此，曾登石远望，故刻着"望夫石"三个大字。石上还刻有清乾隆皇帝题写的姜女诗。石的侧面有些小坑，传说是孟姜女登石望夫的足迹。望夫石的后面，有小平台和六角攒尖式的振衣亭，传说是孟姜女望夫前梳妆打扮的梳妆台和换衣服的地方。

相传孟姜女庙创建于宋代。据《临榆县志》记载，明万历二十二年（公元1594

年）由兵部分司主事张栋主持重建。嗣后，明清两代又屡次重修。

孟姜女庙是根据孟姜女寻夫哭长城的故事修建的。这个故事在我国流传很广。按山海关当地传说，故事大概是：在秦始皇时，陕西一家姓孟的，有个姑娘叫孟姜女，长得如花似玉。有一天，苏州一个书生范杞梁，跑到孟家花园里来，躲避秦始皇抓民夫去修长城，被孟姜女发现了。范杞梁人品出众，孟家招他为婿。正当拜花堂的时候，闯进来一群差役，把范杞梁抓走，一对"鸳鸯"立时被拆散。

暑去寒来，孟姜女朝思暮想，决心去给丈夫送寒衣。她跋涉千山万水，历尽艰辛，来到长城边上，但总是打听不到丈夫的下落，便放声痛哭。一连哭了三天三夜，眼泪飞溅到城墙上，把长城冲塌了几十里，露出了范杞梁的尸骨。孟姜女悲痛欲绝，纵身跳进了大海。刹时间，只听海中一阵轰鸣，巨浪冲天，从海底涌出两块礁石，高的象碑，低的似坟，它就是传说中的姜女坟。

范杞梁妻的故事，始见于《左传》，那是春秋时期的事，远在秦始皇修长城之前。在西汉刘向《说苑》以及《烈女传》中的记载，都未和秦始皇修长城连在一起。最早把范杞梁妻与秦始皇修长城联系起来的是唐代僧人贯休。在他的《禅月集》中有一首诗，说秦始皇筑长城"筑人筑土一万里，杞梁贞妇啼呜呜……一号城崩塞色苦，再号杞梁骨出土"。此后，经过宋、元、明、清各代口头流传和文字加工创造，便形成了"孟姜女哭长城"的故事。

孟姜女哭长城的故事系民间传说，历史上不必深索。然而这个故事之所以广为流传，从统治阶级来讲，是为了宣扬封建礼教纲常，在张栋的修祠记中，就说"其误无疑，皆不足论"，之所以为她建祠，不过是"以启人之贞烈"。就连清乾隆皇帝也说"讹传是处也无妨"。从人民群众来讲，秦始皇修长城，固然对保卫当时中原经济的发展和人民生活的安定，有积极意义，但也的确给人民带来了沉重的负担和苦难。孟姜女哭长城的故事，就是表达劳动人民这种对繁重劳役和重税盘剥的不满以及反抗的情绪。

孟姜女庙在"文化大革命"期间曾遭到破坏。近几年来又作了全面整修，整个庙宇在灰瓦红墙围绕之中，面貌焕然一新。

清东陵

清东陵坐落在河北省遵化县马兰峪西，距北京一百二十五公里，这里建有清代帝陵五座、后陵四座、妃园寝五座，以及公主园寝一座，先后埋葬了五个皇帝（顺治、康熙、乾隆、咸丰、同治）、十四个皇后、一百三十六个妃嫔，是我国现存规模宏大、体系比较完整的陵寝建筑群。

东陵始建于清康熙二年（公元 1663 年）。陵区东起马兰峪，西至黄花山，北接雾灵山，南有天台、烟墩两山对峙，形成天然的陵口。当时陵区南北长约一百二十五公里，东西宽约二十公里，总面积约二千五百平方公里。以昌瑞山为界，以北是后龙，以南为前圈。在陵区周围开割宽二十丈、长达数百里的火道，并树立青、红、白桩，以示陵区禁界。

清朝第一个皇帝顺治的孝陵，建于景色秀丽、气势雄伟的昌瑞山主峰下。其他陵寝，以孝陵为中心，各依山势，沿昌瑞山南麓东西排列：东有顺治皇后的孝东陵，康熙皇帝的景陵、景妃园寝、双妃园寝；西有乾隆皇帝的裕陵、裕妃园寝，咸丰皇后慈禧陵、慈安陵、定妃园寝、咸丰皇帝的定陵。另有四座陵寝单成体系；东南为惠妃园寝和同治皇帝的惠陵，顺治生母孝庄文皇后的昭西陵独立于大红门外东侧，公主园寝在马兰峪东。

孝陵是整个陵区的中心，其建筑也最为完备。从正南陵口内的石牌坊起，到昌瑞山主峰下的明楼宝顶止，在长十多华里的中轴线上，排列着数十座建筑物：大红门、具服殿（更衣殿）、圣德神功碑楼（大碑楼）、石象生、龙凤门、一孔石桥、七孔石桥、五孔石桥、三路三孔石桥、神道碑亭（小碑楼）、神厨库、朝房、隆恩门、焚帛炉、配殿、隆恩殿、三座门、二柱门、石五供、方城明楼等，这一系列建筑，高低适度，对称均衡，中由一条宽十二米的砖石神道连接起来，脉络清楚，主次分明。

其他帝陵的建筑布局和数量，均不及孝陵。景陵、裕陵、定陵的神道，都是从孝陵神道分出的，石象生也少，孝陵是十八对，裕陵是八对，景陵、定陵各五对；没有石牌坊、更衣殿和龙凤门。惠陵自成体系，无神道和石象生。定陵、惠陵和后陵均无大碑楼，只有小碑楼。各帝后陵自小碑楼往后的建筑，则大体相同，只是后陵规制略小。妃园寝比较简易，主要建筑有配殿和隆恩殿，少数的有明楼宝顶，绝大多数为圆形的砖垛子（坟丘），大部分建筑用绿琉璃瓦，与帝后陵用黄琉璃瓦明显不同，反映了封建社会森严的等级制度。

各陵均为清代标准官式建筑，布局合理，气氛和谐，其中大量石雕和石构建筑，堪称清代石雕艺术的代表作。石牌坊是一座五间六柱十一楼的石构建筑，宽三十一点三五米，高十二点四八米，额枋上雕刻着精细的旋子大点金彩绘花纹，六根柱的夹杆石浮雕着龙、狮子和龙身凤尾的动物图像，活泼新颖，栩栩如生。排列于神道两旁的石象生，均用巨大的整块石料雕成，有威风凛凛的武将，温文尔雅的文臣，凶猛的狮子，沉静的骆驼，温训的大象，以及传说中的麒麟、狻猊，个个造型优美，体态生动，活灵活现。

孝陵大碑楼是进入大红门后的第一个高大建筑，重檐歇山顶。矗立在赑屃上的龙蝠碑高六点七米，碑面用汉、满两种文字镌刻着顺治皇帝一生所谓的"功德"。大碑楼四角各竖华表一个。孝陵大碑楼为单碑，而景陵和裕陵大碑楼则为双碑，可惜的是景陵大碑楼因火灾无存了。

神道碑亭（小碑楼）建筑形式与大碑楼相似，但体量较小，四角无华表。赑屃背负巨大石碑，碑身分别用汉、满、蒙三种文字镌刻死者的谥号。

隆恩殿和地宫，是陵墓建筑的重要组成部分。隆恩殿也叫享殿，重檐歇山顶，坐落在隆恩门内正面巨大的汉白玉须弥座上，前有月台。大殿面阔五间，进深三间，内设暖阁、佛楼，是安放死者神牌、进行祭祀的地方。在隆恩殿建筑中，以慈禧陵隆恩殿的建筑工艺水平最高，最为考究和精美，花费浩瀚。初建时，用了八年时间，耗银二百二十七万两。后来慈禧又以年久失修为借口，下令把隆恩殿和东西配殿全部拆除重建。隆恩殿和东西配殿的内壁，完全是四角盘环、中间为五蝠捧寿的万字不到头的雕砖图案。无论斗拱、梁枋、天花板上的彩绘以及雕砖部位，全部贴金。三殿内的明柱，皆为半立体金龙盘绕。殿内金壁辉煌，光彩夺目，为一般陵寝建筑所少见。仅贴金一项，就用掉黄金四千五百九十多两。隆恩殿四周的汉白玉石栏杆、栏板和栏柱上，都雕刻着精美细致的龙凤呈祥和水浪浮云的图案。月台前面透雕的龙凤彩石，凤上龙下，凤翔龙舞，构成一幅龙凤戏珠的画面，是十分珍贵的艺术瑰宝。

地宫是安放死者棺椁的地方。裕陵和慈禧陵的地宫，解放前曾多次被盗，现已经过清理修整，对外开放。裕陵地宫是石雕刻和石结构相结合的典型建筑，进深五十四米，落空面积三百二十七平方米，由四道石门和三个堂（室）组成。建筑结构为拱券式。门楼上的出檐、瓦垄、脊、吻兽，门两边的立柱等，都完全是石雕而成。八扇石门上各浮雕一尊菩萨立像，线条细腻，形态多姿。第一道石门洞的四大天王坐像，其大小与人相仿，各持琵琶、宝剑、宝幡、宝塔，威武雄壮。所有大理石壁面和券顶，布满了佛教题材的雕刻装饰和用梵（古印度文）、番（藏文）文字镌刻的经文。据记载，梵字共六百四十七个，番字二万九千四百六十四个。布局周密，技艺精湛。整个地宫的石雕刻用工达五万多个。地宫的最后一个室叫金券，建有石棺床，正中放置弘历（乾隆皇帝）的棺椁，左右是他的两个皇后和三个皇贵妃的棺椁。裕陵地宫是一座别具风格的地下宫殿，也是一座罕见的地下艺术宝库。

　　慈禧陵地宫又是别一种风格。在规模上，它比裕陵地宫要小；在装饰上，除第二道门上月光石的雕刻图案外，其余全是用晶莹洁白的汉白玉石筑成。进深二十四点八一米，面积一百五十四平方米。

　　清东陵是我国古代劳动人民聪明才智和血汗的结晶。这一珍贵的历史文化遗产，解放前，曾被反动派盗掘、破坏。解放后，人民政府十分重视对东陵的保护。经过不断的维修和保养，现面貌一新。裕陵、慈禧陵、慈安陵、裕陵和慈禧陵的地宫，都已经开放。随着其他陵寝的逐渐维修，陆续开放，清东陵将成为一个使游人流连忘返的游览胜地。

避暑胜地北戴河

北戴河海滨，是中外驰名的避暑胜地，位于秦皇岛市西南部。它背依山峦翠黛的联峰山，面对水天相接的浩瀚渤海，青山碧海之间的海滨宽约三、四华里，西起戴河口，东到鹰角亭、鸽子窝，长达二十华里。这里有漫长曲折的海岸，有沙软潮平的海滩，有设备比较优良的海水浴场。盛夏季节，海风习习，气候清爽，许多干部和群众，以及国外友人来到这里休养游览，避暑消夏。他们清晨观日出，午间浴海水，傍晚观海潮，度过一个又一个心旷神怡的夏日。

北戴河海滨无处不是景，无景不宜人。挺拔俊秀、壁立在海边上的东、西联峰山，满山苍松翠柏，碧绿欲滴，清涧流水，幽境曲桥，别具情趣。西联峰山三峰并峙，山石峭立，峭石峥嵘，或高耸入云，或孤峰入海，比之东联峰山之绵亘蒙茸迥然有异。戴河萦绕如带，缓缓入海，风景如画。

东联峰山形似莲蓬，又称为莲蓬山。这里是北戴河避暑地的中心点，山上奇石异洞，别具幽情。临山极目远眺，西为蜿蜒起伏的昌黎诸山，东是烟波浩渺中的秦皇岛。南望海滨，一幢幢西式别墅，一座座宫殿式楼阁，或隐现于傍山悬崖，凭临溪间，擅林壑泉石之胜；或濒临于海滩，观朝夕潮汐，听松涛海浪，各具佳境。

中海滩的老虎石，因突出海水，状如群虎盘踞而得名；鹰角石，孤峰入海，峭石嶙峋，绝壁如削，状似鹰立。据说过去常有成群的鸽子朝夕相聚于石上，夜间栖栖于石隙之中，故又名"鸽子窝"。石旁建亭，名为鹰角亭，雕梁画栋，秀丽无比。清晨，登亭望沧海，观日出，气势磅礴，景色宜人。

北戴河远在二千年前，就是舟楫聚泊、物资聚散之所，汉代楼船将军杨仆曾经到过这里，并建造了一座望海台。明代在海滨金山嘴设立金山卫，派兵驻守，海运更为繁荣。然而北戴河海滨作为避暑胜地，还是从清朝发展起来的。外国人到海滨来，最早是在清光绪十九年（公元1893年）。光绪二十四年，清政府正式辟北戴河海滨为避暑区。这里如诗如画的绮丽风光，吸引着各国驻华使节争相购地，修建别墅。此后，封建官吏、军阀和外国资本家不断来这里大兴土木，建造各式各样的豪华别墅。

　　解放后，人民政府对北戴河海滨的恢复和建设给予很大关怀，先后在这里修建了干部、工人疗养院、休养所达三十多处，各种楼房和别墅已发展到三千多幢。这些精巧多姿的建筑，掩映在绿树浓荫之中，迎日闪光，妙趣横生。每逢夏季，各条战线的劳动模范、先进人物和国内外游客来此避暑、休养和游览，学生也在这里组织夏令营等活动。

李大钊故居

　　李大钊同志是中国共产党创始人之一、中国早期的无产阶级革命家、马克思主义思想家、伟大的共产主义战士。他为传播马克思主义、创建中国共产党和发展中国革命事业贡献了自己的一生。

　　李大钊同志是河北省乐亭县大黑坨村人。他的故居坐落在大黑坨村中央路北，门前有水井一眼，是李大钊同志的祖父时所凿，至今已有百余年历史，仍为群众所用。

　　李大钊同志的故居是他的祖父于1881年修建的。南北长约五十米，东西宽约十八米，占地面积为九百零九平方米。院落布局系冀东农村典型的穿堂院形式，分前院、中院和后院。中院和后院又分为东西两个半院，后院中间有隔墙一道。李大钊同志住东半院，西半院是其三祖父李如璧的住宅。

　　故居正门前有台阶。前院东侧三间厢房是李大钊同志的伯父李任元教学馆旧址，西侧有两间碾棚。东西两侧南部各建猪圈一座。

　　中院有东厢房三间，1889年10月29日（农历10月6日），李大钊同志就诞生在这个屋子的最北头一间里。现在，屋内陈放着李大钊同志的母亲的遗物：板柜一个，上置梳妆坐镜和一对蓝色花纹带喜字的撑瓶。南边是两间一明，放置着李大钊同志的祖母和母亲当年用过的织布机。

　　东厢房北面是三间正房，最西边一间是从中院到后院的穿堂屋，东侧垒有锅灶，西侧放着古老的食橱。另外两间为住室，屋内放有立柜、顶箱、凉床、坐椅、地八仙桌以及撑瓶、坐镜和茶盘等。炕上用木隔扇分为两间，左间放有炕箱，右间放着炕八仙桌。这些东西是李大钊同志祖先和夫人赵韧兰的遗物。李大钊同志幼年时期和结婚以后，曾长期在这里居住。他自幼聪敏好学，三、四岁时常跟着爷爷伏在炕八仙桌上学认字。

　　后院东边有两间厢房和两间棚子。厢房原来是家里存放粮食的地方。李大钊同志读书学习，精力集中，喜欢安静，经常到这里学习。后来人们也就把这两间厢房称为大钊书房。

西院现在是李大钊同志革命事迹陈列室。陈列再现了李大钊同志毕生为中国革命建立的丰功伟绩和他的大无畏的牺牲精神。

为了纪念李大钊同志，学习他的彻底革命精神，向广大群众，特别是向广大青少年进行革命传统教育，1958年7月1日，建立了李大钊同志故居纪念馆。对解放前遭到破坏的故居房屋，进行了全面维修，举办了复原陈列和辅助陈列。1976年唐山地震时，故居房屋又遭到了严重破坏。震后，文物主管部门及时拨款进行了整修。现在，李大钊故居已重新开放，接待广大群众瞻仰参观。

清远楼和镇朔楼

　　宣化，是我国北方的一个古老城镇。汉代以来，各王朝都在这里设置郡、县等行政管理机构。明代英宗正统年间开始在这里建筑城垣，宣化遂成为一个地方政治、经济、文化的中心。在军事上，它也是保卫京师，镇守一方的重镇。清远楼和镇朔楼等古代建筑，充分证明了它的古老历史和重要地位。

　　清远楼，位于宣化城正中，始建于明成化十八年（公元1482年），虽经清代重修，但木构件基本保持了明代的建筑手法。它坐落在一个高七点五米，下有十字券洞的砖砌墩台上，前后皆出抱厦，平面呈"十"字形。楼高十七米，面阔五间，进深三间，是一座三重檐歇山式建筑。

　　楼上悬挂着明嘉靖年间铸造的铜钟一口，高二点五米，口径一点七米，重约万余斤。钟声宏亮，很远可闻。楼上北面匾额上题有"声通天籁"四字，形容钟声的嘹远。因此，清远楼又称为"钟楼"。

　　清远楼造型别具一格，类似湖北的黄鹤楼，在全国亦属少见，有较高的建筑艺术价值。

　　镇朔楼，始建于明正统五年（公元1440年），清代重修。它建筑在一座高八点四米，有券洞的墩台上。楼高十五米，面阔七间，进深五间，重檐歇山式建筑。大木构件保存完整，是清代典型做法。楼内原有大鼓一个，故又名为"鼓楼"。

　　清远楼和镇朔楼，当时在军事上占有重要地位，这从二楼的匾额题字上可以看得出来。清远楼顶层四面悬挂的四块匾额分别为：正面"清远楼"、北面"声通天籁"、西面"震靖边氛"、东面"耸峙严疆"。镇朔楼原来的"镇朔"和"雨谯"两块匾额已无存；现在南面挂的匾额"镇朔楼"为清乾隆六年（公元1741年）制，北面"神京屏翰"匾额为清乾隆皇帝亲笔所题。这些匾额题字内容，都与军事活动、保卫京师有关，对研究历史有重要价值。

　　此外，在宣化城南面，建有城门楼一座。面阔七间，进深三间，系清代小式做法，重檐歇山式建筑。我省城门楼建筑保存较少，它为研究城门楼建筑提供了一个实物例证。

　　清远楼、镇朔楼以及南城门楼三座古代建筑，分布在一条南北中轴线上，清远楼在最北边，镇朔楼居中，两者相距二百米，由镇朔楼到南城门楼约五百米。三座建筑连为一体，构成了一组完整的建筑布局。

燕下都遗址

　　燕下都位于易县城东南，介于北易水和中易水之间，是战国时期燕国的都城之一。城址平面呈长方形，东西长约八公里，南北宽约四公里。中部有一条南北纵贯的古河道，相传为"运粮河"。在"运粮河"东岸，有一道与河道平行的城墙，把燕下都分为东西两城。

　　东城平面近似方形。在中间偏北处，有一道东西横贯的"隔墙"，把东城分为南北两部分。城墙绝大部分已湮埋在地面以下，地面上仅可以看到一些隆起的痕迹。墙基的宽度，除"隔墙"宽约二十米外，其余均在四十米左右。目前发现城垛和城门各三个。

　　西城，即"运粮河"以西部分，也可称之为"廓"。南、北、西三面的城墙，岗峦起伏，巍峨壮观。南面有一段城墙高六点八米，外侧有非常清楚的穿棍、穿绳和夹板夯筑痕迹，对研究战国时期的城墙建筑方法提供了实证。目前，西城只发现一个城门和一条与其相连的道路，城址内遗存甚少。

　　与西城相反，东城文化遗存异常丰富，显然是当时人们活动的中心。可分为宫殿区、手工业作坊区、市民居住区和墓葬区。

　　宫殿区在城址的东北部，根据夯土建筑基址的大小及分布情况，可分为大型主体建筑和宫殿建筑组群。大型主体建筑武阳台坐落在宫殿区中心，南北中轴线的南端。武阳台以北有望景台（已无存）、张公台和老姆台。武阳台宫殿遗址高十一米，分上下两层，夯筑而成。东西最长处一百四十米，南北最宽处一百一十米，在燕下都夯土建筑基址中规模最为宏大。在城内以高大的夯土台作为主体建筑物的基址，这是战国中期城市建筑上最明显的一个特点。

　　在武阳台东北、东南和西南，有三组宫殿建筑组群，都是由一个大型主体建筑基址和若干处有组合关系的夯土建筑遗迹所组成。可以想见，当时的建筑规模是很宏大壮观的。

　　手工业作坊遗址，围绕在宫殿区周围，自西北向东南的弧线上分布有：铸铁器、兵器、钱币，烧陶器，制骨器等作坊遗址八处，遗存相当丰富。

市民居住遗址共十七处，分布在东城的西南、中部和东部。遗址内发现有大量的东周时期常见的陶豆、盆、尊、罐、鬲、釜等生活用具。

墓葬区在东城的西北角，共有二十三座古墓。"虚粮塚"墓区有十三座古墓，地面有大，中、小不等的封土，分四排布列，井然有序。"九女台"墓区有十座古墓，1965年发掘了一座，出土了大批珍贵文物。

燕下都有四条古河道。"运粮河"位于城址中部，沟通北、中易水。从"运粮河"向东分出两条河道，分别把宫殿区、手工业作坊区和墓葬区隔开。还有一条是东城东墙外的护城壕。十分明显，这些河道在城市规划上的作用是保卫中心建筑，解决用水和排水问题，并方便交通。

据文献记载，燕下都建于公元前四世纪，约当战国中期，为燕昭王时所建。燕昭王在齐、中山破燕之后即位。为了雪先王之耻他尊郭隗为老师，并为郭隗建筑了宫殿，随时问策。又建造黄金台（一说即武阳台）招纳贤者。结果，"乐毅自魏往，邹衍自齐往，剧辛自赵往，士争凑燕。"燕国很快强盛起来，大败齐国。从文化遗存看，西城修建年代当较东城为晚。

燕下都是燕国南部的政治、经济和军事重镇，延续时间很长。在燕国将被秦国灭亡之时，燕太子丹遣荆轲行刺秦王就是在这里策划的。"风萧萧兮易水寒，壮士一去兮不复还！"太子丹和众宾客白衣冠而送之，至易水河边，高渐离击筑，荆轲和而歌之，慷慨悲壮。至今，燕下都附近还保存着荆轲的一些遗迹。

二十多年来，文物工作者在这里作了大量考古调查、勘探和清理发掘工作，蒐集和出土的大量文物，为研究燕国的历史提供了十分宝贵的实物资料。

满城汉墓和金缕玉衣

　　在满城县西南约三里处，有一座高二百多米的孤零零的小山——陵山，西汉中山靖王刘胜和他的妻子窦绾的墓就建在主峰东山坡上。刘胜墓居中，窦绾墓在它的北侧。

　　两座墓都是以山为陵，座西朝东。墓室是开凿而成的山洞，其结构和布局完全模仿地面上的宫殿建筑，规模宏伟，宛如地下宫殿。

　　刘胜墓全长五十一点七米，最宽处为三十七点五米，最高处为六点八米。由墓道、南北耳室、前堂和后室组成。

　　墓道是一条长达二十多米的隧洞，是墓的进口。墓道的内端，开凿有南、北耳室。南耳室是车马房，长一点六米，宽三米余，洞内还修建了木结构的瓦房（已塌毁）。这里放置有马车六架，马十七匹，狗十一只，鹿一只。马车都是刘胜生前使用的，有平时出行乘坐的"驷马安车"和狩猎时驾御的猎车。车器精美，装饰华丽。完全可以想见其生前出行、游猎时的豪奢场面。

　　和车马房相对的北耳室是库房。它的大小、结构与车马房相同，是储存粮食和饮料的地方。这里放置着不同类型的陶器五百多件，有盛酒的缸，存放粮食和鱼、肉的壶、罐、瓮，还有鼎、釜、甑、杯、盘等炊具和饮食用具。它是中山靖王刘胜生前的府库里充满粮食和美酒佳肴的缩影。

　　前堂近似方形，长约十五米，宽十二米余。原为木构建筑，屋顶盖着板瓦和筒瓦，规模宏大，富丽堂皇，可惜木料已朽毁无存。厅堂里摆满了铜器、铁器、陶器、漆器和金银器，还有象征侍从奴仆的陶俑和石俑，以及出行时使用的仪仗，等等，种类繁多，琳琅满目。它是中山靖王刘胜生前宴请宾客、饮酒娱乐的真实写照。

　　从前堂后部穿过一道汉白玉石门，就进入后室。后室建造更为讲究。它是在岩洞内用大小不同的石板筑成的，分石门、门道、主室和侧室等部分。主室长五米余，宽四米多，是一间石屋，周壁涂满了红漆。北部有一个用汉白玉石铺成的棺床，放置棺椁。室内还放置了许多十分贵重的器物。主室是刘胜生前卧室的象征，侧室则是象征性的浴室。

墓内还有完整的排水系统。

刘胜墓的封闭极为严实。埋葬完毕，先用大小石块填满整个墓道，然后在墓道外口垒砌两道土坯墙，其间用铁水浇灌，使整个墓穴密封。

窦绾墓与刘胜墓基本相同，车马房和库房比刘胜墓还大，但车马房没有木构建筑，器物也较少。后室建在前堂的南侧，而不是后部。墓内埋葬有许多珍贵器物。设计精巧、造型优美的"长信宫灯"，就是放在后室内。

刘胜墓和窦绾墓随葬品繁多，数量浩大，有铜器、铁器、金银器、玉石器、陶器和漆器等四千多件，为研究西汉历史提供了极其丰富的实物资料。

刘胜和窦绾都身穿金缕玉衣下葬。刘胜玉衣形体肥大，长一点八八米，全套玉衣共用玉片二千四百九十八片。玉片分长方形、方形及三角形、梯形、多边形等几种形制。这是根据人体各部分不同的形状而设计制造的。玉片角上有穿孔，以便用金丝缀连。刘胜的玉衣共用金丝约一千一百克。玉衣分为头部、上衣、裤、手套和鞋五部分，每部分又由彼此分离的部件组成。各个部分组合起来，构成一件完整的玉衣，大小与外形和人体相似。

窦绾的玉衣较小，全长一点七二米，由二千一百六十块玉片缀连而成，共用金丝约六百克。窦绾玉衣的结构与刘胜玉衣大体相似，只是制作方法略有不同。

刘胜和窦绾的金缕玉衣，是我国第一次发现的完整的金缕玉衣，是十分珍贵的国宝。在零点三毫米的薄薄玉片上，钻有孔径一毫米的小孔，再用极精细的金线穿制成玉衣，这实在是巧夺天工之作。

玉衣又称"玉匣"或"玉柙"，渊源于战国时期。但那时既无"玉衣"之名，又无玉衣的完备形制。到了西汉，玉衣形制已趋完备，是皇帝和诸侯王及其后妃的一种特制葬服。东汉时，玉衣的使用更有了明确的等级规定：皇帝用金缕玉衣，诸侯王、始封的列侯、皇帝的宠妾、皇帝的女儿均用银缕玉衣，前一代皇帝的姬妾、皇帝的姐妹用铜缕玉衣。刘胜和窦绾使用金缕玉衣，说明西汉时使用制度与东汉尚有不同。这种以玉衣作为封建统治者的葬服的制度，从西汉一直沿习到东汉末年。

刘胜墓和窦绾墓被发现后，在周恩来和郭沫若同志的亲自关怀下，进行了清理发掘。墓内出土的大量珍贵文物和金缕玉衣，在国内外展出后得到了很高的评价。它们是我国古代劳动人民聪明才智和血汗的结晶。

义慈惠石柱

义慈惠石柱，在定兴县西北的石柱村。因柱身刻有"标异乡义慈惠石柱颂"而得名。又因它建于北齐，所以也被称作"北齐石柱"，距今已有一千四百多年的历史了。

石柱建在一块高地上，通高六点六五米。分基础、柱身和石屋三部分。基础为一巨石，近正方形，东西两边各长二米，南北两边略短。基石上有覆莲座柱础，雕刻粗壮有力，为北朝时期的手法。

柱身高四点五米，为不等边的八角形，四个正面面宽四十厘米，四隅面各宽二十厘米。柱身自下而上逐渐收小，每高一米，约收分二点五厘米。三千字的"颂文"和近千字的题名都刻于柱身各面。文字书法古朴有力，是研究古代书法的重要资料。

石柱的顶端，有一块长方形的石板，底面雕有莲瓣、圆环、套环、宝珠等图案。它既是石柱的盖板，又是石屋的基础。

石屋建于石板之上，面阔三间，进深二间，单檐四阿式屋顶。完全模仿当时木构建筑的形式，雕有柱、大斗、方窗、阑额、椽飞、角梁、瓦垄和屋脊等，是研究北朝时期建筑结构的重要实物资料。石柱之上建造石屋，使石柱奇特有致，这在建筑史上是十分罕见的。

石柱上的所谓"颂文"，实际上是污蔑人民起义的一篇反动文章。北魏末年，定兴一带是农民起义军与北魏王朝官兵激烈交战的地方。起义军失败后，当地群众收拾残骨，集中埋葬，并立木柱作为标志。公元562年，在人民起义后的三十多年，已经取代北魏王朝的北齐统治者，为了维护其封建统治，下诏将木柱改为石柱，并加刻"题额"和"颂文"。这样，石柱一反原意，成了歌颂封建统治者残酷镇压人民起义的"丰碑"。

北齐石柱年代久远，对研究北朝历史和建筑艺术有较高的价值。

定县开元寺塔

定县城内有一座高耸的古塔，叫开元寺塔。塔高八十四点二米，是我国现存最高大的古塔之一。历史上的古塔之最，是公元五世纪三十年代北魏王朝在洛阳建造的永宁寺塔，木架结构，高达一百一十多米。可惜焚于大火，早已荡然无存。

开元寺塔为十一层。据说佛教以奇数表示清白，所以佛塔建筑多为奇数。在唐代以前，佛教寺院建筑以塔为中心，后来改以殿堂为中心，宋代建造的开元寺塔，自然也是开元寺建筑的一部分。由于开元寺早已无存，只留古塔，人们便简称之为"定县塔"。其实，塔与寺院建筑分离，独立存在，那是明代以后的事。

开元寺塔结构严谨，建造精工。塔基外围周长一百二十八米，塔心和外皮之间形成八角形回廊。塔身为八角形，平面由两个正方形交错而成，一改宋以前早期塔的四方形式，显得雄伟大方，秀丽丰满。塔身为砖结构，砖的规格有十几种之多，最大的砖长七十厘米，宽二十四厘米，厚十厘米；最小的砖长三十六厘米，宽十八厘米，厚十厘米。为了增强砖之间的拉力，加筑了许多松柏木质材料。相传"砍尽嘉山（在曲阳县）木，修成定州塔"，足见建塔工程的浩大繁难。

塔的一、二层有砖雕斗拱。东、西、南、北四面设拱券门，其余四面设棂窗（假窗）。窗为大方砖雕琢而成。最高两层则八面设门。顶部有八条角脊把塔顶分成八面，角脊交汇处是砖砌的莲花瓣，其上是塔刹的铁座，顶端是由六节组成的铜铸葫芦。

塔内各层均有回廊环绕，回廊两侧有许多壁龛，内绘壁画，或置塑像。在塔座基主壁龛内，以及各层回廊的砖壁上，有许多碑刻，十分珍贵。回廊顶部天花板用雕有各种图案的大方砖组成。第三层以上天花板为彩绘，技精艺湛，令人赞叹。第七层以上改为拱券式顶。各层之间建有台阶，拾级而上，可达塔顶。

开元寺塔作为佛塔，也是埋葬佛骨仙踪的坟墓。"佛骨"即所谓"舍利"。一般是埋在塔基地宫内。不过这时的"舍利"，已不是释迦牟尼的骨殖，而是以金、银、琉璃、水晶、玛瑙、玻璃众宝造作的舍利了。

开元寺塔从宋朝真宗皇帝（赵恒）咸平四年（公元1001年）始建，到仁宗皇帝

（赵祯）至和二年（公元 1055 年）建成，前后用了五十四年的时间。据记载，建造此塔，是因为开元寺僧人会能去天竺取经，取回了舍利子，圣上召见，降旨建造的。此塔距今已有九百多年，堪称历史悠久。但在我国现存的古塔中，河南安阳的修定寺塔，为唐太宗时所建，比定县塔尚早三百余年；河南登封嵩山南麓的嵩岳寺塔，建于北魏孝明帝时期，距今已有一千四百六十一年，实为我国现存古塔之耆老，比定县开元寺塔还早五个多世纪。

开元寺塔，又称料敌塔。登塔远眺，华北大平原阡陌纵横，田园如画；沙河、唐河，碧涛滚滚，如在咫尺；太行峰峦，蜿蜒起伏，在所一览。当年，宋与辽、金对峙，它在军事上无疑有着极为重要的价值。

在九百多年中，开元寺塔经历了十多次地震，虽然清康熙十八年（公元 1679 年）和三十六年的大地震，康熙五年（公元 1666 年）的雷电，曾使塔身受到一定的损害，但开元寺塔依然高耸入云。可惜的是清光绪十年（公元 1884 年）6 月，塔的东北面从上到下自然塌落，破坏了这一珍贵古代建筑的完整。

解放后，人民政府十分重视对开元寺塔的保护，多次进行了整修。

阁院寺

　　在太行山环抱的涞源县城西北隅，有一座辽代建筑阁院寺。它是河北省年代久远的古建筑之一。

　　阁院寺现存建筑有天王殿、文殊殿和藏经阁，坐落在一条从南到北的中轴线上。中轴线两侧，还有东西配殿和其他附属建筑，基本上保持着该寺的整体面貌。

　　据县志记载，阁院寺为"汉创建，唐重修"。现存的明成化二十三年（公元1487年）重修阁院寺残碑记载："……汉朝初盖圣像，大唐齐修梵刹，宋时重修……"。明隆庆二年（公元1568年）重修碑记说："涞源原为燕云之重地，殿为辽元补葺之。"从现存文殊殿的建筑结构及其特征看，它是辽代建筑无疑。

　　文殊殿是阁院寺的主体建筑。平面呈长方形，面阔三间，进深三小间。殿顶盖布瓦，歇山式。大木构件和部分装修保持着辽代的建筑手法。大木构件为四椽栿对乳栿，斗拱用材雄大，为五铺做双抄偷心造，与蓟县独乐寺相似，在建筑史上具有重要价值。殿内墙壁上有早年壁画，为一寸多厚的白灰所覆盖，得以保存至今。殿前有宽大的月台，月台东西两棵参天苍劲的古松对峙而立，更显得大殿古朴、庄严。

　　在文殊殿前还有辽应历十年（公元960年）八棱汉白玉经幢一座。殿东南角的钟楼基址上，存有古钟一口。据记载：钟高五尺，周长一丈五尺，厚四寸，钮高一尺，重四千斤。自铭为天庆四年（公元1114年）铸造。

　　寺内其他建筑如天王殿、藏经阁等均为辽以后所修补改建。

北岳庙

　　北岳庙位于曲阳县城西部，建于北魏宣武帝时期（公元 500—512 年）。从此以迄清朝，都在这里祭祀古代五岳名山之一——北岳恒山。我国著名的五岳为：西岳华山，东岳泰山，南岳衡山，北岳恒山，中岳嵩山。

　　唐太宗贞观年间（公元 627—649 年），曾重建北岳庙，嗣后，宋、元、明、清各代均有程度不同的修补与扩建。北岳庙现存主要建筑是宋、元以后的遗物。

　　北岳庙规模宏大，建筑众多。据明刻《北岳图》记载，当时庙宇面积总计十七万多平方米，其中建筑面积就有五万四千多平方米。现存庙宇面积和建筑，已远不及当年，南北长只有二百三十四米，东西宽仅一百三十米。

　　北岳庙主要建筑排列在南北中轴线上。现存建筑有御香亭、凌霄门、山门、飞石殿遗址、德宁之殿。中轴线两侧还有韩琦碑楼、洪武碑楼等。

　　德宁之殿是北岳庙的主体建筑，位于中轴线的北部，前有高大的月台。现存大殿系元代至正七年（公元 1347 年）所建，是元代木建筑中最大的建筑物。元朝统治者初进中原时，曾对该庙大肆破坏，后来因为连年战争，民生涂炭，人民的反元情绪十分激烈，元朝的统治者为缓和矛盾，笼络民心，于是对北岳庙进行了大规模的维修和重建，并高悬"德宁之殿"匾额。

　　后来，当地人又把"德宁之殿"称为"窦王殿"。据传隋朝末年，农民起义军领袖窦建德曾率部转战曲阳一带，军纪严明，赈济百姓，深得民心。后世人们为了纪念他，就把北岳庙正殿（德宁之殿）俗称为"窦王殿"。

　　德宁之殿建筑高大，雄伟壮观。大殿面阔七间，进深四间，四周出廊，重檐庑殿顶，殿顶盖布瓦，琉璃瓦剪边和花脊。梁架结构为八架椽栿，中柱式后部当心间为藻井，前部当心间为海漫天花。斗拱补间当心间为两朵，尽间一朵，上檐为六铺做单抄重昂，下檐为五铺做重昂，后为鎏金斗拱。整个建筑结构严谨，保持着宋、元时期的建筑特征，在建筑史上有着重要的价值。

　　殿内东西两檐墙绘有巨幅"天宫图"，高约七米，长十七点七米。东墙壁画为

"龙兴雨施"，西墙为"万国显宁"。这样的巨幅壁画，在我国实属罕见，是我国绘画史上的重要作品。

相传壁画是元人仿唐朝大画家吴道子的画风所绘。东西两壁的"天宫图"，画面完整，布局疏密相当。所绘人物高达丈许，线条流畅自如，着笔工整，色彩浓淡适度，旗幡衣带，随风飘拂，形象优美，神态各异，栩栩如生。东壁的画龙，形体蜿蜒，两眼光亮，四爪苍劲，若浮若动。特别是"飞天神"，为德宁之殿壁画的代表作，其相貌狰狞，毛骨森奇，肌肉粗健，手足有力，横枪倒戈，顺风飞奔，势若腾云驾雾。传说"飞天神"与赵县原柏林寺大殿壁画上的水，皆出自吴道子之手。故有"曲阳鬼，赵州水"之誉。天宫图壁画具有鲜明的时代性和独特的艺术风格，对研究历史和绘画艺术都有很高的参考价值。

北岳庙内碑碣林立，现存自北魏至清朝各代碑碣共一百三十七通，其中最著名的有魏碑、齐碑、唐碑、宋碑、元碑等。北魏王府君碑、唐张家祯碑、宋韩琦碑、元赵孟頫碑和明朱元璋碑，在一定程度上代表了不同时期的书法艺术水平，都是我国书法艺术的珍品，是研究我国书法艺术的宝贵资料。为了保护好这些优秀的书法艺术遗产，供游人参观和书法爱好者学习、研究，已计划在庙内修建碑廊。

北岳庙在解放后曾多次维修。为更好保护祖国的优秀文化遗产，国家文物事业管理局已批准对德宁之殿进行修缮。

清西陵

　　清西陵是清朝帝王两大陵区之一，坐落在易县梁各庄西永宁山下，距北京一百二十多公里。这里山峦相连，溪水潺潺，青草萋萋，古木参天，风景雄伟幽美。清朝统治者在这里依山傍水，修建了雍正、嘉庆、道光、光绪四座帝陵、三座后陵和七座王公、公主、妃嫔园寝。现存陵寝建筑千余间，是一个富丽堂皇的陵寝建筑群。

　　最早在易县建陵的是雍正（胤禛）皇帝。他的陵址原选在遵化县清东陵九凤朝阳山，但雍正皇帝认为"穴中之土，又带砂石，实不可用"，遂将其废掉，而命亲王允祥和两江总督高其倬为他另选万年吉地。最后认为易县永宁山下"山脉水法，条理详明，询为上吉之壤"，决定在此建陵。

　　西陵建筑的规制，与东陵大体相同，都是清代标准的官式建筑。主要有碑楼、神厨库、朝房、隆恩门、配殿、隆恩殿、明楼、宝顶等。

　　雍正皇帝的泰陵，是西陵建筑年代最早、规模最大、体系最完整的陵墓。位于永宁山主峰下。从1730年始建，到1737年建成，共用了八年时间。从最南端的五孔石拱桥起，向北到云蒙山麓的宝顶止，中间建造了石牌坊、大红门、具服殿（更衣殿）、圣德神功碑楼（大碑楼）、七孔石拱桥、石象生、龙凤门、三路三孔石拱桥、神道碑亭（小碑楼）、神厨库、朝房、隆恩门、焚帛炉、配殿、隆恩殿、三座门、二柱门、石五供、方城明楼等一系列建筑物和石雕刻。这些建筑用一条五华里长的砖石神道连贯起来，整个布局肃整严密，浑然一体。

　　清东陵孝陵只有一座石牌坊，而清西陵泰陵的石牌坊则有三座，其中一座位于神道中轴线上，其他两座位置稍后，分列左右，布局得体，气宇轩昂，别具一格。石牌坊的结构形式与东陵石牌坊基本相同，只是西陵的石牌坊是用青花石建筑而成。

　　嘉庆皇帝的昌陵位于泰陵的西侧，与泰陵并列。它的建筑布局与泰陵大体相同，整个陵的规模比泰陵略小，但宝城比泰陵的高大。在建筑用材上，昌陵隆恩殿用花斑石墁地，独具一格。

　　慕陵是道光皇帝的陵墓，建在泰陵以西约五公里处。道光皇帝（旻宁）即位后，就在遵化县清东陵修建陵墓，前后用了七年时间才把陵建成，并葬入了孝穆皇后。次年，发现地宫浸水，道光皇帝大怒，将已建好的陵墓拆毁，同时责令选择陵址和负责施工的官员赔款。现在在马兰峪西仍保留着道光帝陵遗址。1832 年，道光皇帝到西陵谒陵，选好了慕陵陵址，并将该地命名为龙泉峪，当时就动工营建，到 1836 年才完工。两次建陵，共耗白银四百四十多万两。

慕陵布局比较特殊，规模也比泰陵、昌陵为小。没有大碑楼、神道、石象生，也没有方城、明楼等建筑。但隆恩殿的建筑却别具一格，全部用楠木建成，一律本色，不饰任何彩饰。它的设计也别具匠心，梁枋、雀替、天花板的小方格内，甚至隔扇和门窗上，都用楠木雕刻着浮云、游龙和蟠龙。这些群龙，设计新颖，玲珑秀巧。满殿浓郁的楠木清香，配上这张口鼓腮、喷云吐雾的群龙，恰似"万龙聚会，龙口喷香"一般，令人如临烟波云海之中，流连忘返。

崇陵是光绪皇帝的陵墓，在泰陵以东五公里处，除没有大碑楼、神道和石象生外，从小碑楼往北，陵寝建筑与泰陵差别不大。

光绪皇帝（载湉）在位期间并未建陵。他 1908 年死后，1909 年才开始在金龙峪修建陵墓。1911 年清朝被推翻，当时崇陵尚未建成，由逊清皇室继续营建，直到 1915 年才完工。因此，崇陵规模较小，保存也较完好，殿内彩绘依然鲜艳夺目。

解放前，崇陵地宫曾被盗掘。1980 年，经国家文物事业管理局批准，对崇陵地宫进行了清理和修整。地宫为拱券式石结构建筑，由闪当券、罩门券、明堂券、穿堂券、门洞券和金券等组成。四道石门的门楼，都是各用一块巨大的青白石做成。八扇石门上雕有八尊菩萨立像，高一点九九米，雕刻精细，形象逼真。高大宽敞的金券是地宫的主要建筑，全部用青白玉石构筑，东西长十二点三二米，南北宽七点二二米，高八点九五米。金券内的宝床上放置着光绪皇帝和隆裕皇后的棺椁。

崇妃园寝在崇陵东侧。这里埋葬着光绪皇帝的两个妃子——瑾妃和珍妃。在绿色琉璃瓦的隆恩殿后面，有两个砖垒的垛子（坟丘），东边的一个便是珍妃墓。珍妃因赞同和支持光绪皇帝变法维新，为慈禧太后所恼恨，在囚禁光绪皇帝的同时，也把她打入了冷宫。1900 年八国联军攻入北京，慈禧太后在挟持光绪皇帝逃往西安之前，命二总管太监崔玉桂把珍妃从冷宫里拉出来，推入井内，结束了她年仅二十四岁的生命。这口井现在仍保存着，在北京故宫珍宝馆北门内，名为珍妃井。1901 年，珍妃的尸体从井里打捞上来，埋在北京西郊的田村。1915 年迁葬于崇妃园寝。

清朝政府为加强对东陵和西陵的管理，设置了一套完整的陵区管理机构。西陵总管大臣由皇帝任命泰宁镇总兵兼任。又委派辅国公、镇国公设置东府、西府，作为皇室的代表，专门负责守陵。下设内务府、礼部、工部，分别负责行政、司法、祭祀和施工事宜。同时，还设有八旗兵护陵，绿营兵守卫陵界，警卫十分森严。

东陵和西陵的祭祀活动十分频繁。每年的清明、中元、冬至、岁暮和忌辰举行大祭，每月朔、望有小祭。不难想见，在这些祭祀活动中，金碗端，银盘盛，美味佳肴，山珍海味，要耗费劳动人民多少钱财！据记载，仅东陵每年的祭祀活动，竟耗银不少于一百零三万两。

解放以来，人民政府十分重视对西陵的保护和管理工作，建立了保管机构，并有计划地进行整修。现在西陵已对游人开放。

冉庄地道战遗址

　　清苑县冉庄，距保定市三十公里。抗日战争和解放战争时期，冉庄人民在人民战争思想的指引下，开展地道战，神出鬼没地打击敌人，曾荣获"抗日模范村"的光荣称号。当时全村有四百户人家，二千口人。

　　冉庄地道主要干线有四条，长四点五华里，南北支线十三条，东西支线十一条，通往外村的联村地道四条，全长约三十华里。地道一般宽约零点七至零点八米，高约一至一点五米，上距地面二米多。分作战用的军用地道和供群众隐蔽用的民用地道两种。

　　地道构造复杂。里面建有储粮室、厨房、厕所和战斗人员休息室，设有照明灯和路标。地道总指挥部附近挖有很深的陷井，井上设"翻板"。它是一种防卫设施，敌人万一进入地道，一踏上"翻板"，就会落井而死。地道又与水井相通，既是流通空气的气眼，又解决了地道内群众的用水问题，设计十分巧妙。

　　地道的出入口灵活多变。有的修在屋内墙根壁上，有的建在靠墙根的地面，有的则利用牲口槽、炕面、锅台、风箱、井口等作为出入口。这些地道口的选址都充分利用了地形地物，伪装得与原建筑物一模一样，使敌人很难发现。

　　为了充分发挥地道的优势，还在村里各要道口的房屋上，建造了高房工事，在地面修建了地平堡。又根据不同的地形地物，分别在小庙、碾子、烧饼炉、柜台、暗室、墙角或墙根等处，修筑了工事和枪眼。各种工事都和地道相通，既能了望，又能射击和拉雷。这样，地道和地面相配合，各种火力相交叉，构成了密集的火力网，充分发挥地道威力，痛歼来犯之敌。

　　冉庄地道战工事的主要特点，可概括为三通、三交叉和五防。

　　三通：高房相通，地道相通，堡垒相通。

　　三交叉：明枪眼与暗枪眼交叉，高房火力与地平堡火力交叉，墙壁火力与地堡火力交叉。

　　五防：防破坏，防封锁，防水灌，防毒气，防火烧。

抗日战争和解放战争时期，冉庄的民兵和群众就是利用这种神奇莫测的地道与日伪军、蒋匪军进行地道战十七次，伏击、追击战五十五次，配合地方武装出村作战八十五次。其中五次规模较大的地道战，就毙伤敌人一百六十三人，成为冀中地道战的一个模范。

冉庄地道战工事，经历了一个由简单到复杂，由单纯防御到主动打击敌人的发展过程。

最初，每当敌人来犯，群众就到村外"青纱帐"里隐藏起来，但它受到季节的局限。1941 年秋后，冉庄的干部和群众开始在低洼偏僻的田野和村前村后、房前房后挖隐蔽洞。群众把它叫做"蛤蟆蹲"，这便是地道的原始阶段。后来，群众又把隐蔽洞加长，并把单口改成双口，以增强防御力量。到 1944 年 1 月，村里最长的一条地道只有七十米。

冉庄"三通""三交叉"和"五防"地道的修成，是在 1945 年 1 月之后。当时，冉庄党支部和群众，在总结自己斗争经验的同时，认真吸取了冀中其他村庄修地道的经验，在县、区干部的帮助下，在"敌来我打，敌走我挖"、"敌人在地上蚕食，我们在地下反蚕食"的口号鼓舞下，仅用了十二天时间，就在原隐蔽洞的基础上，挖成了四条干线地道，并很快完成了其他地道支线和战斗工事的修筑工程。

有关部门对冉庄地道战遗址的保护十分重视，建立了冉庄地道战遗址纪念馆，维修加固了部分干线地道和高房、小庙、烧饼炉等工事和枪眼，基本上保持了当年地道战的原貌。

沧州铁狮子

"沧州狮子定州塔，真（正）定府的大菩萨"，这是群众中流传的河北的三大古迹。

铁狮子在沧州市东南二十公里的旧沧州古城开元寺旧址内，身高五点四米，长五点三米，宽三米左右，体重四十吨以上。它身披障泥，背负莲盆，前胸和臀部铸有束带，头部毛发作波浪形，昂首怒目，巨口大张；肌体矫健，四肢叉开，似仰天怒吼，又似疾走急驰。《沧县志》载李之峥作《铁狮赋》曰："飙生奋鬣，星若悬眸，排爪若锯，牙列如钩。既狰狞而踱躞，乍奔突而淹留。昂首西倾，吸波涛于广淀；掉尾东扫，抗潮汐于蜃楼"。这是对铁狮子雄姿的生动描绘。

《沧县志》还记载，在铁狮头顶和颈下各铸有"狮子王"三字，右项和牙边皆有"大周广顺三年铸"七字，左肋有"山东李云造"五字，头内有"窦田、郭宝田"五字。腹内及牙内外还铸有金刚经文。可惜这些文字经过千百年的风吹雨蚀，大多已模糊不清。只有项下"狮子王"三字还依稀可认。

铁狮铸造的确切年代，因自铸"大周广顺三年铸"，而得知是后周太祖郭威广顺三年（公元953年）铸造的，距今已有一千多年的历史了。

铁狮的铸造工艺很高。据分析，它是按照分节叠铸法浇铸的，与正定隆兴寺大悲阁铜菩萨的铸法相同。狮腹内壁光滑，是以整块内模为芯，外面有较明显的范块拼接痕迹。范块尺寸不一，仅四肢和左右肋的范块就有十三种规格。可以看得出来，爪、腹为一次浇铸。从小腿到背部，分十五节叠铸，用范三百四十四块。莲盆和圆座分六节浇铸，用范六十五块。初步统计，铁狮总计用外范四百零九块。在一千多年前，我国的铸造工艺就达到了这样高的水平，充分显示了古代劳动人民的聪明和才智。

沧州铁狮子是我国文化遗产中的瑰宝，年代这样早的铁狮子，在我国是独一无二的。目前，铁狮子所处地势低洼，经国家文物事业管理局批准，将把铁狮抬高，以利于保护和游人参观。

封氏墓群

在景县城东南十五华里的前村和后村一带，有一处封土高大的墓群，群众称之为"封家坟"，也就是封氏墓群。

封氏墓群现有封土的墓十五座，排列比较集中，封土大小不等，大的封土高约六、七米，周长约百余米，小的封土高约一米许。按"十八乱冢"之说，应为十八座古墓。据了解，其中一座在墓群的东南面，封土已平；另两座具体位置尚需进一步勘探。1948年，这些墓曾被群众挖开，其中墓室塌陷者均未深挖，就进行了回填。只在四座墓室没有塌陷的墓中，和另外一个墓道内，就取出铜器、青瓷器、彩绘陶俑、墓志等文物三百多件。

墓志有北魏正光二年（公元521年）、北齐河清四年（公元565年）、隋开皇三年（公元583年）和隋开皇九年（公元589年）的共五合。根据墓志铭所载，墓主人分别为封魔奴、封延之、封延之之妻、崔夫人、封子绘、封子绘之妻，都是封氏族系。

渤海封氏和无极甄氏、河间邢氏，博陵崔氏、赵陵李氏等都是南北朝时期的豪门望族，与当时的范阳卢氏、荥阳郑氏、太原王氏齐名。这些门阀士族与拓跋鲜卑贵族通过联婚相勾结，构成了北朝统治集团的核心。封氏家族的成员，官职很高，在魏书、北齐书、北史中都有他们的列传，新唐书宰相世系表等史籍中也都有关于他们的记载。

封氏族系为：

$$
\text{封释} - \text{放} \begin{cases} \text{孚} \\ \text{懿} \begin{cases} \text{玄之} \\ \text{虔} \begin{cases} \text{魔奴} \\ \text{鉴} \end{cases} - \text{回} - \begin{cases} \text{隆之} \\ \text{舆之} \\ \text{延之} \end{cases} \begin{cases} \text{子绘} \\ \text{子绣} \end{cases} \end{cases} \end{cases}
$$

封氏墓群出土的文物，是研究北魏、东魏、北齐以及隋朝政治、经济、文化的重要实物资料。其中的墓志铭对于考证史书记载，研究北朝史和隋史，有重要参考价值。出土的青瓷器，为研究北方青瓷提供了实物，特别是其中的莲花尊，造型优美，浅灰胎，底足不施釉，青釉匀实，近似艾叶色，开片细而不显，以及瓷胎中含三氧化二铝和氧化钛较高等特点，都与南方的青瓷不同，而具有自己的风格。封氏墓群出土的陶俑，为研究北魏拓跋鲜卑汉化前后的衣冠制度提供了可贵的材料。

中山灵寿故城和王𰯼墓

　　战国时期，在今河北省中部临近太行山一带，有个中山国。但由于文献记载很少，研究中山国的历史有很大困难，中山国的文化面貌也不清楚。自 1974 年以来，文物工作者在平山县上三汲村一带，勘察了古灵寿城址，并发掘了中山王墓，出土了大批珍贵文物，才使人们第一次看到了中山国的文化面貌，为研究中山国历史提供了极为丰富的实物资料。

　　灵寿故城是中山桓公徙灵寿后的都城，位于上三汲村北一带，北依东林山和牛山，南临滹沱河，距今灵寿县城约十公里。城址为不规则的长方形，南北长约四点五公里，东西宽约四公里。城墙依自然地势夯筑而成，地上均已无存。从保存在地下的夯土来看，西城墙最宽处为三十五米，隔墙最宽处为二十五米。城内分布有宫殿建筑遗址、居住遗址和制陶器、铸铜器、制铁器、制骨石玉器的遗址。

　　城址分为东城和西城，其间有一道南北向隔墙。东城北部为宫殿建筑区，南部为手工业作坊区和居住区。西城中部偏北有一道东西向隔墙，北为中山王墓区，南为商业区、居住区和农业区。

　　在灵寿故城西约二公里的西林山南坡上，有两座东西并列的古墓，西边的一座便是中山王𰯼的陵墓。

　　王𰯼墓封土十分高大，南北长约一百一十米，东西宽约九十二米，高约十五米。封土中部有回廊建筑遗存，如柱础、卵石散水、板瓦、筒瓦、圆瓦当、山字形脊瓦等。东、西、北三面有陪葬墓六座，南面平台的东西两侧有车马坑两座，西侧台下还有杂殉坑和葬船坑各一座。

　　王𰯼墓主室平面呈中字形，南北通长一百一十米，宽约二十九米，底距口深五点七米，分为南墓道、北墓道、椁室、东库、西库和东北库六部分。墓的结构奇特，建造精工，规模宏大。

　　椁室和车马坑等早年均被严重盗扰，出土文物较少。唯与椁室不相连通的东库和西库未经盗扰，出土文物十分丰富，其中最为珍贵的如下：

铁足铜鼎：通高五十一点五厘米，最大直径六十五点八厘米，是目前发现的战国时期较大的铜铁合铸器物。鼎壁共刻铭文四百六十九字，是战国时期字数最多的一篇铭文。主要内容是：斥责燕国的国君哙，受其相邦子之的迷惑，把王位让给子之而遭到国破身亡的命运；颂扬自己的相邦司马赒，辅佐少君，谦恭忠信的美德，表彰其率师伐燕，扩大疆土数百里，占领城池数十座的功绩；告戒嗣子记取吴国吞灭越国，越国又复灭吴国的教训，不要忘记旁边的敌国时刻威胁着自己的安全。铭文刻工刀法娴熟，横竖刚直，圆弧匀畅，刀锋细锐，构字秀丽，堪称艺术杰作。其内容是研究战国历史的重要资料。

铜方壶：通高三十六厘米，直径三十五厘米，盖上饰云形钮，肩部饰四条夔龙，造型美观。它是王䁓命司马赒制作的。所用的铜是从燕国缴获来的最好的铜。方壶四壁刻有铭文四百五十字，中心意思与鼎铭相同，仍是"以警嗣王"。铭文中提到"皇祖文武，桓祖成考"，使我们第一次看到了战国时期中山国的王系材料，据此列出中山国君的世系当是：文公、武公、桓公、成公、王䁓和蚉、尚。

铜圆壶：通高四十四点五厘米，腹径三十二厘米，原制作于王䁓十三年。䁓死后，嗣子蚉为悼念先王䁓加刻了一篇悼词，共一百八十二字。其内容除赞扬先王的慈爱贤明外，还赞扬了司马赒伐燕取得的战果。此外，器足上还有铭文二十二字，记有制器时间、单位、负责官吏、工匠名称和器身重量等。

"兆域图"铜版：发现于椁室，长九十四厘米，宽四十八厘米，厚一厘米。它是王䁓陵墓区平面示意图。图上标明了"王堂""王后堂""哀后堂"，以及其他宫、垣的位置、建筑名称和尺寸。还有一篇王䁓诏书铭文，内容是王䁓命司马赒，对不按规定标准营建陵墓者要依法处之：违法者，死不赦；不执行王命者，罪连子孙。"兆域图"铜版上的铭文和建筑位置，都是用金银镶嵌而成。这是我国发现最早的帝王陵墓规划图实物，为研究中山国的王陵建筑制度以及法律等提供了宝贵的实物资料。

错金银铜虎噬鹿屏风插座：长五十一厘米，高二十一点九厘米，重二十六点六公斤。周身错金银纹饰，光泽闪烁，黄白辉映。其形制为一只斑斓猛虎，后尾刚挺上卷，身躯弓曲，矫健有力，利爪在抓捕一只小鹿，并把小鹿啣于巨口。小鹿无力地挣扎着，口部微张，似在发出凄惨的呼叫。老虎的隆隆肌肉和凶猛、敏捷的体态，小鹿的幼弱而修长的身姿，都塑造得栩栩如生。虎和鹿的皮毛斑纹，也都刻画得极其细腻逼真。虎的前爪因抓鹿而悬空，器身的平衡用鹿腿来维持，构思奇巧，造型自然，堪称战国时期优秀艺术作品中的瑰宝。

错金银铜虎噬鹿屏风插座和错金银铜犀屏风插座、错金银铜牛屏风插座是放在一起成套出土的。在虎、犀、牛的背部均有长方形的兽面纹銎，銎内均存有木榫。这三件插座恰好构成一个屏风座足。

王䵣墓内还出土了四龙四凤四鹿座方案、十五连盏铜灯等，造型奇特，工艺精湛，花纹绚丽多采，充分显示了手工工匠们的创造才能和高超的技艺。

中山王䵣墓出土的丰富多采的文物，是我国考古工作的重大成果。部分文物在国内外展出后，受到广大观众的欢迎和赞赏，引起了学术界的高度重视。

安济桥与永通桥

安济桥坐落在赵县城南的洨河上。赵县古时曾为赵州，所以群众习惯称为赵州桥。在赵县城西门外清水河上坐落着一座金代建造的永通桥，形制和结构与安济桥完全相同，只是比安济桥小。两桥都是用石料建成，所以俗称安济桥为大石桥，永通桥为小石桥。

安济桥是隋朝开皇至大业年间（约当公元605—618年）由著名石匠李春设计建造的，距今已有一千三百多年历史。桥全长五十点八二米，宽九米，跨径三十七点三七米，弧矢七点二三米，十分壮丽。

桥的结构奇巧异常，从整体来看，是一座单孔弧形桥，实则为由二十八道拱纵向并列构成的。尤其巧妙的是在大拱的拱肩上各建造了两个小拱，即敞肩拱，这就使它比实肩拱空灵秀丽，分外美观。

安济桥在建造上有其独到的特点：桥身为单拱，跨度大，而弧形平缓，既节约石料，又便于行人和车辆行走；敞肩拱的运用，不仅增加了排水面积，减少了水流阻力，而且又节省石料，减轻了桥身重量，增强了桥的稳定性；采用纵向并列砌筑法，每道拱券可独立站稳，自成一体，既便于施工，节约木料，又便于单独修补；桥台基址没有特殊设置，采取天然地基，等等。

安济桥不仅科学技术水平高，而且造型也很优美。它的弧形平拱和敞肩小拱，巨身空灵，雄伟而秀逸，稳重且轻盈。桥两边的栏板、望柱上雕刻着各种蛟龙、兽面、竹节和花饰等，刀法苍劲有力，风格豪放新颖。再加上大拱起线三条，小拱稍作收回，起线两条，另有腰铁、钩石、铁梁头、拱顶的龙头、八瓣莲花的仰天石等点缀于桥身两侧，使全桥更加精致俊秀，丰满多姿。古代诗人赞颂安济桥"驾石飞梁尽一虹，苍龙惊蜇背磨空"，"水从碧玉环中过，人在苍龙背上行"，实不过誉。脍炙人口的歌谣《小放牛》，更增添了大石桥的神奇色彩。

千百年来，安济桥虽然饱经忧患，历尽沧桑，但仍比较完整地保持着原来的结构。在我国桥梁建筑史上占有十分重要的地位，对后代的桥梁建筑有着深远的影响，特别是拱肩加拱的"敞肩拱"的运用，实为世界桥梁史上的首创。在国外，直到十九世纪中叶，才在欧洲通行，比安济桥晚了一千二百多年。

　　永通桥是受安济桥影响的典型一例。全桥由二十一道纵向并列的拱券石构成，跨度长约二十六米，弧矢约五点二米，桥宽约六点三米。在桥的大拱肩上，也有四个敞肩拱。现桥栏板及其雕刻，多为明正德二年（公元1507年）的遗物。

正定开元寺钟楼

开元寺又名解慧寺，位于正定县城内西南街，现仅存钟楼和塔各一座。

钟楼平面呈正方形，面阔三间，进深三间，为楼阁式建筑，通高十四米，出上下两层檐，青瓦歇山顶。建筑总面积为一百三十五平方米。

下层大木构件和柱网布局，分檐柱和金柱，有明显的卷刹、侧角和升起。柱头只用搭头木而不用普柏枋。斗拱用材雄大，只有柱头和转角设铺做，没有补间铺做。柱头和转角均为五铺做出双抄，偷心造。内槽仅用柱头铺做，拱上承托钟架。钟架上与钟楼上层梁架相交。

上层为六架椽屋，用四柱插柱造。柱上施搭头木和普柏枋，外檐无斗拱。

楼上悬古钟一口，系唐代遗物，高二点九米，口径一点五六米，厚十五厘米。造型古朴，声音宏亮。

据记载，开元寺始建于东魏兴和二年（公元 540 年），唐乾宁五年（公元 898 年）重建，明、清重修。钟楼仍保持了唐代建筑的风貌。

钟楼是我省木构建筑中时代最早的一例，在全国亦属罕见，在我国建筑史上占有重要地位。

在钟楼西部，矗立着一座砖结构的塔，平面呈正方形，共九层，高约四十八米。每层都有用砖叠涩的出檐。四四方方的塔檐和塔身，使这座塔显得朴实大方，与正定县城南门里的广惠寺华塔的风格迥然不同。这座塔建于明嘉靖四十一年（公元 1562 年），但塔的造型却与西安唐代小雁塔极为相似，这也许是为了与唐代重建的开元寺建筑协调风格吧！

赵州陀罗尼经幢

赵州陀罗尼经幢，位于赵县城内，建于宋代景祐年间（公元 1034—1038 年）。经幢高约十八米，共六层，平面呈八角形。因幢体刻有陀罗尼经文，所以叫陀罗尼经幢。

经幢的基座为三层须弥座：第一层须弥座束腰部分，雕刻着各式莲花圆柱和肌肉丰满的力士，还雕刻着做掩门状的露半身妇人像，姿态生动。第二层须弥座束腰部分，雕刻着佛教的八宝：轮、螺、伞、盖、花、罐、鱼、肠法器。第三层须弥座束腰部分，雕刻着单檐房屋，两柱之间，还雕一佛像。

在第三层须弥座的上面，安装着自然山石，构成了一座须弥山式座，其上托着经幢的第一层幢体八角石柱，柱上刻有经文。石柱顶上是华盖，周边刻有装饰整齐的帷幔。华盖上层雕有狮、象等动物头像，托着宝相莲花座，每个莲花瓣上还雕有一个小坐佛。莲花上置第二层刻有经文的幢体，上面的华盖和莲花座，又托着第三层幢体八角柱，上边的华盖造型特殊，为八角城，并雕刻着王子游四门的故事。第四层幢体全为雕刻，它的上面不是一般华盖，而是一座带斗拱的单檐建筑。第五层幢体，布满雕刻，其上是华盖。第六层幢体上有一八角亭，在亭子顶部，有圆锥形的幢顶，直指碧空。

这座经幢不仅是我国经幢中最大的一个，而且它的雕刻内容丰富，手法精细，造型美观，是我国十分珍贵的石雕艺术杰作。

隆兴寺（附毗卢殿）

隆兴寺坐落在正定县城东门里街，平面呈长方形，占地面积为五万平方米。寺内建筑布局规整，形式多样，是我国现存时代较早、规模较大、保存较完整的一座佛教寺庙建筑群。

隆兴寺主要建筑分布在一条南北中轴线上及其两侧。寺前迎门有一座高大的琉璃照壁；经三路三孔石桥向北，依次是：天王殿、大觉六师殿（遗址）、摩尼殿、戒坛、慈氏阁、转轮藏阁、康熙御碑亭、乾隆御碑亭、御书楼（遗址）、大悲阁、集庆阁（遗址）和弥陀殿等。

在寺院围墙外东北角，有一座龙泉井亭。寺院东侧的方丈院、雨花堂、养性斋，是隆兴寺的附属建筑，原为住持和尚与僧徒们居住的地方。

隆兴寺创建于隋开皇六年（公元586年），当时叫龙藏寺，至今寺内还保存有龙藏寺碑一通。宋初，更名为龙兴寺。宋太祖赵匡胤于开宝四年（公元971年）敕命在寺内铸造铜菩萨像，遂大兴土木，进行扩建，奠定了现在的布局和规模。此后，元、明、清各代都进行过重修，但基本上保持了宋代的形制和风格。清康熙年间定名为隆兴寺。因寺内有一尊高大的铜铸菩萨像，所以俗称为大佛寺，远近驰名。

现在寺内保存的宋代建筑有天王殿、摩尼殿、转轮藏阁和慈氏阁等。

天王殿，也是隆兴寺的山门，北宋始建，清代重修。大殿面阔五间，进深两间，为单檐歇山顶，七檩中柱式建筑。殿内迎门安放着一尊木雕弥勒佛坐像。

掩映于浓荫疏影中的摩尼殿，坐落在中轴线前部，始建于宋仁宗皇祐四年（公元1052年），距今已有九百多年的历史。总面积为一千四百平方米。大殿结构十分奇特，属抬梁式木结构，平面呈十字形。殿内的梁架结构均与宋《营造法式》相符，大木为八架椽屋，前后乳栿用四柱的结构形式。正中殿身五间，进深五间。中央部分为重檐歇山顶，四面正中各出山花向前的抱厦，体现了宋代建筑的特点和风格。殿顶为绿琉璃瓦剪边。檐下饰雄大的古绿色斗拱，翼角弧度圆润而微微向上翘起。象这样立体富于变化，形制颇为特殊，结构重叠雄伟的古建筑，在我国早期古建筑中实属罕见。

殿内正中的佛坛上，塑有释迦牟尼、文殊、普贤、阿难和迦叶像，其中一佛（释迦牟尼）、二弟子（阿难、迦叶）像为宋代原塑。檐墙及围绕佛坛的扇面墙上，均绘有明代成化年间绘制的壁画，题材内容为佛传故事。壁画色彩艳丽，线条流畅。扇面墙背面塑有玲珑别致的须弥山，山间塑有罗汉、狮、象等，中部有一尊明代彩塑观音坐像，头戴宝冠，肩披璎珞飘带，胸臂裸露圆润，一足踏莲，一足踞起，双手抚膝。鼻梁微高，柳叶细眉，面容恬静安详，姿态优雅端庄。其造型显然是画工塑匠取材于现实生活中的美女子的形象，生动自然，突破了宗教偶像的呆板作风，实为我国古代艺术珍品。

经国家文物事业管理局批准，从 1977 年下半年起至 1980 年底，对摩尼殿进行了落架重修。现在它已经以自己特有的风姿重新迎接国内外游人的观赏。

转轮藏阁和慈氏阁，位于大悲阁前的东西两侧。转轮藏阁座西朝东，面阔三间，进深四间，重檐歇山顶。平面近似方形。阁内正中安置木制的直径七米、八角形的"转轮藏"（即转动的藏经橱）。中间两根金柱各向左右让出，其梁架结构，作出由下檐斗拱弯曲向上与承重梁衔接的弯梁，上层梁则有大斜柱（叉手）的应用，是早期木构建筑中的杰作。

慈氏阁与转轮藏阁大体相似。阁内采取永定柱造和减柱造的做法，是其建筑结构上的特点。特别是檐墙一周的柱子均采用永定柱造的做法，是国内现存宋代建筑中的孤例。阁内两米高的须弥座上，立有一木雕像，高七米，为弥勒菩萨形象，或称慈氏菩萨，是宋代遗物。

大悲阁，坐落在中轴线的后部，是隆兴寺的主体建筑。阁前古柏参天，阁后老槐吐翠，周围苍松、百花环绕，景色清幽宜人。阁高三十三米，为五重檐三层楼阁。旧名佛香阁、天宁观音阁。据记载，该阁始建于宋初开宝年间（公元 968—976 年）。原与东西两侧的御书楼和集庆阁相连，并与前面东西对峙的转轮藏阁和慈氏阁互相映衬，组成一组宏伟壮丽的楼阁建筑群。建筑群以大悲阁为中心，高低错落，主次分明，充分显示了宋代楼阁建筑的特点。可惜 1944 年重修时，把大悲阁两侧建筑拆除，大悲阁本身也缩小了三分之一，阁内精美的壁画也毁之殆尽。

大悲阁内矗立着一尊高大的铜铸大菩萨，称大悲菩萨，也称千手千眼观音，高十九点二〇米，有四十二臂，是奉宋太祖赵匡胤敕令铸造的。据寺内一通宋碑记载，其铸造程序是：先铸好基础，然后分七节铸造大菩萨。第一节铸下部莲花座，第二节铸至膝盖，第三节铸至脐下，第四节铸至胸部，第五节铸至腋下，第六节铸至肩膊，第七节铸至头部。最后添铸四十二臂。菩萨的手均为木雕而成，其上裹布，一重漆，一重布，然后用金箔贴成。它是我国现存最高大的铜菩萨。可惜有四十个铜臂在清中期被换成木制的了。

在隆兴寺内，还保存有隋唐以迄宋、金、元、明、清各代碑刻三十多通，其中龙藏寺碑是隋开皇六年创建龙藏寺时所立，不仅具有重要的历史价值，而且具有很高的书法艺术价值。在南北朝至唐的书法艺术发展史上，处于承前启后的地位，是我国现存著名古碑之一。

毗卢殿在隆兴寺后部，是一座重檐歇山顶建筑。它原是正定县北门里崇因寺的一座主殿，该寺年久失修，残破严重。为了保存毗卢殿，便于广大群众参观，1959年经国家批准，将该殿迁到了隆兴寺最北端。

毗卢殿原建于明万历年间（公元1573—1620年）。1959年迁建时，不但完全保持了原来建筑的风格，而且还进行了精心的整修，使其面貌焕然一新。

殿内正中有一尊多层周身铜铸多面佛像，是一件十分罕见的铜铸艺术珍品。它构思巧妙，设计精细。在莲座的每一个莲瓣上，均铸刻了一个小佛像，三层莲座共有小佛像一千个。同时，每层莲座上还铸有四尊毗卢佛像，两两相背，面向四方。莲座和毗卢佛由下而上，层层缩小。总计一千零一十二个大小佛像，构成了所谓千佛绕毗卢的形象，堪称铜铸艺术杰作。

广惠寺华塔

广惠寺华塔，在正定县城南门里广惠寺内，寺早已塌毁无存，现只存华塔一座。

华塔是一座楼阁式的塔，砖筑而成。据记载，塔高十三丈五尺。

塔基为砖砌，四面有圆券形门洞，两侧有假柱，柱顶有仿木结构的砖雕斗拱，为四十五度摸角斜拱，单昂四铺做。

塔身平面为八角形，共四层。第一、二层有平座。第一层中部雕斗拱一周，上饰彩绘。北侧有圆拱形券门洞一个。第二层南边和西边开圆拱形券门，两侧设假柱，上有仿木结构的大斗出一耍头。四周有方形佛龛，共二十四个。第三层设四个门，南北两门为圆拱形门洞，南门洞内有佛像一尊；东西两门为假门，东门呈关闭形，西门则作虚掩状。四门上部均设假窗。门窗上部饰仿木斗拱。

第三层檐上拐角处均雕有力士像，上承塔的第四层。该层是华塔的主要部分，塑有许多仙人、佛像、仙兽和楼台亭阁。有凶猛的狮子、慓悍的大象、健壮的牛、欲跃的青蛙等。其中两组兽头塑像包括狮头、象头、牛头等，上下参错，不臃不疏，十分得体。这些塑像，造型美观，体态生动，神情各异，活脱如生。

我国古塔遍布大江南北，长城内外，种类繁多，式样别致，华塔是其中独具风格的一种。我省以各种塑像、花饰纹身的塔，除广惠寺华塔外，还有曲阳县修德寺塔和井陉下寺塔。

据县志记载，广惠寺华塔始建于隋唐。一说为唐德宗贞元年间（公元 785—805 年）与广惠寺同时修建。然据塔的建筑结构分析，及第一层内壁上有金代人题诗判断，华塔很可能建于金代。原来华塔的四角尚有四个小塔，可惜早已无存。

苍岩山福庆寺

苍岩山位于井陉县胡家滩附近，距石家庄市七十公里。这里山峦叠翠，峭壁危崖，万木浓黛，石径蜿蜒。自古享有"五岳奇秀揽一山，太行群峰唯苍山"之盛名，是一处天然的游览胜地。

山上建有福庆寺。楼台殿宇，依山就势，玲珑典雅，别具特色。著名的桥楼殿和公主祠环绕在山腰古木之间，是寺内的主要建筑。

在高二十多丈，南北对峙的悬崖绝壁上，飞架着单孔弧形石桥三座，其中两座桥上，建造了形制相同、大小有别的两座建筑，即天王殿和桥楼殿。桥楼殿高耸险峻，构造精巧，为二层楼殿，面阔五间，进深三间，重檐歇山顶。殿顶盖琉璃瓦，大脊为琉璃花脊。殿内有壁画，梁枋施彩绘，金碧辉煌。桥下为一长涧，建石蹬三百六十余级。石蹬尽处，天王殿建筑秀丽多姿，"殿前无灯凭月照，山门不锁待云封"的草书金字对联，高悬殿门前，潇洒古雅，使人游兴倍增。从涧底仰望，青天一线，桥楼凌空，宛如彩虹高挂，故称"桥殿飞虹"。更令人惊绝的是，由于空中彩云流动，好似桥殿也在跟着飘动，古人有诗赞曰："千丈虹桥望入微，天光云彩共楼飞"。站在桥上凭栏俯视，百丈断崖，其势撼人；涧底行人，高不盈尺。洞口处怪石嶙峋，满涧白檀奇姿异态，真是美景如画。

自桥楼殿北行，禅房、碑碣、峰回轩、古塔，迤逦不绝，直达公主祠。祠内倚绝壁，外临断崖。祠内虚阁藏幽，有隋炀帝长女南阳公主塑像和大幅壁画。自桥楼殿南行，经过大佛殿，兀遇断崖挡路，上镌刻着"窍开别天"几个大字，循石阶攀登而上，可直达苍岩山顶峰，极目了望，苍岩山的风光尽收眼底。

苍岩山佳景颇多，除桥楼殿、峰回轩、公主祠、大佛殿等古建筑外，还有著名的说法危台、窍开洞天、岩关锁翠、碧涧灵檀、风泉漱玉、书院午阴、阴崖石乳、峭壁嵌珠、炉峰夕照、空谷鸟语、悬登梯云、绝巘回栏、尚书古碣等胜景。它们或跨断崖而飞虹，或依绝壁而临崖，或沿山曲而萦回，或临诸壑而设置。选址独具匠心，择景异常巧妙，游人至此，仿佛置身于"仙山琼阁"之中，故古人有"万景临诸壑，千峰拱上方"的赞美诗句。

　　福庆寺（原名兴善寺），创建于隋朝，距今已有一千三百多年的历史。相传，隋炀帝之长女南阳公主曾深居苍岩山，以石泉水沐浴，治愈癣疥，后削发为尼，长居于此，故建该寺。现存建筑大都是清代遗物，具有十分明显的地方特色。

西柏坡中共中央旧址

　　平山县西柏坡，位于太行山东麓、滹沱河北岸的柏坡岭下。1947 年春，刘少奇、朱德同志率领中共中央工作委员会来到这里。1948 年 3 月，毛泽东、周恩来、任弼时等同志离开陕北，东渡黄河，经晋绥解放区，到达阜平县城南庄，同年 5 月 26 日，毛泽东等同志也来到西柏坡。从这时起，一直到 1949 年 3 月 23 日，党中央迁往北平（今北京）止，这里是中国革命的领导中心，是解放全中国的最后一个农村指挥所。

　　在这里，党中央、中央军委和毛泽东等同志部署和指挥了震撼中外的辽沈、淮海、平津三大战役，历时四个月零十九天，歼灭和改编国民党军队一百五十四万余人，为彻底埋葬蒋家王朝、解放全中国奠定了坚实的基础。毛泽东同志在这里写下了许多指导中国革命的光辉篇章。

　　1949 年 3 月 5 日至 13 日，党中央在这里召开了具有伟大历史意义的七届二中全会。毛泽东同志在会上作了极为重要的报告，提出了我国由新民主主义革命转变为社会主义革命的路线、方针和政策，为我国社会主义革命和建设指明了道路。

　　西柏坡地势隐蔽，环境幽雅，群众基础很好，是我晋察冀革命根据地的一部分。当时，党中央、中国人民解放军总部的领导同志，大都住在群众的房子里。

　　1950 年，有关部门对西柏坡的革命文物进行了征集和保管。1958 年修建岗南水库时，又对中共中央旧址、中央领导同志旧居和有关革命文物，进行了详细测绘、拍照和登记，并妥善保存了木构件等建筑材料。

　　现在的中共中央旧址大院，是从 1971 年开始迁移在原址附近的山坡上复原修建的。各建筑的主要木构件都是原物，总面积为一万六千多平方米。

　　大院前部从东到西一座座小院，分别为周恩来、任弼时、毛泽东、刘少奇和董必武等同志的旧居。军委作战室旧址，在毛泽东同志旧居西北角靠山的地方。大院最北部是朱德总司令的办公室、会客室和休息室，其建筑形式是仿窑洞式建筑，别具一格。中共七届二中全会会址，位于大院西部，介于前后院之间。其他复原建筑还有新华社办公室、中央机关食堂以及防空洞等。

这些建筑内，大都搞了复原陈列。

1976 年开始，又修建了西柏坡纪念馆，举办了陈列展览。

富有纪念意义的西柏坡，风景优美，与一碧万顷的岗南水库相连，距石家庄市九十公里，是一个山水并秀的参观游览区。

华北军区烈士陵园

华北军区烈士陵园，一般称为石家庄烈士陵园。它位于石家庄市中山路路北，占地面积二十一万平方米，布局规整，整个建筑庄严而肃穆。园内苍松翠柏成荫，环境肃穆幽雅。这里安葬着抗日战争以来的七百多名烈士，其中大部分是团以上的军队干部和战斗英雄。著名的赵博生和董振堂烈士、回民支队司令员马本斋烈士都安葬在这里。园内还有伟大的国际主义战士白求恩陵墓、印度友人柯棣华陵墓和爱德华纪念碑。

白求恩陵墓位于陵园西部，建在一个高出地面一米的平台上，用大理石和花岗石合砌而成。墓的下部呈方形，顶部为圆球形，形制朴素、庄重。墓前竖立一通汉白玉石碑，上刻"白求恩大夫之墓"几个大字。墓左侧的汉白玉石上，刻有白求恩大夫的简历；右侧的汉白玉石上，镌刻着毛泽东同志《纪念白求恩》一文的节录。

白求恩墓前广场的中间，矗立着高大的白求恩全身塑像，神态逼真，再现了白求恩同志饱经风霜，毫不利己，专门利人，为中国人民解放事业而英勇献身的光辉形象。

白求恩大夫1939年11月12日清晨5时20分在河北省唐县黄石口村以身殉职。为了纪念伟大的国际主义战士诺尔曼·白求恩同志，1940年初，晋察冀边区抗日军民在唐县军城南关修建了宏伟的白求恩烈士陵墓。1952年春，白求恩大夫的遗骨迁葬于华北军区烈士陵园。

柯棣华陵墓和爱德华纪念碑在陵园的东部。南北并列，建在一个宽广的平台上，与白求恩陵墓遥遥相对。1942年12月9日柯棣华逝世后，原葬唐县，1952年迁来华北军区烈士陵园。墓的形制与白求恩墓大同小异，墓前汉白玉石碑上刻着"柯棣华大夫之墓"几个字。左侧的汉白玉石上，刻着柯棣华大夫的简历。毛泽东同志曾对柯棣华大夫作过高度评价，称他"远道来华，援助抗日，在延安华北工作五年之久，医治伤员，积劳病逝"；说他的死，使"全军失一臂助，民族失一友人"；号召中国人民永远也不要忘记柯棣华大夫的国际主义精神。

爱德华博士是印度援华医疗队队长，在中国工作二年后返回印度。解放后，他应周恩来总理邀请，多次来华访问，1957年病逝于北京。根据他的遗嘱，他的骨灰撒在了印度恒河和中国黄河潼关渡口。1958 年，中印友好协会为他立碑于柯棣华墓侧，以志纪念。

在陵园东部，还建有烈士陈列馆，陈列着烈士的遗物、奖旗和毛泽东、朱德等同志为烈士的题词。西部建有陈列馆和纪念亭，陈列馆展出了白求恩同志的革命事迹，纪念亭内竖立着中共中央华北局为革命烈士镌刻的纪念碑。

高大的灵堂建筑，坐落在陵园的正北部。灵堂内庄严肃穆，四壁挂有烈士遗像，安放着烈士的骨灰盒。

灵堂前面有三组高大的铜像，再现了人民子弟兵飒爽英姿和英勇战斗的英雄形象。

灵堂后部，是烈士墓地，马本斋等烈士就安葬在这里。

华北军区和华北行政委员会 1950 年决定修建华北军区烈士陵园，经过四年精心施工，于 1954 年 8 月 1 日胜利落成。二十多年来，前往瞻仰的人民群众，青少年和国际友人络绎不绝。

赵邯郸故城

赵邯郸故城，位于邯郸市西南约四公里处，由东城、西城和北城三部分构成，平面近似品字形，总面积为五百一十二万平方米。

故城周围，至今仍保留着高三至八米的夯土城墙，状如岗峦，蔚为壮观。城址内，地面上分布有布局严整的夯土台建筑遗存，地下发现有十多处面积广阔的夯土建筑遗迹。城墙四周，有城门阙遗迹多处。

西城：平面近似方形，南北长一千四百一十六米，东西宽一千三百九十二米。在城址中部，有一座"龙台"，南北长二百八十五米，东西宽二百六十五米，高达十九米，是西城内规模最宏大的一座夯土台，为当时宫殿建筑的主体建筑基址。龙台和北部的两座夯土台，形成一条南北向中轴线。在中轴线两侧，还保存有夯土台和地下夯土建筑遗迹六处。这样，西城内就组成了一组宫殿建筑群，脉络清楚，主次分明。据考察，它是当时的皇宫区。

东城：位于西城东侧，中间有一城墙相隔。东城南北最宽处为一千四百三十四米，东西最宽处为九百三十五米。在通往西城城门不远处，有两个高大的夯土台相对峙，称为"南将台"和"北将台"。在两个夯土台之间及南将台之南，有地下夯土建筑遗迹四处，这应是当时的宫殿建筑遗存。

北城：平面形状不甚规则，南北长一千五百五十七米，东西宽约一千三百二十六米。在北城南部和西墙外，也保留着两个高大的夯土台建筑遗存。

据文献记载和调查资料分析，赵邯郸故城应兴建于赵敬侯章元年（公元前386年）把赵的国都从中牟迁到邯郸前后，毁于赵幽缪王迁八年（公元前228年）被秦灭亡，前后持续一百五十九年。秦灭赵，秦将章邯引兵入邯郸，"皆徙其民河内，夷其城廓"。指的应当是赵邯郸故城。

从城的建制来看，主要宫殿建筑呈左右对称形制，层次分明。反映了东周以来的城市布局及营建特点，也基本符合当时前者为"城"，后者为"廓"，五里之城，七里之廓的习惯定制，为研究当时的都城建筑提供了实物资料。

在赵邯郸故城东北，今邯郸市区地面下五至九米深处，还有一个城址，因其较赵邯郸故城之北城为大，故称为"大北城"。

经初步勘察，大北城湮没于邯郸市地下，地上城墙极少。平面呈不规则的长方形，南北约六千一百米，东西约四千米。西城墙北段内收，与王郎城部分城墙以及所谓插箭岭、梳妆楼、铸箭炉和灵山连在一起。城址内曾发现制骨器、石器的作坊和炼铁、铸造、烧陶等遗址。它应是赵邯郸故城以外的手工业、商业和居民区，是邯郸古城之一。大北城约春秋时开始兴建，战国、汉时发展到繁荣阶段，汉以后走向衰落。

邯郸作为赵国的都城，历经一百五十九年，政治、经济、文化相当发达，是当时著名都城之一。在这里不仅留存下来许多名胜古迹，而且还流传下来很多富有意义的传说。"完璧归赵""将相和""邯郸学步""胡服骑射""围魏救赵"等，都是脍炙人口的故事。

武灵丛台

武灵丛台是战国时期赵国的著名古迹，位于邯郸市东北隅。台高二十六米，中间夯筑，外用砖砌。台的南面和北面，有用砖和条石建的踏道，拾级而上，可达一层台顶；再循单行踏道绕行直达丛台顶部。武灵丛台现存主要建筑有武灵馆、如意轩、回澜、据胜亭等，最高处的门额上，书有"武灵丛台"四个大字。

在台的两侧，有座七贤祠。赵国的七贤是韩厥、程婴、公孙杵臼、蔺相如、廉颇、李牧和赵奢。最早，人们为了纪念他们对赵国的忠诚，在台下建三忠、四贤二祠。但随着丛台建筑的几次被毁，二祠早已不复存在。七贤祠是后来重修丛台时所建。

在台下湖中的"望诸亭"，是为纪念战国时期著名军事家乐毅而建的。

武灵丛台始建于赵武灵王时期（公元前325—299年），故称为"武灵丛台"。武灵王是赵国有作为的一个国君，他为了国家的强盛，革除传统习俗，带头穿胡服，骑马射箭，操练兵马。这就是历史上有名的"胡服骑射"。赵国因此而强盛，成为当时的"七雄"之一。武灵王修筑丛台的目的，就是为了居高临下，观看操练兵马。同时也在这里观看歌舞，因而丛台也是他休息和娱乐的场所。

丛台一名，始见于东汉班固的《汉书》，高后元年（公元前187年）"五月丙申，赵丛台灾"。唐颜师古注曰："连聚非一，故名丛台。盖本六国时赵王故台也，在邯郸城中。"当时丛台分上下两层，建筑众多。史载丛台上有天桥、雪洞、妆阁、花苑诸景，规模宏大，装缀美妙，名扬列国。古人曾以"天桥接汉若长虹，雪洞迷离如银海"的诗句描绘丛台的壮观。唐代大诗人李白、杜甫、白居易，都曾到丛台游览，吟诗作赋。杜甫在《壮游》诗中写道，"忤下考功第，独辞京尹堂。放荡齐赵间，裘马颇清狂。春歌丛台上，冬猎清丘旁。呼鹰皂枥林，逐兽云雪岗。射飞曾纵鞚，引臂落鹙鸧"。可见，丛台当时是很热闹的地方。

二千多年来，武灵丛台建筑多次废兴，仅据地方志记载，自明朝中叶以来，到民国年间，四百年内就重修达十几次之多。多次重修，已改变了原来的规模和布局，失去了原有的建筑风格。如台的顶部原是平台，名曰"武灵台"，明嘉靖十三年（公元

1534 年）建亭于台上，名曰"据胜亭"。现在的丛台建筑，为清同治年间（公元 1862—1874 年）重建，仍不失为古代楼台亭榭建筑。

武灵丛台上原有许多珍贵的碑碣，可惜大都散失。现在保存的仅是明清时期的一部分，其中明万历癸巳（公元 1593 年）"赵武灵丛台遗址"碑颇有价值。

武灵丛台已辟为人民公园，经过多次维修，建筑面貌一新。公园占地面积三百六十亩，规模宏大，设施不断增加。以武灵丛台为中心的人民公园，已成为广大群众憩息和游乐的场所。

响堂山石窟

响堂山石窟位于邯郸市峰峰矿区，分南、北两处，相距约十五公里。石窟始凿于北齐，隋、唐、宋、明各朝代均有增凿。共有十六座大窟，雕凿大小不一、形态各异的造像达四千三百多尊，是我国石窟寺艺术的宝贵遗产，为研究我国古代的佛教及建筑、雕刻、绘画和书法艺术提供了丰富的资料。

南响堂山石窟，位于峰峰矿区鼓山南麓，滏阳河北岸。当时，这里山清水秀，风景优美，是北齐皇帝高洋两个政治中心邺（今临漳县境内）和晋阳（今太原）之间的交通要道。鼓山的石质优良，适宜于凿窟造像。因此，崇尚佛教的北齐皇帝高洋便选择这里开凿石窟，传播佛教。

南响堂山共有七座石窟，分上，下两层。上层五座，下层两座。自下至上为：华严洞、般若洞、空洞、阿弥陀洞、释迦洞、力士洞和千佛洞。其中第一窟华严洞规模最大，高四点九米，宽和深各六点三米。千佛洞窟内共凿佛像一千零二十八尊，窟壁上小佛像一排排，鳞次栉比，琳琅满目。窟顶部的飞天，雕刻得十分精巧，裙带飘逸，姿容妩媚，有的手弹琵琶，有的口吹笙管。整个窟内石雕艺术璀璨多采。在石窟下边，有清代依山修建的正殿、配殿和楼阁，参差坐落，构成了一组颇为壮观的建筑群。西南角还耸立着一座宋塔，与石窟相辉映。

北响堂山石窟，位于峰峰矿区和村以东的鼓山山腰，共有洞窟九座，从左到右为大业洞、刻经洞、二佛洞、释迦洞、嘉靖洞、无名洞、大佛洞和二个无名洞。九个窟又分为南、北、中三组，每组都有一座大窟。三组中最大的一座窟为"大佛洞"，宽为十三点三米，深十二点五米，高约十二米。巨大的石雕坐佛高达三点五米左右，造型匀称得体，庄重敦厚，肌体丰满圆润，线条细腻流畅，面部平素无饰，虽经千百年，仍保持着其清秀光洁。

刻经洞窟内满刻佛经，与最后一部佛经相连的是一通造像碑，记载了唐邕于北齐天统四年（公元568年）到武平三年（公元572年）写《维摩诘》等四部经的经过情形，是非常重要的研究资料。

　　北响堂石窟下边山脚附近，建有常乐寺和塔，寺已无存，只保存着两座宋、金时期的经幢，以及一些碑刻等。

　　响堂山石窟的形制基本相同。平面均近似正方形。面积大小悬殊很大，最大的窟面积为一百六十六点三平方米，最小的窟面积只有二点九九平方米。各个石窟虽有自己的特点，但窟正中和左右两面作宝坛，其上雕刻佛像的形制则大体相同。

　　石窟造像和花卉图案等雕刻，都美观大方，活脱传神。在造像中，有笑容可掬的菩萨，有威武刚强的天王，有欢乐歌舞的飞天，有凶猛不驯的怪兽，充分反映了当时的时代特征，体现了劳动人民的智慧和创造才能。可惜的是在解放前遭到严重破坏。

娲媓宫

娲媓宫建在涉县索堡北的凤凰山上，俗称"奶奶顶"。

娲媓宫有四组建筑：山下的朝元宫（后坊院）是最前面的一组建筑，早已无存。山腰是停骖宫（下马殿）和广生宫（子孙殿）两组独立的院落建筑，各设正殿和配殿。再往上行，越过漳北渠，穿过树林，绕行十八盘，便到达最高处的娲媓宫（奶奶顶）。

娲媓宫建在山势陡峭、地势险峻的山腰。在山崖根有用青砖砌筑的一座高达七米的宽广平台，奶奶阁、梳妆楼、迎爽楼、钟鼓二楼、六角亭和题有"娲媓古迹"匾额的木牌坊等就建在平台之上。

奶奶阁坐北朝南，背靠百尺绝壁，是娲媓宫的主体建筑，面阔五间，进深三间，为四层楼阁式，歇山顶，上盖琉璃瓦。阁高二十三米。每层出檐较短，檐下饰斗拱。

阁的建造依山就势，结构奇特。第一层北面依山，为明天启年间（公元1621—1627年）建的石券，它建于北齐开凿的石窟之上。二至四层为砖木结构，东、西、南三面均设走廊，唯北面有数条铁索将阁与刀削山崖连在一起，使阁更加稳固，构思奇巧。登阁远眺，太行山群峰叠翠，景色宜人。

阁外北壁上，有两个石窟，内置四尊石佛像。石窟左右山崖上，有二处摩崖石刻法华经。右侧的高四米，长十二米；左侧的高四米，长十一米。刻经字迹清晰，保存完整，字体与北响堂山石窟刻经洞的魏碑酷似，有较高的历史和艺术价值。

在奶奶顶这组建筑南门内的石壁上，刻有一通北齐碑，正面刻"古中皇山"四个大字。

据记载，这里的石窟始建于北齐文宣帝高洋时期（公元550—560年），崖上法华经为高洋末期所刻。而娲媓宫则为明、清时重修的建筑。

吕仙祠

吕仙祠又名黄粱梦，位于邯郸县黄粱梦村，距邯郸市约十公里，是一组明、清建筑群。

吕仙祠占地约二十亩，坐北朝南，大门向西。门两旁有一对凶猛的石狮子，前面是一座二龙戏珠的琉璃照壁。进大门，八仙阁迎门而立，小巧别致，引人注目。前院北房为丹房，硬山式建筑，原悬有明嘉靖皇帝亲笔题写的"风雷隆一仙宫"匾额。丹房前的照壁上有"蓬莱仙境"四个草书大字，笔势飞舞，苍劲有力。

丹房后为中院，院内建有莲池，周围矮墙环绕，池中荷花飘香。莲池上建小桥一座，桥上矗立着一座八角攒尖的小亭，小巧玲珑，恬静典雅。

后院的中轴线上坐落着钟离殿、吕祖殿和卢生殿等建筑，这是黄粱梦的主体部分。

钟离殿，也叫前殿，面阔三间，进深亦三间，硬山顶。殿前左右两侧，建有钟楼和鼓楼。

钟离殿后有甬路可达吕祖殿，它是黄粱梦的主殿，面阔、进深各三间，为歇山式建筑，琉璃瓦盖顶，檐下饰斗拱。殿内两壁嵌题咏刻石五块。殿后有门，可通卢生殿。

卢生殿是这组建筑的后殿，硬山式，面阔三间，进深一间。殿内石雕的卢生睡像，维妙维肖，头西脚东，侧身而卧，两腿微曲，睡意朦胧。石床高二尺，宽三尺，长五尺，与卢生睡像连为一体。北壁上原绘有壁画，展现了卢生"富贵声华终幻因，黄粱一梦了终身"的意境。

吕仙祠内碑碣、匾额颇多，大都残坏不清，依稀可辨者有金代学者元好问为吕仙祠的题刻，诗曰："死去生来不一身，定知谁妄复谁真？邯郸今日题诗者，犹是黄粱梦里人。"

据记载，吕仙祠创建于宋，明嘉靖三十三年（公元1554年）增修吕仙祠，清康熙七年（公元1668年）又对吕仙祠进行了重修，乾隆五十一年（公元1786年）河南巡抚毕沅重修钟离殿、吕祖殿和卢生殿。1900年八国联军进攻北京，光绪皇帝和慈禧太后仓惶苟命西安。《辛丑条约》签订后，光绪皇帝和慈禧太后返回北京，一路大建行宫，这里东西两侧的行宫就是这时所建。

黄粱梦是以唐代沈既济著传奇小说《枕中记》为背景修建的。故事大意是说：在唐朝开元七年（公元719年），有个道士吕翁，得神仙术，"行邯郸道中，息邸舍，摄帽弛带，隐囊而坐。"忽然看见一个骑青驹、穿粗布短衣的少年卢生，也来到客店。卢生与吕翁共席而坐，言笑殊畅。久之，卢生看着自己的粗布衣裳，叹息说："大丈夫生世不谐，困如是也！"吕翁问其故，卢生述说了他的志向："士之生世，当建功树名，出将入相，列鼎而食，选声而听，使族益昌而家益肥，而后可以言适乎。"进而谈到他"今已适壮，犹勤畎亩"的穷困和不得志的处境。讲完之后，他昏然欲睡。这时，店主人刚刚蒸上黄粱饭，吕翁顺手从囊中取出自己的瓷枕，递给卢生，说：枕上我这瓷枕，可使你万事如志。此青瓷枕两端翘起，卢生一枕而睡，一睡入梦。他看见瓷枕翘起的两端渐渐大起来，变成了一座宫殿。卢生"乃举身而入，遂至其家"。数月里，他娶清河崔氏女，容貌佳丽，卢生大喜，"由是衣装服驭，日益鲜盛。"第二年，由进士登第到升迁为监察御史，三年又升迁陕州牧，直至京兆尹……。他开河广运，歼敌拓疆，屡建奇功，"归朝册勋，恩礼极盛。转吏部侍郎，迁户部尚书兼御史大夫。"后来两次遭诬陷，被贬官。卢生"惶骇不测"，引刀自刎，被妻救免。数年之后，皇帝知其受冤，"复追为中书令，封燕国公"。他有五个儿子，都高官厚禄，娶高门之女为妻，儿孙满堂。皇帝先后赐给他良田、甲第、佳人、名马，不可胜数。五十多年，他青云直上至宰相，享尽了世间的荣华富贵。年逾八十，生病，"中人候问，相踵于道，名医上药，无不至焉。"久治不愈，临死之前，上疏谢恩。皇帝亲派骠骑大将军高力士到他榻前慰问，当晚死去。卢生一惊而醒，急转身坐起，发现自己仍在客店，吕翁端坐身旁，一切如故，店主人蒸的黄粱饭还没有熟呢。

这段故事就是"黄粱（美）梦"这一成语典故的来源。人们常用它来讽刺那些不顾客观现实，不经过自己艰苦努力，而企图达到某种个人目的的人。

晋冀鲁豫烈士陵园

晋冀鲁豫烈士陵园，一般称为邯郸烈士陵园，位于邯郸市中心，占地面积约三百二十亩，分为南北两院。陵园用月牙形的砖墙围护着。园内松柏耸翠，花木扶疏，庄严肃穆。主要建筑有：烈士纪念塔、烈士公墓、烈士亭、纪念堂、"四八"烈士阁和陈列馆等。这些建筑质朴壮丽，具有明显的民族风格。建筑物之间还修有石拱桥和莲花池，更增添了陵园静穆幽雅的气氛。

陵园正门门首嵌着一块横匾，镌刻着朱德同志为陵园的题名：晋冀鲁豫烈士陵园。进入大门，迎面耸立着一座高大的烈士纪念塔，用大理石砌筑而成，平面呈方形，高七丈六尺，顶端饰一颗光芒四射的五角红星。纪念塔正面镌刻着毛泽东同志为烈士的题词："英勇牺牲的烈士们千古　无上光荣"。西面是朱德同志题词："你们活在我们的记忆中，我们活在你们的事业中"。背面为刘少奇同志题词："永垂不朽"。塔座两旁的石碑上，有任弼时、董必武、彭德怀和林伯渠等同志的题词，高度表彰革命烈士们的丰功伟绩和崇高精神。

陵园内共安葬着二百多名革命烈士，陈列着他们的遗物、墨迹和遗像。这些烈士多数是抗日战争中牺牲的老红军和八路军的优秀指挥员。由烈士纪念塔往北，便是宏大的烈士公墓，高三丈多，周长十四丈，是一座白色圆形建筑。

烈士公墓的东边，是左权将军墓。左权同志是八路军副参谋长，1942年5月，在山西省辽县（今左权县）麻田战役中与日本侵略者作战，不幸以身殉国。当时曾在涉县石门村西北山麓为左权同志建造了陵墓。1950年10月21日，晋冀鲁豫烈士陵园落成，中央人民政府政务院决定，将左权同志灵柩从石门村迁葬晋冀鲁豫烈士陵园。同时决定，将暂葬于石门村的在抗日战争中先后牺牲的高捷成、赖勤、何云、陈光华、杨裕民、张衡宇等六位烈士移葬于左权墓两侧。

左权墓的形制雄伟壮观。墓区东西宽五十四点五米，南北长五十二点五米，墓高六点六米。墓前有左权将军头像浮雕，再前是高大的碑楼。碑楼前额横书谢觉哉同志的题词："人民共仰"。周恩来同志所题"左权将军之墓"刻在汉白玉石碑的正面。背面刻着周恩来同志 1942 年 6 月写的《左权同志精神不死》悼文的节录，对左权同志光辉战斗的一生作了高度评价。东面碑上刻有朱德同志吊左权同志的诗："名将以身殉国家，愿拼热血卫吾华，太行浩气传千古，留得清漳吐血花。"西面碑上刻着贺龙同志的悼词。墓的南面是左权将军纪念馆，陈列着左权同志光辉战斗一生的历史照片和有关资料。

陵园的最东部，有一座仿古代建筑形式的重檐大殿，周恩来同志题写的"烈士纪念堂"匾额，高悬在屋檐之下。纪念堂内陈列着烈士们的遗像和遗物，生动地再现了烈士们的革命生涯和崇高精神。

在陵园西北角有座"四八"烈士阁。1946 年 4 月 8 日，王若飞、博古、叶挺、邓发、黄齐生等同志由重庆乘飞机返回延安，因飞机失事，不幸在山西兴县黑茶山遇难。"四八"烈士阁就是为纪念这些烈士而修建的。

晋冀鲁豫烈士陵园，是根据 1946 年 3 月晋冀鲁豫边区参议会第一届第二次大会的决议，为纪念八路军总部前方司令部、政治部、晋冀鲁豫军区及一二九师牺牲烈士而修建的。当年 3 月 30 日，邓小平和刘伯承同志与全体参议员为陵园破土奠基。在广大人民群众的积极支持下，历时四年，胜利地完成了陵园主要建筑工程。1950 年 10 月 21 日，隆重举行了烈士陵园落成典礼。

三十多年来，毛泽东、周恩来、朱德、邓小平、董必武、刘伯承、陈毅、邓颖超、郭沫若等同志，都曾亲临陵园缅怀先烈。而每当春风拂墓之时，广大人民群众、青少年便来这里祭奠英灵。烈士的英名，将如松柏长青，永远留在人民的记忆中！

可 爱 的 河 北

（文物遗址·名胜古迹·革命纪念地）

河北人民出版社·1984 年第 1 版

文物遗址

（1）小长梁遗址

位于阳原县桑干河南岸官厅村西北，是我国最古老的一处文化遗址。1978 年，我国古人类工作者对小长梁遗址进行了考察，获得了石核、石片等石器 800 多件和打击骨片、刻痕骨片，以及丢弃的三趾马、马、羚羊、牛、鹿、犀、虎、象的残渣剩骨。所有的文化遗物都出自一层厚 0.5 米左右的黑黄色条带状的砂层中。与文化遗物共存的哺乳动物化石有鬣狗、三趾马、三门马、腔齿犀、古菱齿象、羚羊等。

小长梁遗址出土石器的类型和形制都比较简单，多为刮削器。制作石器的材料绝大部分是红、橙、黄、棕、黑各种颜色的燧石。这是一处旧石器时代早期文化遗址，其时代为早更新世。在我国发现的早更新世地层的文化遗址，还有云南元谋、山西芮城西侯度二处，出土石器均极少。小长梁遗址出土石器十分丰富，为研究早更新世的旧石器性质和特点提供了极为宝贵的资料。经进一步研究认为，小长梁遗址距今约一百万年左右。

（2）侯家窑遗址

位于阳原县侯家窑村梨益沟西岸的断崖上，西邻山西省阳高县许家窑村，是一处旧石器时代中期的重要遗址。1976 年和 1977 年在这里进行了发掘，出土了大量动物化石和石器，特别是珍贵的人类化石，是旧石器时代中期考古的一项重大发现。这些文化遗物和化石，集中埋藏于距地表深 8 米以下的灰褐色砂质黏土中，或黄绿色的砂结核层里。

这里出土的石器数量大，种类多，形制多样，有石核、石片、刮削器、尖状器、雕刻器和石钻，还有为数众多的石球。制作原料为脉石英和石英岩等。与石器一块出土的动物化石种类繁多，有鸵鸟、鼠兔、似布氏田鼠、狼、老虎、诺氏古象、野马、野驴、披毛犀、赤鹿、河套大角鹿、葛氏斑鹿、裴氏扭角羚、普氏羚羊、原始牛、野猪等，其中以野马、披毛犀和羚羊的化石最多。

发掘该遗址最重要的收获，是发现了人类化石，有顶骨10块（其中有完整的顶骨两块）、枕骨两块、臼齿两颗、右下颌骨后半部1块、附着4颗牙齿的小孩上颌骨1块。据鉴定，这些化石代表着幼儿、青少年、壮年和老年等14个人的个体。这些人类化石的显著特征是头盖骨各部分脑壳厚达1厘米以上，远比现代人要厚；牙齿粗大，冠面沟纹和"北京人"有相似之处，说明它还保留着原始特征。但另一方面，它又有明显比"北京人"即中国猿人进步的特征，如头骨最大宽度的位置比"北京人"往上，头骨的拱形较高，枕骨也比"北京人"为宽。因此，它属于"北京人"的后裔。

侯家窑遗址的地质年代初步确定为晚更新世，文化分期上位于旧石器时代中期，距今大约10万年。该遗址规模宏大，遗物丰富，在我国旧石器时代遗址中是罕见的。过去，在我国发现的旧石器时代中期的古人类及其文化遗址中，比较重要的只有山西省襄汾县丁村遗址。侯家窑遗址出土的人类化石和文化遗物，为研究人类进化和社会历史的发展提供了新的重要资料。

（3）磁山遗址

位于武安县磁山村。因最初在这里发现一种新的新石器时代文化遗存，距今约7300年左右，所以定名为磁山文化。该遗址位于磁山村东南约一公里的台地上，南临洺河。1976年至1978年在这里进行了发掘，发掘面积为2579平方米，主要遗迹有房址2座，灰坑474个，出土遗物有陶器、石器、骨角器等近2000件。遗物中以陶支架（座）和石磨盘最具特点。石器中有打制石器、打磨兼制石器和磨制石器三种，主要器形有石磨盘和石磨棒。陶器均为手制，用泥条盘筑法和捏塑法制成，以素面为主，主要器形有陶盂和陶支架（座）等。石磨盘、石磨棒和陶盂、陶支架（座）等成组器物出土点有45处。经研究认为，组合器物中的石磨盘、石磨棒是粮食加工工具，石斧、石铲等可能是修整场地的工具，而陶盂和陶支架（座）等器物，应是生活器皿。因此，组合器物的出土点，可能是粮食加工的场所。

在发掘的三百多个灰坑中，发现80个窖穴（灰坑）内有粮食堆积，数量之多是惊人的。粮食均已腐朽，一般堆积厚度为0.2－2米，有10个窖穴的粮食堆积厚达2米以上。这些粮食堆积刚出土时，尚有部分颗粒清晰可见。经研究，认为其中有粟。

遗址内农业生产工具和粮食加工工具的使用，与粮食堆积的大量发现，证明当时已经有了比较发达的农业，并种植粟类作物。农业的发展，为饲养家畜提供了物质条件，而遗址内出土的狗、猪、羊等家畜骨骼，又是当时人们以农业生产为主要生活来源的佐证。在发现的动物骨骼中，经鉴定还有鸡的骨骼，这是迄今发现的我国最早的家鸡。据有关资料记载，世界各地饲养家鸡的年代，原以印度为早，约始于公元前2000年。磁山遗址家鸡骨骼的发现，可以把我国饲养家鸡的最早时间推移到公元前5300年左右。该遗址文化遗存是我国中原地区新石器时代文化的一个新的典型，是我国考古工作的一项重要发现。它为研究和探索我国新石器时代早期文化提供了新的重要的链环。

（4）蔚县古遗址

在蔚县壶流河流域，保存着许多古代遗址，初步调查达50多处。自1979年以来，先后对其中的筛子绫罗、庄窠和三关遗址进行了发掘，对四十里坡、琵琶嘴、大水门头、东水泉、饭坡和前堡等6处遗址进行了试掘，初步掌握了壶流河流域早商以前诸文化遗存分布的一般规律，摸索出这个地区早商以前诸考古文化面貌和编年，进而提出了区系类型的问题，引起了我国考古学界的高度重视。

壶流河流域相当仰韶文化阶段的遗存，已发现有两种。第一种是以四十里坡下层为代表的文化遗存，房屋为长方形半地穴式，陶器组合为壶、盆、甑、罐、钵、鼎、瓮，具有特点的器物为"红顶钵"；第二种是以三关下层为代表的文化遗存，房屋为扇面形半地穴式，陶器组合为小口尖底瓶、盆、罐、钵、瓮，具有特点的器物为小口尖底瓶。这个地区相当龙山文化阶段的遗存，主要是以筛子绫罗下层为代表。

这里夏商时期的文化遗址分布密集，主要有庄窠、三关、四十里坡、大水门头、东水泉、前堡、黑堡、饭坡和苗家寨等遗址。1981年在四十里坡、东水泉和前堡等遗址发掘中，又获得了许多组地层关系。依据这些地层关系，壶流河流域夏商时期文化遗存大致可分为三大阶段：第一阶段，以大水门头、东水泉、庄窠、三关、四十里坡等遗址中的某些遗存，以及三关第二发掘区的墓葬为代表。陶器大体分为夹砂灰陶、泥质灰陶、夹砂黑陶、泥质黑陶和夹砂红褐陶五个陶系。灰陶和红褐陶主要纹饰为绳纹，一般器物通体施纹饰。黑陶大都磨光，但不甚光亮，有些黑陶器物上施红、白、黄色粉彩。各陶系的器物种类和形制不同，但几乎都有鬲。主要器形有鬲、甗、三足瓮、盆、罐、高圈足深腹豆、钵、尊等。墓葬器物组合为鬲、豆、尊、罐。从地层关系得知，这种遗存晚于本地区相当于龙山文化阶段的遗存。

第二阶段，以庄窠、四十里坡、前堡等遗址中的某些遗存，以及前堡墓地某些墓葬为代表。这个阶段陶系方面的明显变化是黑陶在整个陶器中所占的比例较第一阶段明显增加，夹砂红褐陶有所减少。器物种类和器形也都发生了很大的变化，第一阶段富有特点的高领无足根绳纹鬲、高筒型磨光鬲和三足瓮等已不见，新出现了折肩磨光鬲、矮筒型磨光鬲和黑陶绳纹瓮。墓葬的陶器组合为鬲、豆、尊（盂）、瓿。

第三阶段，以庄窠、四十里坡、前堡等遗址中的某些遗存为代表。在这个阶段，新出现了一组无论是器物种类、形制，还是器物组合都与二里岗上层文化相同的陶器。

壶流河流域早商以前考古文化的编年为以四十里坡下层为代表的，文化面貌与年代近于后岗一期的文化遗存；以三关下层为代表的，文化面貌与年代近于庙底沟类型的遗存；以筛子绫罗下层为代表的，年代早于后岗二期文化的遗存；以大水门头、东水泉等为代表的，年代相近于东下冯类型的遗存；以庄窠、四十里坡中层为代表的，年代约相当于二里岗下层文化阶段的遗存；以庄窠、四十里坡上层等为代表的，年代相当于二里岗上层文化的遗存。在蔚县壶流河流域不仅发现了相当于仰韶、龙山、夏和早商时期的文化遗存，而且找到了它们的地层关系，有着极为重要的学术价值。

（5）台西商代遗址

位于藁城县台西村东北一带，面积约10万平方米。1973年至1974年，发掘了1800平方米，发现房子遗迹14座、祭祀坑2座、灰坑133座、墓葬112座（其中有奴隶殉葬墓10座）、水井2眼，出土了大量珍贵文物，有青铜器、金器、玉器、石器、骨角器、蚌器、陶器，以及卜用甲骨等3100多件。特别要提及的是发现了白陶器、釉陶器、漆器、丝麻织物、药用植物种仁、"砭镰"、刻划在陶器上的文字等极为珍贵的文化遗存，为研究商代政治、经济、文化提供了重要的资料。

在这里第一次发现了我国商代的两眼水井，结构保存完整，距房址较近，井内还有提水的陶罐和木桶。一号水井井口直径2.95米，深5.9米，近底部井壁内收，底部有用四层圆木垒成的"井"字形井盘，高0.82米。圆木两头稍加整修，互相重叠咬合，顶端插入井壁四周。还插了三十多根小木桩，以加固井盘。二号水井井口呈椭圆形，直径1.38－1.85米，深3.7米；井底为长方形，南北长1.48米，东西宽1.06米，有用两头经过加工的圆木垒成的"井"字形井盘，在井盘内四角也插有小木桩，以加固井盘。在井内发现了一只扁圆形水桶，是用一段木瘿子掏成的，口部边沿有对称的方孔，用以穿绳。证明当时已发明了木桶，用作提水工具。过去在邯郸县涧沟村发现过原始社会晚期龙山文化的一眼水井，没有井盘。台西商代水井，在结构和提水工具方面都有很大进步，为研究我国水利发展史增添了新的资料。

　　这里出土的铁刃铜钺极有价值。铁刃宽 60 毫米，铜外部分已断失；铜身夹住的部分厚约 2 毫米，深 10 毫米。残刃已全部氧化。据化验分析，这件钺是把陨铁锻打成薄刃后，浇铸于青铜钺器身而成。后来在北京市平谷县刘家河也发现了商代铁刃铜钺。它说明早在公元前十四世纪，我国劳动人民已经对铁有了初步认识，并使用陨铁。而把陨铁锻造成铁刃，再与青铜钺器身浇铸在一起的包套技术的应用，又是我国冶金史上的一大进步。因此，台西出土的铁刃铜钺，在我国金属史上占有重要地位。

　　在台西商代遗址中出土了一些漆器残片，据观察有漆盘和漆盒，为薄板胎，朱红地，黑漆花。有的在雕花木胎上髹漆，使漆器表面呈现出浮雕式的美丽花纹。纹饰图案有饕餮纹、夔纹、雷纹和蕉叶纹等。有的花纹上镶嵌着磨制成圆形或三角形的嫩绿色松石，有的贴着不及 0.1 厘米厚的贴花金箔，绚丽多彩。这表明在商代中期，我国漆器工艺已达到了相当高的水平。根据《韩非子》和《周礼》有关髹漆的记载，许多人认为具有美观轻巧特点的薄板胎漆器是从战国中期出现的。台西商代薄板胎漆器的发现，把薄板胎漆器出现的时间提早了一千年左右。

　　在这里还发现了一些麻布残片，为平纹组织，原料为大麻。纱为合股，每平方厘米经纱密度 14－16 根，纬纱 9－10 根；有的经纱是 18－20 根，纬纱 6－8 根。这些大麻纤维比浙江省吴兴钱山漾遗址出土的新石器时代麻布残留的胶质为少。麻的脱胶是能否获得高质量麻纱的关键，它说明在商代劳动人民已掌握了一定的韧皮纤维脱胶技术。台西商代遗址出土的麻布，已与湖南省长沙马王堆一号汉墓出土的大麻布非常接近，可见商代的麻纺织技术已具有相当高的水平。

　　科学工作者还对铜觚上附着的丝织物痕迹作了分析鉴定，初步断定是平纹组织的蚕丝织品。有平纹的"纨"和纱类织物，有的象纱罗类织物，还有平纹绉丝织物"縠"。这是目前我国出土的年代最早的一块縠。这些不仅进一步证明我国是世界上最早发明蚕桑、丝织和麻纺织的国家，而且还有力地说明商代丝织物已有很多品种。

　　这里出土的白陶、釉陶和硬陶，吸水率低，光滑细腻，美观耐用。制作白陶，要把陶土淘洗纯净，烧时要用 1000 度的高温。釉陶和硬陶也都是在高温下烧制而成。釉陶表面有青色和酱色彩釉。经鉴定认为，台西商代遗址出土的白陶、釉陶和硬陶具有现代瓷器的一些特征，从而为研究我国陶瓷发展史提供了新的资料。

　　台西遗址还出土了 30 多枚植物种子，大多数外形比较完整，呈灰白色，分椭圆形和长卵形，均较扁，大小不等。经鉴定，为蔷薇科梅属中桃的种子，即普通称的桃仁。另外，还有蔷薇科梅属中郁李或欧李的种子，在药材中统称郁李仁。这些桃仁和郁李仁都是医药用物，说明在三千多年前，人们已充分利用天然药材与疾病作斗争。这批约公元前十四世纪的药材标本，是中国最早的医药实物，为研究我国古代医药史提供了极为宝贵的实物资料。在一座奴隶殉葬墓西侧二层台上一个腐朽的长方形漆盒内，还发现了一件长 20 厘米，最宽处 5.4 厘米的"砭镰"。砭镰是古代医疗器具——砭石的一种。这里出土的砭镰是我国发现的最古老的一种医疗工具。

（6）元氏西周墓

位于元氏县西张村村东，出土铜器 34 件，玉器 5 件。铜器大都完整，分为礼器、兵器、工具和车马器四种。在鼎、尊、卣（2 件）、簋 5 件铜礼器内均铸有铭文。臣谏簋内底铭文共 8 行，每行 9 字，现存 59 字。铭文记载了戎人大举出于軧地，邢侯对戎作战，命臣谏率领……亚旅驻居于軧。叔趯父卣 2 件，形制相同，大小有别。在盖内和腹底各铸铭文 8 行，均 62 字，内容相同。铭文记载了叔趯父因年老不能管理政务，嘱其幼弟倏（鼎铭攸）要谨慎地修饬自身，并为他制作酒器，供他宴飨君上軧侯，招待使臣。尊内底的长篇铭文，仅存 18 字，与卣铭相同。鼎铭只有 4 字：攸乍（作）旅（旅）贞（鼎）。

从这些铜器铭文中发现了軧国的存在。尊和卣铭文中的軧侯，是軧国之君，不见于文献，在金文中也是第一次发现，说明在西周初有一个軧国。在元氏县有槐水，即古之泜水。西周墓位于古泜水之滨，铜器铭文表明墓主人攸是軧侯之臣，"軧"应读"泜"。因此，軧国的位置在今元氏县一带，从而填补了文献的空白，对西周历史的研究有很重要的价值。这些铜器铭文还证实了周初邢国始封的位置。据《左传》记载："凡、蒋、邢、茅、胙、祭，周公之胤也。"又据《汉书·王莽传》载："成王广封周公庶子，六子皆有茅土。"第一代邢侯是周公旦的庶子，在成王时始封。但古文献对邢国始封的位置有不同的说法，一说在今河北省邢台，一说在今河南省温县东，还有的说在巩洛之南。西张村西周墓出土的铜器铭文，明确记载了戎人大举出于泜水流域，邢侯出兵搏战，有力地证明了邢国的初封地在今河北省邢台。

（7）北辛堡古墓

位于怀来县北辛堡，只发掘了墓群中的两座，均为长方形土坑竖穴墓。一号墓长 15.1 米，上口宽 5.1 米，底宽 3.4 米，深 4 米。墓内有牛、马、羊、狗等殉牲和四个被杀死或死后肢解的殉葬人，还出土了一批大型精美铜器簋、壶、罐、鉴、鼎，造型美观，作工精细，工艺水平很高。有二件铜罐，形制相同，口、底均残，器壁很薄，非青铜铸造，为锤胎，腹部有凸棱一周，系器身上下部焊接处，器身有极为精细、流利的针刻蟠龙纹，工艺水平颇高，十分罕见。此外，还有青铜刀、短剑、戈和各种车马饰等。在二号墓内发现的殉牲有三牛、三马、二羊、一狗、一猪，在东半部近底处发现拉车马两排共八匹，牛三头，殉葬人二个。杀牲殉葬在中原地区战国早期墓葬中较为普遍，但一般只见车马，像这样以大量牛、马、羊、狗、猪"五畜"殉葬的情况，则颇为少见。可能与墓主人身份及种族有关。这里出土的青铜器，基本为燕国作风，但其中兽首扁茎直刃铜剑，空銎剑和兽形垂饰等，都具有所谓"鄂尔多斯式"青铜器的作风。以往对这类青铜器的组合情况不大清楚，北辛堡墓出土的青铜器，大体上可以作为较早期类型的代表，这就为"鄂尔多斯式"青铜器的分期提供了一定的依据。从出土文物的形制、花纹和风格分析，墓的时代约为春秋末期，或战国早期。

（8）赵邯郸故城

由赵王城和大北城两部分组成。赵王城也称宫城，位于邯郸市西南，由东城、西城和北城三部分组成，平面近似品字形，总面积为512万平方米。城址周围至今仍保留着高3至8米的夯土城墙，状如岗峦，蔚为壮观。内部有布局严整的夯土台建筑遗存，地下发现有十多处夯土建筑遗迹。城墙四周有城门阙遗迹多处。西城南北长1416米，东西宽1392米，城址中部有一座长285米，宽265米，高19米的"龙台"，为当时宫殿主体建筑基址。龙台和北部的两座夯土台，形成一条南北中轴线，在其两侧存有夯土台与地下夯土遗迹6处，这是当时皇宫宫殿建筑群遗存。隔一道城墙，东边便是东城，南北最宽处为1434米，东西最宽处为935米，城内有两个高大的夯土台，即"南将台"和"北将台"，以及地下夯土建筑遗迹4处，仍为当时宫殿建筑遗存。北城平面形状不甚规则，南北长1557米，东西宽约1326米，在城内南部和西墙外，也保留着两个高大的夯土台。宫城的主要宫殿建筑，左右对称，层次分明，反映了东周以来的城市布局及营建特点。据记载，赵敬侯元年（前386年）把国都从中牟迁到邯郸，历经八王，共158年，至赵王迁八年（前228年）为秦所占。公元前209年，秦将章邯攻赵王歇，下令"夷其城廓"，赵王城从此毁坏。

大北城在赵王城的东北，是赵邯郸故城的商业、手工业作坊和居民区。城址已湮没于今邯郸市区地面以下5－7米深处。地上城墙甚少，平面呈不规则的长方形，南北约6100米，东西约4000米。西城墙北段与王郎城部分城墙，以及所谓插箭岭、梳妆楼、铸箭炉和灵山连在一起。城址内曾发现制骨器、石器和炼铁、铸造、烧陶等作坊遗址。它约兴起于春秋时期，战国和汉代发展到繁荣阶段，汉以后渐趋衰落。赵邯郸故城当时是名都之一，这里不仅留存名胜古迹众多，而且还有很多富有意义的历史故事留传下来，如完璧归赵、将相和、胡服骑射等，都脍炙人口。

（9）中山灵寿故城

史载中山桓公徙灵寿，是中山国最后一次迁都。城址位于平山县上三汲村一带，北依东灵山和牛山，南临滹沱河，东距今灵寿县城约 10 公里。城址南北长约 4.5 公里，东西宽约 4 公里。城墙地上已无存，从地下的夯土城基来看，西城墙最宽处为 35 米，城内隔墙最宽处为 25 米。城内有宫殿建筑基址、居住址和制陶器、铸铜器、制铁器和制骨石玉器的遗址。城址分东城和西城，东城北部为宫殿建筑区，南部为手工业作坊区和居住区。西城北部为中山王陵区，南部为商业区、居住区和农业区。

中山王𰯼陵墓坐落在灵寿故城西边的西灵山南坡高地上，封土十分高大，其中部有回廊建筑遗存。东、西、北三面有陪葬墓 6 座，南面东西两侧有车马坑 2 座，西侧台下还有杂殉坑和葬船坑各 1 座。王𰯼墓主室平面呈中字形，南北通长 110 米，宽约 29 米，深 5.7 米，分南墓道、北墓道、椁室、东库、西库和东北库 6 个部分。墓室结构奇特，规模宏大，建造精工。椁室和车马坑等已被盗扰，出土文物很少。唯东库和西库与椁室不连通，未经盗扰，出土文物十分丰富，其中最珍贵的如铁足铜鼎、铜方壶、铜圆壶、“兆域图”铜版、错金银铜虎噬鹿屏风插座、四龙四凤四鹿座方案、十五连盏灯、山字形器等。

铁足铜鼎：通高 51.5 厘米，最大直径 65.8 厘米，是我国目前发现的战国时期较大的铜铁合铸器物。鼎壁刻有铭文 469 字，是战国时期字数最多的一篇铭文。内容是以燕国的国君哙，受其相邦子之的迷惑，把王位让给子之而遭到国破身亡的教训，颂扬自己的相邦司马赒辅佐少君，谦恭忠信的美德，以及率师伐燕，扩大疆土，占领城池的功绩；告戒嗣子记取吴灭越，越又复灭吴的教训，不要忘记敌国时刻威胁着自己的安全。铭文刻工刀法娴熟，横竖刚直，圆弧匀畅，刀锋细锐，构字秀丽，堪称艺术杰作。铭文使我们第一次得知燕国在子之之乱时，中山国也曾兴师伐燕，从而弥补了史料的空缺。

铜方壶：通高 36 厘米，直径 35 厘米，盖饰云形钮，肩部饰四条夔龙，造型美观。方壶四壁刻有铭文 450 个字，中心意思与鼎铭相同，是“警嗣王”的。铭文中提到“皇祖文武，桓祖成考”，使我们第一次看到了战国时期中山国的王系材料，据此可以列出中山国君的世系为：文公、武公、桓公、成公、王𰯼和𰯼、尚。

铜圆壶：通高 44.5 厘米，腹径 32 厘米，原制作于王𰯼十三年。𰯼死后，嗣子𰯼加刻了一篇悼词，以悼念先王，共 182 字。内容是赞颂先王的慈爱贤明，表彰司马赒伐燕的战果。此外，器足上还有 22 字，记载制器时间、单位、负责官吏、工匠和器身重量等。

"兆域图"铜版：发现于椁室，长 94 厘米，宽 48 厘米，厚 1 厘米，是王𫘝陵墓区建筑设计平面图。图上标明了"王堂""王后堂""哀后堂""夫人堂""□堂"和"疛宗宫""正奎宫""执乍宫""大酒宫"以及"中宫垣""内宫垣"和"丘趽"的位置、建筑名称和尺寸，各建筑物之间的距离。布局主次分明，结构严谨。图上还有一篇王𫘝诏书铭文，43 字，内容是王𫘝命司马赒，对不按规定标准营建陵墓者要依法惩处。还规定"兆域图"一件从葬，一件藏王府。可见这件"兆域图"铜版是埋入陵墓的那一件。"兆域图"铜版上的建筑位置和铭文，均用金银镶嵌而成。这是我国发现的最早的帝王陵寝建筑规划图实物，也是世界上现存最早的一份铜质建筑设计蓝图，距今已有近 2300 年的历史。

错金银铜虎噬鹿屏风插座：长 51 厘米，高 21.9 厘米，重 26.6 公斤。其形制为一只斑斓猛虎，在抓捕一只挣扎的小鹿。老虎的隆隆肌肉和凶猛、敏捷的体态，小鹿的幼弱而修长的身姿，都塑造得栩栩如生，堪称战国时期艺术品中的瑰宝。它和错金银铜犀屏风插座、错金银铜牛屏风插座构成一个屏风座足。

四龙四凤四鹿座方案：高 37.4 厘米，长 48 厘米。底部是四只梅花鹿承托一圆圈，上面站立四龙四凤盘绕成半球形，龙头凤首伸向四面八方，龙的鼻梁上置一斗拱，上承一方案架。四只梅花鹿表情温顺，四龙姿态雄健，四凤展翅引颈长鸣。整个器物构思巧妙，造型奇特，工艺精湛。

十五连盏灯：高 84.5 厘米，由大小八节连接而成，每节皆有榫铆，榫口各异，移动时便于安装和拆卸。灯的中心柱上部有夔龙盘绕，灯枝上有群猴戏游，金鸟啼鸣。底盘上有两个下穿短裳、上身裸露的男子在抛食逗猴。造型秀美，十分罕见。

古酒：在一个圆形和一个扁形的青铜壶里，发现了中国现存最早的酒，装有七、八成，重十多斤。其中一种酒呈翡翠绿色，清澈透明。刚打开时，还有一种清醇的酒香。

山字形器：高达 1 米多，在其他地区前所未见。它们可能是象征中山王统治权威的一种礼器，是具有中山国本民族文化特点的遗物。

（10）燕下都遗址

位于易县城东南，界于北易水与中易水之间，是战国时期燕国的都城之一。经文物考古工作者多年的调查和勘探，已基本上搞清了燕下都的布局。城址平面略呈长方形，东西长约8公里，南北宽约4公里。中部有条古河道，相传为"运粮河"。在"运粮河"的东岸，有道与河道平行的城墙，把燕下都分为东西两城。东城平面近似方形，在中间偏北处有一道东西横贯的"隔墙"。城墙大部分已湮没于地下，地上仅可看到一些隆起的痕迹。墙基的宽度，除"隔墙"宽约20米外，其余均在40米左右。已发现城垛和城门各三个。西城即"运粮河"以西部分，也可称之为"郭"。南、北、西三面城墙如岗峦起伏，巍峨壮观。在西城只发现一个城门和一条与其相连的道路，内部遗存甚少。与西城相反，东城遗存异常丰富，为人们活动的中心，分为宫殿区、手工业作坊区、市民居住区和墓葬区。

宫殿区在城址的东北部，大型主体建筑遗存武阳台，坐落在宫殿区中心，高11米，分上下两层，夯筑而成，东西最长处140米，南北最宽处110米。武阳台以北有望景台（已无存）、张公台和老姆台，坐落在一条中轴线上。以高大的夯土台作为主体建筑物的基址，是战国中期城市建筑上最明显的一个特点。在武阳台东北、东南和西南，有三组宫殿建筑组群遗存，每处遗存为一个大型主体建筑基址和若干处有组合关系的夯土建筑遗迹。手工业作坊遗址位于宫殿区西北至东南的一条弧线上，有铸铁器、兵器、钱币、烧陶器、制骨器等作坊遗址，遗存相当丰富。从出土器物铭文和陶文看，手工业作坊是官营，并设有专门管理机构。市民居住遗址分布在东城的西南、中部和东部，有大量的生活用具出土。墓葬区在东城的西北角，"虚粮冢"墓区有十三座古墓，封土大小不等，分四排排列；"九女台"墓区有10座古墓，均有封土，排列有序。燕下都城址有四条古河道，除"运粮河"外，还有从"运粮河"向东分出的两条河道，分别把宫殿区、手工业作坊区和墓葬区隔开。另一条是东城外的护城壕。这些河道在城市规则上的作用是护卫中心建筑，解决用水和排水问题，以及方便城市交通。

据文献记载，燕下都为燕昭王时所建。从文化遗存看，西城修建年代当较东城为晚。燕下都是燕国南部的政治、经济中心和军事重镇，延续时间很长，直到秦国将燕国灭亡，燕下都才被破坏和废弃。燕下都遗址的丰富遗存，是我们研究燕国政治、经济、军事和文化的实物宝库。二十多年来，在燕下都遗址进行了大量的清理和发掘工作，出土了大批珍贵文物。

1964年发掘了"九女台"墓区一座大型墓（第16号墓），出土了大量陶器、石器、蚌器和骨器。陶器的形制大都是仿铜器，造型古朴，雄浑大方，有鼎、豆、壶、盘、匜、鉴、罐、尊、簋、簠（方的和圆的）、方杯、盉、小鼎、方鼎、编钟等，大部分表面均有纹饰，绚丽多彩，异常美观，十分罕见。1965年，武阳台村西第44号墓中，出土了大批文物，其中有剑、矛、戟、镦、刀、匕首等铁兵器六种62件，弩机、镞等铜铁合制兵器二种20件，还有铁胄（盔）。这里出土的比较完整的铁胄（盔）在我国还是第一次发现。经过对剑、矛、戟等七种 9 件铁兵器的科学考察，其中 6 件为纯铁或钢制品，3 件为经过柔化处理或未经处理的生铁制品。从而得知战国晚期块炼法已经流行，并创造了用此法得到的海绵铁增碳来制造高碳钢的技术及淬火技术，把我国掌握淬火技术的年代提早了两个世纪。1973 年，在第 23 号遗址内出土铜戈 108 件，除内部残缺的 7 件外，有铭文的 100 件，是发现带铭文铜戈最多的一次，为研究郾王铜兵器和燕王世系提供了丰富的资料。1977 年，在辛庄头村附近发掘的第 30 号墓，出土了刻铭记重的金饰件 20 件，从记重铭文看，燕国实行的也是两、铢制。它的记重单位有两、朱（铢）、半朱、四分之一朱、八分之一朱等。经测定，燕国衡制中的一斤约合 253 克。燕国的衡器至今尚未发现，这一测定为研究燕国的衡制提供了依据。此外，在高陌村东发现的战国铜人像，在老姆台附近出土的大型青铜铺首，在东贯城出土的人物鸟兽阙形铜方饰等珍贵文物，都是研究战国时期铸造工艺、建筑形式与服饰制度的重要实物资料。

（11）燕赵秦汉长城

战国时期，修筑防御工程长城很普遍。有些是诸侯国之间为了防御，在自己的土地上修筑长城；有的是为了防御游牧族对中原的侵扰而筑长城。秦以后的一些王朝也在北部修筑了长城。经调查，在河北省北部承德、张家口地区，有东西走向的三道古长城（不含北魏、北齐和明长城以及金界壕），许多段落并不连贯。

第一道长城，从内蒙古赤峰进入河北围场，经半壁店前梁、殷家店后山、新拨等地，在围场县依山西行，南折复西行，进入多伦。在多伦行经一段后，复入河北丰宁县茶棚等地，西行再入多伦中断。西为康保县三道边（外边墙）。这道长城断断续续横贯河北省北部，随山势蜿蜒起伏，现存高 1－3 米，为燕、秦时期的长城；有些段落为秦统一六国后在燕长城基础上修缮而成。

第二道长城也不连贯，位于围场县边墙村、东城子一带，以及丰宁、沽源县二道边。在边墙村一带的长城，东西走向，以石为基，土筑，蜿蜒于山岭之间，北距秦长城 20 多公里。这道长城时代初步定为战国，为燕北长城。

第三道长城为汉代长城，位于明长城以北，燕秦长城之南。在承德、隆化、滦平、丰宁等县都发现了这道长城，以及有关的烽燧遗址。这道长城与内蒙古宁城县西部之长城相连。在承德县双庙梁一带，长城残高 1.5 米左右，宽 8－10 米，长约 15 公里，大部分为土筑，有的段落以石为基，上用土夯筑。这道长城也是时断时续。

此外，在徐水县遂城北发现了燕南长城，保存较好，高 2－4 米，宽 4－6 米，土筑。在蔚县一带发现了赵长城，用石头垒筑，保存较好处残高 1.5 米。在张家口地区还有一些长城遗存，其时代尚需进一步勘察确定。

过去，一些史学家只根据史书记载推断燕、秦长城的位置，漏误较多，位置误差也很大。有的甚至把燕、秦、汉三个时代不同的长城都标在同一个位置上。新的调查成果，为重新改定长城线的测绘工作提供了重要依据。在燕、赵、秦、汉长城内外，还发现了大量的城、障、烽燧等遗址，有些可能是当时的居民点、贸易点或屯戍地，这些不仅对研究当时的军事设施和防御体系有重要价值，而且对研究当时的政治、经济和民族关系也有重要意义。

（12）围场秦权

在围场县大兴永村、小锥山城址等地，自 1976 年以来，先后发现了 5 件秦代铁权，均刻有秦始皇二十六年（前 221 年）的诏文。字体为秦篆。

5 件铁权基本形制相同，大都保存较好。以大兴永秦权为例，权为铁铸，扁圆体，上有桥形鼻，形制比较规整。权体通高 17 厘米，底径 23.4 厘米，体重 28.15 公斤。权的底部，中央有一圆形孔坑，直径 5.2 厘米，深 5 厘米，坑周边缘有部分刻损，其作用是放铸铁锭用的。在铁权铸成以后，按照统一度量衡的规定，为达到规定重量，向圆坑内放入一定重量的铸铁锭。出土时圆坑内的铸铁锭已脱落无存。

在铁权的表面，通体刻着秦始皇二十六年所颁发的统一度量衡的诏书，其内容和传世的秦诏版刻的诏文相同。在传世与出土的秦权中，刻一道诏的，以始皇诏居多；刻二道诏的，即在始皇诏之后加刻二世诏；单刻二世诏的很少。大兴永村等地出土的 5 件秦权刻的都是始皇诏文，说明这些权是在秦始皇统一国家时颁发和使用的。诏书文字大都保存完好，沿权体表面分布一周，计 14 行，40 字，每行 1－5 字不等。诏文自右至左曰：“廿六年皇帝尽并兼天下诸侯黔首大安立号为皇帝乃诏丞相状绾法度量则不壹歉疑者皆明壹之”。

在秦权出土地或附近，发现了一些燕、秦时期的古城址、居住址和古墓葬。在大兴永燕、秦城址中，发现大量涂朱卷云纹、树木纹和方格纹瓦当，以及板瓦和筒瓦，还有其他陶器残片与兽骨等。

秦权传世的较多，一般均无明确的出土地点。建国后的几处发现，则多在中原地区。这五件铁权，出土于边远的围场近坝上地区，地点明确，多数保存完好，诏文大都可以释出，这不仅在河北是首先发现，而且在全国也不多。秦始皇统一六国后，给丞相隗状和王绾颁发了一道诏书，诏令统一全国的度量衡，并把它刻在官定的度量衡器上，发至全国，作为标准数值。围场县出土的铁权，就是当时标准的重量锤。

（13）满城汉墓

在满城县城西南的陵山上，有两座坐西朝东的陵墓，这就是西汉中山靖王刘胜和他的妻子窦绾的墓。刘胜墓居中，窦绾墓在它的北侧。两座墓都是以山为陵，墓室是开凿的山洞，其结构和布局完全模仿地面上的宫殿建筑，规模极其宏伟，宛如地下宫殿。

刘胜墓全长 51.7 米，最宽处为 37.5 米，最高处为 6.8 米。由墓道、南北耳室、前堂和后室组成。

墓道是一条长达二十多米的隧洞。它的内端开凿有南北耳室。南耳室是车马房，里面还修建有木结构的瓦房（已塌毁）。这里放置有马车 6 架，拉车马 17 匹，狗 11 只，鹿 1 只。马车都是刘胜生前使用的，有平时出行乘坐的"驷马安车"和狩猎时驾御的猎车。车器精美，装饰华丽，足见其生前的豪奢。

北耳室为库房，其大小、结构与车马房相同，是储存粮食和饮料的地方。放置有不同类型的陶器 500 多件，有盛酒的缸，存放粮食和鱼、肉的壶、罐、瓮，还有鼎、釜、甑、杯、盘等炊具和饮食用具。

前堂近似方形，长约 15 米，宽 12 米多，洞内原有木构建筑，屋顶盖着板瓦和筒瓦，规模宏大，富丽堂皇，惜已无存。厅堂里摆满了铜器、铁器、陶器、漆器和金银器，还有象征侍从奴仆的陶俑和石俑，以及出行时使用的仪仗等等。它是刘胜生前宴请宾客、饮酒娱乐的真实写照。

后室建造十分讲究。它是在岩洞内用大小不同的石板筑成的，分石门、门道、主室和侧室。主室是一间石屋，周壁涂满了红漆。北部有一个用汉白玉石铺成的棺床，放置棺椁。室内还放置了许多贵重的器物。主室是刘胜生前卧室的象征，侧室则是象征性的浴室。

窦绾墓与刘胜墓基本相同，车马房和库房比刘胜墓还大，但车马房没有木构建筑，器物也较少。后室建在前堂的南侧，而不是后部。墓内随葬有许多珍贵器物。

刘胜和窦绾都身穿金缕玉衣下葬。刘胜玉衣形体肥大，长 1.88 米，全套玉衣共用玉片 2498 片。根据人体不同部位的需要，玉片分别设计为长方形、方形、三角形、梯形、多边形等几种形制。玉片角上有穿孔，以便用金丝缀连。刘胜的玉衣共用金丝约 1100 克。玉衣分为头部、上衣、裤、手套和鞋五部分，每部分由彼此分离的部件组成。玉衣大小、外形与人体相似。

窦绾的玉衣较小，全长 1.72 米，由 2160 块玉片缀连而成，共用金丝约 600 克。窦绾玉衣的结构与刘胜玉衣相似，但制作方法略有不同。

刘胜和窦绾的金缕玉衣，是我国第一次发现的完整的金缕玉衣。是十分珍贵的历史文物。玉衣又称"玉匣"或"玉柙"，源于战国时期，到了西汉，玉衣形制已趋完备，是皇帝和诸侯王及其后妃的一种特制葬服。东汉时，玉衣的使用更有了明确的等级规定：皇帝用金缕玉衣，诸侯王、始封的列侯、皇帝的宠姜和皇帝的女儿均用银缕玉衣，前一代皇帝的姬妾、皇帝的姐妹用铜缕玉衣。刘胜和窦绾使用金缕玉衣，可能在使用制度上与东汉不同。这种以玉衣作为封建统治者的葬服的制度，从西汉一直沿用到东汉末年。

窦绾死后不仅身穿金缕玉衣，而且使用了镶玉的漆棺。棺的内壁镶满玉板，共 192 块，一般长 16－18 厘米，宽 11－15 厘米，厚 5 厘米，表面经加工琢磨，很光滑。在部分玉板的背面，残留有甲、乙、丙、丁……和上、下、左、右的朱书文字，为编号。按照编号复原的棺，两头大小相同，长方形。棺的外壁涂漆，并用玉璧加以装饰。棺盖和棺的两侧各嵌两行玉璧，每行 4 块；棺的两头各嵌 1 块大玉璧，共镶嵌大小玉璧 26 块。这样的镶玉漆棺，在我国还是第一次发现。

刘胜墓和窦绾墓随葬品繁多，数量浩大，有铜器、金银器、玉石器、陶器、漆器和铁器等 4000 多件，为研究西汉历史提供了极为重要的实物资料。这里只介绍其中的几种。

长信宫灯：窦绾墓出土，作宫女跪坐形象，通高 48 厘米，通体镀金；9 处刻有铭文，共 65 字，内容包括灯的所有者、铸灯的时间、重量和容量等。宫女梳髻，带头巾；身穿宽袖长衣，左手持灯盘，右臂上举，袖口下垂成灯罩。灯盘附短柄便于转动，上面有可以开合的两片弧形屏板，以调节灯光的照度和照射的方向。宫女体内中空，烟灰可通过她的右袖和右臂纳入体内，以保持室内清洁。灯的各部分和宫女的头部均可拆卸，以便清灰。在两千多年前，设计这样奇特、精巧，极富科学性的宫灯，实属罕见。

金、银医针：刘胜墓出土，共 9 枚，其中金针 4 枚，银针 5 枚。针长 6.5－6.9 厘米不等。上端呈方柱形柄，有一小孔。针尖有的锋利，有的稍钝，有的呈圆卵状，有的为三棱形，说明不同的针型有不同的用法，其疗效也不同。针灸在我国有着悠久的历史。《内经》之《灵枢经》中记载了 9 种医针的规格、用法和主治的病症。据此，刘胜墓出土的 9 枚医针中有毫针 2 枚，锟针、锋针、员针各 1 枚，其余 4 枚因残缺未能辨识。这是目前发现的我国最早的医针。

漏壶：刘胜墓出土，圆筒形铜器，高 22.5 厘米。底有三足，圆筒近底部处伸出一根小管，壶盖中央开一长方形小孔，与提梁中段长方形小孔垂直，安插标示时刻的"刻箭"。"刻箭"已无存，据文献记载，应作长条形，刻有度数。漏壶中盛水，浮一木片（即"舟"），把"刻箭"插入壶内，立于"舟"上。壶内水从小管往外滴漏，"刻箭"随水减少而下降，从而在"刻箭"上显示出不同的时刻。漏壶是古代的计时仪器，起源于周朝。刘胜墓出土的漏壶，是迄今经科学发掘出土、有准确年代可考的最早的漏壶。

铁铠甲：刘胜墓出土，已复原。铠甲分甲身、双袖、垂缘三部分，共由2859片甲片编制而成。其中甲身用1589片甲片，胸前开襟，形似鱼鳞，叫鱼鳞甲。双袖较短，上大下小，各由439片甲片编成。垂缘连接在甲身下端，用392片甲片缀成。铠甲各部分边缘均用皮革和丝织品锁边，里面用皮革和丝绢做衬里，这样不仅穿起来舒适，而且外形美观。铠甲是一种防御性的护身武器，出现于战国。刘胜墓出土的铁铠甲，结构精密，使用灵便，在甲片制造工艺，铠甲的形制和甲片编缀方法等方面，均已达到了成熟的地步，是现今保存最完整的西汉铁甲。

此外，在刘胜墓中，还发现了铜鸟篆文壶和"中山内府"铜钫等珍贵文物。

（14）八角廊汉墓

坐落在定县八角廊村西南，墓主人是西汉中山国怀王刘脩。1973年进行了发掘，出土了金缕玉衣、马蹄金、麟趾金和竹简等大批珍贵文物，特别是大批竹简的出土，在河北省还是第一次。

这座墓四周原有城垣，南北长145米，东西宽127米，墙基厚达11米左右。原封土直径约90米，高约16米，夯筑而成。墓室南向，平面呈"凸"字形，由墓道、前室和后室构成，通长约61米，圹壁夯筑，圹内用木枋垒筑成前室和后室。早年曾被盗掘和火焚。

前室又分左、中、右室。左室出土四辆偶车饰件；中室出土四辆偶车的车马饰件；右室出土车马，有车3辆，马13匹，其中两辆为四马车，一辆为三马车。

后室平面呈方形，与前室有木板相隔，也分中、东、西三室，为"黄肠题凑"构筑形制。在中室后部放置木棺，为五层，加外椁共七层。最内一层棺涂绛红色漆，其余四层涂黑漆。在墓主人四周出土了大量珍贵文物，其中有金饼40块，掐丝贴花镶琉璃面大小马蹄金各2件，掐丝贴花镶琉璃面麟趾金一件等。我国发现的马蹄金很少，而掐丝贴花镶琉璃面的马蹄金更属罕见。麟趾金的发现，使我们对它的形制有了确认。这些发现为研究我国的货币史提供了极为宝贵的实物资料。

　　墓主人身着金缕玉衣一件，保存完好。玉衣由头罩、脸盖、上衣前片和后片、左右袖筒、左右手套、左右裤筒和左右脚套组成。共用玉片 1203 片，金丝约 2567 克，系分片连缀而成。玉片大部分为黄玉和青玉，正面抛光，形状多为梯形和长方形，三角形和不规则的四边形占少数。编缀的方法，一般为四孔联结，用两根金丝在背面十字交叉，穿过圆孔，再在正面拧一道麻花，然后自左至右向下盘成圆结。锁边的方法是用一根金丝从玉片背面相邻的两孔穿过，在玉片正面拧一道麻花，然后盘成圆结。这件玉衣的裤筒被截下了一段，展开后盖在下腹部。又把用玉片缀连而成的两块护裆的三角形玉帘盖在两腋。死者胳膊比玉衣袖筒短，两手放在袖筒内。这充分证明，玉衣不是按死者身材制作的，而是皇帝特赐的。

　　在后东室的出土物中，有一件炭化的竹笥，内有铁削 1 件，长方形板砚 3 块和大批竹简。竹简已被扰乱，并炭化成块，简上的字迹很难辨识。从残坏的竹简中整理出《论语》《儒家者言》《太公》《文子》《六安王朝五凤二年正月起居记》《哀公问五义》《保傅传》《日书·占卜》等古籍，但已残缺不全。其中《论语》简文约有传本文字的一半；有的篇，简文几达传本的 60%－70%。《学而》篇只有一枚简，20 字，是最少的了。另有尾题残简 10 枚。虽然由于竹简残碎严重，无法恢复《论语》的篇目次序，但是保存这样多文字的《论语》简文，还是第一次发现。这些简文不仅是时代最早、保存文字最多的古本《论语》，而且还是鲁论、齐论、古论三论并行时的一个本子，这对研究三论流传、演变的情况，以及校勘传本《论语》都是极为重要的依据。

　　《儒家者言》已整理出《明主者有三惧》《孔子之周》《汤见祝网者》和佚文 27 章，上述商汤和周文的仁德，下记乐正子春的言行，其中以孔子及其弟子的言行为最多。它比散见于先秦和西汉一些著作中有关这部书的内容保存了更多更为古老的原始资料。它不仅可以校正一些史书中的谬误，而且是研究儒家思想的重要材料。

　　《太公》一书，共发现篇题 13 个，有《治国之道第六》《以礼仪为国第十》《国有八禁第三十》等。其中只有《治乱之要》等三篇的内容见于传本。这批简文的内容，比今天见到的有关太公书的内容丰富得多，对研究太公的著作和思想，价值很大。

　　《文子》已整理出与今本相同的文字六章，部分或系佚文。佚文部分多是对天道、仁、义、功、德和教化的阐发。这批简文的发现，为整理古籍和进行古代思想史的研究提供了新的珍贵资料。

　　《六安王朝五凤二年正月起居记》记载了六安国缪王刘定于汉宣帝五凤二年（前 56 年）到长安入朝的途中生活和入朝过程中的各项活动。其中对朝谒庆赏等活动的记述，对了解封建贵族的礼仪生活有着重要的价值。起居记中还详细地记述了沿途的地名、相距里数，是研究古代地理的重要资料。

（15）北庄汉墓

在定县北庄村，已发掘。墓室比较特殊，以砖砌筑，四周又加砌石块为墙，并用石块盖顶。有墓道、东耳室、甬道、前室、回廊、主室等。整个墓室平面呈长方形，南北长 26.75 米，东西宽 20 米。早年被盗掘。墓主人为东汉中山简王刘焉。

该墓出土文物有陶器、铜器、铁器、玉石器、骨器和钱币等四百多件，其中有散乱的玉衣片 5169 片，玉片约占三分之二，分青玉、白玉和墨玉三种；石质的均为白色。部分玉片穿孔中残留有鎏金铜丝，知为金缕玉衣。玉枕一件，长 34.7 厘米，宽 11.8 厘米，高 13 厘米。枕面两端略弧起，中间微凹。在枕面和两侧浅刻变形云纹。玉质为灰绿色，琢磨极精。为汉代出土文物中所罕见。谷纹玉璧一件，上端有透雕的蟠螭纹，作双兽曲身、舞爪相斗的姿态。通高 25.5 厘米，宽 19.9 厘米，厚 0.7 厘米。表面光泽，琢制精工，是汉代玉璧中的珍品。

在这座墓中发现的一批石刻文字极为重要。构筑墓室围墙和盖顶，共用石块约 4000 多块，石质为青砂岩，大都凿成方形，长宽各 1 米左右，厚约 25 厘米。在这批石块中，发现有铭刻的 634 块，还有用墨书题字的。铭刻内容多为当时的地名和工匠姓名，如"北平石工卫山作""望都石章于通作""新市石杨文""梁国卢孙石""毋极石"等等。这些铭刻地名与《汉书·地理志》相对照，有中山国的卢奴、北平、北新城、唐、苦陉、安国、曲逆、望都、新市、毋极、安险等，有东平国的无盐、东平陆、富成、章（寿张），有鲁国的鲁、卞、汶阳、薛，河东郡的平阳，河内郡的山阳，梁国（郡）的下邑、己氏，山阳郡的单父等，其中以中山国的县为最多。1975 年，在定县城内修建了石刻馆，将其中保存较好的 512 块嵌于廊壁，保护起来。

这些铭刻大都是筑墓"工徒"的作品，代表了当时民间流行的书体，多为隶书，充分证明东汉隶书已经流行，篆书在民间逐渐衰亡。这批石刻的发现，对研究我国书体的演变提供了丰富的实物资料。特别是石刻出于"工徒"之手，尤其珍贵。

（16）北陵头汉墓

位于定县北陵头村西，封土高 12 米，直径约 40 米。墓为砖室结构，规模宏大，由墓道、东耳室、西耳室、前室、中室、东后室和西后室组成。墓室全长 27 米，最宽处 13.8 米，是座夫妻合葬墓。早年曾被盗扰。经发掘，出土金器、银器、铜器、铁器、玉器、陶器和骨器，共 1100 多件，银缕玉衣散片 1000 余片，石衣散片 400 多片。

其中，最为珍贵的有：掐丝金辟邪、掐丝金羊群、掐丝龙形金饰片、掐丝金龙、错金钩镶、玉座屏等。

掐丝金辟邪：一件为双角，一件为独角，大小相同，均作昂首长哮状，多姿雄武。其底座是一个长5厘米、宽2厘米、錾有流云纹的金片，上面用金片做成辟邪躯体，以金丝布成羽翅及花纹，周身用金粟粒、绿松石和红宝石加以装饰，双眼嵌以绿宝石或红宝石，角、尾用细金丝缠绕在一较粗的金丝上。制作精巧，栩栩如生。

掐丝金羊群：衬底金片长3厘米，宽1.3厘米，錾有流云纹，在上面塑造了4只站立的小金绵羊，用金粟粒和绿松石装饰羊身，以绿松石或水晶石嵌缀眼睛。每只绵羊长仅1厘米，高0.8厘米，前后各两只。羊儿小巧玲珑，温顺可爱。

错金钩镶：上钩完整，下钩及把手残缺。上钩长38厘米。镶头为犁形，上方下尖，高18厘米，宽13厘米。镶和钩上都有错金流云纹。钩镶是一种短兵器，合钩盾为一体。镶的作用如盾，用于防御；钩用于进攻。据《墨子·鲁问篇》记载"公输班作钩拒"，"退者钩之，进者拒之"。钩镶可能出现于春秋战国时期，出土实物极少，这次是第三次发现。

玉座屏：高16.5厘米，宽15.3厘米，由四件青玉片制成。两件玉片作两侧支架，两件玉片平置中间，一上一下，两端的榫插入两侧支架的孔（卯）内。两侧支架为连璧形，长15厘米，宽6.5厘米，两个相连的圆璧内各透雕一龙，缠绕于璧正中的长方形孔中。中间上下两层玉屏片上的人物、鸟兽，均为透雕。上层正中为神话中的"东王公"形象，下部左右两边为跪着的妇女，周围环绕凤、鸟、麒麟、鸭、兽等。下层正中为"西王母"，两侧各跪一妇女，四周雕有龟、蛇、熊等。整个玉座屏雕工精细，内容丰富，形象生动，是汉代文物中的一件瑰宝。

根据出土文物推断，这座墓的主人，可能是东汉中山穆王刘畅及其妻子。

（17）望都壁画墓

在望都县所药村有两座东汉大墓，东西对峙，相距约30米。经考古发掘，两墓均有壁画。一号墓保存较好，封土南北长约46.7米，东西最宽处32.7米，高11米。墓室用砖砌筑，由前室及东、西耳室，中室及东、西侧室，后室和北小龛组成。自墓道至北小龛全长20.35米。墓内出土文物主要是陶器，有陶鸡、陶鸭、陶猪圈、陶楼、陶灶、陶井、龙首陶勺和涂朱的陶耳杯、陶案、陶盘、陶碗等。此外，还有石榻两张；石棋盘一方，高14厘米，每边长69厘米，是一件十分珍贵的文物。

在前室四壁上及通往中室的券门内两侧壁面上，均有彩绘壁画，分上下两层，下层绘珍禽异兽，上层绘人物。

前室南壁墓门两侧，东绘"寺门卒"，持杖而立；西绘佩剑"门亭长"，拱手躬腰，作迎送状。

西壁上部自南而北，绘有6人："□□橡""追鼓橡""门下史""门下贼曹""门下游徼""门下功曹"，均戴冠佩剑，门下史和追鼓橡2人拱手，余皆执笏。6人北向，作朝拜状；衣服宽肥，下及脚面，袖垂至膝。下部绘"癖子"、鸡二、鹜二。

东壁自南而北绘11人："仁恕橡""贼曹""辟车伍佰八人""门下小史"。"辟车伍佰八人"的衣着分红帻黄衣和黑帻青衣两种，上衣短至膝，束腰、着鞋。一人拱手，一人持旗，六人持杖，皆面北。门下小史宽袍持笏，作长跪姿势。东壁下部绘有"羊酒""芝草""鸾鸟""白兔游东山"和"鸳鸯"等，均有题字。

北壁券门东侧绘"主记史"，西侧绘"主簿"。主记史端坐在矮榻上，榻前有三足圆砚，上有墨丸；另一侧有水盂。主簿手中持笔和奏牍，作记录状。

在通向中室的券门内东西两壁绘有人物：东壁绘"白事吏"，作长跪白事状，"侍阁"作迎送白事吏状；西壁绘"小史""勉□谢史"，谢史伏地跪拜，小史持笏躬腰作回拜状。

该墓壁画以地方官吏为题材，人物比例准确，线条流畅，堪称东汉壁画中的杰作。所绘人物衣纹采用渲染技法，以色彩的浓淡变化来表现形体的起伏和光线的明暗，这在我国绘画史上是一个很大的进步，对研究我国绘画史有着重要的价值。

（18）安平壁画墓

1971年，在安平县逯家庄发掘了一座东汉多室墓。在后室顶部有白粉书写的"惟熹平五年"（176年）隶书题记，为该墓的确切年代提供了可靠的依据。在中室及其南耳室和前室南耳室内，均发现彩绘壁画，是这次发掘的重要收获。

中室四壁绘的是墓主人"出行图"，上下共四层，每层均有大量车、骑及伍伯（武官），辟车（文官）之类的导从，和一辆主车。最下一层主车的乘者是墓主人，后面是辎軿车，乘者是墓主人的妻子。

中室南耳室门旁绘守门卒；南壁绘墓主人坐在帐中，帐后有二侍女拿着香熏，帐左侧有二近侍；东壁绘二吏执笏，躬身而立；北壁绘一幅建筑图，房屋栉比，层层进深，后部有座高耸的望楼，其上有伺风鸟、测风旗和报警鼓。

前室南耳室绘有守门卒、侍卫及一些内橡的官吏。

壁画内容丰富，场面很大，仅"出行图"就绘有车马60多辆。壁画线条简练流畅，颜色鲜艳。这些壁画是研究东汉政治、经济、文化以及车马制度、建筑等的宝贵资料。

此外，在前室北耳室、中室北耳室、后中室及北耳室、后室、北后室的顶部，都书写着《孝经》《论语》《急就篇》上的一些句子，书体为汉隶，笔画秀雅而刚健，工整而不滞板。这些发现，对研究《论语》等古文献和汉字的发展有重要的价值。从壁画和文字等材料分析，这座墓的主人可能是东汉安平国的最高统治者。

（19）邺城遗址

位于临漳县西南邺镇一带，分邺北城和邺南城，是我国历史上著名的古城。史书上关于邺城的记载颇多，特别是《彰德府志》和《临漳县志》，对邺城殿堂楼阁和名苑的记述十分详尽。但随着历史的变迁，特别是漳河的泛滥，洪水冲毁，邺城城垣和宫殿等建筑早已无存。

经初步调查，邺北城东西 7 里，南北 5 里，在现漳河北岸，探知于地面 2 米以下有城墙夯土基址长 600 多米。邺北城的地上遗存，仅有建于西城墙上的金凤台和铜雀台基址，和已不复存在的冰井台合为曹魏时著名的三台。

邺南城东西 6 里，南北 8 里，它比邺北城增加了东市和西市，扩大了商业区；城门也增多，方便交通。地上遗迹无存，大都湮没于地下。

金凤台：在三台村西，原名金虎台，是三台中最南边的一座，为东汉建安十八年（213 年）曹操所建。后为避后赵皇帝石虎讳，改名金凤台。据史书记载，"高八丈，有屋一百三十五间"。现存金凤台夯土遗址比较完整，南北长 122 米，东西宽 70 米，高 12 米。台的南部有清顺治八年（1651 年）修建的文昌阁三间，阁前镶有金凤台石匾额，门前有北朝石刻螭首一对，造形古朴，雕工精细。阁后新建碑亭内嵌名人题咏碑碣甚多，其中元代《邺镇金凤台洞清观首创之碑》，碑额雕六龙盘结，古雅别致，具有较高的艺术价值。碑廊前有东魏、北齐时期的大型柱础以及宋元石刻佛像等。碑廊北边有 53 级台阶，拾级而上，可达金凤台顶。台顶现有文物陈列室，陈列了邺城及其附近出土的文物。

铜雀台：在金凤台北，东汉建安十五年（210 年）曹操所建。当时殿宇颇多。台建成后，曹操令其子登台赋诗，长子曹丕有"飞阁崛其特起，层楼严以承天"的名句。次子曹植敏捷成篇，传为美谈。后赵、北齐时又加修筑。现在台基残存南北长 60 米，东西宽 20 米，高 5 米。该台名驰中外，历代名人题咏碑碣甚多。

邺北城据载始建于春秋齐桓公时（前 685 年—前 643 年），战国时属魏，为邺地。

西门豹治邺修十二条渠灌溉民田，投巫于漳河，铲除河伯娶妇之害，就在这一带。西汉和东汉时，邺城是魏郡的郡治所在地。东汉末年，冀州牧袁绍驻邺城，建安九年（204年）曹操破袁绍后，营建邺都，始筑三台。前燕以邺城为国都，东魏、北齐修筑邺南城为国都。邺北城和邺南城均于北周末年毁于战火。

邺城在建筑布局上特别强调全城的中轴线安排，王宫、街道都很整齐对称，均衡。这种城市布局方式，在我国都城建筑史上，承前启后，影响深远，后代的都城建筑，莫不大略如是。因此，进一步勘察邺城，有重要的意义。

（20）磁县北朝墓群

在磁县有"曹操七十二疑冢"的传说。经调查，实际有一百多座古墓，大都有高大的封土。有些大冢尚有墓碑，如刘庄北齐兰陵王高肃墓碑，东小屋村魏宜阳王元景植墓碑，八里冢村魏侍中高翻墓碑。从解放前被盗出的十余盒墓志和解放后清理发掘的7座古墓（其中一座无墓志、墓主人无考）来看，这些墓为东魏、北齐皇室、王公贵族墓葬群，而不是什么"曹操疑冢"。东魏、北齐建都于邺城，距邺城不远的磁县一带就成为皇室的墓地。从一些墓中出土的大批文物，是研究北朝时期政治，经济、文化的重要实物资料。

东陈村东魏墓：共4座，俗称"四美冢"。1974年发掘了其中的一座，有墓志，墓主人为尧赵氏。墓室平面呈长方形，南北长4.8米，东西宽4.26米；穹窿顶，高4.36米。四壁原有彩绘壁画，已剥落。该墓早年被盗。发掘时出土陶俑136件，有按盾武士俑、铠马骑俑、骑从俑、击鼓俑、套衣俑、持盾俑、负箭囊俑、小冠俑、文吏俑、侍俑、胡俑、笼冠俑、女侍俑、提物女俑、仆俑和舞俑等。这种陶俑组合，真实地反映了墓主人出行时的文武侍从、奴婢、伎乐等仪仗场面。这批陶俑栩栩如生，具有东魏的时代风格，是研究当时雕塑艺术的重要标本。

北齐高润墓：位于东槐树村西北，1975年进行了发掘。砖筑单室墓，平面呈方形，南北6.4米，东西6.45米。出土文物中有彩绘陶俑381件，墓室四壁有彩色壁画。从墓志得知，该墓是北齐故侍中假黄钺左丞相文昭王高润之墓，葬于武平七年。

这次发掘的重大收获之一是发现了北齐壁画。墓室北壁壁画保存较好。在宽约6米、残高2.8米的壁面上，画着一幅举哀图。中央画墓主人坐在帐中，头戴折上巾，身着直裾便服，眯着双眼。维妙维肖地刻划了墓主人即将瞑目去世的情态。帐子两旁，是两组男女侍从忧戚举哀的场面，每组6人。男侍均头戴巾子，身穿斜领窄袖长衣，腰系革带，佩挂香囊、宝剑，分别张举着翅葆、华盖等物。女侍紧靠帐子两侧，头挽高髻或裹纱巾，身穿圆领上衣，腰下系曳地长裙；东侧女童手执麈尾，西侧女侍捧物。男女侍从都呈现出忧郁哀伤的表情。画面构图严谨，在对称中参差变化，富有节奏感。壁画以墨线勾出轮廓，再填以朱、青、黄、紫等色彩。人物的面部及帐子的垂幔，采用晕染法；衣着的色彩则用平涂。

东壁壁画残缺不全，绘有侍者一、车篷一、羽旌二、华盖一。车前侍者执鞭为导。此幅壁画似为乘坐牛车的出行图，比较少见。

西壁壁画仅残存北端两名老年扈从形象，躬身南行。南壁壁画损坏严重，已无法辨认其具体内容。

高润墓壁画的发现，有着重要的价值。它鲜明地展示了北齐时代的绘画面貌和独特风格，填补了中国绘画史上的一页空白。

（21）封氏墓群

位于景县城东南前村和后村一带，群众称它"封家坟"，是北魏至隋门阀士族封氏"集族而葬"的族系墓群。原为 18 座墓，现有封土的 16 座。在清理的几座墓中，出土了铜器、青瓷器、彩绘陶俑、墓志等文物 300 多件。

墓志有北魏正光二年（521 年）、北齐河清四年（565 年）、隋开皇三年（583 年）和隋开皇九年（589 年）的共 5 盒。根据墓志铭所载，墓主人分别为封魔奴、封延之、封延之之妻崔夫人、封子绘、封子绘之妻。

封氏家族成员，官职很高。根据史书记载和出土的墓志铭佐证，封氏族系为：

```
                   ┌ 孚              ┌ 子绘
封释 — 放 ─┤      ┌ 玄之          ┌ 隆之 ─┤
          └ 懿 ─┤     ┌ 魔奴       │        └ 子绣
                └ 虔 ─┤           │
                      └ 鉴 — 回 ─┤ 舆之
                                   │
                                   └ 延之
```

封氏墓群出土的文物，是研究北魏至隋政治、经济、文化的重要实物资料，其中的墓志铭对于考证史书记载，研究北朝史和隋史，有重要价值。出土的青瓷器，为研究北方青瓷提供了实物，特别是其中的莲花尊，造型优美，胎浅灰，底足不施釉，青釉匀实，近似艾叶色，开片细而不显，以及瓷胎中含三氧化二铝和氧化钛较高等特点，都与南方的青瓷不同，另具风格。出土的陶俑，对研究北魏拓跋鲜卑汉化前后的衣冠制度是十分可贵的材料。

（22）定窑遗址

位于曲阳县涧磁村和东、西燕川村一带。该县唐、宋时属定州管辖，所以被称为定窑。

定窑是我国北宋时期五大名窑（官窑、哥窑、汝窑、均窑和定窑）之一，以生产优质白瓷著称于世。定瓷窑址规模最大、最集中的窑场在涧磁村北一带，至今，瓷片、窑具、炉渣、瓷土等堆积仍然很多，有 13 处高大堆积，最高的堆积达 15 米。经调查和试掘，取得了重要收获。从遗址地层叠压关系看，遗址分晚唐、五代和北宋三个时期。

晚唐定窑白瓷与宋代定窑白瓷相比，瓷胎显粗，釉色也不如宋代的洁白。到五代时，定窑生产水平较晚唐时有了提高，白瓷比重显著增大，器物造型渐趋多样化，出现了题材简单、线条洗练的划花和剔花纹饰，以及圈底满釉、口沿露胎的覆烧器物。这个时期的定窑，处于承上启下的过渡阶段。

北宋是定窑发展的鼎盛时期。这时的定窑大量采用覆烧方法，器物造型和装饰艺术都有了很大的发展和创新。在北宋地层出土的刻有"尚食局"款的龙凤盘十分珍贵，它说明在北宋初年定窑已经为宫廷烧制瓷器。定窑产品以白瓷为主，也烧制其他品种，如绿釉的称绿定，黑釉的称黑定，芝麻酱色釉的称紫定等。

北宋定瓷有碗、盘、盆、罐、瓶、炉、器座以及玩具等。白瓷的胎质洁白、细腻、坚硬，而且比较薄；釉色纯白、匀净；装饰题材丰富多采，手法多种多样。刻花和划花以各种萱草、牡丹、莲荷、双鱼、水禽的题材为多。有的碗、盘口沿作花瓣式，碗内印一盛开的花朵，同时在外壁刻上花蒂与花瓣轮廓线。这种把印、刻手法并用于一件器物，里外装饰统一的作法，使器物造型和花纹装饰浑如一体，十分精美。印花以各种变形的缠枝牡丹图案最多，还有莲、梅、石榴、菊花、犀牛望月、海水双鲤、莲荷游鸭、婴儿戏花、龙、凤，等等。

北宋定窑在我国瓷器发展史上占有重要的地位。它所生产的瓷器在社会上有很大的影响，南北仿造者众多，因而出现了各种不同的名称，如土定、新定、北定、南定和粉定等。北定就是北宋定窑生产的瓷器。在金、元时继续生产。定窑的制瓷技术，对于促进我国制瓷业的发展起了重要作用。

（23）磁州窑遗址

磁州窑是我国古代北方著名的民间瓷窑，位于今磁县观台和邯郸市峰峰矿区彭城一带。因古代属磁州，故称磁州窑。

观台窑是磁州窑系重要的窑场之一，窑场面积 20 余万平方米。1958 年发掘了 2 万平方米，出土文物 1 万余件。主要遗存有窑场、水沟、作坊和碾槽等。时当宋代早、晚期和金、元。

北宋以白瓷和黑瓷为主，大都为民用瓷器，主要器物有罐、豆、盘、盆、盂、托盏、执壶、注子、双耳小口瓶等。

金代仍以白釉为主，另有黑、茶、墨绿、酱紫、黄琉璃釉等，白地黑花瓷大量出现是主要特点。器物中以瓷枕最具特征，多书"张家造""王家造"等字款。

元代瓷器的特点是形制趋于简单化，作风草率。带"内府"款黑釉梅瓶的发现，说明这时的观台窑已开始生产一部分宫廷使用的瓷器。

以观台为中心，还有许多窑，如冶子瓷窑址（冶子村）和东艾口瓷窑址（东艾口村）等，都属于磁州窑系。

磁州窑瓷器装饰以黑白对比为主要特色，白地黑花，对比鲜明。有铁锈花、刻划花、红绿彩以及黄、褐、绿、蓝、窑变黑釉等。题材内容多取材于民间生活，缠枝牡丹、飞禽走兽、花鸟虫鱼、婴戏、历史故事、民间传说、诗文词曲、吉祥图案、几何纹样，丰富多采。从而使磁州窑瓷器的装饰艺术独具风格，博得了人们的喜爱。

磁州窑有着悠久的历史，早在隋代已开始生产青瓷。到了宋代，制瓷业有了更大的发展，无论从技术，还是生产规模上，都达到了前所未有的水平。磁州窑制瓷业影响深远，传播广泛，遍及河北、河南、山东、山西、陕西和南方各地，而且还传到了国外，被誉为"磁州窑型"或"磁州窑系"。

（24）柿庄宋壁画墓

在井陉县西南，1960 年在这里清理发掘了 10 座宋墓，连同在离此不远的北孤台村发掘的 4 座宋墓，共 14 座。这些墓均为砖筑，仿木结构，大都有壁画和建筑彩画，个别的只有建筑彩画。其中柿庄 6 号墓最大，墓室南北 2.67 米，东西 2.77 米，高 2.96 米，四壁皆绘有壁画。

北壁：假门上墨绘卷帘，帘下绘钩饰，帘格作龟背纹。

东壁：绘"捣练图"，分担水、熨帛、晒衣三部分。画面中央熨帛的三个女子梳高髻，中间一人身穿绛衫、浅蓝裙，右手按帛，左手执熨斗；两边的女子相向而立，手拉帛轴，上身后仰。熨帛右边一青年男子头系皂巾，上着窄袖蓝花襦，下穿白袴，右肩担挑着两个水桶。熨帛左边为二女子晒衣，其中一人踏红色脚床，开柜取衣，柜盖半开，一只小猫蹲在柜上；另一人在柜后方席地而坐，在石砧上捶衣。在捶衣人后方挂一赭色长竿，上挂9件衣衫裙带。

南壁：在墓门内东侧绘"牧羊图"，牧童1人，羊10只，犬1条。牧童身着圆领窄袖蓝色衫，下穿白裤，右手执长鞭，左手指向前方。身后放一竹筐。10只羊均以墨线钩出轮廓。羊后尾随一条犬，作欲奔跑状。背景为树木山石。西侧绘"放牧图"，在青草芦苇河边，一牧童赶着牛、驴、马5头牲畜，自西向东徐徐而行。牧童头系皂巾，穿斜领蓝衫、白裤，左手提网斗，右手扬鞭。

西壁：北侧长窗下墨绘小猪一只。南侧绘"宴乐图"，男主人在桌旁袖手端坐，观赏伎乐。身后二少女侧立。柳树右绘一侍女，手托果盘缓步向前；左绘伎乐，只存6人，击鼓的，吹笙的，还有吹篳篥的，以及舞伎。

柿庄宋墓壁画的题材，大体分为两类，一类是反映以墓主人为中心的享乐生活场面，如"宴饮图""伎乐图""供养图'等。另一类则是描绘农村风光和反映劳动人民生产与生活的场面，如"芦雁图""耕获图""捣练图""牧羊图"和"放牧图"等。这些壁画虽然有些人物的比例大小不够匀称，神态缺乏风韵，线条也欠流畅，但很多人物稚拙、粗朴、壮健，整个壁画生活气息很浓，代表了这一地区一个时期内民间艺人的艺术特色。壁画内容和人物服饰，对研究宋代的服饰和农村生活有着重要价值。

（25）静志寺塔基和净众院塔基

位于定县城内。塔的地上建筑（塔身）部分早已无存，只剩下地下部分，一般称作塔基地宫。对两座塔基地宫的清理发掘，收获主要有两点：一是发现了有明确记年的北宋壁画，二是发现了大量精美的定瓷。

静志寺塔基：地宫砖筑，为仿木结构的"舍利阁"，彩绘斗拱，全高2.34米，墙高1.1米。根据墨书题字，这座静志寺真身舍利塔建于北宋太平兴国二年（977年）。

地宫四壁绘有彩色壁画。南壁券门两侧各绘一天王像。东西壁上绘礼佛图，东为梵王，西为帝释。北壁中间绘一莲花座，上承"释迦牟尼真身舍利"灵牌，两侧各绘五个僧人像，神态肃穆悲戚。

在地宫四壁，还写满了施舍人姓名和施舍的器物名称及年月。地宫出土了大量金银器、玉石器、瓷器、铁器、木雕、串饰、丝织品和货币等。其中瓷器115件，几乎全是北宋早期的定窑产品，胎质平薄细腻，造形端雅优美，釉色柔和洁净，器物种类众多。在净瓶中有绿釉波纹净瓶，有白釉刻花净瓶，表明在同一类器物中纹饰也富于变化。

　　净众院塔基：建于北宋至道元年（995 年）。地宫砖筑，方形，圆顶，南壁设门，其他三壁均绘有彩色壁画。

　　北壁绘释迦牟尼涅槃像，及他死后父母守候身旁，十大弟子赶来奔丧，天使迎接升天的画面。释迦牟尼神态安详，两眼微闭，枕臂侧卧在高台之上。其母守候在身后，其父抚摸着他的脚脉，旁边一长者弟子正述说释迦情况，头部一长者弟子正在守尸饮泣，另一长者弟子伏尸痛哭。释迦四周，弟子们或哭昏在地，或捶胸大嚎，有的在劝说，有的在追述往事，还有的弟子作惊闻赶来扑倒在地状。整个画面呈现出一幅悲悼的景象。两边天使从天而降，神态安详地迎接释迦升天，从而点出了主题。

　　东西两壁的戎装乐队，手执乐器，正在吹奏。祥云四布，衣带飘拂，象征着上天派遣乐队赶来迎接。地宫顶部绘凤，象征着进入上天吉祥境地。

　　画面上的释迦牟尼和戎装乐队，大小与真人一般。绘画技法熟练，技巧高超。袈裟衣纹和飘带的线条，自然流畅，刚劲飘逸，爽利洒脱，堪称北宋壁画中的佼佼者。

　　地宫内出土文物有银器、瓷器、石刻等，其中瓷器 55 件，系北宋定窑早期产品。有件刻花龙头白瓷净瓶，全高 60.7 厘米，造型优美，制作精巧，釉色莹润，在定瓷中是罕见的大件瓷器，为定瓷中的瑰宝。在出土器物里都装满了玉石、玛瑙小颗粒，共重约 200 斤。文献中有以金、银、琉璃、水晶、玛瑙、玻璃众宝代作舍利的记载。这些玉石、玛瑙小颗粒就是代替"舍利"的。

（26）宣化辽壁画墓

　　在张家口市宣化区下八里村。早年被严重盗扰。经清理发掘，从出土墓志得知，墓主人为张世卿，死于辽天庆六年（1116 年）；生前曾特授右班殿直累覃（迁）至银青崇禄大夫检校国子祭酒兼监察御史云骑尉。

　　这座墓中最重要的发现是总面积达 86 平方米的彩绘壁画和彩绘星象图。

　　前室南壁拱门两侧各绘站立持杖门吏一人。北壁绘持杖门吏二人，头戴软巾，着长袍。西壁中间绘白马一匹，鞍鞯齐全，旁边站立驭者、持伞人、持帽人、持衣人和顶盘人。似为墓主人准备出行的场面。东壁绘散乐图，有伴奏者 11 人，舞蹈者 1 人。均头戴幞头，身着长袍，脚穿高腰靴。

　　后室壁画共出现人物 22 个。南壁拱门上部绘二龙戏珠图。两侧合为一宴饮场面，西侧为两个温酒的侍吏，一个持盘，一个捧温酒大钵。二吏均头戴黑色卷脚幞头，身着不同颜色的窄袖长袍，腰系蹀躞带。前面置朱色方桌，上置饮具。桌前有放梅瓶的矮脚桌，旁有雁足灯。东侧为持箱侍吏和持钵侍吏。持箱吏髡发，发辫两绺从两鬓垂下，为契丹发式；身穿圆领窄袖绛紫色长袍，足蹬白色长筒尖头靴，双手捧一黑皮箱，可能是"双陆"一类赌具。右立持钵吏为杂役装束，钵内似为骰子。

东壁：自南而北绘有黑衣侍吏、备经图、持扇持巾侍吏、启箱侍女等。备经图是两个侍吏为墓主人准备诵读佛经的场面：一人头戴卷脚幞头，身着圆领紫色长袍，朱色蹀躞带，躬身而立，双手捧白净瓶。另一个人立于桌后，装束与前者略同，右手指向室内。他面前的朱色长桌上，放着《金刚般若经》和《常清净经》。桌下放炭盆。它说明墓主人生前笃信佛教。

西壁自南而北依次为妇人启门，温酒、持盂、拂尘侍吏和启箱侍女等。

北壁有彩绘双凤门和左右持杖门吏。

彩绘星图位于后室穹窿顶中部。星际间外径 2.17 米，彩绘二十八宿和十二宫星宿。

在穹窿顶中央悬铜镜一面，周围用红白二色绘重瓣莲花。星宿围绕莲花分布，东北绘北斗七星，四周有五颗红星、四颗蓝星。东绘太阳，内为金乌。中间一层画二十八宿，东方七宿为苍龙，西方七宿为白虎，南方七宿为朱雀，北方七宿为玄武。最外一层绘黄道十二宫，其排列基本是 30°为一宫，十二宫为一年，合 360°。从当时春分点所在的白羊宫向东，依次为金牛宫（已不存）、双子宫，巨蟹宫、狮子宫、室女宫、天秤宫、天蝎宫、人马宫、摩羯宫、宝瓶宫、双鱼宫。每个宫均以符号和图像来表现。

黄道十二宫源于古代巴比仑，距今已有四千多年的历史，自隋唐以来我国许多古籍中都有记载，但在彩绘星象图上画出图像来，并且与中国二十八宿合璧，在我国天文史上还是第一次发现，对研究我国天文史有着重要的价值。

（27）契丹金银符牌

1972 年，在承德县深水河村水泉沟附近的老阳坡峭壁中，发现了金银符牌各一面。经调查，似为当时秘藏的。

金牌牌面呈长方形，四角抹圆，体为薄板，长 21 厘米，宽 6.2 厘米，厚 0.3 厘米，重 475 克，含金纯度达 98%。牌面上端有穿孔，内径 1 厘米，外径 2.5 厘米，孔深 1.4 厘米。穿孔的圆周突起如箍，内壁有磨痕。穿孔之下刻着三个字，为双钩阴文。

银牌牌面形状和文字与金牌相同。牌面长 20.9 厘米，宽 6.1 厘米，厚 0.3 厘米，重 383 克。牌面上端穿孔内径 1 厘米，外径 2.2 厘米，深 1.4 厘米。穿孔内壁亦有磨损痕迹。牌面有污锈。穿孔下部亦阴刻双钩文三个字，并鎏金。

金银符牌上的三个字，第一个字是单文，后两个字是由三个单文组合而成的复字。

目前尚不能确切解读。初步研究认为是契丹小字。根据《辽史》和《燕北录》关于符牌的记载，初步推断为"敕宜速"。

符牌制度是我国封建王朝通行的一种制度。它体现了皇帝至高无上的权力。《辽史》记载"国有重事，皇帝以牌亲授使者……所至如天子亲临，须索更易，无敢违者。使回，皇帝亲受之，手封牌印郎君收掌"。皇帝用符牌指挥行军作战，调拨兵马；也用它调取和掌握地方的兵、刑、钱、谷等事。承德县发现的金牌和银牌，是我国第一次发现的辽代金银牌。

（28）保定窖藏元瓷

1964年，在保定市永华南路一圆形窖穴中，发现了11件元代瓷器。有青花釉里红开光镂花大罐（一对）、青花海水龙纹带盖八棱瓶（一对）、青花狮子滚绣球八棱玉壶春瓶、青花八棱执壶、白釉龙纹菱花口瓷盘、白釉莲瓣式酒杯、宝石蓝釉金彩瓷匜、宝石蓝釉金彩酒杯和宝石蓝釉金彩盘。这批瓷器大部分是第一次发现，十分珍贵。

青花釉里红开光镂花大罐：一对，一件通高42.3厘米，口径15.2厘米，底径19.4厘米。另一件通高41.2厘米，口径15.5厘米，底径18.7厘米。两件形制相同：圆口、带盖、大腹、平底。盖钮作坐狮形。罐胎骨上薄下厚，釉质细腻，青花略带暗色。肩部绘四垂云，上缀青花水纹托以白色莲花。腹部有四个菱花式开光，周围绕以串珠纹双线，轮廓突起。开光内镂空浮雕，为四种不同的花卉等，均为红色。整个镂雕造型美观，颜色鲜艳，立体感强。

青花海水龙纹带盖八棱瓶：一对，一件缺盖，高46厘米，口径7厘米，底径14.5厘米。另一件通高51.5厘米，口径6.6厘米，底径14.5厘米。两件形制相同，器身呈八棱形，胎骨厚重，釉质细腻。器身绘青花海水及火焰，衬托四条浮雕白龙。肩部和近底处绘仰复云头纹，内绘四兽及花卉。

青花狮子滚绣球八棱玉壶春瓶：器身呈八棱形，胎薄，釉质细腻，莹洁光亮。瓶身绘纹饰八组，颈部为四蕉叶，腹部主题纹饰为狮子滚绣球。肩部及近底部为仰复莲花瓣。

青花瓷器解放前出土很少，这次同出6件，器形完整，制作精致，造型美观。特别是青花釉里红开光镂花大罐和青花海水龙纹带盖八棱瓶成双成对出土，实属难得。青花釉里红开光镂花大罐在解放前仅有一件缺盖的，也已流失国外。这次出土的两件，保存完好，堪称国宝。元代八棱青花瓷器，过去仅见葫芦瓶，这次出土的青花海水龙纹带盖八棱瓶、青花狮子滚绣球八棱玉壶春瓶和青花八棱执壶三种器形都是以前所未见。这些青花瓷器的出土，丰富了对元代青花瓷器的研究资料。

名胜古迹

（29）武灵丛台

位于邯郸市内。台高 26 米，中间夯筑，外用砖砌。台南北两侧有蹬道，可通台顶。现存主要建筑有武灵馆、如意轩、回澜、据胜亭等，最高处的门额上书有"武灵丛台"四个大字。台上原题咏碑碣甚多，惜多散失，现存仅明清一部分，其中有明万历癸己（1593 年）"赵武灵丛台遗址"碑，颇有价值。

在台的北侧有座七贤祠，是为纪念赵国的韩厥、程婴、公孙杵臼、蔺相如、廉颇、李牧和赵奢而建立的。最早，在台下建三忠、四贤二祠。但随着丛台建筑的几次被毁，二祠也已不复存在。只是在后来重修丛台时，才重建这座七贤祠。

在湖中央有座"望诸榭"，是为纪念战国时期著名军事家乐毅而建。

丛台始建于赵武灵王时期（前 325 年—前 299 年），故称为"武灵丛台"。武灵王是赵国历史上很有作为的一位国君，为了国家的强盛，他敢于革除传统习俗，推行"胡服骑射"，并带头穿胡服，骑马射箭，操练兵马，使赵国成为战国的七雄（秦、楚、齐、燕、赵、魏、韩）之一。武灵王修筑丛台的目的，是为了居高临下，观看操练兵马。同时也是他休息和娱乐的地方。

丛台一名，始见于《汉书·高后记》，高后元年（前 187 年）"夏五月丙申，赵王宫丛台灾"。唐颜师古注曰"连聚非一，故名丛台。盖本六国时赵王故台也，在邯郸城中"。当时丛台分上、下两层，建筑众多。史载丛台上有天桥、雪洞、妆阁、花苑诸景，规模宏大，结构奇特，装缀美妙，名扬列国。唐代著名诗人李白、杜甫、白居易，都曾到丛台游览，吟诗作赋。杜甫在《壮游》诗中写道"忤下考功第，独辞京尹堂。放荡齐赵间，裘马颇清狂。春歌丛台上，冬猎清丘旁。呼鹰皂枥林，逐兽云雪岗。射飞曾纵鞚，引臂落鹙鸧"。可见丛台当时还是很热闹的地方。

二千多年来，丛台建筑多次毁坏与重修，已改变了原来的规模和布局，失去了原有的建筑风格。如台的顶部原是平台，名曰"武灵台"，明嘉靖十三年（1534 年）建亭于台上，名曰"据胜亭"。现在的丛台建筑，是清同治年间（1862—1874 年）重建的。解放后，以武灵丛台为中心，修建了人民公园。

（30）　安济桥与永通桥

安济桥坐落在赵县城南的洨河之上，因赵县古时曾为赵州，所以一般称为赵州桥（或大石桥）。

安济桥全长 64.40 米，拱顶宽 9 米，跨径 37.02 米，拱矢 7.23 米。桥的结构十分奇巧，从整体来看，是一座单孔弧形桥。但它却是由 28 道拱纵向并列构成的。特别是在大拱的拱肩上各建造了两个小拱，即敞肩拱，这就使其比实肩拱显得空灵秀丽，使石桥的造型分外美观。

安济桥在建造上有其独到的特点：桥身为单拱，跨度大，而弧形平缓，既节约石料，又便于行人和车辆行走；敞肩拱的运用，不仅增加了排水面积，减少了水流阻力，而且又节省石料，减轻了桥身重量，增加了桥的稳定性；采用纵向并列砌筑法，每道拱券可独立站稳，自成一体，既便于施工，节约木材，又便于单独修补；桥台基址没有特殊设置，采用天然地基，等等。

安济桥不仅科学技术水平很高，而且造型艺术也很优美。它的弧形平拱和敞肩小拱，巨身空灵，雄伟而秀逸，稳重且轻盈。桥两边的栏板和望柱上，雕刻着各种蛟龙、兽面、竹节和花饰等，刀法苍劲有力，风格豪放新颖。宋人杜德源有诗赞颂安济桥"驾石飞梁尽一虹，苍龙惊蜇背磨空"；元代刘百熙有诗赞曰："水从碧玉环中过，人在苍龙背上行"。实不过誉。

安济桥修建于隋朝开国皇帝杨坚（文帝）开皇年间（591—599 年）。据唐中书令张嘉贞撰写的《石桥铭序》记载："赵州洨河石桥，隋匠李春之迹也。"距今已有一千三百八十多年的历史。安济桥在桥梁建筑史上占有十分重要的地位，对我国后代的桥梁建筑有着深远的影响，特别是拱肩加拱的"敞肩拱"的运用，实为世界桥梁史上的首创，是世界上第一座敞肩拱桥。在欧洲，1883 年，法国在亚哥河上修建的安顿尼特铁路石拱桥和卢森堡建造的大石桥，才是真正的敞肩拱桥，比我国的安济桥晚了近一千三百年。

永通桥又称小石桥，坐落在赵县西门外清水河上。金明昌年间（1190—1195 年）赵人钱衰所建。它的结构形式完全模仿安济桥，主拱也采取纵向并列砌筑法，是受安济桥影响的典型一例。全桥由 20 道纵向并列的拱券石构成，长 32 米，跨度 26 米，桥宽 6.3 米，弧矢约 5.2 米，桥面弧度很小，近于水平。在桥的拱肩上，也建有四个小拱。桥栏板雕刻分为两类，一类是两端雕斗子蜀柱，中间用驼峰托斗，华板通长无格，上有浮雕；另一类是荷叶墩代斗子蜀柱，华板分两格。明代重修。

（31）易县道德经幢

唐开元二十六年（738 年）道德经幢，位于易县城内龙兴观旧址。幢高约 6 米，分为幢座、幢身和幢顶三部分。幢座为一石雕仰莲，高 25 厘米，直径 1.1 米。幢身系由汉白玉石雕造而成，竖立于仰莲幢座之上，高 4.29 米，直径 90 厘米，为八角形柱体，每面宽 40—42 厘米不等。幢身正楷大字竖书"太上玄元皇帝道德经，大唐开元神武皇帝注"，下刻"开元二十年十二月十二日"敕文。其他各面镌刻老子《道德经》计 81 章。尾题"易州刺史兼高阳军使赏紫金鱼袋上柱国田仁琬奉敕立"，"开元二十六年岁次戊寅十月乙丑朔八日壬申奉敕建"。以下为历代增刻的职官人员，以清嘉庆至宣统元年的居多。幢体上为一仰莲宝盖，高 25 厘米，直径 1.1 米。其上为幢顶，顶部平齐，似为残断所致，高 38 厘米，呈屋顶状，八角形，用一巨大青石雕成，雕有脊、瓦垄、檐板、飞檐和檐椽，角梁之下有斗拱承托。造型简朴，典雅美观。

易县道德经幢是我国保存较好的、形体最大的道德经幢，唐开元二十六年竖立于易州城西开元观，南宋乾道五年（1169 年）迁至城内龙兴观。幢身经文系按唐开元二十一年（733 年）玄宗李隆基注本镌刻，目前是我国校译老子《道德经》的极为重要的实物资料，对研究唐代道教及其有关问题有重要价值。经文传为唐朝书法家苏灵芝书写，是研究唐代书法艺术的重要资料。幢顶八角形屋顶，为研究唐代建筑提供了实例。

（32）正定开元寺钟楼

开元寺又名解慧寺，位于正定县城内，现仅存钟楼和塔。

钟楼平面呈正方形，面阔三间，进深三间，为楼阁式建筑，高 14 米，出上下两层檐，歇山顶。总建筑面积为 135 平方米。楼上悬古钟一口，系唐代遗物。高 2.9 米，口径 1.56 米，厚 15 厘米。造型古朴，声音宏亮。

据记载，开元寺始建于东魏兴和二年（540 年），唐乾宁五年（898 年）重建。钟楼大木结构、柱网布局、斗拱配置等均为唐代建筑手法。它是我省木构建筑中时代最早的一例，在全国亦属少见，在建筑史上占有重要地位。

在钟楼西部，矗立着一座砖塔，平面呈正方形。密檐九层，高 48 米；每层都用砖叠涩出檐。四四方方的塔檐和塔身，使塔显得朴实大方。它的造型和风格与西安小雁塔极为相似。

（33）义慈惠石柱

位于定兴县西北的石柱村。柱身刻有"标异乡义慈惠石柱颂"和长达 3000 多字的"颂文"，还有"大齐太宁二年"（562 年）题刻，为石柱建立的确凿年代，距今已有一千四百多年的历史。

石柱建在一块高地上，通高 6.65 米，分基础、柱身和石屋三部分。基础为一巨石，近正方形，东西两边各长 2 米，南北两边略短。基石上有覆莲座柱础，雕刻粗壮有力，为北朝时期的佳作。

柱身高 4.5 米，呈不等边的八角形。自下而上每高 1 米，约收分 2.5 厘米。"颂文"和题名都刻在柱身各面。笔法古朴有力，对研究古代书法有重要价值。

柱身的顶端，有一块长方形的石板，既是石柱的盖板，又是石屋的基础。石屋建于石板之上，面阔三间，进深二间，单檐四阿式屋顶，雕有柱、大斗、方窗、阑额、檐椽、角梁、瓦垄和屋脊等，是研究北朝时期建筑结构、形式的重要实物例证。石柱之上建造石屋，使石柱造型奇特有致，在建筑史上是十分罕见的。

石柱上的"颂文"，记述了北魏末年统治阶级镇压杜洛周、葛荣农民起义的情况。定兴一带是农民起义军与北魏王朝军队激烈交战的地方。起义军失败后，人们收拾遗骨集中埋葬，并立木柱作为标志。北齐河清元年（562 年），北魏王朝早已灭亡，北齐统治者为了维护其统治，将木柱改换成石柱，并加刻"题额"和"颂文"，为统治阶级歌功颂德，但它却反映了波澜壮阔的农民起义的战斗历程和当时社会的一些真实情况。

（34）响堂山石窟

位于邯郸市峰峰矿区，分南北两处，相距约 15 公里。石窟始建于北齐。当时北齐有两个政治中心，一是晋阳（今山西太原），一是邺（今河北临漳西南），响堂山地处两个都城来往必经之地，山青水秀，石质优良。北齐皇帝高洋便在这里开凿石窟，修建寺院，营建宫苑，以便在他来往于晋阳和邺时避暑、游玩和礼佛。此后，隋、唐、宋、元、明各代均有增凿。这里共有 16 座窟，雕凿大大小小的造像达 4300 多尊，是我国古代石窟艺术及建筑、书法的宝库之一。

南响堂石窟，位于纸坊村西北、滏阳河北岸的鼓山南麓。现有 7 座石窟，共有造像 3500 多尊。7 座窟分上、下两层，上层 5 座，下层 2 座，自下至上为华严洞、般若洞、空洞、阿弥陀洞、释迦洞、力士洞和千佛洞。其中第一窟规模最大，高 4.9 米，宽和深各 6.3 米，内刻《大方广佛华严经》，故亦称华严洞。窟内造像众多，共有造像 1228 尊。在窟内南壁正中上部，有阿弥陀佛净土图故事的大型浮雕，与此相对的中心柱上部有释迦说法图和佛本生故事的浮雕。位于上层的第 7 窟，小巧玲珑，保存较好，三面宝坛上各龛均雕一铺五身造像，正面龛本尊为释迦佛；洞壁广造千佛，全窟大小造像 1028 尊，故又名千佛洞。窟壁小佛像一排排，鳞次栉比，琳琅满目。窟顶部的伎乐天、飞天，雕刻得十分精巧，裙带飘逸，姿容妩媚，有的手弹竖箜篌或圆琴，有的口吹竹笙或横笛。整个窟内石雕艺术璀灿多彩。

北响堂石窟，位于峰峰矿区和村以东的鼓山山腰，共有洞窟 9 座，从左到右为大业洞、刻经洞、二佛洞、释迦洞、嘉靖洞、无名洞、大佛洞和两个无名洞。9 个窟又分为南、北、中三组，每组都有一座大窟。

第 7 号窟为北响堂石窟中规模最大者，洞宽 12 米，进深 11.95 米，高 11.3 米。正面龛本尊是释迦牟尼坐像，高达 3.5 米，造型匀称，庄重敦厚，是响堂石窟中最大的造像，因此该窟又称大佛洞。全洞有大小造像 151 尊。第 3 号窟窟内刻有大量经文，故亦称刻经洞。位于最后一部刻经南面的唐邕写经造像碑，十分珍贵。它记载了唐邕于天统四年（658 年）到武平三年（572 年）写《维摩诘经》《弥勒成佛经》等经文的经过情况，是研究该窟开凿、佛经和书法的重要实物资料。

（35）沧州铁狮子

"沧州狮子定州塔，真定府的大菩萨"，这是群众中流传的河北的三大古迹。

沧州狮子是我国最大的一个铁狮子，在沧县旧州城内。铁狮通高 5.4 米，身高 3.8 米，长 5.3 米，身躯宽约 3 米，重 40 吨以上。铁狮头南尾北，身披障泥，背负巨大仰莲圆盆，前胸和臀部铸有束带，头部毛发作波浪形披垂颈部，昂首怒目，巨口大张。它肌体矫健，四肢叉开，似仰天怒吼，又似疾走急驰。

据《沧县志》记载，在铁狮头顶和颈下各铸有"狮子王"3 字，右项和牙边皆有"大周广顺三年铸"7 字，左肋有"山东李云造"5 字，头内有"窦田""郭宝田"5 字。腹内及牙内外还铸有金刚经文。可惜，现在大都已模糊不清，只有项下"狮子王"3 字尚依稀可认。

铁狮自铸"大周广顺三年铸"，因而确知其为后周太祖郭威广顺三年（953年）铸造。它的铸造工艺很高，据分析，系采用"泥范明浇法"铸造而成。范块类型、尺寸不一，仅四肢和左右肋的范块就有13种规格。初步统计，总计用范509块，尚不包括腹，爪及已残部分。这充分表明，在一千多年前，我国的铸造工艺已达到了很高的水平，显示了我国铸铁工艺的高度成就。

（36）隆兴寺

因寺内有一尊高大的铜铸菩萨，故被人们俗称为大佛寺。位于正定县城内，占地面积为5万平方米。寺内建筑布局规整，形式多样，是我国现存时代较早，规模较大，保存较完整的一座佛教寺庙建筑群。

隆兴寺创建于隋开皇六年（586年）。现在寺内保存的龙藏寺碑，记载了当年募款建寺的情况和初创时的规模。因它建于后燕慕容熙所建的龙腾苑旧址，故当时叫龙藏寺。宋初，更名为龙兴寺。宋太祖赵匡胤于开宝四年（971年）敕命在寺内铸造铜菩萨像，遂大兴土木，进行扩建，奠定了现在的布局和规模。此后，元、明、清都进行过重修，但基本上保持了宋代的形制和风格。清康熙四十八年（1709年）重修后定名为隆兴寺。

现在寺内保存的建筑有天王殿、摩尼殿、戒坛、慈氏阁、转轮藏阁、康熙御碑亭、乾隆御碑亭、大悲阁和弥陀殿等，其中天王殿、摩尼殿、慈氏阁和转轮藏阁为宋代建筑。

天王殿：也是隆兴寺的山门，北宋始建，清代重修，为单檐歇山式建筑。殿内迎门置一尊木雕弥勒佛坐像，两旁为四大天王塑像。

摩尼殿：坐落在中轴线前部，始建于宋仁宗皇祐四年（1052年），总面积为1400平方米。大殿结构奇特，属抬梁式木构建筑，平面呈"十"字形。殿内的梁架结构与宋《营造法式》相符。殿中央部分为重檐歇山顶，四面正中各出山花向前的抱厦，体现了宋代建筑的特点和风格。像这样立体结构富于变化、形制颇为特殊的古建筑，在我国早期建筑中实属罕见。殿内正中佛坛上，有宋代原塑释迦牟尼、阿难和迦叶像，还有明代补塑的文殊和普贤像。檐墙及围绕佛坛的扇面墙上，有明代成化年间绘制的佛教故事壁画，色彩鲜艳，线条流畅。扇面墙背面塑有玲珑别致的须弥山，山中有一尊明代彩塑观音坐像，头戴宝冠，肩披璎珞飘带，胸臂裸露圆润，一足踏莲，一足踞起，双手抚膝。鼻梁略高，柳叶细眉，面容恬静安详，姿态优雅端庄。实为我国古代雕塑艺术的珍品。

转轮藏阁和慈氏阁：位于大悲阁前东西两侧。转轮藏阁坐西向东，重檐歇山顶，平面近似方形。阁内正中安置有木制的八角形的"转轮藏"（即转动的藏经橱），直径7米，因此在柱子布局和梁架结构上均作了特殊处理，即中间两根金柱向左右让出，采用了弯梁和大斜柱（叉手）的作法，实为早期木构建筑中的杰作。慈氏阁与转轮藏阁形制相似。阁内正中供一尊高7米的木雕慈氏菩萨造像。在结构上采用永定柱造和减柱造的做法，是其建筑结构上的特点，特别是檐墙一周的柱子均采用永定柱造的做法，是国内现存宋代建筑中的孤例，在建筑史上有较高的价值。

大悲阁：坐落在中轴线的后部，是隆兴寺的主要建筑之一，高33米，为五重檐三层楼阁。据记载，阁始建于宋开宝年间（968—976年）。原与东西两侧的御书楼和集庆阁相连，并与前面东西对峙的转轮藏阁和慈氏阁互相映衬，组成一组宏伟壮丽的楼阁建筑群。建筑群以大悲阁为中心，高低错落，主次分明，充分显示了宋代楼阁建筑的特点。1944年重修时，把两侧楼阁拆除，本身面积也缩小了三分之一。

大悲阁内矗立着一尊高大的铜铸大菩萨，称大悲菩萨，也称千手千眼观音，通高22米余，42臂，是奉宋太祖赵匡胤敕令铸造的。据寺内一通宋碑记载，其铸造程序是：先铸好基础，然后分七节铸造大菩萨，第一节铸下部莲花座，第二节铸至膝盖，第三节铸至脐下，第四节铸至胸部，第五节铸至腋下，第六节铸至肩部，第七节铸头部。最后添铸42臂（后被锯掉，现为木制）。手均为木雕而成，其上用布裹，一重漆，一重布，再贴金箔。它是我国现存最高大的铜菩萨。

在隆兴寺内，还保存有隋唐以迄宋、金、元、明、清各代碑刻30多通，其中龙藏寺碑是创建龙藏寺时所立，不仅具有重要的历史价值，而且具有很高的书法艺术价值。碑刻书体方整有致，笔画挺劲有力，与唐初的楷书一脉相承，在南北朝至唐的书法艺术发展史上，处于承前启后的地位，是我国现存著名古碑之一。

附：毗卢殿

毗卢殿原是正定城内崇因寺的一座主殿，1959年迁于隆兴寺最北部。该殿建于明万历年间，重檐歇山式琉璃瓦顶。在迁建时作了修缮，保持了它原来的风格。殿内有一座多层周身铜铸多面佛像，构思巧妙，铸造精细。底座是巨大的石坛，上为三层莲座铸像。在莲座的每一个莲瓣上，均铸有一尊小佛像，共1000个。同时，在三层莲座上，还铸有4尊毗卢佛像，两两相背，面向四方，莲座和毗卢佛由下而上，层层缩小。总计铸造1012个大小佛像，构成了所谓千佛绕毗卢的形象。它充分反映了我国明代发达的铸铜工艺水平，是一件罕见的艺术珍品。

（37） 定县开元寺塔

定县城内有一座高耸的古塔，以寺取名，叫开元寺塔，俗称定州塔，远近驰名。

开元寺塔，建于高大的塔基之上，11 层，高 84.2 米，是我国现存最高大的一座古塔。塔身为八角形，平面由两个正方形交错而成，一改宋以前早期塔的四方形式，显得雄伟大方，秀丽丰满。

塔身分内外两层，外涂白色，各层均辟门。塔心和外层之间形成八角形回廊。层间筑有砖阶，可达顶层。塔刹为铜铸六节葫芦。塔身为砖结构，为了增加砖与砖之间的拉力，加筑了松柏木质材料，相传"砍尽嘉山木，修成定州塔"。整个塔结构严谨，建造精工。

塔内回廊顶部，自下而上分别为砖雕天花、彩绘天花以及拱券式顶。回廊两侧有壁龛，或绘壁画，或置塑像。在回廊的砖壁上嵌有碑刻和名人题咏，是十分珍贵的历史资料。

开元寺塔从宋真宗咸平四年（1001 年）始建，到仁宗至和二年（1055 年）落成，前后用了 55 年的时间。据记载，该塔是开元寺僧人会能去天竺取经，取回了舍利子，圣上召见以后，降旨建造的。

当年，宋、辽对峙，定州地处前沿，军事地位十分重要。宋王朝为了防御契丹，利用此塔瞭望敌情。因此，开元寺塔又名瞭敌塔或料敌塔。

开元寺塔已有九百多年的历史，其间，经历了十多次地震。虽然清康熙十八年（1679 年）和三十六年（1697 年）的大地震曾使塔身受到一定损害，但至今依然挺拔屹立，高耸入云。可惜的是清光绪十年（1884 年）六月，塔的东北面从上到下塌落下来，破坏了这一雄伟古建筑的完整。

（38） 赵州陀罗尼经幢

位于赵县城内。北宋景祐年间（1034—1038 年）赵州人王德成修建。经幢全部用石料迭砌而成，共 6 层，高约 18 米，是全国最高大的一座石经幢。幢体平面呈八角形，刻有陀罗尼经文，故称陀罗尼经幢。

经幢基座即底层须弥座 6 米见方，束腰部分雕刻着各式莲花圆柱和金刚力士，还雕刻着"妇女掩门"像，姿态生动、自然。其上建八角形须弥座两层，下层束腰部分雕刻着佛教八宝；上层雕刻单檐房屋，束腰部分两柱间雕佛像、伎乐等。

在须弥座的上面，叠砌自然山石，构成了一座须弥山式座，其上迭砌幢体。幢体之间均有华盖，其形制各不相同，有的为狮、象等动物雕像，有的为石雕建筑，有的华盖上还有莲座。在第六层幢体上有个八角亭，顶部有铜质火焰宝珠为刹，直指碧空。

在第一、二、三层幢体上密密麻麻地刻着楷书和篆书的陀罗尼经文，第六层幢体上也刻有文字。其余各层满刻佛教人物、经变故事、建筑及花卉等。这座经幢不仅是我国陀罗尼经幢中最大的一例，而且它的雕刻内容极为丰富，手法极其精细，造型华丽美观，极富装饰性，是我国十分珍贵的石雕艺术杰作，为研究北宋佛教和雕刻艺术难得的实物。

（39）阁院寺

在涞源县城西北隅。现存建筑有天王殿、文殊殿和藏经阁，坐落在一条南北中轴线上。中轴线两侧，还有东西配殿和其他附属建筑。

文殊殿供文殊骑狮像（已无存），是阁院寺的主体建筑，平面近似方形，面阔三间，进深三间，单檐歇山式布瓦顶。前有高大的月台。殿的大木构件、斗拱配置与部分装修，都保持着辽代的建筑手法，为研究辽代大木结构、斗拱制作与配置及其发展，提供了可贵的实例。檐下外檐画青绿彩画，在辽代建筑实例中是首次见到，并且在彩画中还使用了少量金色。它一改唐辽建筑朴素强劲的面貌，而趋向于华丽。据明隆庆二年（1568年）重修碑记载"殿为辽元补葺之"。经勘察研究，认为该殿年代为辽应历十六年（966年），距今已一千多年，在建筑史上具有重要价值。

殿内壁画，因用一寸多厚的泥土覆盖，幸得保存至今。从已露出的部分可以看出，原壁画是一幅贯通整个墙壁的大画面。东西两壁都是四组坐在莲花座上的佛像，两旁为站立侍者像。一面墙宽约15米，这样大尺度的两幅壁画，配合原来文殊像雕塑群组作为殿内的主题，所构成的庄严气氛当是罕见的。

在文殊殿前还有辽应历十年（960年）八棱汉白玉经幢一座。殿东南钟楼基址上，存有铁钟一口，高1.6米，口径1.35米，自铭为辽天庆四年（1114年）铸造。

寺内其他建筑如天王殿、藏经阁等，均为辽以后所重修、改建。

（40）广惠寺华塔

又称多宝塔，在正定县城内广惠寺，寺早已毁坏，现只存一座华塔。

华塔是一座楼阁式的塔，砖筑而成，高40.5米，造型独特，结构富于变化，在我国古塔中独具一格。

塔基为砖砌，四面有圆拱形门洞，两侧有假柱，顶部的仿木结构为砖雕斗拱，为45°的摸角斜拱，配置比较特殊。

塔身共四层，一至三层平面呈八角形，第四层为圆锥形，其上为八角檐顶，上为塔刹。一至三层有门，塔身外面饰有假方格窗棂，或饰佛龛，或饰斜棂假窗，等等。

第三层檐上的八角雕有力士像，承托塔的第四层。该层是华塔的主要部分，塑有仙人、佛像、仙兽和楼台亭阁，还有彩绘。塑像有凶猛的狮子、彪悍的大象、健壮的牛、欲跃的青蛙等。其中两组兽头塑像包括狮头、象头、牛头等，上下参错，不臃不疏，十分得体。这些塑像，造型美观，体态生动，神情各异，栩栩如生。

据县志记载，广惠寺华塔始建于隋唐。一说为唐德宗贞元年间（785—805年），与广惠寺同时修建。然而据塔的建筑结构分析，及第一层内壁上有金代人题诗判断，华塔很可能建于金代。明、清均有修葺。原来华塔四个正面建有呈扁六角形亭状的单层套室，俗称小塔，可惜早已无存。

（41）　北岳庙

位于曲阳县城西部。始建于北魏宣武帝时期（500—512年），为祭祀北岳之所，历代沿袭成制，至清顺治十七年（1660年），都在这里遥祭北岳恒山。此后，才改祭于山西浑源州。

唐太宗贞观年间（627—649年）曾重建北岳庙，俟后历代均有程度不同的修补与扩建。现存主要建筑是宋元以后的遗物。

北岳庙主要建筑排列在南北中轴线上。现在建筑有御香亭、凌霄门、三山门、飞石殿遗址和德宁之殿。两侧还有一些碑亭。

德宁之殿是北岳庙的主体建筑，坐落在中轴线的北部，殿基高大，周围有白玉石栏杆，前有月台。现存大殿系元代至正七年（1347年）重建，是元代木构建筑中最大的建筑之一，悬有"德宁之殿"匾额。该殿建筑雄伟壮观，高约30米，面阔七间，进深四间，四周出廊，重檐庑殿顶。梁架结构为八架椽栿，斗拱硕大，配置具有特色。整座建筑结构严谨，保持着宋元时期的建筑特征，在建筑史上有着重大价值。

殿内东西檐墙绘有巨幅"天宫图"，高6.5米，长17.7米。东墙壁画为"龙兴雨施"，西墙为"万国显宁"。此外，在大殿内扇面墙的背面，还有高大的壁画，长约27米，为北岳神出行图。这样的巨幅壁画，在我国实属仅有。

壁画相传为元人仿唐代大画家吴道子的画风所绘。东西两壁的"天宫图"，画面完整，布局疏密得当。绘画技艺精湛，重彩勾填并使用沥粉、贴金，画面富丽堂皇，光彩夺目。所绘人物高达丈许，线条流畅自如，旗幡衣带，随风飘拂，形象逼真，神态各异。东壁的巨龙，形体蜿蜒，两眼光亮，须发柔美，四爪苍劲，若浮若动。西壁的飞天之神，相貌狰狞，毛骨森奇，肌肉粗健，手足有力，荷戟而视，顺风飞奔，势若腾云驾雾。天宫图壁画具有鲜明的时代性和独特的艺术风格，对研究历史和绘画艺术都有很高的价值。

北岳庙碑碣林立，现存北齐至清各代碑碣共计 137 通，其中最著名的有大魏王府君碑、唐张家祯碑、宋韩琦碑、元赵孟頫碑和明朱元璋碑，在一定程度上代表了不同时期的书法艺术水平，是我国书法艺术的珍品，对研究我国书法艺术有很高的价值。

（42）毗卢寺

位于石家庄市西北郊上京村。据《方舆汇编》记载，毗卢寺创建于唐朝天宝年间，宋、元、明、清各代均曾重修。寺原来规模较大，建筑较多。现仅存前殿和后殿，殿内均有壁画，保存较好，面积共 200 多平方米。

前殿即释迦殿，面阔三间，进深二间，小式布瓦悬山顶。殿内正面塑释迦坐像一尊，四壁绘有佛教故事壁画，扇面墙背面塑须弥山及观音、狮、象等。

后殿即毗卢殿，也是该寺的正殿，面阔三间，进深二间，前后有抱厦，前檐抱厦进深一间，后檐抱厦小于明间。因此，殿平面呈"十"字形。该殿为元朝至正二年（1342 年）重建。殿内塑有毗卢佛像。扇面墙正面绘二护法金刚，背面绘背坐观音像。四壁满绘壁画，上下分为三排，画天堂、地狱、人间、罗汉、菩萨、城隍土地、帝王后妃、忠臣良将、贤妇烈女等儒、释、道教各种人物故事组画 122 组（幅），共绘重彩人物 500 多个。

每幅画面均有题字，如"玉皇大帝""玄天上帝""南极长生大帝""金刚等众""六丁神女""四海龙王等众""五湖百川等众""往古宫人女官"和"往古九流百家一切街市"等等。壁画在构图、线描、用色和刻划人物性格等方面，都达到了很高的水平。题材也十分广泛，内容极其丰富，合儒、释、道三教题材于一壁；中国古代神话人物，"九流百家一切街市"，无所不包。绘画技法娴熟，线条潇洒流利，设色妍丽，人物形象生动、逼真。

毗卢殿的壁画画风，承袭了我国古代壁画的传统画法。它是我国元明时期重要壁画之一，堪称人物画廊，对研究古代社会生活、风俗习惯以及古代美术史和传统绘画艺术都有着重要的价值。

（43）万里长城

在我国，修筑长城有着悠久的历史。早在战国时期，一些诸侯国就在自己的土地上修筑长城，进行防御；就连一些小的诸侯国如中山国也修长城。秦始皇统一六国后，为了防御匈奴奴隶主贵族入侵中原，把原秦、赵、燕三国的北部长城连接起来，形成了东起辽东，西到临洮（今甘肃岷县）的万里长城，这就是一般说的秦始皇修长城。此后，汉、北魏、北齐、北周、金、明各代，都大规模地修筑长城。据初步统计，目前我国的长城遗存总长度达 10 万里之多。

万里长城是我国古代一项最宏伟的建筑工程，是中华民族勤劳和智慧的象征，是我国古代灿烂的文化遗产。万里长城以它悠久的历史，磅礴的雄姿，浩大的工程，而驰名中外，被誉为世界最伟大的奇迹之一。

我们现在一般所说的万里长城，是指明代长城。它是在明朝开国后的第二年（1368 年）开始修建的。明太祖朱元璋派大将徐达修筑居庸关等处长城。此后，修筑长城的工程一直连续不断，直到 1500 年前后，经历了一百余年，才完成了明代长城的全部修筑工程。它东起鸭绿江，西达祁连山；其重要地段东起河北省山海关，西至甘肃省的嘉峪关，长达 12700 余里。长城构造复杂，有主干，有分支，还有关城、城楼、罗城、瓮城、关口、障、堡、敌楼、战台、烽火台等建筑，形成了一个完整的防御工程体系。有人作了一个粗略的估计，如果把修长城用的砖石土方，修建一道宽 2 米，高 4 米的围墙，可绕地球一周多。

河北省境内的明长城，行经地段很长，东起山海关老龙头，西到怀安县西洋河口止，长约 1200 公里，若加上内三关，全长约 2000 公里，有大小关隘 268 处，敌楼、战台、边门、烽火台等建筑不计其数，分布在唐山、秦皇岛市和承德、张家口、保定地区等一些县、市。有些长城段落处于河北与辽宁、天津、北京、山西等省、市交界处。

河北明长城位于明王朝的腹心之地北京附近，因此，建筑水平最高，大都用砖石建筑而成。平均高 10 米，下宽 6 米，上宽 5 米，可容 5 马并骑。它或蜿蜒于崇山峻岭，或跨越于深壑大川，雄伟壮观，是明长城的精华所在。在古北口以东 10 多公里处，有一段长城，处于河北省滦平县和北京市密云县之间，保存完好，分布于龙峪口、五里坨口、砖垛口、沙岭口、花楼子和望京楼一带，长 10 多公里。这段长城构筑复杂，敌楼密布，建筑形式因山而异，建造精工。敌楼有砖木结构的，也有砖石结构的；有单层的，也有双层的；有平顶、穹窿顶、船篷顶的，也有四角和八角攒尖顶的，可谓一楼一式，一楼一样，式样繁多，各具特色。这样丰富多彩的建筑形式，实为长城其他地段所不及。而建筑工程之艰巨，建筑规格之严，质量之高，建筑艺术之精，堪称万里长城之最。这段长城先由徐达督修，明隆庆元年（1567年）以后，由戚继光再次督修，在军事上有着重要价值。它逶迤曲折，回环合抱，有如巨龙逶迤、腾跃于崇山峻岭之巅，气势磅礴，变化莫测，雄伟壮丽，景色迷人。因这段长城经过大小金山，故俗称为金山岭长城。

（44）山海关

"万里长城·山海关"是万里长城东端的一个重要关口，位于秦皇岛市东北。关城北依崇山，南临大海，坐落于山海之间，故名山海关。又因关城东门楼上悬挂"天下第一关"匾额，故又称"天下第一关"。

山海关地势险要，自古以来就是军事要塞，为兵家必争之地。明朝初年，大将军徐达在修长城时，见这里"枕山襟海，实辽蓟咽喉，乃移关于此"，建关设卫。关城周长8里有余，四面各有一门，东曰"镇东"，西曰"迎恩"，南曰"望洋"，北曰"威远"。关门上均建有门楼，现仅存东门楼。

关城建筑十分坚固，在东门外建有东罗城，为防御设施。在"天下第一关"城楼南侧城墙上，建有奎光阁和牧营楼；北侧城墙上建有威远堂和临闾楼，可惜均已无存。此外，在长城以内，关城南北两侧，还建有南翼城和北翼城，以驻兵防守，储备粮草。关城和上述设施，以及附近长城、敌台、烟墩（烽火台）等等，互相呼应，组成了一个完整的防御工程体系。

"天下第一关"门楼，即山海关城的东门楼，建于明洪武年间。门楼修建在一座高12米的城台上，下有券门。门楼高13.2米，重檐歇山式建筑。因门楼南、北、东三面设有供射击用的68个箭窗，所以也叫箭楼。楼西面上层檐下，悬有"天下第一关"巨幅匾额，长5.9米，宽1.55米。每字高达1.6米，"一"字长达1.09米。字体为行楷，笔锋苍劲有力，更增加了山海关雄关虎踞的气势。据文献记载，此匾额为明宪宗成化八年（1472年）进士肖显所书。原书匾额现珍藏在楼内。

东门是通往关外的大门，因此构筑了许多防卫设施。第一道防线是罗城，第二道防线是瓮城，第三道防线才是东门。"两京锁钥无双地，万里长城第一关"，恰如其分地道出了它的险要和坚固。

关城北面万山叠嶂，气势雄伟。长城沿险峻山势蜿蜒而下，与关城东墙北端衔接，然后从东墙南端继续向南延伸，在老龙头伸入茫茫渤海。

（45）孟姜女庙

孟姜女哭长城的故事流传甚广，根据这个故事修建的孟姜女庙（原名贞女祠），坐落在山海关外的望夫石村北凤凰山上。南面有 108 级石阶，直通庙内。庙宇建筑不多，只有山门、前殿、后殿、振衣亭和钟亭。

钟亭在山门内东侧，内悬古钟一口。西侧前后坐落着两座殿宇。前殿正中有泥塑孟姜女像，身着青衣，面带愁容，微微左侧，南望大海。两侧塑有童男童女，手持衣物、雨具侍立。孟姜女像上方，悬有"万古流芳"黑底金字匾额，两旁楹联为："秦皇安在哉万里长城筑怨；姜女未亡也千秋片石铭贞"。塑像后有"姜坟雁阵"彩绘壁画。东西墙上嵌有碑刻，其中有清代乾隆、嘉庆、道光皇帝的题诗。东墙上嵌有"天下第一关"石匾（仿制品）。殿门两侧有幅对联，虽是古代文人的文字游戏，却也反映了孟姜女庙附近的自然风光。对联是：

海水朝朝朝朝朝朝朝落
浮云长长长长长长长消

后殿原供观音像，已无存。殿后有一巨石，相传孟姜女寻夫至此，曾登石远望，故刻着"望夫石"三个大字。石上还刻有清乾隆皇帝题写的孟姜女诗。巨石的侧面有些小坑，传说是孟姜女登石望夫的足迹。"望夫石"的后面，有小平台和六角攒尖式的振衣亭，传说是孟姜女望夫前梳妆打扮的梳妆台和换衣服的地方。

孟姜女庙相传始建于宋。据《临榆县志》记载，明万历二十二年（1594 年）由兵部分司主事张栋主持重建，此后明清两代和解放以后又屡次重修，是山海关的胜景之一。

（46）莲花池

位于保定市市区，总面积为 24000 平方米，其中池水面积 7900 多平方米。园内有水心亭、寒绿轩、藻咏厅等 12 景。池中央为水心亭，其他建筑和景点环池而设，亭榭楼台，布局严谨，具有江南园林风格，是冀中平原上一颗古代园林明珠。

水心亭原名临漪亭，重檐八角攒尖顶，高约 12 米，底层有围廊，亭内有旋转式梯可达顶层，凭窗眺望，园内景色历历在目，令人心旷神怡。该亭与莲花池为园内的中心风景点，吸引着古往今来的游客。清乾隆皇帝曾有诗赞曰："临漪古名迹，清苑称佳构，源分一亩泉，石闸飞琼漱，行宫虽数宇，水木清华富，曲折步朱栏，波心宛相就"。

水心亭西南有座圆拱一孔宛虹桥，衔亭接岸。南岸有藻咏厅。水心亭西北设五孔曲桥，经此桥可达高芬轩和响琴榭。

藻咏厅原名康乐厅，二层楼阁，几经改建，才成现在的规模。面阔五间，单檐，四周庑廊。门前有石狮一对。前临莲花池，设有假山，借景、对景颇多。以往文人墨客常在此吟诗作赋，故名"藻咏"。

君子长生馆在正西，坐西向东，面阔五间，进深二间，歇山式建筑。四周有庑廊环抱，门额有"君子长生馆"匾，寓意君子之德，与世长存。馆南北有配房，南曰小方壶，北曰小蓬莱。台基向前伸入池中，可凭栏赏荷、观景。

寒绿轩坐落在南塘的南岸，面阔五间。轩前翠竹成林，随风摇曳。冬雪之时，满园银装素裹，临轩赏雪，别有意趣。宋代欧阳修有"竹色君子赋，猗猗寒更绿"的诗句，"寒绿轩"就是取此意而命名。

水东楼在园内正东，坐东朝西，二层楼，造型别致，下层面阔五间，顶为平台；上层建厅轩三间，单檐，歇山布瓦顶。登临平台，视野开阔，莲池景色，尽收眼底。在楼南有两通石碑，其一为唐苏灵芝所书《田琬德政碑》，笔法潇洒，巧夺天工；另一通为明王阳明诗碑，笔力雄劲，气势非凡。

高芬轩在园内正北。原为二层楼，取"高芬远映"之意题名。前有高大太湖石，石上篆书"太保峰"三字。轩西有金丝黄古柏，东有古槐藤萝，前临莲花池，背依碑刻长廊。轩内北墙上嵌有清康熙皇帝题刻"龙飞"两个大字。轩后有碑刻长廊33间，内嵌碑刻82方，其中有晋代书圣王羲之、唐代草圣怀素及颜真卿、宋代米芾、明代王阳明和董其昌等书法大师的杰作，是莲池书院的珍贵遗产，对学习和研究书法有很高的价值。

此外，园内还有取唐朝著名诗人杜甫"濯锦江边水满园"诗意修建的濯锦亭，有取宋代大文学家苏东坡"清篇留峡洞"诗意题名的篇留洞，还有响琴榭、观澜亭、洒然亭等建筑，造型轻巧秀丽，均为园内著名的风景点。

莲花池为元代汝南王张柔移镇此地时开凿，初名雪香园，因荷花繁茂，故又名莲花池。现在园内唯一的元代遗物，是横跨在沟通南北两塘上的汉白玉石拱桥，共三孔，中间拱顶上为饕餮纹兽头，两侧栏板透雕荷叶净瓶，颇为珍贵。莲花池历经明清扩建和重修，在清代为三朝行宫。解放后经多次维修，已成为人们游览休息的场所。

（47）苍岩山福庆寺

苍岩山位于井陉县胡家滩附近，自古享有"五岳奇秀揽一山，太行群峰唯苍山"之盛名。山上建有福庆寺，楼台殿宇，雕梁画栋，依山就势，玲珑典雅，各具特色。著名的桥楼殿是寺内的主要建筑。

从苍岩山山口进山门，沿蜿蜒小径前行，峰回路转，绝壁对峙的悬崖中间，飞架着三座单孔弧券形石桥。其中两座桥上，建造有形制相同，大小有别的天王殿和桥楼殿。下有360余级石阶，可直达天王殿。天王殿秀丽多姿，创建于金代。殿门两侧高悬"殿前无灯凭月照，山门不锁待云封"的草书金字对联。殿内绘有四大天王壁画。

天王殿的后面是桥楼殿，它建在一座长15米、宽9米的石桥上。构造精巧，高耸险峻，巧夺天工。楼殿两层，面阔五间，进深三间，重檐，歇山式建筑。殿顶盖琉璃瓦，大脊为琉璃花脊。殿内有壁画，梁枋施彩绘，金碧辉煌。原来殿内有塑像，已不存；现在的一佛二菩萨和十八罗汉塑像，是1980年新塑的。桥楼殿在大胆利用山势、地形上，在楼殿的结构、造型上，在两者完美的结合上，都独具匠心，全国罕见。

从桥下仰望，青天一线，桥楼凌空，宛如彩虹高挂，故称"桥殿飞虹"。更令人惊绝的奇观是，由于空中彩云的流动，好似楼殿也在跟着飘动，古人有诗赞曰："千丈虹桥望入微，天光云彩共楼飞"。站在桥上凭栏俯视，百丈断崖，其势撼人；洞底行人，高不盈尺。山下怪石嶙峋，满涧白檀参天，松柏满苍山，美景如画。

自桥楼殿北行，可达公主祠。祠坐西向东，内依山崖，外临绝壁百丈。祠面阔三间，进深一间，单檐歇山黄绿琉璃瓦顶。祠内正面有三龛，内塑公主像。两侧山墙上绘有彩色壁画。

福庆寺还有苍山书院、万仙堂、大佛殿、峰回轩、砖塔等建筑。此外，苍岩山还有著名的说法危台、窍开洞天、岩关锁翠、碧涧灵檀、风泉漱玉、书院午阴、阴崖石乳、峭壁嵌珠、炉峰夕照、空谷鸟语、悬磴梯云、绝巘回栏、尚书古碣等胜景。它们的选址匠心独具，择景异常巧妙，古人曾有"万景临诸壑，千峰拱上方"的赞美诗句。

福庆寺（原名兴善寺）创建于隋。相传隋炀帝之长女南阳公主曾深居苍岩山，以石泉水沐浴，治愈癣疥，后削发为尼，长居于此，故建该寺。现存建筑大都是明清遗物，具有十分明显的地方特色。

（48）清远楼和镇朔楼

清远楼位于宣化城正中，始建于明成化十八年（1482年），虽经清代重修，但木构件基本保持了明代的建筑手法。它坐落在一个高7.5米的砖砌墩台上，台下为十字形拱券洞。楼高17米，面阔五间，进深三间，三重檐，歇山顶。楼的四面皆出抱厦，周有游廊。平面呈"十"字形。楼上四面悬有匾额：南为"清远楼"，北为"声通天籁"，东为"耸峙严疆"，西为"震靖边氛"。清远楼建筑造型别具一格，全国罕见，在建筑史上有较高的价值。

楼内悬挂明嘉靖年间铸造的铜钟一口，故该楼俗称钟楼。钟高2.5米，直径1.7米，重万余斤，声音宏亮，40里之外亦清晰可闻。

镇朔楼始建于明正统五年（1440年），清代重修。它建筑在一座高8.4米的墩台上，台下有贯通南北的拱形券洞。楼高15米，面阔七间，进深五间，重檐歇山式布瓦顶。楼上悬有匾额，原"镇朔""雨谯"匾额已无存，现南面匾额"镇朔楼"为清乾隆六年制，北面"神京屏翰"匾额为清乾隆皇帝所题。镇朔楼大木构件保存完整。楼内原有大鼓一面，故又俗称"鼓楼"。

在镇朔楼以南，还保存一座城门楼，面阔七间，进深三间，重檐歇山式布瓦顶，系清代小式做法。我省城门楼建筑保存甚少，它为研究城门楼建筑提供了一个实例。

清远楼、镇朔楼以及南门楼，三座古建筑坐落在一条南北中轴线上，清远楼在最北，镇朔楼居中，两者相距200米。镇朔楼到南门楼约500米。三座建筑构成了一组完整的建筑布局，对研究古建筑和宣化城的历史地位有重大价值。

（49）娲媓宫

位于涉县索堡村附近的凤凰山上，有四组建筑，山下最前边的一组建筑是朝元宫（已无存），山坡上是停骖宫和广生宫，各有正殿和配殿。向上绕行十八盘，便到达最高处的娲媓宫（奶奶顶）。

娲媓宫（奶奶顶）建在山势陡峭、地势险峻的山腰上。在宽广的平台上建有奶奶阁、梳妆楼、迎爽楼、钟鼓楼、六角亭和木牌坊等，布局合理，充分利用了平台的有限面积和地势。

奶奶阁坐北朝南，背靠绝壁，是娲媓宫的主体建筑，高达23米，四层楼阁，歇山式琉璃瓦顶。阁在建筑选址、利用地势上匠心独运，恰到好处。它依山就势，结构奇巧。二至四层东、西、南三面均设走廊，北面山崖上凿有 8 个"拴马鼻"，有数条铁链将阁与刀削山崖连在一起。奶奶阁画栋雕梁，雄伟壮观，犹如玉宇琼楼，嵌于绝壁之上。登阁远眺，太行山群峰叠翠，景色宜人。

阁外山崖上，有摩崖石刻《法华经》和《深密解脱经》。刻经字迹清晰，保存完好。字体工整，挺拔秀丽，与北响堂石窟刻经洞的魏碑酷似，有较高的历史和艺术价值。

在奶奶顶门内石壁上，刻有一通北齐碑，正面刻"古中皇山"四个大字。此外还有北齐时期开凿的石窟。

据记载，石窟始凿于北齐文宣帝高洋时期（550—560 年）。《法华经》等摩崖石刻，为高洋末期所刻。而娲媓宫则为明清时期建筑。

（50）吕仙祠

又名黄粱梦，位于邯郸县黄粱梦村，始建于宋，明清曾进行重修和扩建。现在的吕仙祠是一组明清建筑群。

该祠坐北朝南，大门向西，门前有高大的二龙戏珠琉璃照壁。大门内八仙阁迎门而立，小巧别致。前院北房为丹房，悬有明嘉靖皇帝题写的"风雷隆一仙宫"匾额。前面的照壁上有"蓬莱仙境"四个草书大字，笔势飞舞，苍劲有力。丹房北为中院，建有莲池，周围矮墙环绕，池中荷花飘香。莲池上建一座小桥，其上建一八角攒尖亭，恬静典雅。

后院中轴线上坐落着钟离殿、吕祖殿和卢生殿，是黄粱梦的主体部分。钟离殿也叫前殿，面阔进深各三间。殿前左右两侧建有钟楼和鼓楼。吕祖殿是黄粱梦的主殿，面阔进深各三间，歇山式琉璃瓦顶。殿后有门，可通卢生殿。

卢生殿是这组建筑的后殿，硬山式布瓦顶，面阔三间，进深一间。殿内石雕卢生睡像，与石床连为一体。卢生头西脚东，侧身而卧，两腿微曲，睡意朦胧，惟妙惟肖。

吕仙祠内碑碣、匾额颇多，大都残坏不清，有一些还依稀可辨，如金代元好问为吕仙祠题诗曰："死去生来不一身，定知谁妄复谁真？邯郸今日题诗者，犹是黄粱梦里人。"

黄粱梦是以唐代沈既济的传奇小说《枕中记》为背景修建的。

（51）避暑山庄

又称热河行宫或承德离宫，是清代皇帝避暑和从事各种政治活动的地方，位于承德市区北半部，占地 8400 多亩，是我国现存规模最大的古代园林。

避暑山庄规模宏大，周围环绕"虎皮墙"，随山势起伏，气势雄伟，长达 10 公里。山庄不仅文物古迹琳琅满目，而且是我国北方难得的自然风景区。山庄内有 100 多处古建筑，有康熙（玄烨）皇帝以四字题名的三十六景和乾隆（弘历）皇帝以三字题名的三十六景。

避暑山庄分为宫殿区和苑景区两大部分。宫殿区在南部，包括正宫、松鹤斋、万壑松风和东宫（已无存），是清代皇帝处理政务、举行庆典、会见外国使臣的地方，也是帝后居住的地方。

正宫位于宫殿区的最西边，是清帝处理政务和居住的主要场所。丽正门是避暑山庄的正门，辟有三个门，上建城楼。在中间一门上部用满、藏、汉、维、蒙五种文字题"丽正门"三字。清朝制度，只有皇帝和太皇太后才能由中门出入；文武官员和少数民族的王公贵族只能由中门两侧的门进出。避暑山庄门位于内朝房北，因悬康熙皇帝题"避暑山庄"匾额而得名。门前置一对精工铸造的铜狮，清朝皇帝经常在这里检阅近侍射箭比赛和接见官吏，所以也称阅射门。

澹泊敬诚殿是正宫的主体建筑，面阔七间，进深三间，周围有廊，单檐歇山式布瓦顶。大殿的木构件，全部用珍贵的楠木制成，不施彩绘，保持本色，散发着一股馥郁的清香，俗称"楠木殿"。隔扇和天花板等都是精致的雕刻图案，特别是天花板心，每间 108 块，都有万字、寿字、蝙蝠和卷草等深浮雕纹饰，是木雕艺术的杰作。澹泊敬诚殿是山庄的正殿，各种隆重的大典，如皇帝生日，正式接见文武大臣、少数民族王公贵族和外国使节等大都在这里举行。

四知书屋在楠木殿北面，清帝常在这里个别召见少数民族的王公贵族。乾隆皇帝就曾先后在这里接见了来承德的六世班禅和土尔扈特蒙古渥巴锡汗。

北面是十九间房，名为万岁照房。它把正宫分成"前朝"和"后寝"两部分。

烟波致爽殿是清帝的寝宫，面阔七间，进深三间，歇山式布瓦顶。寝宫宏敞阔朗，殿内布置富丽堂皇。嘉庆（颙炎）和咸丰（奕詝）皇帝都死在这里。咸丰皇帝曾在这里批准了丧权辱国的《中英北京条约》《中法北京条约》和《中俄北京条约》，使中国割地赔款，进一步沦为半封建、半殖民地社会。寝宫的东西各有一座小院，叫东所、西所，与寝宫有侧门相通，是后妃居住的地方。慈禧当年就住在西小院。咸丰皇帝死后，统治集团内部争权夺利激烈化，慈禧就在这里谋划对付肃顺等人的计策，终于打垮了对方，独自控制了清朝的统治大权，统治中国达 48 年之久。

松鹤斋位于正宫东侧，原为乾隆皇帝母亲和嫔妃的住所。现存主要建筑为畅远楼。它的北面是万壑松风，有万壑松风殿（纪恩堂）、鉴始斋、静佳室等建筑。主要建筑万鋆松风殿是康熙皇帝读书、批阅奏章和接见官吏的地方，乾隆皇帝为纪念其祖父将它改为纪恩堂。南面的鉴始斋是乾隆皇帝少年时读书的地方。这组建筑据岗临湖，布局参错，灵活多变，具有南方园林建筑艺术手法，与前面严整的四合院建筑风格迥然不同。

东宫位于松鹤斋的东面，原有勤政殿、清音阁、福寿园等建筑，现已无存。当年，清帝在这里处理日常政务和会见王公大臣，以及外国使节。现在的卷阿胜境殿是1979年修复的。

苑景区在宫殿区的北部，包括湖区、平原区和山区三部分。

湖区在宫殿区北面，是避暑山庄风景的中心，呈现一派江南风光。湖沼总称为塞湖，被洲岛桥堤分割为澄湖、长湖、西湖（无存）、半月湖（无存）、如意湖、银湖和镜湖等。湖沼水面广阔，现有水面仅及原来的三分之二。有月色江声、如意洲、青莲岛、金山、戒得堂、清舒山馆、文园狮子林和环碧（千林岛）等洲岛。主要建筑群有水心榭、文园（无存）、清舒山馆（无存）、戒得堂（无存）、月色江声、如意洲、烟雨楼和金山。

水心榭建在石桥之上，中间为重檐水榭，南北为亭，是湖区重要的风景点。它的北面是月色江声一组建筑。因门殿悬有“月色江声”匾额而得名。三面环水，风景秀丽。建筑布局基本上采用了北方四合院形式，前后布列。门殿北依次为静寄山房、莹心堂和湖山罨画。静寄山房是清帝读书的地方。湖山罨画院内布置采取了南方庭院的艺术手法。

如意洲以岛的形状似如意而得名。西南与芝径云堤相连，是山庄主要风景点之一。岛上建筑比较完整，布局比较灵活，利用长廊与短墙分割成几个景区，既有北方的四合院特点，又有南方的园林手法，构成了一组组风景如画的建筑群。主要建筑有观莲所、金莲映日、无暑清凉、延薰山馆、乐寿堂、一片云楼和沧浪屿等。其中延薰山馆是康熙、乾隆皇帝在湖区接见蒙古王公贵族的别殿，不饰雕绘，朴素雅致。一片云楼是帝后以及王公大臣们看戏的地方。沧浪屿有室三楹，有池水、假山，是如意洲的园中之园。

烟雨楼坐落在如意洲西北的青莲岛上。岛为澄湖环绕，独立水中，现有桥与如意洲相连。烟雨楼二层，上下各五间，周围有廊，是岛上的主体建筑，是仿浙江嘉兴南湖中的“烟雨楼”而建。楼东有青杨书屋，西有对山斋。此外还有散置的方亭、八角亭和耸立于假山之上的翼亭。

金山在如意洲之东，与如意洲隔湖相对。整个岛用石砌筑，突兀湖中，既是岛，也是一座假山。乾隆皇帝因其状似紫金浮玉，故题名为“金山”。主要建筑有上帝阁

（俗称金山亭）、天宇咸畅殿、镜水云岑殿和半月形游廊。金山亭平面呈八角形，高三层，外有游廊，是湖区最高的多层建筑，也是重要的高视点。它是仿江苏镇江金山寺的意境修建的。在金山岛有限的空间，建筑丰富多彩，错落有致。

热河泉在湖区东北。这里泉水平涌，碧澈见底。每当寒冬季节，湖水结冰，这里却流水淙淙，清晨湖面热气腾腾，蔚为奇观。

平原区位于湖区北面，西部傍山。这里地势平坦，区域辽阔，是一处面积约千余亩的平原，主要分为万树园和试马埭两部分。

万树园古树参天，绿草如茵，一派北国草原风光。原有古榆、苍松、巨槐、老柳挺拔劲立，麋鹿出没，极富山野情趣。乾隆皇帝经常召集各少数民族政教首领、蒙古王公贵族和随从人员在这里野宴，看烟火、马戏、杂耍，听少数民族音乐。每进行这些活动时，都要临时设置蒙古包和帐篷。乾隆皇帝还在这里接见了六世班禅和英国马噶尔尼使节。

试马埭在万树园西面。原是一片绿草地，一切均按蒙古草原的风格布置，修有驰马道。清帝去围场狩猎之前，都要先在这里举行"考牧"仪式，识别马的骏驽和骑马试箭。

在万树园东部和北部，原有嘉树轩、春好轩、永佑寺和乐成阁等建筑，掩映林间。矗立于北部的永佑寺塔，是仿南京报恩寺塔和杭州六和塔的形式修建的，平面呈八角形，高九层，每层檐用绿琉璃瓦，塔刹为鎏金宝顶，巍然耸立，是山庄内重要的风景点之一。

在平原区西部山麓，建有一座文津阁，明为二层，实为三层，中间一层为暗层，是藏书库。原藏《四库全书》和《古今图书集成》各一部。

在平原区南部，沿湖岸自东而西建有甫田丛樾、莺啭乔木、濠濮间想和水流云在四亭，既点缀风景，又可坐览湖光山色。

山区位于山庄的西北部，约占整个山庄面积的五分之四。起伏的山峦，横亘全区，有松云峡、梨树峪、榛子峪和西峪等幽谷奇峡。山区原有建筑众多，有寺庙、亭榭轩斋。这里的寺庙建筑较之山庄其他部分建筑，尤其富丽堂皇。但解放前均被毁坏，现在恢复的有南山积雪亭、四面云山亭和锤峰落照亭，与原北枕双峰亭，分别坐落在主要高峰上。登临亭间，视野开阔，不仅可以从不同角度眺望全园风景，而且可以分别远眺磬锤山、蛤蟆石、天桥山、僧帽山、罗汉山等奇伟壮丽的名胜，金碧辉煌的外八庙建筑群，也历历在目。

避暑山庄始建于清康熙四十二年（1703年），到乾隆五十五年（1790年），历时87年才基本完成。在此期间又在山庄东面和北面修建了一些庙宇，借助宗教以实行

"怀柔"与"绥服"的政策，从而达到国家统一，加强中央政权的目的。避暑山庄和外八庙是根据清朝统治者的政治和生活需要修建的，体现了清朝前期我国统一的多民族的国家的巩固与发展的主题思想。避暑山庄继承了我国南北园林建筑艺术的优秀传统，以独特的手法摸拟全国的地理风貌，构成了祖国锦绣河山的缩影，是一座举世无双的名苑。

（52）溥仁寺

溥仁寺是外八庙之一。外八庙原有 11 座庙宇，即溥仁寺、溥善寺（已无存）、普宁寺、安远庙、普乐寺、普佑寺（大部无存）、普陀宗乘之庙、广安寺（已无存）、殊象寺、罗汉堂（大部无存）、须弥福寿之庙，分布于避暑山庄东面和北面，是自清康熙五十二年（1713 年）至清乾隆四十五年（1780 年）间陆续修建的，与避暑山庄修建的时间大体相当。这些庙宇大多数是清康熙、乾隆年间，在解决北部和西部边疆及西藏问题的过程中，为了团结少数民族上层人物，巩固中央政权，供来承德觐见清朝皇帝的各少数民族王公贵族观瞻、居住和进行宗教活动而建造的。外八庙的文物、建筑，从不同的方面，在一定程度上记录了清政府对边疆少数民族关系的历史；在建筑上它集我国各民族宗教建筑艺术之大成，是我国气势雄伟、富丽堂皇的寺庙建筑群。

溥仁寺是外八庙中修建最早的一座寺庙，位于武烈河东岸的山麓下，依山傍水，坐落平原。占地面积 37600 平方米。原来主要建筑有山门、钟鼓楼、天王殿、东西配殿、正殿、后殿及其东西配殿。建筑平面布局和建筑造型都是汉族寺庙形式。

现存主要建筑为正殿和后殿。正殿称慈云普荫殿，面阔七间，进深五间，单檐歇山式黄琉璃瓦顶。殿内正中佛坛上供三世佛和二侍者，东西两侧有十八罗汉。这些造像都是用贵重的髹漆夹紵造，艺术价值较高。殿前左右竖有汉、满文字石碑各一通，上刻康熙皇帝撰写的《溥仁寺碑记》。

后殿又称宝相长新殿，面阔九间，进深三间，硬山式布瓦顶。殿内放置 9 尊无量寿佛，表示对长寿的希求。

溥仁寺是保存至今的康熙时期的唯一庙宇，创建于清康熙五十二年（1713 年）。这时清政府平定了漠北厄鲁特蒙古准噶尔上层反动分子噶尔丹的武装叛乱，加强了对漠北、漠南和喀尔喀等蒙古地区的行政管理，巩固了北部边疆。蒙古各部与清中央政府的关系日益密切。在康熙皇帝 60 岁生辰时，蒙古各部王公贵族来山庄祝贺，并请求建立寺庙为皇帝祝福和纪念这次盛会。康熙皇帝欣然同意，并指定地点，修建了溥仁寺和溥善寺。

（53）普宁寺

俗称大佛寺，位于避暑山庄东北，背靠松树岭，依山就势，气势磅礴。建筑布局和形制极富特点。大雄宝殿之前建筑布局规整，有明显的中轴线，为一般汉族寺院建筑形式。大雄宝殿以后建筑，依地势变化，布局灵活，但着意突出了主体建筑大乘之阁，为藏族寺庙建筑形式。

普宁寺规模宏大，占地面积23000平方米，建筑物保存完整，由南而北依次为山门、钟鼓楼、碑亭、天王殿、配殿、大雄宝殿、大乘之阁，以及围绕大乘之阁建造的日殿、月殿和象征着所谓"四大部洲"和"八小部洲"的建筑。大乘之阁东南一组建筑为妙严室，西南一组为讲经堂。

天王殿面阔五间，进深三间，为单檐歇山式琉璃瓦顶。殿内中央置弥勒佛化身布袋和尚，两侧置四大天王像。

大雄宝殿坐落在高大的台基上，周围有石栏杆环绕。殿面阔七间，进深五间，重檐歇山式建筑，绿琉璃剪边黄琉璃瓦顶。在正脊中央置铜制鎏金舍利塔，以链条与殿顶连接，不仅增加了稳定性，而且也是一种装饰。殿内中央置2.9米高的石雕须弥座，上塑4.9米高的三世佛，两山墙处置十八罗汉像。墙面绘有以佛教故事为题材的壁画。

大雄宝殿之北，有高9米的石砌金刚墙，为寺前后部分的分界，设有踏道可达后部。

大乘之阁建在石台的正中，体量宏大，高达36.75米。它采用了汉族建筑的楼、阁、殿、亭等多种形式，面阔七间，进深五间。正面外观六层，背面四层，两侧五层。内部层次与外观层次不一。内部为三大层，外观三层以上统属于内部的第三层。阁的顶部造型设计奇特，从第四层起，面阔和进深逐渐收分，第五层面阔只有五间，进深只有三间，其四角的一间，各单独建成一个方亭形攒尖顶，上置鎏金铜宝顶。中间则高出一层，略内收，上面建一大的方亭形攒尖顶，其上置巨大的鎏金铜宝顶。从外观上看，四个小的方亭簇拥着中央一个大的方亭，高低错落，造型美观，增强了建筑的纵向感觉，形成中心突出、灵巧完美的整体，在建筑史上有很高的价值。

阁内矗立着一尊木雕大佛，名大悲菩萨，高22.28米，腰围15米，重约120余吨。大佛头顶立一尊无量寿佛，高1.4米，据说它是大佛的先师，置于头上，表示尊敬。大佛俗称"千手千眼菩萨"，实际全身只有42只手，43只眼。手中持各种法器，左手托日，右手托月。大佛设计奇巧，雕造精工。它内部中空，由一木构架支承着身躯与42只手臂，用松、柏、榆、杉、椴五种木材雕造而成，共用材120多方。大佛腰部以下用 15 根圆木围圆。中心柱是一根直径 0.65 米、高达 25 米的通柱，直通头部，做为骨干。腰部密铺木板一层，板上四角各立一根圆木，在圆木之上用钩环连挂的办法，分前后两层安装 42 臂。木架结构用三层木板将框架层层围住，分层雕刻衣纹，通体饰以金箔，灿烂辉煌。整个大佛体态匀称，衣纹潇洒，造型生动优美，是我国最高大的木雕佛像，为我国古代木雕艺术的杰作。

大佛两侧的善才、龙女立像，高约 14 米。两侧壁面上有 11300 多个小佛龛，称万佛龛。龛内原置有雕造精美的贴金无量寿佛，解放前被军阀盗窃一空。

大乘之阁前的梯形殿和阁后的方阁，以及周围的日、月殿，喇嘛塔和白台等建筑，都簇拥着大乘之阁，使这一组建筑，更显得主次分明，严谨富丽，充分表现了藏族建筑的特点。

普宁寺建于乾隆二十年（1755 年）。清政府在平定了厄鲁特蒙古准噶尔部达瓦齐叛乱之后，乾隆皇帝在避暑山庄大宴厄鲁特蒙古四部的上层人物，并分别封爵。因他们信奉喇嘛教，所以乾隆皇帝下令"依西藏三摩耶庙之式"建造普宁寺，以为纪念。山门里碑亭内竖立着三通石碑，为乾隆皇帝御制，用满、汉、蒙、藏四种文字书写，其中记述了修建普宁寺的经过。《平定准噶尔勒铭伊犁之碑》和《平定准噶尔后勒铭伊犁之碑》，分别记载了清政府平定厄鲁特蒙古准噶尔达瓦齐、阿睦尔撒纳叛乱的经过，是十分珍贵的历史文物资料。

（54）安远庙

安远庙又称伊犁庙，位于武烈河东岸冈阜上，中轴线正对避暑山庄。占地面积 26000 平方米，平面呈长方形，主要建筑集中于后部，前部为开阔庭院，后部布局紧凑。

安远庙设内外三进墙垣，外层正面及两侧原有三座棂星门，现已无存。第二进墙垣正中的山门为砖石建筑，有三个圆拱洞门，单檐歇山顶。山门内为长方形庭院。二道山门下为城座，辟三道拱洞，壁上饰梯形盲窗。上建歇山式门楼。后院东、西、北三面围墙正中门楼与二道门楼相同，只是门道砌丁字形拱券，里面正中辟一券门，其他二个券门在墙外，平行围墙而出，做法极为特殊。后院内由 64 间单层群房围成正方形院落，正中三间为门殿，室内置《安远庙瞻礼书事（有序）》卧碑一通，现群房无存。

庙内主体建筑普渡殿，坐落在后院，面阔进深各七间，平面呈正方形。殿通高 27 米，高大宏伟，外观三层，三重屋檐，下层单檐，上层为重檐歇山顶。下层檐以下为实墙，辟有梯形盲窗，具有藏族建筑风格。殿内正中三间为空井，三层上下贯通。顶部饰以八角形藻井，中塑盘龙，口衔明珠。一层正中供绿度母佛像一尊。四壁有佛教故事题材的壁画。

普渡殿上檐五间见方，檐柱跨度为16.1米，正面与侧面的比例为1∶1，因而山面大于一般长方形建筑。上层屋顶高达8.8米，约占整个建筑立面的三分之一，在古代楼阁建筑中实属仅见。顶部盖黄剪边黑赭色琉璃瓦，别具一格。屋脊不用仙人走兽，而是满饰花纹，正吻和合角吻作丛花状；正脊中部置三个铃状喇嘛塔装饰。整个殿顶最富特色。

安远庙建于乾隆二十九年（1764年），是沿习新疆伊犁河北岸固尔扎庙旧制修建的，故又称伊犁庙。乾隆皇帝撰写的《安远庙瞻礼书事（有序）》，以叙事诗的形式记载了修建安远庙的目的。在厄鲁特蒙古准噶尔部达瓦齐、阿睦尔撒纳叛乱中，达什达瓦部为了维护祖国的统一，冲出重围，历尽艰辛，来到清政府西路军基地巴里坤，受到热情接待。后达什达瓦部请求内迁。清政府决定让他们迁往热河。他们经过长途跋涉，多次战斗，1759年到达热河时只剩下2000多人，被安置在普宁寺一带。同时准噶尔部和厄鲁特蒙古其他各部首领，每年夏季也都来避暑山庄聚会，觐见皇帝。乾隆皇帝为了满足他们进行宗教活动的要求，命"肖固尔扎庙之制"修建了安远庙，"绥靖荒服，怀柔远人"。

（55）普乐寺

位于武烈河东岸的冈峦之上。庙址坐东向西，遥对避暑山庄永佑寺舍利塔，后直指磬锤峰。平面呈长方形。以宗印殿为界，前部从山门至宗印殿，是典型的汉族寺庙传统建筑手法；后部以群房（已无存）、阇城、旭光阁组成喇嘛教特有的建筑，平面、立面、十字对称，是外八庙中布局最严谨的一座建筑。寺内建筑由前至后为山门、钟鼓楼、天王殿、配殿、宗印殿、群房、阇城、旭光阁。

宗印殿是前部的主要建筑，宏伟高大，面阔七间，进深五间，建于1.36米高的基座上。殿顶为重檐绿剪边黄琉璃瓦歇山顶。正脊装饰色彩缤纷的琉璃饰件，以黄琉璃件组成的数条龙贯穿起来，正中嵌置大型琉璃喇嘛塔一座，两侧是八宝法器。殿内供体态相似的三世佛，两侧山墙置十八菩萨坐像。大殿左右有配殿各五间，殿内各置金刚三躯。

普乐寺后半部分的主要建筑是阇城和旭光阁。阇城即坛城，是一座石砌的方台，是喇嘛教传授佛法的地方。第一层台高7.2米，44.4米见方，四面正中辟拱门，台上砌雉堞，俨如城池。南，北拱门为深龛，东、西拱门内有石阶可达台顶。在四角和四面中央，各建一座琉璃喇嘛塔，形状相同，色彩各异。台顶正中又砌 32.8 米见方的石台，高 6.6 米。四面正中辟拱门，东、西为深龛，南、北拱门内向东折有石阶可达台顶部，四周有石栏杆环绕。以这种阁城形制修建的寺庙，普乐寺是国内仅有的实例。它在宗教上和建筑上都有重要价值。

阁城正中是普乐寺的主体建筑旭光阁。它建在圆形的殿座上，平面呈圆形，直径 21 米，高 24 米，檐柱和金柱各 12 根，重檐黄琉璃瓦攒尖顶。在阁内汉白玉圆形须弥座上，建有大型立体"曼陀罗"模型，中间供双身胜乐王铜像。这种立体曼陀罗，除印度和我国西藏外，十分罕见。阁内藻井造型精美，制作细腻，中央悬有鎏金的二龙戏珠，精巧华丽，金光灿烂，是稀有的艺术珍品。

普乐寺始建于乾隆三十一年（1766 年），次年落成。乾隆皇帝修建普乐寺的目的，是借以团结蒙古、维吾尔、哈萨克以及布鲁特各族的上层人物，进一步加强中央政权。《普乐寺碑记》详细地记述了建寺的缘起，明显地表露了这种意图。

（56）普陀宗乘之庙

位于狮子沟北岸中部的山坡上，由近 40 座佛殿、僧房等组成，占地 22 万平方米，是外八庙中规模最大的一座庙宇。该庙是仿照前藏喇嘛教首领达赖驻地拉萨布达拉宫的法式修建的。布达拉即普陀山，按佛教说法，是观音菩萨的道场，一个在拉萨，一个在浙江（即南海普陀山）。普陀宗乘是藏语布达拉的汉译。因此，该庙又被称作小布达拉宫。

庙的山门北面正中为碑亭，四面开拱门，重檐歇山黄琉璃瓦顶。亭内有乾隆三十六年（1771 年）竖立的三通石碑，中间碑为《御制普陀宗乘之庙碑记》，左右分别为《御制土尔扈特全部归顺记》和《优恤土尔扈特部众记》，记述了建庙的意图和土尔扈特部流落沙俄与重返祖国的始末，以满、汉、蒙、藏四种文字镌刻，是十分重要的文物资料。

碑亭以北为五塔门，高 10 余米，辟三个拱门，上饰藏式梯形盲窗，顶部建造 5 座喇嘛塔，形式各异。门前有月台，左右置石雕大象，高 2 米有余。

五塔门北面山坡的平台上，建三间四柱七楼式琉璃牌坊一座，为乾隆时期通行的式样。琉璃牌楼以北，有白台、自台僧房、五塔白台、单塔白台等 30 多座，自由散置在地形起伏的山坡上，构成了高低错落、极富变化的平面布局。白台或二层，或三层；平面或长方形，或梯形。从外观上看，有的是平顶白台，把木构建筑围在里面；有的是木构建筑顶部耸立于台壁之外；有的白台顶部有单塔或数塔，颇富西藏建筑之趣。

在白台如林的北面，耸立着普陀宗乘之庙的主体建筑大红台，高耸宏伟，巍峨壮丽。通高43米。有三组不同体型的建筑，依靠天然丘陵彼此连结成一个整体，面积约10300平方米。从正面看，三组建筑都高耸于白台之上。大红台下部为白台，高约18米，下用花岗石建造，上部用砖筑。壁面有三层盲窗。台东西两面设入口。白台上西边原有一组千佛阁建筑，东南角原有一座文殊圣境殿。

白台之上矗立着大红台，高25米，下宽59.7米，上宽58米。下部用花岗石建造，上部为大砖砌筑，一至四层为实心台座，饰以盲窗，上面三层上下左右间隔开窗，以解决群楼部分采光。台的南面中央部分，自上而下嵌饰着6个黄绿相间的琉璃佛龛。大红台顶部设女儿墙，中央部位建有喇嘛塔和琉璃八宝，转角处安置宝瓶，上插铁旗。大红台内正中为万法归一殿，平面呈方形，面阔进深各七间，重檐攒尖顶。殿内供有佛像，藻井精致辉煌。西北角上方有重檐六角慈航普渡亭。

大红台东侧有一组建筑，现存卷棚歇山顶落伽胜境殿和重檐八角权衡三界亭。其下部的群楼和戏楼均已无存。

万法归一殿和重檐六角与八角亭，位于不同的高度，都盖鎏金鱼鳞状铜瓦，金光闪烁，与大红台的红墙白石相辉映，光彩夺目。

普陀宗乘之庙是乾隆皇帝仿效康熙皇帝修建溥仁寺的故事修建的。1770年是乾隆皇帝60寿辰，次年又是他母亲的80诞辰，他先期下旨修建该庙。1767年动工，1771年落成时蒙古、维吾尔等少数民族的上层人物齐集在这里，向皇太后和乾隆皇帝祝寿祈福。从俄国伏尔加河流域返回祖国的厄鲁特蒙古土尔扈特部渥巴锡也随乾隆皇帝前往瞻礼。乾隆皇帝倍增喜悦，并特在庙内立碑为志。

（57）殊象寺

位于普陀宗乘之庙西侧，坐北朝南，建筑物依山就势布置。现存建筑有山门、钟鼓楼和会乘殿。

山门面阔三间，进深一间，单檐歇山顶，内有哼哈二将。山门内两侧有钟鼓楼，形式相同，下层均面阔五间，进深三间；上层面阔三间，进深一间，歇山顶。

会乘殿坐落在高台上，是殊象寺的主体建筑，面阔七间，进深五间，前后都是中间三间开门。重檐歇山式，黄琉璃瓦顶。殿内供三尊高大的菩萨像，中间骑狮的为文殊，左骑吼的为普贤，右骑象的为观音。其前方左右置三层塔佛龛，原有304个镀金铜佛，后被军阀盗走。殿内两侧墙壁原有经橱，放置满文藏经。

自会乘殿以后，为寺的岩庭部分，完全采用中国传统的庭园叠石手法。假山蹬道，岩洞渡桥，曲折参差，苍松挺拔。这里的假山是叠石的佳作。

岩庭部分的宝相阁，原是寺内的主要建筑，平面呈八角形，四正面设门，四斜面置槛窗。八角重檐攒尖顶，盖黄琉璃瓦。阁内石须弥座上，有巨大的骑狮坐于莲座上的木雕文殊菩萨像，高约 12 米，传说是仿乾隆皇帝的容貌雕造的。左右侍者，身披甲胄，高 3 米有余。

殊象寺建于乾隆三十九年（1774 年），次年完工，是仿照山西五台山殊象寺建造的，为典型的汉族寺庙传统手法。清初，曾有清帝是文殊化身之说。乾隆皇帝修建殊象寺的目的，是为了神化自己。

（58）须弥福寿之庙

位于普陀宗乘之庙的东侧，是仿照班禅六世在后藏日喀则住的扎什伦布寺修建的，所以又称扎什伦布庙。乾隆皇帝 70 岁生日时（1780 年），班禅六世从后藏来热河朝贺，乾隆皇帝下令"肖其所居"，建此庙供六世班禅居住和讲经，因此该庙又称为班禅行宫。它修建于乾隆四十五年（1780 年），是外八庙中建筑年代最晚的一座，占地面积 37900 平方米。

须弥福寿庙坐北朝南，建于山麓。山门开拱门三个，上建门楼，东西隅角建有隅阁。山门内正北有座碑亭，平面呈方形，为重檐歇山式建筑。亭内立有乾隆四十五年（1780 年）《御制须弥福寿之庙碑》一通，全高 8 米余。北面山坡上有琉璃牌坊一座，仍为三间四柱七楼式建筑。

大红台与东红台，吉祥法喜殿相毗连，是须弥福寿之庙的主体建筑，由三层群楼围绕着三层楼阁妙高庄严殿组成，平面呈"回"字形，是"都纲殿楼"的一种发展形式。大红台南面正中修有琉璃墙门。广大的壁面上开小窗三层，每层 13 个，窗头嵌琉璃垂花罩，为汉族建筑手法。大红台为藏式平顶，用方砖铺砌。内外均有女儿墙。四角各建小殿一座，单檐庑殿顶，脊上吻兽南面两殿饰孔雀，北面两殿饰鹿。

在群楼环抱的中央，耸立着妙高庄严殿。这是六世班禅打坐讲经的地方。殿平面呈方形，七开间，高三层，每层均置佛像。中间三间上下贯通，二、三层呈回廊状。重檐攒尖顶，盖鎏金鱼鳞状铜瓦。脊呈水波状，垂脊下为龙头形。殿脊上各置两条巨大的鎏金伏龙，一向上，一向下，共 8 条。龙的造型优美，栩栩如生。中央宝顶为法铃状。

在大红台的西北，建有吉祥法喜殿，由主殿和群房围成的天井所组成。主殿是六世班禅来承德时的住室，殿方五间，两层楼，重檐歇山顶，盖鎏金鱼鳞状铜瓦。脊饰与妙高庄严殿相类似。东西山墙为藏式盲窗。

大红台正北中轴线上的一组建筑，有金贺堂和万法宗源殿，是六世班禅弟子们的住所。

中轴线最北端，建有一座琉璃宝塔，建于方形石台上。塔下部是白石雕砌八角形须弥座，正中以石块砌成八角形塔心柱，首层四周立石壁，以石拱与塔心柱相连，东西南北辟拱门，其余四面塑绘佛像。壁外为塔廊，廊檐顶上为石砌的八角形平座，正中八角形须弥座上，置八角七层黄绿琉璃饰面楼阁式塔，壁面上辟有仿木结构的佛龛。这座琉璃宝塔是仿杭州六和塔形式建造的。

须弥福寿之庙在外观上为藏式建筑。但在平面布局上，有明显的中轴线贯通南北，沿中轴线两侧作基本上对称的安排，并呈纵深式均衡布局。主体建筑大红台置于整体的中心，又是汉族寺庙的传统手法和基本特点。此外，须弥福寿之庙的白台建筑相对减少，大红台周围因山借势布置假山叠石，广植古松，是我国传统的园林手法。因此，须弥福寿之庙是汉藏建筑艺术交流、融合的结晶。

（59）清东陵

我国最后一个封建王朝——清朝，自定都北京后，共历10个皇帝，统治中国达200多年。除末代皇帝溥仪未建陵外，9个皇帝及其后妃，分别葬于遵化县东陵和易县西陵。

清东陵位于遵化县马兰峪西，有帝陵5座、后陵4座、妃园寝5座，先后埋葬了5个皇帝（顺治、康熙、乾隆、咸丰、同治）、14个皇后、136个嫔妃，是我国现存规模宏大、体系比较完整的陵寝建筑群。这些陵寝分别建于气势雄伟、景色秀丽的昌瑞山南麓。东临蜿蜒起伏的丘陵，西傍山峦叠翠的黄花山，正南天台山和烟墩山东西相峙，形成一个自然山口——龙门口。四周群山起伏，中间原野坦荡，山清水秀，气象万千。

清朝第一个皇帝福临（顺治）的孝陵，建于昌瑞山主峰下，其他陵寝各依山势，沿昌瑞山南麓，在孝陵东西两侧排列：东侧有顺治皇后孝东陵，康熙皇帝的景陵及景妃园寝和双妃园寝；西侧有乾隆皇帝的裕陵及裕妃园寝，咸丰皇后普陀峪定东陵（慈禧陵）、普祥峪定东陵（慈安陵）及定妃园寝，咸丰皇帝的定陵。此外，在东南部有同治皇帝的惠陵及惠妃园寝。在大红门外东侧有昭西陵。

孝陵是整个陵区的中心，建筑最为完备。从正南的石牌坊起，向北沿10多华里长的孝陵神道，排列着数十座建筑物，依次为大红门、具服殿（更衣殿）、圣德神功碑楼

（大碑楼）、石望柱、石象生、龙凤门、石桥、神道碑亭（小碑楼）、神厨库、朝房、隆恩门、焚帛炉、配殿、隆恩殿、三座门、二柱门、石五供、方城明楼和宝顶等。这一系列建筑，由一条宽12米的砖石神道连贯起来，脉络清晰，主次分明。

景陵、裕陵、定陵和惠陵，自小碑楼以北的建筑与孝陵大体相同。但从整体布局来说，其规模均与孝陵有别。这几个帝陵都没有石牌坊、更衣殿和龙凤门。景陵、裕陵和定陵神道，都是从孝陵神道分出，石象生数也不同，孝陵是18对，裕陵是8对，景陵和定陵各5对。惠陵没有神道和石象生。定陵和惠陵也没有大碑楼。

后陵都没有大碑楼和石象生，自小碑楼往后的建筑，则与帝陵大体相同，只是规模略小。妃园寝比较简单，绝大多数的坟丘为圆形的砖垛子，建筑大都用绿琉璃瓦，与帝后用黄琉璃瓦迥然不同，反映了封建社会森严的等级制度。

各陵寝建筑布局合理，气氛谐调，均为清代标准官式建筑。隆恩殿是陵院建筑的主体，也叫享殿，重檐歇山式建筑，坐落在隆恩门内正面高大的台基上，前有月台。大殿面阔五间，进深三间，内设暖阁、佛楼，是安放死者神牌、进行祭祀的场所。

在隆恩殿建筑中，以慈禧陵隆恩殿的建筑工艺水平最高，花费浩大。最初，慈禧陵和慈安陵同时修建，用了8年时间，于1881年建成，耗银227万两。光绪二十一年（1895年），慈禧以年久失修为借口，下令把慈禧陵隆恩殿和东西配殿全部拆除重建。重建后的隆恩殿和东西配殿的内壁，全是中间五蝠捧寿，四角盘环万字不到头的雕砖图案。而且斗拱、梁枋、天花板上的彩绘以及雕砖部位，全部贴金。殿内的明柱，皆为半立体金龙盘绕。殿内金碧辉煌，光彩夺目，为一般陵寝建筑中所未见。仅贴金一项，就用掉黄金4590多两。隆恩殿四周的汉白玉石栏板和望柱上，都雕刻着精细的龙凤呈祥和水浪浮云的图案。月台前面透雕的龙凤彩石，凤上龙下，凤翔龙舞，龙凤戏珠，是我国石雕艺术中的瑰宝。

地宫位于宝顶之下，是陵寝建筑的重要组成部分，是安放死者棺椁的地方。裕陵和慈禧陵地宫、裕妃园寝纯惠皇贵妃地宫，以及容妃（香妃）地宫，解放前均被盗掘，现已经过清理修整，对外开放。

裕陵地宫是石雕刻和石结构相结合的典型建筑，进深54米，由四道石门和三个堂（室）组成。建筑形式为拱券式。八扇石门上各浮雕一尊菩萨立像，线条流畅，形态多姿。第一道石门洞的四大天王坐像，其大小与人相仿，各持琵琶、宝剑、宝幡、宝塔，生动逼真。最后一个室叫金券，建有石棺床，正中放置弘历（乾隆）的棺椁，左右是他的两个皇后和三个皇贵妃的棺椁。所有大理石壁面和券顶，布满了佛教题材的雕刻装饰和用梵（古印度文）、番（藏文）文字镌刻的经文，布局周密，技艺精湛。它是一座别具风格的地下宫殿，也是我国罕见的一座地下石雕艺术宝库。

慈禧陵地宫比裕陵地宫小，进深只 24.81 米。在装饰上，除第二道门上月光石的雕刻图案外，其余部分全是用未经雕刻的汉白玉石筑成，风格独具。

清东陵有大量石雕和石构建筑，是清代石雕艺术的代表作。位于大红门外的石牌坊，为五间六柱十一楼式建筑，高 12.48 米，宽 31.35 米，额枋上雕刻着精细的旋子大点金彩绘花纹，六根柱的夹杆石浮雕着龙、狮子和龙身凤尾的动物图像，活泼新颖，栩栩如生。排列于神道两旁的石象生，均用巨大的整块石料雕成，有文臣武将，有马、麒麟、象、骆驼、狻猊、狮子等。

清东陵是我国古代劳动人民聪明才智和血汗的结晶。但这一珍贵的历史文化遗产，在解放前曾多次被反动派盗掘和破坏。解放后，人民政府对清东陵的保护十分重视，不断地进行维修和保养。

（60） 清西陵

位于易县梁各庄西。这里有雍正、嘉庆、道光和光绪皇帝 4 座帝陵，3 座后陵，还有王公、公主、妃嫔园寝 7 座。最早在这里建陵的是雍正（胤禛）皇帝。他的陵址先是选在清东陵九凤朝阳山，但雍正皇帝认为"形局未全，穴中之土，又带砂石，实不可用"，将其废掉。后来，他的弟弟允祥亲王等在易州泰宁山下为雍正皇帝找到了"万年吉地"。雍正皇帝认为这里"山脉水法，条理详明，询为上吉之壤"，决定在此建陵。侯后，嘉庆、道光和光绪陵墓相继在这里修建，西陵遂成为清朝两大陵寝之一。

雍正皇帝的泰陵，位于泰宁山主峰下，雍正八年（1730 年）开始修建。它是西陵的中心，其他陵寝分别建于东西两侧，规制与清东陵基本相同。泰陵规模最大，建筑齐全，体系完整。从最南端的五孔石拱桥起，沿五里长的神道向北，依次建造了石牌坊、大红门、具服殿（更衣殿）、圣德神功碑楼（大碑楼）、七孔石拱桥、石象生、龙凤门、三路三孔石拱桥、神道碑亭（小碑楼）、神厨库、朝房、隆恩门、焚帛炉、配殿、隆恩殿、三座门、二柱门、石五供、方城明楼和宝顶等一系列建筑物和石雕刻。

在清东陵只有一座石牌坊，而西陵泰陵的石牌坊则有三座，结构和形式与清东陵石牌坊基本相同。其中一座位于神道中轴线上，其他两座位置稍后，分列左右，布局得体，气势轩昂，别具一格。

嘉庆皇帝的昌陵位于泰陵西侧，规模仅次于泰陵。道光皇帝的慕陵建在泰陵以西 5 公里处的龙泉峪，其建筑布局比较特殊。旻宁继位后，就在遵化县清东陵建陵，前后用了 7 年时间才把陵建成，并葬入了孝穆皇后。次年，道光皇帝发现地宫浸水后大怒，下令把陵墓拆毁，并责罚有关官员。后来，又在西陵选址建陵。两次建陵，共耗白银

440 多万两。

慕陵规模比泰陵和昌陵小，没有大碑楼、神道、石象生，也没有方城、明楼等建筑。但隆恩殿的建筑却别具一格。它完全用楠木建成，一律本色，不饰彩绘。梁枋和雀替处雕有游龙和蟠龙。天花板每个小方格内，都是雕龙。隔扇和门窗上，也都雕有龙。龙群设计新颖，雕刻玲珑透剔，千姿百态，栩栩如生，犹如一座雕龙的博物馆，使隆恩殿风格独具。

光绪皇帝的崇陵，在泰陵以东 5 公里处的金龙峪，是我国帝陵中最后的一座，除没有大碑楼、神道和石象生外，从小碑楼往北，陵寝建筑与泰陵差别不大。

光绪皇帝的崇陵从宣统元年（1909 年）开始修建。1911 年，辛亥革命推翻了清王朝，崇陵由逊清皇室继续营建，直到 1915 年才完工。因此，崇陵规模较小，保存也较完好，殿内彩绘依然鲜艳夺目。崇陵地宫在解放前曾被盗掘，1980 年经国家批准进行了清理与修整，已经开放。地宫为拱券式石结构建筑，由闪当券、罩门券、明堂券、穿堂券、门洞券和金券等部分组成。八扇石门上雕有八尊菩萨立像，高 1.99 米，雕刻精细，形象逼真。

人们可以从清西陵和清东陵全面地了解清朝帝后妃陵寝的规制、建筑形式及其特点，从一个侧面了解清王朝的历史和文化艺术成果。

（61） 避暑胜地北戴河海滨

在秦皇岛市西南部，有驰名中外的避暑胜地北戴河海滨。它背依山峦突起的联峰山，南临波涛滚滚的渤海，其间宽约 2 公里；西起戴河口，东到鹰角亭和鸽子窝，长达 10 公里。这里有漫长曲折的海岸，有沙软潮平的海滩，是一处优良的海水浴场。在盛夏季节，日平均温度 23℃，海风习习，气候清爽，是避暑消夏的好地方。

北戴河海滨的名胜古迹颇多，号称二十四景。其中有挺拔俊秀、壁立在海边上的东、西联峰山。满山苍松翠柏，碧绿欲滴。东联峰山形似莲蓬，又称为莲蓬山。这里是北戴河海滨的中心，山上奇石异洞，风光秀丽。山顶建亭，登临其间，极目远眺，西为蜿蜒起伏的昌黎诸山，东是烟波浩渺中的秦皇岛，南望海滨，一幢幢西式别墅，一座座宫殿式楼阁，或隐现于山崖，或濒临于海滩，各具佳境。

鹰角石孤峰入海，石骨嶙峋，绝壁如削，状似鹰立。据说过去常有成群的鸽子朝夕相聚于石上，夜间栖息于石隙之中，故又名"鸽子窝"。石旁建亭，名鹰角亭，雕梁画栋，十分秀丽。清晨登亭望沧海，观日出，气势磅礴，景色极佳。

北戴河海滨地理位置十分优越，远在二千年前的汉代，这里就是舟楫停泊、物资聚散之地。到了明代，在金山嘴设立金山卫，派兵驻守，海运更为繁荣。然而北戴河海滨作为避暑区，是从清朝末期发展起来的。当时，外国驻华使馆争相购地，修建别墅；封建官吏、军阀和资本家也接踵而来，建造了各式各样豪华的别墅和宫殿式建筑。

解放后，人民政府对北戴河海滨的恢复和建设给予很大关怀，先后在这里修建了干部、工人休养所等达 30 多处，各种楼房和别墅已发展到 300 多幢。每逢夏季，人们纷纷来这里避暑、休憩，外国旅游者也来这里游览、消夏。他们清晨观日出，午间海水浴，傍晚观海潮，渡过一个又一个心旷神怡的夏日。

革命纪念地

（62）李大钊故居

位于乐亭县大黑坨村中央。房子是李大钊的祖父于 1881 年修建的。坐北朝南，南北长约 50 米，东西宽约 18 米，占地面积为 909 平方米。平面布局呈南北长方形，系冀东农村典型的穿堂院形式，砖木结构建筑，周围有砖墙环绕。故居分前院、中院和后院。自中院往北至后院，又分为东西两个半院。后院中间有一道隔墙。李大钊住东半院，西半院是其三祖父李如璧的住宅。

故居正门有高大的台阶。前院东侧三间厢房是李大钊的伯父李任元教学馆旧址。

中院有东厢房三间，1889 年 10 月 29 日（农历 10 月 6 日），李大钊就诞生在这座屋子的最北头一间。屋内陈放着李大钊母亲的遗物。

东厢房北面是三间正房，西边一间是从中院到后院的穿堂屋，东侧垒有锅灶，西侧放着古老的食橱。另外两间为住室。室内的陈设是李大钊祖先和夫人赵韧兰的遗物。李大钊幼年时期和结婚以后，曾长期在这里居住。他自幼聪敏好学，进步很快，三、四岁时常跟着爷爷李如珍伏在炕八仙桌上学认字。

后院东边有两间厢房和两间棚子。厢房原来是家里存放粮食的地方。李大钊读书学习，精力集中，喜欢安静，经常到这里读书习字、写文章，后来人们就把这两间厢房称为大钊书房。

西院是李大钊革命事迹陈列室，陈列着李大钊生平照片、手稿、书刊、遗物及有关资料，再现了李大钊毕生为中国革命的胜利而英勇奋斗的大无畏的牺牲精神。1958 年 7 月 1 日，已建立了李大钊故居纪念馆。

（63）白求恩纪念地

诺尔曼·白求恩在中国人民抗日战争的艰苦岁月里，于1938年初来到中国，奔赴华北抗日前线，全心全意为抗日军民服务，直至1939年11月以身殉职。

1938年10月，白求恩转战来到河北，在此后一年多的时间里，谱写了他一生中最辉煌壮丽的篇章。现在，河北的许多地方，都保留着白求恩的纪念地。

屯庄白求恩手术室旧址：1939年4月23日，八路军一二〇师师长贺龙在河间县指挥了著名的齐会战役。在这次战役中，白求恩和他的医疗队的手术室就设在南距齐会仅6里的屯庄小庙里。小庙只有一间房，面阔3米，进深3.7米。医疗队将四壁和顶部绷上白布，当中挂一盏汽灯，就成了战地手术室。伤员候诊室设在小庙右侧的平房里，左侧的平房是药房，西南角两间平房是消毒室。

在齐会歼灭战激战的三天三夜里，白求恩连续工作了69个小时，施行手术115例。在极其困难的条件下，他以精湛的医术和极端负责的精神，创造了治愈率达85%的记录。

解放后，党和政府对屯庄白求恩手术室旧址进行了保护和维修，并建立了纪念馆。

黄石口白求恩逝世地：1939年10月下旬，日本侵略者向晋察冀边区发动了大规模的冬季"扫荡"。为了配合八路军反"扫荡"，白求恩推迟了回国为我抗日军民募捐的计划，参加了晋察冀军区卫生部组织的医疗队，奔赴涞源县摩天岭抢救伤员。医疗队手术室设在战斗中心地带孙家庄村外一个山坡上的小庙里。白求恩在抢救一个伤员时，左手中指不幸被划破，他不顾个人安危，继续抢救工作，以致中毒，病情不断恶化。晋察冀军区领导人决定将白求恩送往后方医院抢救治疗。

11月10日下午，白求恩的担架来到唐县黄石口村，住在村边一座院子的北屋里。这间屋子很宽敞，白求恩的行军床安放在屋里的大炕上。窗前是一张八仙桌和两张圆靠背椅，屋子中央生着一盆炭火。1939年11月12日凌晨20分，白求恩经抢救无效，在这里逝世。

白求恩在生命的最后时刻，还给聂荣臻司令员写了一封长信，表达他强烈的革命事业心和对抗日战争必胜的信念。最后，他紧握着医疗队大夫的手，坚定地说："努力吧！向着伟大的路，开辟前面的事业！"

中国人民为了表达怀念之情，现在在黄石口还保留着白求恩逝世时的房子。

军城南关白求恩陵墓：1940年，晋察冀边区军民在反"扫荡"胜利之后，立即克服重重困难，在唐县军城南关修建了白求恩陵墓，并于5月1日重新安葬了白求恩。

白求恩墓位于晋察冀边区烈士陵园的正面，南侧是柯棣华墓，北侧为烈士公墓。白求恩墓建在五角星图案的中央。墓下部呈方形，上部为地球模型。墓前竖立着白求恩的大理石雕像。

在墓的四面，镌刻着中国共产党中央委员会和聂荣臻、吕正操等的题词。墓前矗立着两通汉白玉石碑，一通正面镌刻着中国共产党中央委员会的悼词，碑阴刻着晋察冀军区司令部、政治部的志文。另一通正面刻着晋察冀军区全体指战员 1940 年 1 月 5 日追悼白求恩的志文。这两通石碑记载了白求恩在晋察冀边区工作期间的光辉业绩，表达了中国共产党和抗日军民永远缅怀白求恩的深厚感情。

1942 年，日寇对白求恩陵墓进行了破坏。1952 年，白求恩灵柩迁往石家庄市华北军区烈士陵园。党和政府对军城白求恩陵墓旧址进行了保护和维修。

华北军区烈士陵园白求恩墓位于陵园西部，周围是长青的松柏。墓坐西朝东，下部为方形，上部呈圆球形。墓的左侧刻有白求恩的简历，右侧刻着毛泽东《纪念白求恩》一文的节录。墓前矗立着白求恩高大的全身塑像，风尘仆仆，神态逼真，再现了白求恩毫不利己、专门利人、为中国人民的解放事业英勇献身的光辉形象。

在白求恩墓的北部建有陈列馆，通过大量的照片和文物，展现了白求恩的模范事迹和崇高的国际主义、共产主义精神。

（64）　八路军一二九师司令部暨晋冀鲁豫军区司令部旧址

抗日战争时期，刘伯承、邓小平率领八路军一二九师，在兄弟部队的配合下，开辟、创建了晋冀鲁豫抗日根据地。它是抗日时期共产党领导的最大的抗日根据地之一。包括津浦路以西，石德、石太路以南，同蒲路以东，陇海路以北，横跨山西、河北、山东、河南四省的广大地区。它是八路军总司令部所在地，是华北抗日游击战争的心脏和神经中枢。在解放战争时期，它又是主要战场之一，在战争转入反攻阶段之后，又成为支援各路反攻大军的主要供应基地。

一二九师司令部暨晋冀鲁豫军区司令部长期设在河北省涉县赤岸村。从 1940 年起，在这里住了五年多。

赤岸村地处清漳河畔，依山傍水，自然环境很好。司令部大院在村中央的小山坡上。院内西屋是刘伯承住室，北屋是会议室，南屋是办公室，东屋是警卫室；邓小平政委住在西院一幢坐南朝北的房子里。现在，司令部大院旧址北屋、东屋和南屋陈列着反映当时军民光荣斗争史的革命文物和有关资料。

抗日战争时期，刘伯承、邓小平在这里指挥晋冀鲁豫根据地军民，广泛开展抗日游击战争，不断扩大根据地，建立抗日政权，加强根据地的各项建设，为抗日战争的胜利做出了卓越贡献，在抗日战争史上写下了光辉的篇章。

1945年8月20日，抗日战争刚刚胜利，晋冀鲁豫中央局和晋冀鲁豫军区即在赤岸村成立，邓小平任中央局书记和军区政委，军区司令员是刘伯承。司令部仍设在原八路军一二九师司令部大院。刘伯承和邓小平在这里运筹帷幄，指挥晋冀鲁豫解放区军民粉碎了国民党军队的进攻。在这里制定了上党战役和平汉战役作战方案，并亲自指挥这两个著名的战役，取得了巨大胜利。

上党是山西省东南部以长治为中心的地区。1945年9月，阎锡山集中13个师的兵力，在日伪军的配合下，先后自临汾、浮山、翼城和太原、榆次出发，侵入晋冀鲁豫解放区之晋东南的襄垣、屯留和潞城等地。解放区军民在刘伯承、邓小平指挥下，发动反攻，歼敌35000多人，俘虏多名敌军长、师长等高级军官。

平汉战役是在邯郸马头一带进行的。1945年9月，国民党军队自郑州、新乡一带沿平汉路进攻晋冀鲁豫解放区。10月下旬，其先头部队三个军，侵入磁县、邯郸一带。刘伯承、邓小平指挥解放区军民奋起自卫，经过一周激战，10月30日，国民党第十一战区副司令长官兼新八军军长高树勋将军率其所属新八军和一个纵队1万余人在邯郸地区起义。其余两个军在溃退中被我军围歼。

上党战役和平汉战役，我党不仅取得了军事上的胜利，而且在政治上以铁的事实揭露了当时国民党蒋介石假和谈、真备战的阴谋，教育了全国人民。

此后，晋冀鲁豫军区领导机关迁到武安县冶陶村。1947年在那里召开了整党整风和土地会议。同年又召开了大军南下会议。

（65）冉庄地道战遗址

清苑县冉庄，距保定市约30公里。在抗日战争和解放战争时期，冉庄人民积极开展地道战，神出鬼没地打击敌人，致使敌人"宁绕黑风口（张登），不从冉庄走"。由于冉庄人民开展地道战功绩卓著，曾荣获"抗日模范村"的光荣称号。现在的冉庄地道战遗址，就是冉庄人民光辉斗争业绩的历史见证，也是冀中人民在极端残酷的战争环境里，为夺取抗日战争的胜利做出重大贡献的一个典型实例。

冉庄的地道及其工事，是在与敌人的斗争中创造和逐步完善起来的，经历了一个由简单到复杂，由单纯防御到主动打击敌人的过程。开始，群众在村里、村外挖隐蔽洞，称为"蛤蟆蹲"。后来把隐蔽洞加长，再把单口洞改为双口洞，成为地道的雏形。最后发展成"三通""三交叉""五防"的地道。

冉庄地道以十字街为中心，有东西南北主要干线4条，长4.5里，南北支线13条，东西支线11条。还有西通东孙庄，东北通姜庄的联村地道；有向东南通隋家坟和河坡的村外地道。全长约30里，形成了村村相通，四通八达，能进能退，能攻能守的地道网。

地道一般宽约0.7至0.8米，高约1－1.5米，上距地面2米多。从用途来看，可分为作战用的军用地道和供群众隐蔽用的民用地道两种。

地道结构复杂，内部建有储粮室、厨房、厕所和战斗人员休息室，设有照明灯和路标。地道总指挥部附近挖有很深的陷井，井上设"翻板"。它是一种防卫设施，敌人万一进入地道，一踏上"翻板"，就会落井淹死。地道又与水井相通，既可作为气眼流通空气，又解决了地道内群众的用水问题，设计十分巧妙，实用价值很高。

地道的出入口都是从实战、实用和隐蔽的原则出发，经过精心选址和设计后修建的。有的修在屋内墙根壁上，有的建在靠墙根的地面，有的则利用牲口槽、炕面、锅台、风箱、井口等作为出入口。这些地道口选址时都充分利用了地形地物，伪装得与原建筑物一模一样，使敌人很难发现。

为了充分发挥地道的优势，还在村里各要道口的房顶上修建了高房工事，在地面修建了地平堡，把地道与地面工事有机地结合起来。此外，还根据不同的地形地物，分别在小庙、碾子、烧饼炉、柜台、暗室、墙角或墙根等处，修筑了工事和枪眼。其中高房工事7处，地平堡14处，小庙工事6处，碾子工事2处，烧饼炉工事1处，柜台工事1处，暗室及墙角枪眼8处。所有这些工事都和地道相通，既能了望，又能射击和拉雷。这样，地道和地面相配合，各种火力相交叉，构成了密集的火力网，充分发挥地道的威力，痛歼来犯之敌。

冉庄地道战工事的主要特点是三通、三交叉和五防。三通即高房相通、地道相通、堡垒相通；三交叉即明枪眼与暗枪眼交叉、高房火力与地平堡火力交叉、墙壁火力与地堡火力交叉；五防即防破坏、防封锁、防水灌、防毒气、防火烧。

抗日战争和解放战争时期，冉庄的民兵和群众曾经利用这种神奇莫测的地道与日伪军、国民党军队进行地道战17次，同时进行伏击、追击战55次，配合地方武装出村作战85次。其中5次规模较大的地道战，就毙伤敌人163人。因此，冉庄成为冀中地道战的一面红旗。

（66）晋察冀军区司令部旧址

抗日战争初期，聂荣臻率领八路军一一五师一部，在山西五台和河北阜平一带，建立了晋察冀抗日根据地，积极开展华北敌后抗日游击战争，不断壮大抗日力量，扩大根据地，加强根据地的各项建设，使这里成为当时的模范抗日根据地。抗日战争胜利时，晋察冀根据地已经是一个拥有山西、河北、察哈尔、热河和辽宁五省各一部分的广大地区。在解放战争时期，晋察冀边区又是最大的解放区之一。

在抗日战争和解放战争时期，晋察冀军区司令部在转战中曾先后设在河北省许多村庄，留下了许多旧址。张家口第六中学和阜平县城南庄是其中的两处。

1945年8月，晋察冀军民解放了张家口。之后，中共中央北方局、晋察冀军区司令部和晋察冀边区政府均迁至张家口。晋察冀军区司令部设在现张家口市第六中学。

旧址主要建筑为一座二层楼房，是当年晋察冀军区司令部的办公楼，司令员聂荣臻的办公室就设在这座楼上。在楼的北面和东面还有一些平房，是司令部有关部门办公的地方。

抗日战争胜利后，国民党反动派玩弄假和谈真备战的阴谋，大肆进攻解放区，夺取抗战胜利果实。1945年8月，国民党军队攻占归绥、集宁、丰镇。9月初攻占兴和、尚义、武川、陶林、新堂、凉城，大举向察哈尔解放区进攻，迫近张家口。晋察冀军区司令部在这里指挥我军奋起自卫，击退国民党的进攻，并俘房了大批敌人官兵，给破坏停战协定、发动内战的国民党反动派以狠狠的打击，从而粉碎了敌人的阴谋。

阜平县城南庄地处群山之中，北靠苍山主峰，南临胭脂河。早在1939年，这里便是中国共产党北方局及北岳区党委机关所在地。1947年，城南庄又成为晋察冀军区司令部所在地。与此同时，晋察冀边区政府设在广安村，晋察冀中央局设在新房村。

晋察冀军区司令部旧址大院，共有三排五栋平房。军区司令员兼政委聂荣臻就住在最后一排的西头。在此期间，聂荣臻主持召开了土改、财经、军政会议，还召开了贯彻中央关于以诉苦三查为内容的新式整军会议，组织并指挥了解放石家庄等战役。1947年11月12日，晋察冀边区人民解放军解放了石家庄，全歼守敌24000多人。这是我军在华北解放的第一个重要城市。

1948年4月11日，中共中央机关和毛泽东等由陕北经山西来到城南庄，住在晋察冀军区司令部大院里。聂荣臻司令员把自己的房间腾出来给毛泽东办公和休息。毛泽东在这里召开了重要的军事汇报会，朱德、周恩来、任弼时、陈毅、聂荣臻、粟裕等参加了会议。毛泽东听取了聂荣臻司令员以及副司令员和参谋长关于军区军事情况的汇报，一起分析了军事形势。毛泽东对军区工作作了重要指示。

此后，华北解放军进行了冀热察战役，歼敌2万余人。6月进行了晋中战役，解放了14座县城，完全孤立和包围了太原。7月又进行了保北战役，打破了敌人平保线防御体系，为解放全华北创造了有利条件。

（67）西柏坡中共中央旧址

平山县西柏坡村，位于太行山东麓、滹沱河北岸的柏坡岭下，距石家庄市约90公里。1948年5月26日至1949年3月23日，这里是中国共产党中央委员会和中国人民解放军总部所在地。

1947年5月，以刘少奇为书记、由朱德、董必武等组成的中央工作委员会来到西柏坡。7月17日至9月13日，刘少奇在这里主持召开了土地工作会议，通过了《中国土地法大纲》，并于10月10日由中共中央正式公布，从而大大推动了各解放区土地改革运动的胜利开展。

1948年春，中国人民解放战争取得了战略反攻的节节胜利。3月23日，毛泽东、周恩来，任弼时等和中央机关从陕北吴堡县川口东渡黄河，经晋绥解放区，来到了阜平县城南庄。5月26日辗转来到西柏坡。从此，一直到1949年3月23日，党中央和解放军总部迁往北平止，这里是中国革命的领导中心。

当时，党中央和解放军总部的领导人，大都住在群众的房子里。这些房子是这一带山区普通的平顶房建筑。只是在房子周围加筑了一道围墙，开挖了长达232米、有4个洞口的防空洞。

现在的中共中央旧址大院，是1958年修建岗南水库后，于1971年开始在北面的山坡上复原建设的。为了保护中共中央旧址建筑，当时由有关部门组织力量，进行了详细的测绘、拍照和登记，并妥善地保存了木构件等建筑材料。复原建设的中共中央旧址大院，从建筑布局到建筑形式都基本反映了原来的面貌。

中共中央旧址大院，大门南向，分前后两部分。前院自东而西，是周恩来、任弼时、毛泽东、刘少奇、董必武的旧居，还有军委作战室旧址和中央机关食堂旧址等。

在后院东北角，三间窑洞式建筑是朱德的办公室、休息室和会客室的旧址。

1948年中共中央九月会议，是在大院最西部的中央机关食堂召开的。它是抗战胜利之后到会人数最多的一次中央会议。会议检查了过去的工作，规定了今后的工作任务和我军的作战方针，为组织战略决战，夺取解放战争的全面胜利作了思想上、组织上和物质上的准备。

中央军委作战室旧址在毛泽东旧居西北。当年，党中央、中央军委和毛泽东等中央领导人的许多重要电文、指示、命令就是从这里发往全国和解放军各部队的。1948年9月，解放战争处于战略决战的重要关头，以毛泽东为首的党中央把握时局，抓住战机，组织和指挥了闻名世界的辽沈、淮海和平津三大战役。从1948年9月12日开始，到 1949 年 1 月 30 日结束，历时 4 个月零 19 天，共歼灭和改编了国民党军队 154 万多人，为彻底推翻国民党蒋介石的统治、解放全中国奠定了基础。

在大院西部、前后院之间，是中共中央七届二中全会会址旧址。1949 年 3 月 5 日至 13 日，中国共产党在这里召开了七届二中全会。毛泽东主持了这次会议，并作了重要报告。朱德、刘少奇、周恩来、任弼时等在会上作了重要发言。毛泽东在报告中提出了我国由新民主主义革命转变为社会主义革命的路线、方针和政策，为我国社会主义革命和建设指明了道路。

1976 年，在中共中央旧址东部山坡上修建了西柏坡纪念馆。纪念馆展出的珍贵的革命文物、历史照片和资料，比较系统地介绍了党中央和毛泽东等中央领导人在西柏坡期间的革命实践活动和为中国革命建立的丰功伟绩。

（68）晋冀鲁豫烈士陵园

位于邯郸市市区，一般称为邯郸烈士陵园。占地面积约 320 亩，分为南北两院。园内苍松翠柏，花木成荫，庄严肃穆。主要建筑有烈士纪念塔、烈士公墓、烈士亭、纪念堂、"四八"烈士阁和陈列馆等。陵园内共安葬着 200 多名革命烈士，陈列着他们的遗物、墨迹和遗像。这些烈士多数是抗日战争中牺牲的老红军和八路军的优秀指挥员。

陵园正门门首嵌着一块横匾，镌刻着朱德为陵园的题名：晋冀鲁豫烈士陵园。大门迎面耸立着一座用大理石砌筑的烈士纪念塔。塔的正面镌刻着毛泽东为烈士的题词："英勇牺牲的烈士们千古　无上光荣"。西面和北面是朱德和刘少奇的题词。基座两侧的石碑上，刻有任弼时、董必武、彭德怀和林伯渠的题词。这些题词高度表彰了革命烈士的丰功伟绩和崇高精神。

烈士纪念塔北面是宏大的烈士公墓。公墓的东边，是左权将军墓。左权是八路军副参谋长，1942 年 5 月，在麻田战役中与日寇作战，不幸以身殉国。当时曾在涉县石门村西北山麓为左权建造了陵墓。1950 年 10 月 21 日，晋冀鲁豫烈士陵园落成，中央人民政府政务院决定，将左权灵柩迁葬到这里。同时决定将葬于石门村的抗日战争中先后牺牲的高捷成、赖勤、何云、陈光华、杨裕民、张衡宇 6 位烈士安葬于左权墓两侧。

左权墓雄伟壮观。墓区东西宽 54.5 米，南北长 52.5 米，墓高 6.6 米。墓前有高大的碑楼。碑楼前额横书谢觉哉"人民共仰"的题词。墓碑正面为周恩来亲书"左权将军之墓"。背面刻着周恩来 1942 年 6 月写的《左权同志精神不死》悼文的节录。东面碑上镌刻着朱德吊左权的诗："名将以身殉国家，愿拼热血卫吾华，太行浩气传千古，留得清漳吐血花。"西面碑上刻着彭德怀同志写的左权将军碑志。墓南面是左权将军纪念馆，里边陈列着左权光辉战斗一生的历史照片和有关资料。

陵园最东部，有一座仿古代建筑形式的重檐大殿，周恩来题写的"烈士纪念堂"匾，高悬在屋檐之下。纪念堂内陈列着烈士们的遗像和遗物，真实地再现了烈士们的革命生涯和革命精神。

"四八"烈士阁坐落在陵园西北角。1946 年 4 月 8 日，王若飞、博古、叶挺、邓发、黄齐生等由重庆乘飞机返回延安，因飞机失事，不幸在山西兴县黑茶山遇难。"四八"烈士阁就是为纪念这些烈士而修建的。

（69）华北军区烈士陵园

在石家庄市市区，占地面积 21 万平方米，建筑雄伟庄严。园内松柏长青，环境肃穆幽雅。在这里安葬着建国前牺牲的 229 名团级以上军队干部和战斗英雄，以及建国以来的 500 多位烈士。其中有回民支队司令员马本斋烈士墓，赵博生、董振堂烈士纪念亭，还有伟大的国际主义战士白求恩陵墓，印度友人、国际主义战士柯棣华陵墓和爱德华纪念碑等。

白求恩陵墓位于陵园西部。柯棣华陵墓和爱德华纪念碑在陵园的东部，与白求恩陵墓遥遥相对。柯棣华墓和爱德华纪念碑南北并列，建在一个宽广的平台上。柯棣华是印度医生，国际红十字会援华医疗队队员，后加入中国共产党，1942 年 12 月 9 日逝世后，原葬在唐县，1952 年迁来这里。墓的形制朴素大方，下部为方形，上部为圆形。墓前汉白玉石碑上刻着"柯棣华大夫之墓"几个大字。墓左侧的汉白玉石上，刻着柯棣华大夫的简历。毛泽东曾对柯棣华大夫作过高度评价，称他"远道来华，援助抗日，在延安华北工作五年之久，医治伤员，积劳病逝"。说他的死使"全军失一臂助，民族失一友人"。号召我们永远不要忘记柯棣华大夫的国际主义精神。

爱德华博士是印度医生，国际红十字会援华医疗队队长。在中国工作两年后回印度。解放后，他应周恩来总理的邀请，多次来华访问。1957 年病逝于北京。根据他的遗嘱，他的骨灰撒在了印度恒河和我国的黄河潼关渡口。1958 年，中印友好协会为他立碑于柯棣华墓侧，以志纪念。

在陵园东部建有烈士纪念馆。西部建有陈列室和烈士纪念亭。亭内有中共中央华北局为烈士竖立的纪念碑。后部建有江西省宁都起义领导人董振堂和赵博生纪念碑亭。

高大的灵堂建筑坐落在陵园的正北部。灵堂前面有三组高大的铜像，再现了人民子弟兵飒爽英姿勇敢战斗的英雄形象。灵堂后部是烈士墓地。马本斋等烈士就安葬在这里。

（70）董存瑞烈士陵园

位于隆化县城西北。陵园平面布局呈长方形，南北长 367 米，东西宽 190 米，总面积为 6.97 万平方米。园内遍植长青松柏，氛围肃穆。

陵园中轴线上的建筑自南而北依次为正门，由四根石柱两两对称组成，中间两根上方置一横额，上书"董存瑞烈士陵园"。牌楼为仿古建筑形式，正中书写"死难烈士万岁"；烈士塑像，建在花岗石基座上，为董存瑞手托炸药包、拉响导火索的英雄形象；烈士纪念碑，碑身正面汉白玉石上镌刻着朱德 1957 年 5 月 25 日为董存瑞烈士的亲笔题词："舍身为国，永垂不朽！"烈士墓，为水泥穹窿顶式建筑。内置小型檀木棺，安放着烈士遗骨。前面竖有镌刻"董存瑞烈士之墓"的墓碑。

陵园前部两侧为碑亭，亭内各竖一通汉白玉石碑，镌刻"董存瑞永垂不朽"及其英雄事迹。在纪念馆内陈列着烈士的遗物，以及烈士事迹图片等。

在陵园西南 200 米处，是董存瑞牺牲时的旧址。以"董存瑞烈士牺牲地址"金字石碑为志。

（71）全国重点文物保护单位名单（河北省部分）

编号	分类号（略）	名称	时代	地址
		冉庄地道战遗址	1942 年	清苑县冉庄
		西柏坡中共中央旧址	1948—1949 年	平山县西柏坡
		响堂山石窟	北齐至明	邯郸市峰峰矿区
		义慈惠石柱	北齐	定兴县石柱村
		安济桥	隋	赵县大石桥村
		赵州陀罗尼经幢	北宋	赵县城内
		定县开元寺塔（料敌塔）	北宋	定县城内
		隆兴寺	宋	正定县城内
		广惠寺华塔	金	正定县城内
		永通桥	金	赵县西门外
		北岳庙	元	曲阳县城
		万里长城——山海关	明	秦皇岛市山海关

编号	分类号（略）	名称	时代	地址
		避暑山庄	清	承德市
		普宁寺	清	承德市
		普乐寺	清	承德市
		普陀宗乘之庙	清	承德市
		须弥福寿之庙	清	承德市
		沧州铁狮子	后周	沧县旧城东关
		燕下都遗址	战国	易县东南
		赵邯郸故城	战国	邯郸市
		封氏墓群	北朝	景县后屯村一带
		清东陵	清	遵化县马兰峪西
		清西陵	清	易县梁各庄西

（72）河北省重点文物保护单位名单（共计三百零四处）

革命遗址及革命纪念建筑物（共二十处）

编号	分类号	名称	时代	地址	备注
1	1	李大钊故居	1889—1911 年	乐亭县大黑坨村	
2	2	吴禄贞墓	1982 年	石家庄市长安公园	1911 年葬于石家庄火车站，1982 年由火车站迁来
3	3	布里村留法勤工俭学工艺学校旧址	1917 年	高阳县布里村	
4	4	白求恩手术室旧址	1939 年	河间县屯庄	齐会战斗中的手术室
5	5	梅花村惨案遗址	1939 年	藁城县梅花村	
6	6	八路军一二九师司令部、政治部旧址	1940 年	涉县赤岸村、王堡	
7	7	晋察冀边区烈士陵园	1940 年	唐县军城南关	陵园内有白求恩、柯棣华墓旧址
8	8	潘家峪惨案遗址	1941 年	丰润县潘家峪	
9	9	冉庄地道战遗址	1942 年	清苑县冉庄	全国重点文物保护单位
10	10	晋冀鲁豫抗日殉国烈士公墓旧址	1942 年	涉县石门村	
11	11	五勇士跳崖处	1942 年	易县狼牙山上	包括五勇士纪念塔
12	12	晋察冀军区司令部旧址	1945—1946 年	张家口市第六中学	
13	13	晋冀鲁豫军区西达兵工厂旧址	1945 年	涉县西达村	

续表

编号	分类号	名称	时代	地址	备注
14	14	晋冀鲁豫军区旧址	1946 年	武安县冶陶村	
15	15	晋察冀军区司令部旧址	1947—1948 年	阜平县城南庄	
16	16	西柏坡中共中央旧址	1948—1949 年	平山县西柏坡	全国重点文物保护单位
17	17	左权墓	1950 年	邯郸市晋冀鲁豫烈士陵园	1950 年由涉县石门村迁来
18	18	白求恩墓	1952 年	石家庄市华北军区烈士陵园	1952 年由唐县军城南关迁来
19	19	柯棣华墓	1952 年	石家庄市华北军区烈士陵园	1952 年由唐县军城南关迁来
20	20	董存瑞烈士陵园	1953 年	隆化县城西北	

石窟寺（共八处）

编号	分类号	名称	时代	地址	备注
21	1	响堂山石窟	北齐至明	邯郸市峰峰矿区	全国重点文物保护单位
22	2	寺后坡石窟	北朝	邯郸市峰峰矿区寺后坡村	
23	3	千佛崖石窟	北朝	井陉县七狮沿村千佛崖	
24	4	八会寺石佛龛	隋	曲阳县羊平黄山	
25	5	千佛洞石窟	宋	武安县桃园山	
26	6	林山石佛堂	宋、明	平山县东、西林山	
27	7	苍山石佛堂	明	阜平县苍山	
28	8	千佛洞石窟	明	涉县曲里村西八里	

古建筑及历史纪念建筑物（共一百零九处）

编号	分类号	名称	时代	地址	备注
29	1	古长城	战国—金	承德、张家口、保定等地区	
30	2	武灵丛台	战国、明、清	邯郸市	
31	3	义慈惠石柱	北齐	定兴县石柱村	全国重点文物保护单位
32	4	安济桥	隋	赵县大石桥村	全国重点文物保护单位
33	5	天护陀罗尼经幢	唐	石家庄市井陉矿区天护利	
34	6	易县道德经幢	唐	易县城内	
35	7	邢台道德经幢	唐	邢台市	
36	8	治平寺石塔	唐	赞皇县嘉应寺村	包括经幢、碑刻等

编号	分类号	名称	时代	地址	备注
37	9	幽居寺塔	唐	灵寿县沙子洞村	包括碑刻等
38	10	开元寺钟楼、塔	唐、明	正定县城内	
39	11	文庙大殿	五代	正定县城内	
40	12	赵州陀罗尼经幢	北宋	赵县城内	全国重点文物保护单位
41	13	天宁寺凌霄塔	宋	正定县城内	
42	14	景县舍利塔	宋	景县城内	
43	15	修德寺塔	宋	曲阳县城	
44	16	武安舍利塔	宋	武安县东门里	
45	17	普利寺塔	宋	临城县城关	
46	18	宝云塔	宋	衡水县旧城	
47	19	定县开元寺塔（料敌塔）	北宋	定县城内	全国重点文物保护单位
48	20	庆林寺塔	北宋	故城县饶阳店	
49	21	静志寺塔基地宫	北宋	定县城内	已发掘，保存有壁画
50	22	净众院塔基地宫	北宋	定县城内	已发掘，保存有壁画
51	23	隆兴寺	宋	正定县城内	全国重点文物保护单啦
52	24	古地道	宋	邯郸市峰峰矿区	
53	25	王龙村陀罗尼经幢	辽	固安县王龙村	
54	26	云居寺塔	辽	涿县城内	
55	27	智度寺塔	辽	涿县城内	
56	28	圣塔院塔	辽	易县西关外	
57	29	双塔庵东西双塔	辽	易县泰宁寺村	
58	30	伍侯塔	辽	完县伍侯村	
59	31	镇江塔	辽	涞水县中水东村	
60	32	兴文塔	辽	涞源县东关	
61	33	石塔	辽	永清县大辛阁	
62	34	南安寺塔	辽	蔚县城内	
63	35	开善寺	辽	新城县旧城	
64	36	阁院寺	辽	涞源县城内	
65	37	卢龙陀罗尼经幢	金	卢龙县城内	
66	38	广惠寺华塔	金	正定县城内	全国重点文物保护单位
67	39	临济寺澄灵塔	金	正定县城内	
68	40	开化寺塔	金	元氏城内	
69	41	西岗塔	金	涞水县城西	
70	42	皇甫寺塔	金	涞水县皇甫寺村	

续表

编号	分类号	名称	时代	地址	备注
71	43	燕子村塔	金	易县燕子村	
72	44	源影寺塔	金	昌黎县城内	
73	45	龙泉寺大殿	金、明	霸县信安镇	
74	46	永通桥	金	赵县西门外	全国重点文物保护单位
75	47	柏林寺塔	元	赵县城内	包括寺遗址
76	48	半截塔	元	围场城半截塔村	
77	49	北岳庙	元	曲阳县城	全国重点文物保护单位
78	50	大道观	元	定县城内	
79	51	慈云阁	元	定兴县城内	
80	52	扁鹊庙	元	内邱县神头村	
81	53	梳妆楼	元	沽源县梳妆楼	
82	54	毗卢寺	元、明	石家庄市上京村	寺内保存有壁画
83	55	永旺塔	明	遵化县马兰峪	
84	56	板厂峪塔	明	抚宁县板厂峪	
85	57	普彤塔	明	南宫县旧城村	
86	58	定县文庙	明	定县城内	
87	59	钟楼	明	保定市	
88	60	福庆寺	明	井陉县苍岩山	
89	61	文庙大殿	明	永年县旧城	
90	62	城隍庙大殿	明	磁县城西大街	
91	63	开元寺	明	邢台市	
92	64	清真北大寺	明	沧州市解放路	
93	65	泊镇清真寺	明	泊镇清真街	
94	66	定慧寺后殿	明	丰润县西佑国寺村	
95	67	车轴山无梁阁、塔	明	丰润县车轴山	
96	68	宝峰禅寺	明	抚宁县平市庄北	
97	69	清远楼	明	张家口市宣化城内	
98	70	镇朔楼	明	张家口市宣化城内	
99	71	柏林寺	明	宣化县柏林寺村	
100	72	昭化寺	明	怀安县城内	
101	73	玉皇阁	明	蔚县城内	
102	74	古莲池	明、清	保定市	
103	75	吕仙祠（黄粱梦）	明、清	邯郸县黄粱梦村	
104	76	娲媓宫	明、清	涉县索堡凤凰山	

续表

编号	分类号	名称	时代	地址	备注
105	77	清泉寺	明、清	涉县石岗村南山	
106	78	万里长城	明	山海关—万全县怀来县—沙河县	包括长城附属建筑
107	79	万里长城—山海关	明	秦皇岛市山海关	全国重点文物保护单位
108	80	镇边城	明	怀来县镇边城村	
109	81	鸡鸣驿城	明	怀来县鸡鸣驿村	
110	82	宣化城	明	张家口市宣化区	包括拱极楼
111	83	永年城	明	永年旧城	
112	84	石牌坊	明	灵寿县城内	
113	85	伍仁桥	明	安国县伍仁桥村	
114	86	登瀛桥	明	沧县杜林村	
115	87	单桥	明	献县城南	
116	88	弘济桥	明	永年县东桥村	
117	89	滏阳河西八闸	明	永年县西大慈村至田堡村	
118	90	避暑山庄	清	承德市	全国重点文物保护单位
119	91	溥仁寺	清	承德市	
120	92	普宁寺	清	承德市	全国重点文物保护单位
121	93	安远庙	清	承德市	
122	94	普佑寺	清	承德市	
123	95	普乐寺	清	承德市	全国重点文物保护单位
124	96	普陀宗乘之庙	清	承德市	全国重点文物保护单位
125	97	殊像寺	清	承德市	
126	98	须弥福寿之庙	清	承德市	全国重点文物保护单位
127	99	罗汉堂	清	承德市	
128	100	汤泉行宫	清	承德县前庙	
129	101	木兰围场	清	围场县、隆化县	包括围址、东西庙宫、碑刻
130	102	凤山戏楼	清	丰宁县凤山镇	
131	103	孟姜女庙	清	秦皇岛市望夫石村	
132	104	净觉寺	清	玉田县蛮子营	
133	105	景忠山碧霞元君庙	清	迁西县景忠山	包括附属文物
134	106	大慈阁	清	保定市	
135	107	考棚	清	定县城内	
136	108	清风楼	清	邢台市	
137	109	五龙壁	清	张家口市宣化城内	

石刻及其他（共三十五处）

编号	分类号	名称	时代	地址	备注
138	1	北庄汉墓石刻	汉	定县石刻馆	
139	2	隆尧碑刻群	北魏、唐	隆尧县文物保管所	
140	3	南良舍造像碑	北魏	邢台县南良舍	
141	4	北柴村造像碑	北齐	平乡县北柴村	
142	5	南和造像碑	北齐	南和县北关	
143	6	北丛井造像碑	东魏	武安县北丛井	
144	7	澧水石桥碑	隋	南和县东韩村	
145	8	宋君碑	隋	南宫县文化馆	
146	9	大唐清河郡王纪功载政之颂碑	唐	正定城内	即封冻碑
147	10	马君起造像碑	唐	深县文化馆	
148	11	宋璟碑	唐	沙河县东户村	颜真卿书
149	12	古岈山寺重起为铭记碑	唐	武安县郭二庄	
150	13	狄仁杰祠堂碑	唐	大名县孔庄	
151	14	罗让碑	唐	大名县康堤口村	
152	15	石金刚	唐	南皮县城关	
153	16	马文操神道碑	后晋	大名县干校	
154	17	朱山石刻	后赵	永年县吴庄朱山	
155	18	沧州铁狮子	后周	沧县旧城东关	全国重点文物保护单位
156	19	定晋岩禅果寺碑刻	五代至清	武安县口上村寺沟	
157	20	朱熹写经碑	宋	大名县干校	明代翻刻
158	21	五礼记碑	宋	大名县双台村	
159	22	大观圣作之碑	宋	赵县城内	
160	23	古炼铁炉	宋	武安县矿山村	
161	24	铁狮子	金	石家庄市华北军区烈士陵园	一对
162	25	贾母贞节碑	元	柏乡县驻驾铺	赵孟頫书。包括其他石刻
163	26	窦默墓碑	元	肥乡县城西村	包括其他刻石
164	27	杨赟碑	元	蔚县麦子町	
165	28	牛鸾墓碑	明	献县城南	
166	29	戚继光镇府碑	明	迁西县三屯营	包括其他碑刻
167	30	天马山石刻	明	抚宁县白家堡子	
168	31	大龙门摩崖石刻	明	涞水县大龙门	
169	32	董仲舒石像	明	枣强县前旧县	
170	33	石牛	明	吴桥县桑园镇	
171	34	回龙亭碑	清	安次县朱官屯	
172	35	重修南宫县学碑	清	南宫县城内	张裕钊书

古遗址（共七十一处）

编号	分类号	名称	时代	地址	备注
173	1	泥河湾遗址	旧石器时代	阳原县泥河湾	系国际标定第四纪地层代表地点
174	2	小长梁遗址	旧石器时代	阳原县化稍营	
175	3	侯家窑遗址	旧石器时代	阳原县侯家窑	"许家窑人"发现地
176	4	虎头梁遗址	旧石器时代	阳原县东六马坊	
177	5	爪村遗址	旧石器时代	迁安县爪村	
178	6	磁山遗址	新石器时代磁山文化	武安县磁山村	磁山文化最初发现地点
179	7	牛洼堡遗址	新石器时代磁山文化	武安县牛洼堡	
180	8	西洋村遗址	新石器时代仰韶文化	正定县西洋村	
181	9	钓鱼台遗址	新石器时代仰韶文化	曲阳县晓林村	
182	10	留村遗址	新石器时代仰韶文化	安新县西留村	
183	11	赵窑遗址	新石器时代仰韶文化、商、周	武安县赵窑村	
184	12	大城山遗址	新石器时代龙山文化	唐山市大城山	
185	13	庄窠遗址	新石器时代龙山文化、商	蔚县庄窠村	
186	14	小客遗址	新石器时代龙山文化、商	正定县小客村	
187	15	安新庄遗址	新石器时代	迁安县安新庄	
188	16	白河南遗址	新石器时代	承德县白河南西北台地	
189	17	孟各庄遗址	新石器时代	三河县孟各庄	
190	18	马站遗址	新石器时代	怀来县小古城	
191	19	三关遗址	新石器时代、商	蔚县三关	
192	20	上坡遗址	新石器时代、商、周	容城县上坡村	
193	21	台西遗址	商	藁城县台西村、庄合	包括西台、北台
194	22	前西关遗址	商	藁城县前西关村	
195	23	西门外遗址	商	平山县西门外冶河东岸	
196	24	曹演庄遗址	商	邢台市曹演庄	
197	25	下七垣遗址	商	磁县时营村	
198	26	卧龙岗遗址	商	定兴县东引村	
199	27	新城铺遗址	商、周	正定县新城铺	
200	28	孟良河遗址	商、周	曲阳县城西北二里孟良河南岸	包括北岸遗址
201	29	凉马台遗址	商、周	容城县凉马台村	
202	30	夜借遗址	商、周	满城县夜借村	
203	31	要庄遗址	商、周	满城县要庄	

编号	分类号	名称	时代	地址	备注
204	32	西小旺遗址	商、周	三河县西小旺村	
205	33	西张村遗址	西周	元氏县西张村	
206	34	柏人城址	周	隆尧县双碑村	
207	35	赵邯郸故城	战国	邯郸市	全国重点文物保护单位
208	36	中山灵寿故城	战国	平山县上三汲村一带	包括城址附近王陵和墓地
209	37	土城子城址	战国	承德县头沟瓦房村	
210	38	燕下都遗址	战国	易县东南	全国重点文物保护单位
211	39	南阳遗址	战国	容城县南阳村	
212	40	小城子城址	战国、汉	滦平县小城子	
213	41	郛堤城址	战国、汉	黄骅县城西北	
214	42	午汲古城	战国、汉	武安县午汲	
215	43	固镇古城	战国、汉	武安县固镇	
216	44	西店子古城	战国、汉	武安县西店子	
217	45	讲武城址	战国、汉	磁县城南	
218	46	王郎城址	战国、汉	邯郸市王郎村	
219	47	插箭岭遗址	战国、汉	邯郸市西郊	包括铸箭炉、灵山、梳妆楼、照眉池
220	48	子城遗址	战国、汉	完县子城村一带	
221	49	北城子遗址	战国、汉	唐县北城子	
222	50	城子古城	战国、汉	围场县城子村	
223	51	半截塔村古城	战国、汉	围场县半截塔村	
224	52	九门城址	战国至北朝	藁城县九门村	
225	53	岱尹城址	战国至金	围场县岱尹下村	
226	54	代王城址	汉	蔚县代王城	
227	55	武垣城址	汉	肃宁县城东南	
228	56	古宋城址	汉	赵县宋城	
229	57	寿王坟铜冶遗址	汉	承德市寿王坟矿区	
230	58	固镇铁冶遗址	汉	武安县固镇村	
231	59	邺城遗址	东汉至北朝	临漳县邺镇一带	包括南邺城、北邺城、三台
232	60	隆化土城子城址	北魏、辽、金、元	隆化县城北下洼子村	
233	61	临城瓷窑址	唐至元	临城县	包括：祁村、岗头、西双井、澄底、山下、南北程村、瓷窑沟等
234	62	定窑遗址	五代、宋	曲阳县涧磁村、燕川一带	

编号	分类号	名称	时代	地址	备注
235	63	磁州窑遗址	宋、元	磁县、邯郸市峰峰矿区	
236	64	巨鹿故城遗址	宋	巨鹿县城下	
237	65	沧州旧城	宋	沧县旧州	
238	66	张霍村寺庙遗址	宋	任县张霍村	
239	67	四角城址	金、元	丰宁县骆驼场	
240	68	兴州古城	金、元	滦平县兴州村	
241	69	会州城	金至明	平泉县会州城村	
242	70	九连城遗址	元	沽源县九连城	
243	71	小宏城子遗址	元	沽源县小宏城子	

古墓葬（共六十一处）

编号	分类号	名称	时代	地址	备注
244	1	丛葬墓群	战国	易县解村一带	
245	2	龙冢	战国	大城县龙冢村	
246	3	三陵墓群	战国、汉	邯郸县陈三陵村、寺窑村、周窑村一带	
247	4	林村墓群	战国、汉	邯郸县林村、户村、涧沟、酒务楼一带	
248	5	小城子西山墓群	战国、汉	滦平县小城子	
249	6	满城汉墓	西汉	满城县陵山	刘胜、窦绾墓已发掘，保护墓室及其附葬墓
250	7	定县汉墓群	汉	定县	有的传为汉中山王陵
251	8	高官庄墓群	汉	涿县高官庄	
252	9	半壁店墓群	汉	涿县半壁店一带	包括西官头古墓
253	10	大宋台古墓	汉	蠡县大宋台村	
254	11	代王城墓群	汉	蔚县代王城	
255	12	赵家窑墓群	汉	怀安县乔家坊村	
256	13	耿家屯墓群	汉	怀安县耿家屯	
257	14	老龙湾墓群	汉	万全县老龙湾	
258	15	献县汉墓群	汉	献县城东云台山、尹店村一带	有的传为汉河间王刘德墓
259	16	后冢	汉	冀县后冢村	
260	17	各子墓群	汉	赵县各子村南一带	
261	18	东韩台古墓	汉	元氏县东韩台村	
262	19	冢子村古墓	汉	清河县冢子村	

编号	分类号	名称	时代	地址	备注
263	20	吴村古墓	汉	南和县吴村	
264	21	插箭岭墓群	汉	邯郸市插箭岭一带	
265	22	马头古墓	汉	邯郸市马头镇	
266	23	北张庄墓群	汉	邯郸县北张庄、西孙庄	
267	24	方头固冢	汉	永年县方头固村	
268	25	所药村壁画墓	东汉	望都县所药村	已发掘，保护墓室及其壁画
269	26	安平壁画墓	东汉	安平县逯家庄	已发掘，保护墓室及其壁画
270	27	甄氏墓群	东汉至北朝	无极县史村	
271	28	高氏墓群	北魏至隋	景县野林庄一带	
272	29	封氏墓群	北朝	景县后屯村一带	全国重点文物保护单位
273	30	李氏墓群	北朝	赞皇县南邢郭村	
274	31	磁县北朝墓群	东魏、北齐	磁县城南	俗称"七十二疑冢"
275	32	唐陵	唐	隆尧县汪尹村	
276	33	万堤古墓	唐	大名县万堤农场	
277	34	柿庄壁画墓	宋	井陉县柿庄	已发掘，保护6号墓室及其壁画
278	35	张世卿壁画墓	辽	张家口市宣化区下八里	已发掘，保护墓室及其壁画
279	36	梓木林子古墓	辽	兴隆县梓木林子	
280	37	八王沟墓群	辽	平泉县八王沟	
281	38	石羊石虎墓群	辽、金	平泉县仓子	
282	39	张柔墓	元	满城县岗头村	包括石刻
283	40	史邱庄古墓	明	涿县史邱庄	
284	41	清东陵	清	遵化县马兰峪西	全国重点文物保护单位
285	42	清西陵	清	易县梁各庄西	全国重点文物保护单位
286	43	怡贤亲王墓	清	涞水县东营房	包括石刻
287	44	温窑陵台		永年县温窑村	
288	45	塔底村古墓		宁晋县塔底村	
289	46	平原君赵胜墓		肥乡县西屯庄	传说。包括明代墓碑
290	47	韩厥墓		内邱县李吴村	传说
291	48	唐太子墓（塔群）		平山县林山脚下	传说
292	49	赵陀先人墓		石家庄市赵陵铺	传说
293	50	周亚夫墓		景县城西	传说
294	51	孔颖达墓		衡水县前马庄	传说
295	52	窦氏青山（墓）		武邑县青冢村	传说
296	53	尹吉甫墓		南皮县黄家洼村	传说

编号	分类号	名称	时代	地址	备注
297	54	刘完素墓		河间县刘守村	传说。包括祠址
298	55	戚继光墓		献县北宗村	传说
299	56	影三郎墓		蠡县郑村	传说
300	57	王子坟		博野县西王墓村	传说
301	58	彭越墓		清苑县王力村	传说
302	59	刘伶墓		徐水县张华村	传说
303	60	张华墓		徐水县张华村	传说
304	61	唐王坟		文安县姜庄子村	传说

河北风物志

（名胜古迹·革命纪念地）

河北人民出版社·1985 年第 1 版

名胜古迹

　　河北为古冀州之地，燕赵之乡，有着悠久的历史，灿烂的文化，众多的名胜古迹。1982 年，河北省人民政府公布的河北省重点文物保护单位有三百零四处之多。这里我们向读者介绍的仅仅是河北名胜古迹瑰宝的一部分。

邯郸古迹

　　邯郸位于河北省冀南平原，西依太行山，东临滏阳河，交通方便，物产丰富，是一座有着悠久历史的著名文化古城。"邯郸"一名，最早出现于《春秋·谷梁传》中，距今已有二千五百多年历史。据《汉书》注释，邯是山名，单是尽的意思，即邯山至此而尽，因城廓从邑（"阝"的古写）而写为郸。这就是邯郸名称的由来。

　　春秋时期，邯郸先属卫，后属晋。战国时期，公元前 403 年，韩、赵、魏三家分晋之后，邯郸属赵。赵敬侯元年（公元前 386 年）始建都于此，直到公元前 228 年赵被秦灭亡为止，在一百六十五年期间，邯郸一直是赵国政治、经济、文化的中心。在汉代，邯郸是五大都市之一，十分繁荣。在此后漫长的岁月中，邯郸历尽沧桑，直至 1949 年 10 月解放，才获新生。

　　邯郸古城有着悠久的历史和烂灿的文化。

赵王城

　　邯郸故城是由赵王城及大北城两部分组成。从邯郸市向西南行约四公里，越过京广铁路，就可以看见状如岗峦的夯土城墙，这便是赵王城遗址。

　　赵王城也称宫城，由东、西、北三个小城组成，平面布局近似品字形，总面积为五百一十二万平方米。夯土建筑的城垣残高三至八米，蜿蜒起伏，雄伟壮观，城址内有龙台、北将台、南将台等高大的夯土台。它们是当时的宫殿建筑基址，其中龙台最为高大，现存基址东西宽二百六十五米，南北长二百八十五米，高十九米，是宫城内的中心建筑基地。

赵国迁都邯郸以后，治水患，冶铁，铸钱，发展经济；筑长城，"胡服骑射"，加强军事力量；进行灭中山，击匈奴，败楼烦等开拓疆域的战争，很快发展为战国七雄（秦、楚、齐、燕、赵、魏、韩）之一。公元前228年，秦国大将王翦攻下邯郸，俘虏了赵王迁，赵国遂亡。公元前209年，赵国贵族武臣和赵歇利用陈胜、吴广起义的机会，相继在邯郸称赵王。后来，秦将章邯率兵攻至邯郸，赵歇被迫逃巨鹿。章邯下令"夷其城廓"。赵王城从此毁坏。

在赵王城的东北面，是赵邯郸故城的商业、手工业作坊和居民区，考古工作者称其为"大北城"，现在大都湮没于邯郸市下面。大北城大约始建于春秋时期，战国和汉代最为繁荣，是汉代五大都市之一。

武灵丛台

武灵丛台因始建于赵武灵王时期（公元前325—前299年），因而得名。有关丛台的记载，最早见于《汉书》，说高后元年（公元前187年），"五月丙申，赵王宫丛台灾"。唐代颜师古注："连聚非一，故名丛台。盖六国时赵王故台也，在邯郸城中。"可见丛台原非一台。史载原来丛台上有天桥、雪洞、妆阁、花苑诸景，规模宏大，结构奇特，名扬列国。赵武灵王就在这里观看操练兵马，同时，也在这里休息和娱乐。

1961年，郭沫若来邯郸时题诗道："邯郸市内赵丛台，秋日登临曙光开，照黛妆楼遗废迹，射骑胡服思雄才。"这诗碑立于丛台南门石级之上。

武灵丛台现坐落在解放后修建的人民公园内，是邯郸的著名古迹之一。现仅存一台，高二十六米，原为夯筑，后代用砖加以包砌。台的南北有登道，拾级而上，可达台顶。现有主要建筑为武灵馆、如意轩、回澜、据胜亭等。

在邯郸西北郊有一个丘岭，面积近四万平方米，相传是赵武灵王"胡服骑射"、训练士卒的地方。因在这里经常发现战国时期的铜箭头，故传称之为插箭岭。插箭岭附近有一个圆形夯土台，名为铸箭炉，相传是赵国铸箭的作坊所在。

在武灵丛台下的湖中，有一个亭子，题额为"望诸榭"，是为纪念忠义智勇的燕将乐毅而建的。相传这里原是一座庙，叫乐毅庙，后来庙毁，复建时才改为亭。乐毅是战国时期著名的政治家和军事家。"望诸榭"是以乐毅号为名的。

在丛台北边，有一座七贤祠，是后人为纪念春秋战国忠君爱国的"七君子"而建的。原为三忠、四贤两座祠，重修时，合建为一座七贤祠。"七贤"指韩厥、程婴、公孙杵臼、蔺相如、廉颇、赵奢和李牧。在《东周列国志》里，有程婴、韩厥、公孙杵臼"三忠"舍子、舍身救赵氏孤儿的动人事迹。当时晋国司寇屠岸贾，对晋国大夫赵朔怀有旧仇，在晋景公面前诬陷赵朔有叛晋之心。景公信以为真，遂命屠岸贾抄灭赵氏家族。赵朔的夫人庄姬是先王晋成公的姐姐，当时有孕在身，因在下宫未被杀害，后生一子，屠岸贾千方百计要斩草除根。赵朔的好友韩厥和心腹门客公孙杵臼、程婴经过周密计划，以程婴乳儿充当赵朔之子，假藏山中，谎报屠岸贾，被搜出杀害，公孙杵臼也同时被害。赵朔的儿子因而得救。十五年后，晋悼公当政，韩厥晋升为中军元帅。他向悼公说明了赵朔被诬陷的真情。悼公便下令斩了屠岸贾，并灭其全族，由赵朔的儿子赵武接替屠岸贾的司寇职位。程婴则不受封而自杀，以谢杵臼！《赵氏孤儿》一剧，就是写的这段故事。

在《史记》等书中还记载有蔺相如、廉颇"完璧归赵""渑池会""将相和"等事迹。

赵奢智勇双全，机智善战，曾于公元前 270 年在阏与（今河北武安县西）大破秦军，因而被封为马服君。他的儿子赵括，自幼熟读兵书，善谈兵法，自认为天下无敌。但赵奢却认为，他的儿子不能为将，"括不为将，赵不用括，乃社稷之福耳！"后来赵王不纳赵奢遗言，在长平之战中，撤换廉颇，任赵括为将，结果被秦将白起打败。赵国士卒四十万被俘，全遭坑杀。赵国从此一蹶不振。"纸上谈兵"的成语就是指赵括而言。

李牧早年是赵国收租税的田吏，执法严格，被平原君赵胜看中，识为将才。在赵惠文王赴渑池会时，他为中军大夫，率精兵五万，前往护驾。此后他镇守代地（今河北蔚县一带），屡建功劳，成为镇守北方的名将。后来，不幸为私通敌国的权臣谋害。三个月后，赵被秦所灭，赵王迁被俘。所以史称："颇、牧不用，王迁囚虏"。

当人们在游览武灵丛台，谈论这些脍炙人口的故事时，不禁会游兴倍增，情趣盎然。

蔺相如回车巷

蔺相如回车巷和廉颇"负荆请罪"，是赵国历史上一段很有意义的"将相和"历史佳话。在邯郸旧城南门里路西，有一条两米多宽的狭窄街道，相传是蔺相如驱车回避廉颇的地方。在巷口的墙壁上，原来曾镶嵌着一块"蔺相如回车巷"石碑，建于明朝万历十一年（1583 年）。

清朝窦克勤有诗咏回车巷：

> 能叱秦王暴，方回赵相车。若非操胜算，社稷惧丘墟。
> 一避国威壮，将军亦负荆。强邻虽虎视，不敢数加兵。

梳妆楼与照眉池

在邯郸市西北郊，京广铁路的西侧，有两个高大的夯土台，即梳妆楼遗址（包括南楼和北楼），土台残高十四米，总面积五万六千平方米。在它的东面有一片洼地，传为照眉池。

据《广平府志》记载："相传昔赵王嫔妃自丛台辇舆过此，尝照眉于池。今犹有池，迹方数亩。池之西，高坡如山阜。"唐代李白诗曰："清虚一鉴湛天光，曾照邯郸宫女妆。回首丛台尽荆棘，翠娥无影乱寒塘。"这说的就是梳妆楼和照眉池。

赵武灵王到丛台游乐、休息，总有许多宫女随同侍候，她们常在这里梳妆、打扮。想当初，楼高、水清，一定是很美丽的地方；随着岁月的流逝，楼毁、水竭，面目全非。所以清朝郑方坤叹道："如花宫女斗新蛾，剩粉残脂惹浩歌，莫问当时旧眉样，一池春水已无波！"

经考古工作者勘察，梳妆楼是"大北城"城墙附近高大建筑物的基址。

学步桥

在邯郸旧城北关外有座学步桥。据《庄子·秋水》记载，春秋战国时代，邯郸人步履优美，燕国寿陵少年前往学步，结果不但没有学会，反而连自己原来走路的样子也忘掉了。最后只好匍匐而归。唐代诗人李白曾借用这一典故写过"寿陵失本步，笑煞邯郸人"的诗句。

学步桥跨于沁河之上。据载原为木桥，于明万历四十五年（1617 年）改建为三孔石拱桥。全长三十五米，宽八点三米，通高四米。大拱券之间和外侧共有四个小拱券；桥上两侧石望柱柱头雕有狮子，栏板雕人物走兽，形态各异，雕工精细，具有我国桥梁建筑的民族风格。

响堂山石窟

响堂山石窟位于邯郸市峰峰矿区，分南北两处。南响堂石窟在西纸坊鼓山南麓，滏阳河北岸。北响堂石窟在和村以东鼓山之腰。两处相距十五公里。因洞内拂袖能发出铿锵之声，故为响堂石窟。窟内石雕精美，闻名中外。窟外及其附近，均有寺院建筑。明朝张应登有一首七律《响堂寺》写道："飞阁临流百仞梯，开皇岁月古招提。岩扉松径风长扫，硐户云窝鹤旧栖。响石铿铿金鼓切，光天灿灿斗杓低。幽人炼药如相访，神麜山头一望西。"

据记载，石窟开凿于北齐时期。当时，北齐王朝有两个政治中心，一是晋阳（今山西太原市），一是邺（今河北临漳县西南）。响堂山地处两个都城来往必经之地。北齐皇帝高洋在这里开凿石窟，修建寺院，营造宫苑，以便他来往于晋阳、邺之时，在这里避暑、游玩和礼佛。此后，隋、唐、宋、元、明各代对石窟均有增凿和修葺。

南北响堂共有石窟十六座，大小造像四千三百多尊，是研究我国建筑、佛教、雕刻、书法、绘画艺术的珍贵宝库之一。可惜，建国前帝国主义分子与汉奸勾结，对响堂山石窟进行了惊人的掠夺和破坏，致使许多造像少头断足，残缺不全。

黄粱梦

从邯郸市向北十公里，在邯郸县黄粱梦村，有一组古代建筑，名为吕仙祠，一般称为黄粱梦。

黄粱梦是根据唐代沈既济所写传奇《枕中记》的故事修建的。故事说卢生在邯郸客店遇见道士吕翁，自叹贫困，苦于久不得志，颇思建立功名，永享荣华富贵。吕翁授以青瓷枕，谓用此枕可偿其志。此时店主人刚蒸上黄粱。卢生倚枕而寐。在梦中，娶美女崔氏为妻，生下五子，均高官厚禄，又娶高门之女为媳，儿孙满堂。他自举进士之后，连升官爵，青云直上，官至丞相，年逾八十，病终榻上。卢生惊醒，翻身坐起，竟是一梦。吕翁仍端坐一旁，一切如故；店主人蒸的黄粱饭还没有熟呢！"黄粱美梦"的成语就是从此而来。

据记载，黄粱梦祠宇始建于宋代，明清两代进行了增修和重修，面积约一万三千多平方米。现存主要建筑有钟离殿、吕祖殿和卢生殿。卢生殿内有卢生石雕睡像，与睡榻相连。石床高二尺，长五尺。卢生侧身卧于床上，两腿微曲，头枕方形枕，面目清秀，双目微闭，神态悠然，正如一位明代文人题卢生卧像诗中所写：

举世浮花竟日新，

黄粱未熟梦生春。

只因富贵惊人眼，

故使卢生睡到今。

娲媓宫

娲媓宫坐落在涉县索堡村附近的凤凰山上，为明清时期的建筑。它的建筑布局充分利用了原有地形，依山就势，匠心独运。它的四组建筑，有山下最前边的朝元宫（已无存），山坡上的停骖宫和广生宫，向上绕行十八盘路，才能到达的娲媓宫（俗称奶奶顶）。

娲媓宫建在山势陡峭、地势险峻的山腰。在平台上建有奶奶阁、梳妆楼、迎爽楼、钟鼓楼、六角亭和木构牌坊等建筑。布局合理，充分利用了有限的平台面积。

奶奶阁坐北朝南，背靠百尺绝壁，是娲媓宫的主体建筑。共四层楼阁，歇山式琉璃瓦顶，高二十三米。

阁的结构奇巧，二至四层东、西、南三面均设走廊，北面山崖上凿有八个"拴马鼻"，有数条铁链将阁体与刀削山壁连在一起。传说阁内人多时，阁即前倾，铁链亦绷紧，故有"吊庙"之称。奶奶阁雕梁画栋，雄伟壮观，犹如玉宇琼楼，嵌于绝壁之上。登阁远眺太行群峰，峰峦叠翠，令人心旷神怡。

阁外山崖上有摩崖石刻《法华经》和《深密解脱经》。刻经字体工整，笔法挺拔俊秀，保存完整，为北齐文宣帝高洋末期所刻。

在奶奶顶门内石壁上，刻有"古中皇山"四个大字，为北齐遗迹。此外，还有北齐时期开凿的石窟。

凤凰山西汉时名中皇山，后称唐王山。据县志记载："唐王峧，后唐庄宗伐梁时曾过此，因名。山下有北齐离宫。传文宣帝高洋自邺至晋阳，往来山下，遂起离宫，以备巡幸，并在山麓开三石室，内刻诸尊像。及天保末，又遣官往竹林寺取经函勒之岩壁"。这段记载把娲媓宫以前的历史交代清了。

中山灵寿故城

1974 年文物考古工作者在平山县上三汲村一带，勘察了古灵寿城址，并发掘了中山王䚉墓和其他王墓，出土了大批珍贵文物，使人们第一次看到了中山国的文化面貌，为研究中山国历史提供了极为丰富的实物资料。

中山国是战国时期位于河北省中部、临近太行山一带的"千乘"之国，由白狄族建立。它在春秋早期称"鲜虞"，《左传·昭公十二年》记载："晋荀吴假道于鲜虞而灭肥，是冬，晋复伐鲜虞。"晋杜预注称：白狄别种，在中山新市县（今正定县东北二十公里的新城铺）。鲁哀公三年（公元前492年）始见"中山"的名称。据史书记载，中山曾两次亡国，三次迁都。曾都顾（今河北定县）。史载中山武公初立是指复国，桓公徙灵寿是中山最后一次迁都。

灵寿故城，北依东灵山和牛山，南临滹沱河，东距今灵寿县城约十公里。城址呈不规则的长方形，南北长约四点五公里，东西宽约四公里。城墙依自然地势夯筑而成，地上已无存。从地下的夯土城基看，西城墙最宽处为三十五米，隔墙最宽处为二十五米。城址分为东、西城，其间有一道南北向隔墙。东城北部为宫殿建筑区，南部为手工业作坊区和居住区。西城中部偏北有一道东西向隔墙，北部为中山王墓区，南部为商业区、居住区和农业区。

在城址西约两公里的西灵山南坡高地上，有两座东西并列的古墓，西边的一座是已发掘的中山王䜣的陵墓。该墓封土高大，南北长一百一十米，东西宽九十二米，高约十五米。封土中部有回廊建筑遗存，东、西、北三面有陪葬墓六座，南面有牛马坑两座，杂殉坑和葬船坑各一座。

王䜣墓主室平面呈中字形，南北通长一百一十米，宽约二十九米，高五点七米，分为南墓道、北墓道、椁室、东库、西库和东北库六部分。墓室结构奇特，建造精致，规模宏大。椁室以及车马坑已被盗扰，出土文物较少。唯与椁室不相连通的东库与西库未经盗扰，出土文物十分丰富。这里仅介绍部分珍品。

铁足铜鼎：通高五十一点五厘米，最大直径六十五点八厘米，是我国目前发现的战国时期较大的铜铁合铸器物。鼎壁刻有铭文四百六十九字，是战国时期字数最多的一篇铭文。铭文刻工刀法娴熟，横竖刚直，圆弧匀畅，刀锋细锐，构字秀丽，堪称艺术杰作。铭文中关于伐燕的记述，使我们第一次得知在燕国子之之乱时，中山国也曾兴师伐燕。整篇铭文是研究战国历史，特别是研究中山国历史的重要资料。

铜方壶：通高三十六厘米，直径三十五厘米，盖饰云形钮，肩部饰夔龙，造型美观。它是王䜣命司马赒制作的，所用的铜是从燕国获得的最好的。方壶四壁刻铭文四百五十个字，中心意思与鼎铭相同，仍是"警嗣王"的。铭文中提到"皇祖文武，桓祖成考"，使我们第一次看到了战国时期中山国的王系材料，据此可以列出中山国君的世系为：文公、武公、桓公、成公、王䜣和蚉、尚。

铜圆壶：通高四十四点五厘米，腹径三十二厘米，原制作于王䜣十三年。䜣死后，嗣子蚉为悼念先王䜣加刻了一篇悼词，共一百八十二字，赞颂先王的慈爱贤明，表彰司马赒伐燕的战果。此外，器足上还有铭文二十二字，记载制器时间、单位、负责官吏、工匠和器身重量等。

“兆域图”铜版：发现于椁室，长九十四厘米，宽四十八厘米，厚一厘米。它是王𰯼陵墓建筑设计平面图。图上标明了“王堂”“王后堂”“哀后堂”“夫人堂”“□堂”“䀇宗宫”“正奎宫”“执㿝宫”“大䣜宫”“中宫垣”“内宫垣”和“丘欧”的位置、建筑名称和尺寸，以及各建筑之间的距离。从平面布局看，正中是王堂，左右是王后堂和哀后堂，各“方二百尺”。夫人堂、□堂位于两边略靠前，“方百五十尺”。外围是丘欧和内宫垣，最外是中宫垣。在前面中宫垣和内宫垣之间，排列四个宫。整个布局主次分明，结构严谨。图上还有一篇王𰯼诏书铭文，共四十三字，内容是王𰯼命司马赒，对不按规定标准营建陵墓者要依法惩处，违法者，死不赦；不执行王命者，罪连子孙。还规定“兆域图”铜版一件从葬，一件藏在王府。“兆域图”铜版上的建筑位置和铭文等，都是用金银镶嵌而成。这是我国发现的最早的帝王陵寝建筑规划图实物，也是世界上现存最早的一份铜质建筑设计图，距今已有二千多年的历史。“兆域图”的发现，对研究我国的王陵建筑、法律及量制等提供了珍贵的实物资料。

错金银铜虎噬鹿屏风插座：长五十一厘米，高二十一点九厘米，重二十六点六公斤。其形制为一只猛虎，尾巴刚挺上卷，身躯弓曲，在抓捕一只挣扎的小鹿。老虎的隆隆肌肉和凶猛敏捷的体态，小鹿的幼弱而修长的身姿，都塑造得栩栩如生。虎和鹿的皮毛斑纹，也都刻画得极其细腻。虎的前爪因抓鹿而悬空，器身的平衡用鹿腿来维持。构思奇巧，造型美观，堪称战国时期艺术作品中的瑰宝。

错金银铜虎噬鹿屏风插座和错金银铜犀屏风插座、错金银铜牛屏风插座是成套出土的。在虎、犀、牛的背部均有长方形的兽面纹銎，銎内均存有木榫。这三件插座恰好构成一个屏风座足。

四龙四凤四鹿座方案：高三十七点四厘米，长四十八厘米。底部是由四只梅花鹿承托一圆圈，上面站立四龙四凤盘绕成半球形，龙头凤首伸向四方，龙的鼻梁上置一斗拱，上承一方案架。四鹿表情温顺，四龙姿态雄健，四凤展翅引颈长鸣。整个器物设计巧妙，造型奇特，工艺精湛。

古酒：在青铜壶内，发现了中国现存最早的酒。其中有一种酒呈翡翠绿色，清澈透明。刚打开壶盖时，还有一种清醇的酒香。

另外，在灵寿故城内西北陵墓区，也发掘了一座大型墓葬（第6号墓），墓的形制和结构与王𰯼墓基本相同。椁室两侧的东西库也出土了大量文物。如银首人俑灯，通高六十六点四厘米，由三部分组成：银首人俑及底座、上下相连二盏，手举灯盏。在一兽纹方形座上，站立一男子，身着右衽宽袖长袍，两臂张开，双手握螭，由三螭连接三支灯盏，从而使银首人俑灯稳固和保持平衡。灯柱除饰有错银蟠螭纹外，还饰有生动的夔龙戏猴。整个器形设计科学，造型美观，工艺高超。

又如错银镶金镶绿松石铜牺尊：牺口为流，背上以一回首天鹅做盖。牺的颈部由金泡镶成项圈，头和身还用银丝和绿松石镶错花纹，更增加了牺尊的富丽。

在这座王墓内还出土了皮帐和帐内取暖用具。这在河北省还是第一次发现。

在第六号墓和王𗑣墓内，出土了一批大型山字形铜器，最大的高达一点四三米，为其他地区前所未见。它们可能是象征中山王统治权威的一种礼器。

安济桥

安济桥，位于赵县城南五华里处，横跨洨河之上。因赵县古为赵州之地，故又称赵州桥。当地俗称大石桥。

安济桥是世界上现存最早的一座大型单孔石拱桥，建造于隋朝开皇年间（591—599 年），是隋匠李春设计建造，距今已有一千多年的历史。桥长六十四点四〇米，拱顶宽九米。由二十八道独立石拱纵向并列砌成，净跨三十七点〇二米。桥拱肩敞开，在大桥的拱肩上，各建造了两个小拱。靠桥头的两个小拱各跨三点八一米，近桥中部的两个小拱各净跨二点八五米。在大桥拱肩上建造小拱，即敞肩拱。这一建筑设计构思精巧，在世界桥梁史上是一项伟大的首创。

安济桥在建筑科学史上占有重要地位。单孔石拱桥跨度很大，但是，弧形平缓，只是圆弧的一段，不似后来的许多石桥是半圆形的。单孔石拱桥不仅增加了渲泄功能，保证了排水畅通，增强了排洪能力，而且节约了石料，减轻了桥身重量，增强了桥的稳定性。采用纵向并列的砌筑法，每道拱都可以独立站稳，自成一体，便于一道一道逐次施工，又节约了大量施工材料。如有一拱损坏，便于单独修复，不致影响整个桥身安全。

安济桥不仅建筑科学技术水平很高，而且造型也很美观。弧形平拱和敞肩拱，使得大桥巨身空灵，雄伟而秀逸，稳重而轻盈，可谓巧夺天工之作。桥两侧的望柱、栏板，雕刻着各种蛟龙、兽面、竹节和花饰等，刀法苍劲有力，风格豪放新颖。宋刺史杜德源有诗赞之曰：

驾石飞梁尽一虹，苍龙惊蛰背磨空。
坦平箭直千人过，驿马驰驱万国通。
云吐月轮高拱北，雨添春水去朝东。

休夸世俗遗仙迹，自古神丁役此工。

建国前，安济桥已很残破。建国后，为了保护这一重要古迹，1955 年由国家拨款进行修缮，1958 年全部竣工。

安济桥对我国桥梁建筑有着深远的影响。坐落在赵县城西门外清水河上的永通桥就是一例。

永通桥亦为单孔石拱桥，全长三十二米，由二十道并列的单拱构成，跨度二十六米，宽六点三米。在桥的拱肩上有四个敞肩拱。桥上栏板雕刻精美，多为明正德二年（1507 年）的遗物。

隆兴寺

隆兴寺，位于正定县城内东门里街，是我国现存规模较大、保存比较完整的一座佛教寺庙，创建于隋开皇六年（586 年）。因寺内有铜铸菩萨像著称全国，因而俗称大佛寺。寺南北呈长方形，占地面积约五万平方米。现在寺内保存的龙藏寺碑，是恒州刺史鄂国公王孝傑为国劝造龙藏寺而立。它记述了当年募钱造寺的情况和初创时的规模。因该寺建于后燕慕容熙所建龙腾苑旧址，故名龙藏寺。由于时代的变迁，隋代的建筑已毁坏无存。宋太祖赵匡胤下令在龙藏寺内铸造铜菩萨像，同时大兴土木，建造阁殿，对寺院进行扩建，以大悲阁为主体的一组建筑先后落成，奠定了寺院的规模，并改名为龙兴寺。现存天王殿、摩尼殿、转轮藏阁和慈氏阁，均为宋代建筑。到了清朝康熙和乾隆年间，又对寺院进行了维修和增建。康熙四十八年（1709 年）重修，更名为隆兴寺。

天王殿为单檐歇山式建筑。在圆拱形大门上部横嵌着"敕建隆兴寺"金字匾额，为康熙皇帝亲书。隆兴寺没有山门建筑，天王殿也兼有山门的作用。

摩尼殿坐落在寺院中轴线南部，是寺内的主要建筑，建于宋仁宗皇祐四年（1052 年）。重檐歇山顶，四面正中各出抱厦，平面布局呈十字形。其建筑造型是我国早期建筑中的孤例。1977 年 8 月至 1980 年 11 月，国家拨款对该殿进行了大规模的修缮。

殿内正中佛坛上，有释迦牟尼说法坐像。它的左右两侧站着迦叶和阿难两弟子，均为宋代原塑。释迦牟尼两侧盘膝而坐的左文殊、右普贤是明代补塑。檐墙及围绕佛坛的扇面墙上，均有明代成化年间绘制的佛教故事壁画。特别是扇面墙背面的彩塑须弥山中，有明代彩塑观音坐像，头戴宝冠，肩披璎珞飘带，胸臂裸露圆润，一足踏莲，一足踞起，双手抚膝，面容恬静而安详，姿态优美而端庄，为我国古代雕塑中不可多得的艺术珍品。

转轮藏阁和慈氏阁，位于大悲阁前面东西两侧。两阁建筑形式基本相同，为重檐歇山式楼阁建筑，但内部结构各有千秋。两座建筑分别于1956年和1958年由国家拨款进行了修缮。

转轮藏阁内正中安置木制的直径七米、八角形的"转轮藏"，即转动的藏经橱。为安置"转轮藏"，在柱子布局和梁架结构上均作了特殊处理，即中间两根"金柱"向左右让出，采用了弯梁和大斜柱（叉手）的做法，是早期木构建筑中的特点。慈氏阁内正中安置一尊高七米的木雕慈氏菩萨造像；阁采用了永定柱造和减柱造的做法，在建筑史上有较高的价值。

大悲阁坐落在寺院中轴线的后部，是寺内主要建筑之一，曾名佛香阁、天宁观阁。据记载，该阁始建于宋初开宝年间（968—976年），原与两侧的御书楼和集庆阁相连。民国初年，阁顶坍塌，1944年重修，拆毁了两侧楼阁，本身平面也缩小了三分之一。现阁高三十三米，具有"重楼通霄汉，正殿俯星辰"的宏伟气魄。登高远眺，"沱水东来千丈落，太行西望数峰悬。人家缥缈垂阳里，塔影参差睥睨前"。古代文人墨客，登临高阁，吟诗咏赋，留下了美好的诗篇。

大悲阁内正中，矗立着一尊高大的铜铸菩萨造像，也称千手千眼观音，高约二十二米，造型端庄，表情恬静，比例适度，衣纹熨贴，线条流畅，是我国古代最早、最高大的一座铜造像。铜菩萨四十二臂，手上分别执日、月、净瓶、宝剑、宝杖、宝镜、白拂、金刚杵等法器。

这尊观音像铸造于宋太祖赵匡胤开宝四年（917年）。隆兴寺内现存宋初立的《真定府隆兴寺大悲阁记》碑，详细记载了当年宋太祖赵匡胤下旨铸造铜菩萨的缘起和铸造铜菩萨、修建大悲阁的经过，是十分重要的研究资料。

据记载，在真定府城西三、四里，建有一座大悲寺，寺内有一尊唐白觉禅师所造铜造像，高四丈九尺。五代之乱，契丹南侵犯境，将大悲寺焚烧一炬。寺内铜菩萨自胸脯以上被熔毁，后来用泥塑补齐了上半身。但不久，到了后周世宗（柴荣）显德二年（955年）秋九月，下令毁佛铸钱，于是把残存的一半铜菩萨毁掉，又以泥易其半，使铜菩萨完全成为一尊泥菩萨了。

北宋开宝四年七月二十日，三千工役又开始了铸造铜菩萨的工程。首先，"掘地创基于黄泉"，基础挖至地泉后，用礓砾石、土石、石炭、土，逐层夯实。距地二米处，留出一个周长十二米的方坑，其内栽七根熟铁柱，加固之后，用铁水铸满方坑至地平。再用大木于铁柱胎上塑大悲菩萨形像。先塑莲花台，其上自脚至头顶，举高七十三尺，四十二臂，三次绘宝像进呈，赵匡胤才满意。

铸造铜菩萨，采用了自下而上，分七段铸造的方法。所有四十二臂，均铸有铜筒子，雕木为手。手用布裹一层，漆一层，方用金箔贴成。可惜的是，除当胸的铜臂外，其余铜臂均被锯掉了。1944年重修大悲阁时，才安装上木制手臂。

隆兴寺内，还有一些明清时代的建筑，如明代修建的弥陀殿，内供泥塑弥陀像；有清代建筑戒坛（佛教僧侣传法受戒的地方），内供双面铜佛像，南向者为弥陀佛，北向者为药师佛。

正定县城是我国北方著名的古老城镇。除隆兴寺坐落于此，还有唐代的开元寺钟楼、明代重修的须弥塔、五代的文庙大殿、宋代天宁寺凌霄塔、金代的广惠寺华塔和临济寺澄灵塔、元代的关帝庙（可惜已无存）、明代的崇因寺毗卢殿（已迁到隆兴寺中轴线北端）等古建筑，与隆兴寺殿阁相互呼应、陪衬，犹如一幅巍峨壮观的优美画卷。

赵州陀罗尼经幢

赵州陀罗尼经幢位于赵县城内。北宋景祐年间（1034—1038年）赵州人王德成所建。该经幢全部用石料叠砌而成，共六层，高约十八米，是我国最高大的一座石经幢。幢体平面呈八角形，刻有陀罗尼经文，故称陀罗尼经幢。

经幢底座为六米见方的须弥座，束腰部分雕刻着莲花圆柱和金刚力士，还雕刻着"妇女掩门"像。其上为两层八角形须弥座，下层束腰部分雕刻着佛教八宝，上层雕单檐房屋，柱间雕有佛像、伎乐等。

在须弥座上面，垒砌自然山石，构成了一座须弥山式座，其上叠砌幢体。幢体之间均有华盖，其形制、雕刻各不相同，有的为狮、象等动物雕像，有的为石雕建筑，有的华盖之上还有莲座等等。第六层幢体上有个八角亭，顶部有铜质火焰宝珠为刹，直指碧空。

第一、二、三层幢体上用楷书和篆书刻有陀罗尼经文，第六层幢体上也刻有文字。其余各层雕刻佛教人物、经变故事、建筑、花卉等。

经幢是由石柱刻经发展而来的。我国的石柱刻经，始于六朝。而石柱刻陀罗尼经则始于盛唐。盛唐之后，密宗盛行，信徒们以为诵念陀罗尼经会解脱一切罪孽。为使其永存，世代相传，信徒们把它刻在下有座、上有顶的八棱形石柱上，这就是经幢的雏形。自宋以来，经幢形制逐渐复杂，成为一种底为须弥座、幢身分节（层）及顶部增设桃形宝珠的建筑物。因而宗教的内容相对地减少，雕刻艺术则愈来愈讲究。赵州陀罗尼经幢就是一个突出的典型，是我国极为珍贵的石雕艺术杰作。

广惠寺华塔

广惠寺华塔又称多宝塔，位于正定城内。县志记载，始建于隋唐。一说为唐德宗贞元年间。但是根据塔的结构和第一层内壁有金代人题诗来判断，可能建于金代，明清时皆有修葺。华塔为广惠寺内之建筑，寺却早已无存。它是一座楼阁式的塔，砖筑而成，高四十点五〇米，造型独特，结构富于变化。在塔的四个正面原建有扁六角形亭状的单层套室，俗称小塔，现已无存。

塔基为砖筑，四面有圆拱形门洞，两侧有假柱，柱顶有仿木结构的砖雕斗拱，配置奇异。

塔身共四层，一至三层平面呈八角形，第四层为圆锥形，其上为八角檐顶，上为塔刹。一至三层有门，塔身外面有的饰假方格窗棂，有的饰佛龛，有的饰斜棂假窗等等。

在第三层檐上八角雕有力士像，以承托塔的第四层。该层是华塔的主要部分，塑有仙人、佛像、仙兽和楼台亭阁，还有彩绘。壁塑中有凶猛的狮子、慓悍的大象、健壮的牛、欲跃的青蛙等。其中两组兽头塑像包括狮头、象头、牛头等，上下参错，不臃不疏，十分匀称。这些塑像，造型美观，体态生动，神情各异，栩栩如生。

毗卢寺

毗卢寺坐落在石家庄市西北郊上京村，距市内十三公里。据《方舆汇编》记载，寺创建于唐朝天宝年间，宋、元、明曾经重修。原规模较大，建筑较多，现仅存前殿和后殿。殿内保存有二百多平方米的壁画，颇为珍贵。

前殿即释迦殿，面阔三间，进深二间，小式布瓦悬山顶。殿内主要塑像为释迦牟尼坐像一尊。扇面墙背面塑须弥山及观音、狮、象等。四壁绘有佛教故事壁画。

后殿即毗卢殿，也是该寺的正殿。它面阔三间，进深二间，前后有抱厦，平面呈"十"字形。殿脊两端鸱吻为龙头凤凰卷尾，中央为走兽，走兽上立有旗杆，并用铁索与兽旁两侧的仙人相连。整个殿的形制奇特，俗称五花八角殿。

正殿为元朝至正二年（1342年）重建。殿内正面塑有毗卢佛像。扇面墙正面绘二护法金刚，背面绘背坐观音像。四壁有彩绘壁画，上下分三排，绘有天堂、地狱、人间、罗汉、菩萨、城隍土地、帝王后妃、忠臣良将、贤妇烈女等儒、释、道教各种人物故事组画，共绘重彩人物五百多个。每幅（组）画均有题字，如"玉皇大帝""玄天上帝”"南极长生大帝"等等。

南壁有一幅五人画面：前边侧立一护卫，头裹毡巾，身穿胡服，后背箭壶，一手按箭；中间为一蒙古官吏，横眉怒目，手拿典册，一副悍吏的姿态；后有一色目人，双手展读文卷；旁立二高鼻深目、青面卷发的西域人。这幅画真实地反映了当时社会生活的一个侧面。

壁画题材广泛，内容丰富，构图严谨，合儒、释、道三教题材内容于一壁。技法娴熟，设色妍丽，沥粉堆金，人物形象逼真。毗卢殿壁画具有重要的艺术价值，是我国古代壁画的瑰宝。

苍岩山·福庆寺

"五岳奇秀揽一山，太行群峰唯苍山"。这是古人对苍岩山绮丽风光的赞誉。

苍岩山位于井陉县南三十公里，距石家庄市七十公里。山上建有福庆寺，楼、台、殿、阁，或跨断崖，或依绝壁，或沿山曲而萦回，或临深壑而设置。建筑选址独具匠心，择景异常巧妙，所以古人用"万景临诸壑，千峰拱上方"的诗句赞美它。

从苍岩山山口入山门，依次是苍山书院、碑房、天王殿、桥楼殿、大佛殿、峰回轩、砖塔和公主祠等主要建筑。

山门前有一座清式密拱木牌坊。山门内右侧有一座单孔石桥，其上建有苍山书院。面阔三间，布瓦硬山式建筑。拾级而上，左侧有座碑房，内竖十余通石碑，记述着苍岩山建筑兴建与维修的历史。

沿蜿蜒石径前行，左侧有一座万仙堂。继续前行，峰回路转，在两峰对峙的悬崖间，有一条小径，即"悬登梯云"。在对峙的悬崖绝壁间，飞架着三座单孔拱券形石桥。其中两座石桥上，分别建有天王殿和桥楼殿。

由桥下登三百六十余级石阶，直达天王殿。殿门两侧高悬"殿前无灯凭月照，山门不锁待云封"的草书金字对联，潇洒古雅。秀丽多姿的天王殿创建于金代，殿内绘有四大天王壁画。

桥楼殿建筑在一座长十五米、宽九米的石桥上，为二层楼阁式建筑，面阔五间，进深三间，周围出廊，重檐歇山式。楼殿顶势平缓，翼角高翘而柔和自然，具有清代早期建筑的特点。殿顶覆盖黄绿相间的琉璃瓦，正脊为琉璃花脊，其上安置有狮子驮塔、仙人骑龙和飞鸟等琉璃饰件，造型生动逼真。上下檐的椽、檩、枋上均有彩绘，殿内有壁画。整座楼殿雕梁画栋，金壁辉煌。殿内原有塑像，早年被毁，现在的一佛二菩萨和十八罗汉塑像，是 1980 年补塑的。

从桥楼殿登高远眺，四周峰峦叠翠，云雾苍茫，使人有置身于"仙山琼阁"之感。从桥楼殿下涧底仰望，青天一线，桥楼凌空，宛如彩虹高挂，故有"桥殿飞虹"之美称。涧底怪石嶙峋，白檀满涧，奇姿异态，美景如画。

公主祠坐西朝东，内倚绝壁，外临断崖。殿面阔三间，进深一间，单檐歇山式建筑，殿顶盖琉璃瓦。殿内正面有三个佛龛，各塑坐像一尊，一说主尊为"南阳公主"，另一传说为"三皇姑"。两侧山墙上有清光绪年间绘制的壁画，线条流畅，层次分明，颜色鲜艳。

在桥楼殿的前方右侧，有座大佛殿，面阔五间，进深三间，单檐歇山式建筑，琉璃瓦顶。公主祠旁一座高约十米的五层八角形的砖塔，是明代晚期的建筑。

苍岩山佳景颇多，除古建筑外，还有著名的说法危台、窍开洞天、岩关锁翠、碧涧灵檀、风泉漱玉、阴崖石乳、峭壁嵌珠、炉峰夕照、空谷鸟语、绝巘回栏、尚书古碣等胜景。

福庆寺原名兴善寺，创建于隋朝，距今已有一千三百多年的历史，现存的为明清时期建筑。相传，隋炀帝长女南阳公主曾深居苍岩山，削发为尼，故建该寺。另一说为隋文帝之女妙阳公主修行之所。

沧州铁狮子

铁狮挺立于沧县旧州城内，距沧州市二十公里。

铁狮通高五点四〇米，长五点三〇米，身躯宽约三米，重四十吨。它头南尾北，身披障泥，背负巨大仰莲圆盆，前胸和臀部饰有束带，头部毛发作波浪形披垂于颈部，昂首怒目，巨口大张。它肌体健壮，四肢叉开，似仰天怒吼，又似疾走急驰。《沧县志》载《铁狮赋》对铁狮作了生动的描绘："飙生奋鬣，星若悬眸，爪排若锯，牙列如钩。既狰狞而蹀躞，乍奔突而淹留。昂首西倾，吸波涛于广淀；掉尾东扫，抗潮汐于蜃楼。"

《沧县志》还记载，在铁狮头顶和颈下铸有"狮子王"三字，右项和牙边皆有"大周广顺三年铸"七字，左肋有"山东李云造"等字，腹内等部位还铸有金刚经文。但现在大都模糊不清，只有项下"狮子王"三字尚依稀可认。

铁狮因铸有"大周广顺三年铸"字样，从而确知其铸造年代为后周太祖郭威广顺三年（953年）。它是我国现存最大的铁狮子。据分析，是采用"泥范明浇法"铸造而成。范的类型、尺寸不一，仅四肢和左右肋的范块就有十三种规格。初步统计，铁狮总计用范五百零九块（不含腹、爪和已残部分）。这表明在一千多年前，我国的铸造工艺已达到了很高的水平。它是我国文化遗产中的瑰宝，是河北的四大名胜（沧州狮子、定县开元寺塔、正定隆兴寺大菩萨、赵县安济桥）之一。

金山岭长城

万里长城，东起山海关，西至嘉峪关，明代在前人的基础上修筑，全长一万两千多华里。

我国修筑长城的历史，可以追溯到遥远的战国时期。当时，一些诸侯国为了互相防御，就在自己的土地上修筑长城。秦始皇统一中国后，把北部秦、赵、燕诸侯国修的长城连结起来，又增修了一些段落，构成了西起临洮（今甘肃岷县）东至辽东的长城。它穿荒漠，跨草原，翻越崇山峻岭，绵延起伏一万多华里。侯后，汉、北魏、北齐、北周，以至金等封建王朝，都先后修筑过长城。我国历代先后修筑的长城加起来就不只是万里了。

明代万里长城是在历代长城的基础上增修和重修的，有主干和分支，主要由城墙、关城、敌楼、战台、堡子和烟墩等部分组成。建筑结构复杂，规模浩大，工程艰巨，是世界上最伟大的工程之一，充分体现了我国古代劳动人民伟大的创造精神。

明代长城东部的重要地段，全部用砖石构筑而成。大都是底层以条石为基础，上部用砖包砌，中间填三合土夯实。城墙平均高十米，上宽五米，可容五马并骑，十人并行。有人作了一个粗略的估算，如果把修长城的砖石土方，修建一道二米宽、四米高的围墙，可绕地球一周多。长城是人间的奇迹，是中华民族古老文明的一个象征。

河北省是明长城行经较长地段的省份之一，东起山海关老龙头，西至怀安县西洋河口止，长约一千二百公里，若加上内三关，长约二千公里，有大小关隘二百六十八处，敌楼、战台、边门、烽火台等建筑不计其数，分布在唐山、秦皇岛、承德、张家口、保定等地区。有些长城段落是河北、辽宁、天津、北京、山西等省（市）的分界线。

河北明长城位于明王朝的腹心之地北京附近，因此建筑水平最高，是长城的精华所在，大都用砖石建筑而成。或蜿蜒于崇山峻岭，或跨越于深壑大川，极其雄伟壮观。

在古北口以东十多公里处，有一段长城，建筑在大小金山上，故称金山岭长城。它位于河北滦平县和北京密云县之间，分布于龙峪口、五黑坨口、砖垛口、沙岭口、花楼子和望京楼一带，长达十多公里。金山岭长城构筑复杂，敌楼密布，建筑形式因山而异，建造精工，保存完好。敌楼有砖木结构的，也有砖石结构的；有单层的，也有双层的；有平顶、穹窿顶、船篷顶的，也有四角和八角攒尖顶的，式样繁多，各具特色，实为长城其他地段所不及。而修筑工程之艰巨，建筑规格之严谨，质量之高，建筑艺术之精，堪称万里长城之最。

这段长城最早由徐达督修，明隆庆元年（1567 年）以后，又由戚继光再次督修，在军事上有着重要的价值。它透迤曲折，回环合抱，有如巨龙逶迤，腾跃于崇山峻岭之巅，气势磅礴，景色迷人。因这段长城经过大小金山，故称金山岭长城。

"天下第一关"——山海关

山海关，是万里长城东端的重要关隘，因北依燕山，南临渤海，位于山海之间而得名。明朝初年，大将军徐达在修筑长城时，见这里"枕山襟海，实辽蓟咽喉，乃移关于此"，便建关设卫。

山海关城周长八里有余，设有东西南北四门：东曰"镇东"，西曰"迎恩"，南曰"望洋"，北曰"威远"。其上均建有门楼，除东门楼为二层建筑外，其他三门门楼均为一层（现已无存）。关城北万山叠嶂，气势雄伟。长城从陡峭的角山蜿蜒而下，与关城东墙相接；再从东墙南端继续延伸，在老龙头伸入茫茫渤海。

关城建筑十分坚固。东门外有瓮城和罗城。东罗城明嘉靖十二年（1533 年）修建，用以加强防御。东门楼南侧城墙上原有奎光阁和牧营楼，北侧原有威远堂和临闾楼。此外，还在长城城墙之内，修建了南翼城和北翼城，以驻兵防守和储备粮草。关城和上述设施及其附近的长城、敌楼、战台、烟墩等等，此呼彼应，互为犄角，构成了一个完整的军事防御工程体系。

"天下第一关"城楼，即山海关城东门门楼。因门楼上下层的南、北、东三面设有供射击用的箭窗六十八个，故称"箭楼"。建于明朝洪武十四年（1381 年）。楼内保存有明宪宗成化八年（1472 年）当地进士肖显所书"天下第一关"原匾，故又称"天下第一关"。匾额笔锋苍劲，浑厚有力。每个字高达一点六米，"一"字长一点零九米。在楼外上层檐下悬挂着一块民国八年（1919 年）仿刻的"天下第一关"匾额。

城楼高十三点二米，修建在十二米高的城台上，重檐歇山式建筑，十分雄伟。

东门是通往关外的大门，构筑了许多防卫设施：第一道防线是罗城，第二道防线是瓮城，第三道防线是东门。"两京锁钥无双地，万里长城第一关"，就是赞誉它的险要和坚固的。

山海关地势险要，自古以来就是军事要塞，历来为兵家必争之地。

人们熟知的吴三桂引清兵入关的历史事件就发生在这里。吴三桂（1612—1678 年）是明清之际人，武举出身，以父荫袭军官，明末任辽东总兵，封平西伯，驻守山海关。当李自成率农民起义军攻下明王朝首都北京后，招他归顺。吴三桂却因故出关拜请清多尔衮并引清兵入关。从此关门大开，清军直入中原。

在中国近代史上，山海关屡经战乱。1900 年山海关曾被八国联军侵占。1922 年直系和奉系军阀大战于石河两岸，1924 年再战于山海关外威远城和孟姜女庙一带。1933 年，日本侵略者继侵占东北后又侵入华北，山海关沦于入侵者之手。1945 年，抗日战争胜利后，我解放区军民曾在这里进行了抗击蒋介石军队的著名的"山海关"阻击战。

"万里长城"的起点老龙头

老龙头，北距山海关城八里许，是明万里长城重要地段的东部起点，为明代蓟镇总兵戚继光所建。老龙头由石料垒筑，高约十米，伸入海中二十余米，恰似一条巨龙伸入大海，老龙头便因此而得名。

老龙头原建有澄海楼，现仅存"天开海岳"碑一通。

角山长城

角山长城，南距山海关六里。角山属燕山山脉，山峰突起，横开列障，"南临大海，长城枕之，控畿甸，界辽沈，关城之镇山边。山之最高处……有巨石嵯岈，如龙首戴角。山下岗岭皆由东循海西转，环抱县城，所谓拱卫神京者也"（《榆临县志》）。万里长城从老龙头向北越关城，直上角山，好似倒挂于高峰之上。山巅敌楼巍峨屹立，是山海关的制高点。登临角山，俯视关城，历历在目。每当清晨，太阳初露，红云四拥，犹如"瑞莲捧月"，好一派诗情画意。

威远城

威远城，在山海关城东二里的欢喜岭上，与山海关城形成犄角之势。吴三桂时修筑，现已倾废。从城内建筑布局看，也完全是守卫山海关城的一座前哨堡垒。当年吴三桂就是在这里向清摄政王多尔衮乞师进关，镇压李自成农民军的。

孟姜女庙

孟姜女庙又称贞女祠，位于山海关城东十三里处，坐落在凤凰山顶。

孟姜女寻夫哭倒长城的故事在我国流传甚广，是我国四大民间故事之一（其他为梁山伯与祝英台、白蛇传、牛郎织女）。孟姜女庙就是根据这个故事修建的，但规模不大。有前后两殿、振衣亭、钟亭以及望夫石等。前殿内有孟姜女塑像，身边站有童男童女。孟姜女翠黛含愁，青裙凝恨，仿佛倾诉她无尽的哀怨；她双眸凝聚，翘首南眺，又仿佛在张望着她久别的夫君。殿门两侧有对联云："海水朝朝朝朝朝朝朝落，浮云长长长长长长长消"。后殿原供观音。

北戴河海滨

从秦皇岛乘汽车东南行十五公里，便是避暑胜地北戴河海滨。

北戴河海滨因戴河流经其西而得名。它背依山峦突起的联峰山，南临波涛滚滚的渤海，其间宽约两公里。西起戴河口，东到鹰角亭，长十公里。这里有漫长曲折的海岸，有沙软潮平的海滩，海水清澈，是一处优良的海水浴场。这里春无风沙，夏无酷暑，冬无严寒。在盛夏季节，日平均温度23℃，是避暑消夏的好地方。

北戴河海滨地理位置十分优越，远在二千年前的汉代，就是舟楫聚泊、物资聚散之处。据史书记载，汉武帝东巡，至碣石；唐太宗东征时"刻石记功"，传即此地。明代在金山嘴设金山卫，派兵驻守；海运更为繁荣。然而，北戴河海滨作为避暑胜地，则是从清代开始的。清光绪二十四年（1898年），正式辟北戴河海滨为避暑区。1917年，修建了从北戴河到海滨的铁路支线（1936年拆除）。1932年成立了海滨自治区，1936年改为北戴河海滨风景管理局。

自北戴河海滨辟为避暑区以来，外国驻华使馆争相购地，修建别墅；封建官吏、军阀和资本家也接踵而来，建造了各式各样豪华的别墅和宫殿式建筑。当时，来这里避暑的，最多时有六十四个不同的国家。

建国后，人民政府在北戴河海滨先后修建了干部、工人休养所三十多处，各种楼房和别墅已发展到三千多幢。每逢夏季，人们纷纷来这里休养、避暑；港澳同胞、华侨和国外旅游者也来这里游览、消夏。

北戴河海滨风景优美，气候凉爽宜人，名胜颇多，号称二十四景，即东联峰山、西联峰山、莲花石、观音寺和钟楼、仙人洞、红桥、朱家坟、桃园洞、福饮泉、古墩台、如来寺、对语石、韦陀像、海眼、通天洞、骆驼石、老虎石、金山嘴、南天门、海神庙、教堂、鹰角亭和鸽子窝、王子达子坟、怪楼。

东西联峰山挺拔俊秀，满山苍松翠柏，碧绿欲滴。西联峰山三峰并峙，山石峭立，比东联峰山之绵亘蒙茸，迥然有异。东联峰山位于海滨中部，山峦起伏，因名联峰山，又因形似莲蓬，故又称莲蓬山。登山远眺，西有蜿蜒起伏的昌黎诸山，东是烟波浩淼中的秦皇岛，南临一望无际的渤海。清代有赋写道：“水色苍茫碧四周，临风独立瞰危矶，乍惊白鹭冲波去，旋见渔舟逐浪飞；岸柳浮沉供野绿，樯帆出没挂斜晖，遥望日落双峰外，醉拂春风踏月归。”这是登临联峰山，俯瞰海滨胜景的生动写照。

清东陵

清东陵位于遵化县马兰峪西。这里建有帝陵五座、后陵四座、妃园寝五座；埋葬了顺治、康熙、乾隆、咸丰、同治五个皇帝，十四个皇后，一百三十六个妃嫔等，是我国现存规模宏大、规制比较完整的帝、后陵寝建筑群。这些陵寝分别建于气势雄伟、景色秀丽的燕山余脉昌瑞山南麓。

陵寝东临蜿蜒起伏的丘陵，西傍层峦叠翠的黄花山，正南天台山和烟墩山东西对峙，形成一个天然的陵口，即龙门口。四周山势起伏，中间原野坦荡，山清水秀，气象万千。

清初，“世祖校猎于此，停辔四顾曰：‘此山王气葱郁，可为朕寿宫。’因自取佩鞢掷之，谕侍臣曰：‘鞢落处定为穴。’”（《清史稿·礼志五》）可见这是顺治皇帝亲自选定的陵址。

康熙二年（1663年），康熙皇帝遵照其父的旨意，为顺治皇帝在昌瑞山南麓建世祖陵，“至是陵成，皆惊为吉壤”。这就是清王朝营建东陵的开始。

顺治（福临）皇帝的孝陵坐落在高耸的昌瑞山主峰下，是整个陵区的中心。其他陵寝分别在昌瑞山南麓、孝陵东西两侧。东侧是顺治皇后的孝东陵、康熙皇帝的景陵及其景妃园寝和双妃园寝，东南是惠妃园寝和同治皇帝的惠陵。西侧是乾隆皇帝的裕陵及其裕妃园寝、慈禧太后的普陀峪定东陵、慈安太后的普祥峪定东陵、定妃园寝和咸丰皇帝的定陵。

此外，还有公主园寝位于马兰峪以东。而孝庄文皇后的昭西陵则独立于大红门之外。孝庄文皇后是顺治皇帝的生母、皇太极的妃子，后尊封为皇后。她活了七十五岁，到康熙二十六年（1687年）死去。当时，她以太后的身份实行变相的“垂帘听政”。清初，她以国母之尊嫁给了小叔摄政王多尔衮。多尔衮在世时，飞扬跋扈，死后成为众矢之的，被剥夺了尊号。她当然不愿附葬多尔衮，但又不能附葬前夫皇太极。据说，她在死前曾遗言，心恋顺治、康熙帝父子，当于孝陵附近安葬。这也可以说是她所以埋在大红门外的原因。但为了与皇太极在沈阳的昭陵相对，故取名昭西陵。

从龙门口附近进入陵区，展现在人们眼前的是一组组雄伟的建筑隐现于茂密的松柏之中，红墙黄瓦在阳光下闪闪发光，自然景观和陵寝建筑相互映衬，好一派富丽堂皇的景色。

最南面是石牌坊，往北沿十多华里长的孝陵神道，依次布置了大红门、更衣殿、圣德神功碑楼（大碑楼）、石望柱、石象生、龙凤门、石桥、神道碑亭（小碑楼）、神厨库、朝房、隆恩门、配殿、隆恩殿、明楼、宝顶等数十座建筑物，脉络清晰，主次分明。

景陵、裕陵、定陵、惠陵等帝陵，自小碑楼以北的建筑与孝陵大体相同。但从整体布局来说，其规模均与孝陵有主次之分。这几座帝陵都没有石碑坊、更衣殿和龙凤门；神道从孝陵神道分出，孝陵石象生十八对，裕陵八对，景陵、定陵各五对；惠陵则没有神道、大碑楼和石象生。可以看出，清朝虽在陵寝建筑规制方面有等级森严的规定，但也并不完全划一。

后陵都没有大碑楼和石象生，但自小碑楼以北，建筑布局与帝陵相仿，只是规模较小。

妃园寝规模则更小，绝大多数宝顶都是砖砌的圆形垛子，其他建筑也较简单。建筑物大都用绿色琉璃瓦，而帝后陵建筑都是黄色琉璃瓦。这也反映了封建社会森严的等级制度。

隆恩殿是陵院建筑的主体，它的体量大，位于从小碑楼至宝顶的陵院建筑的中心部位。这种布置方式，大体上沿袭了明陵的规制，而又有所发展。隆恩殿前设东西配殿，是供奉祝版和喇嘛念经的地方。在隆恩门前增加了朝房和守护班房，比明陵更臻完善，使陵寝建筑更加体现了前朝后寝的帝王之居的布局。

在隆恩殿建筑中，以慈禧陵的建筑工艺水平最高，最考究，最精美。慈禧陵与慈安陵同时修建，用了八年时间于1881年建成，耗银二百二十七万两。光绪二十一年（1895年），慈禧借口年久失修，下诏把修好的隆恩殿和东西配殿拆除重建。重建后的隆恩殿等建筑，虽然在规模尺度等方面仍与慈安陵大体相仿，但在做法上却极尽奢华糜费之能事。隆恩殿和配殿内壁墙面，全是中间五蝠捧寿、四周盘环万字不到头的砖雕图案，而且砖雕的表面及斗拱、梁枋、天花的彩绘全部贴金。殿内的明柱上，皆为半立体的金龙盘绕。据说仅贴金一项，就用掉黄金四千五百九十多两。整座殿堂，金碧辉煌，光彩夺目，实为陵寝建筑中所仅有。

隆恩殿又叫享殿，内设暖阁、佛楼，是安放死者神牌，进行祭祀的场所。当年，帝、后、妃谒陵活动十分频繁。据说光绪十年，慈禧太后和慈安太后谒其丈夫文宗皇帝咸丰的定陵时，慈安太后命慈禧位于自己的下首，而虚留上首（左）给已死的元妃，曾引起慈禧的极大不满。

　　每年清明、中元、冬至、岁暮在隆恩殿举行四次大祭，每月朔、望举行小祭。大祭时，隆恩殿内排满了供桌，多达八十多张。所有的祭祀用具和器皿，不是银胎，就是金质，还有用玉、玛瑙、翡翠等高级原料制造的。供品异常丰盛，有整羊二十七只，酒四十一瓶，鸡鸭鱼肉，各地的名贵水果，堆满了碗盆盘碟。各种膳品，应有尽有。仅清东陵每年祭祀活动耗银就不下一百多万两。

　　现在慈安和慈禧陵的隆恩殿已辟为文物陈列室。

　　位于宝顶之下的地宫，是陵寝建筑的重要组成部分。清东陵已整理开放的地宫有乾隆裕陵地宫、慈禧陵地宫、裕妃园寝的纯惠皇贵妃地宫及容妃（香妃）地宫。

　　裕陵地宫总面积三百二十七平方米，慈禧陵地宫一百五十四平方米。裕陵地宫是一座石雕刻和石结构相结合的典型建筑，进深五十四米，由四道石门和三个堂（券）组成。第一道石门洞的四天王坐像，各持琵琶、宝剑、宝幡、宝塔，形象生动逼真。石门上浮雕的八个菩萨立像，线条细腻，形态多姿。所有大理石壁面和券顶布满佛教题材的雕刻装饰和用梵文（古印度文）、番文（藏文）镌刻的经文，总字数在三万以上。地宫内的佛像和其他图案，布局得当，结构严谨，技法精湛，是一座别具风格的地下宫殿，是我国罕见的一座地下雕刻艺术宝库。

　　地宫内的金券是安放死者棺椁的地方。裕陵地宫金券后部建有石制的棺床，正中安放乾隆（弘历）皇帝的棺椁，左右是他两个皇后、三个皇贵妃的棺椁。慈禧陵地宫内金券正中安放着慈禧太后的棺椁。

　　清朝帝王并不恪守古代天子椁四重的定制，但制作之精细、复杂，耗费之糜多，远非古代帝王所能及。乾隆棺椁的内壁装修十分豪华，它衬八匹五色织金梵文陀罗尼缎，八匹各色织金龙彩缎，共十三层。整个棺椁体积高达一点六七米。如此庞大的棺材，除了盛殓尸体外，相当部分的空间填装金银珠玉等高级手工艺品。慈禧棺材成形后，先用一百匹高丽布缠裹衬底，再涂漆四十九次。慈禧死后入殓时，身穿金丝串珠丝绣礼服，外罩绣花串珠褂，周身又缠绕九练串珠，头戴凤冠，冠上有一颗四两重的大如鸡卵的宝珠，估计价值白银一千万两，脚穿嵌玉的鞋，身下铺金丝镶珠宝的锦褥、锈花丝褥和绣佛串珠褥。慈禧躺在褥上，脚蹬三朵粉红色碧玺的大莲花，头顶满绿的翡翠荷叶，足旁安放两枚翡翠西瓜、四枚翡翠甜瓜和两棵翡翠白菜。在瓜果周围，还安放了二百多个翡翠、宝石制成的桃、李、杏、枣等果品。其他玉藕荷花、珊瑚翠鸟、金翠玉佛、玉质八骏马和十八罗汉等等，珠光宝气，琳琅满目。为了填充棺内空隙，又倾倒了大量珍珠、宝石之类殉葬品，最后蒙上陀罗尼经被和珠网被，才封住了棺盖。慈禧在同治、光绪皇帝两朝垂帘听政，掌握朝政四十八年，是实际上的女皇帝。生前享够人间荣华富贵，死后极尽豪华奢糜。可惜，这样丰富的珍奇异宝，早在1928年已被反动军阀孙殿英盗掘一空。

建国后，东陵建立了保管机构，国家拨款整修。现在，裕陵、慈禧陵和慈安陵，以及裕妃园寝已经对外开放。人们可以通过参观，比较全面地了解清朝帝后妃陵寝的规制、建筑形式及其特点，从一个侧面了解清王朝的历史和文化艺术成果。

燕下都遗址

燕下都遗址位于易县城东南，界于北易水和中易水之间，是战国时期燕国的故都之一。

多年来，文物考古工作者对燕下都遗址进行了详细的调查和勘探，基本上搞清了它的布局。燕下都城址平面略呈长方形，东西长约八公里，南北宽约四公里。中部有一条南北向的古河道，相传为"运粮河"。东岸有一道与河道平行的城墙，把燕下都分成东西两城。

东城平面近似方形。在中部偏北处，有一道东西向的"隔墙"。城墙大都湮没于地面以下。城墙基的宽度，除"隔墙"约二十米外，其他均在四十米左右。目前发现有三个城门遗址。

西城即"运粮河"以西部分，南、北、西三面城墙，如岗峦起伏，巍峨壮观。南墙有一段高六点八米，外侧有清楚的穿棍、穿绳和夹板夯筑痕迹，为研究战国时期的城墙建筑方法提供了实例。目前只发现一个城门遗址，城址内遗存甚少。

东城文化遗存十分丰富，当是人们活动的中心，分为宫殿区、手工业作坊区、市民居住区和墓葬区。

宫殿区在城址的东北部。大型主体建筑基址武阳台，坐落在宫殿区中心，高十一米，分上下两层，夯筑而成，东西最长处一百四十米，南北最宽处一百一十米。在燕下都夯土建筑基址中，规模最为宏大。武阳台以北有望景台（已无存）、张公台和老姆台，坐落在一条线上。以高大的夯土台作为主体建筑物的基址，是战国中期城市建筑上最明显的一个特点。在武阳台东北、东南和西南，有三组宫殿建筑组群遗存，为一个大型主体建筑基址和若干处有组合关系的夯土建筑遗迹。

手工业作坊遗址分布在宫殿区西北向东南的一条弧线上，有铸铁器、兵器、钱币，烧陶器，制骨器等作坊遗址八处，遗存相当丰富。

居住遗址分布在东城西南、中部和东部，有大量东周时期常见的陶豆、盆、尊、罐、鬲、釜等生活用具出土。

墓葬区在东城的西北角，共有二十三座古墓。"虚粮冢"墓区有十三座，封土大小不等，分四排排列。"九女台"墓区有十座，全有封土，均为夯筑，排列有序。

燕下都遗址有四条古河道。除"运粮河"外，还有从"运粮河"向东分出的两条河道，分别把宫殿区、手工业作坊区和墓葬区隔开。另一条是东城外的护城壕。这些河道在城市规划上的作用是保卫中心建筑，解决用水和排水问题，以及方便城市交通。

据文献记载，燕下都为燕昭王时所建。燕昭王在齐、中山以子之之乱破燕以后即位，为了雪先王之耻，他为郭隗筑宫而师之，又建造黄金台，招纳贤者。结果，"乐毅自魏往，邹衍自齐往，剧辛自赵往，士争凑燕。"燕国很快强盛起来，大败齐国。

燕下都是燕国南部的政治、经济和军事重镇，延续时间很长，直到秦国将燕国灭亡，才被破坏和废弃。

二十多年来，在燕下都遗址进行了大量的清理和发掘工作，出土了大批珍贵文物，是研究燕国政治、经济、军事和文化的实物资料。这里仅介绍其中的一部分。

1964 年，发掘了"九女台"墓区的一座大型墓（第 16 号墓），墓室平面呈"中"字形，有南、北墓道和车马坑。该墓虽早年被盗掘，但仍出土了大量精美陶器、石器、蚌器和骨器。陶器的形制多仿铜器，造型古朴，雄浑大方，有鼎、豆、壶、盘、匜、鉴、罐、尊、盉、簋（方、圆两种）、方杯、盉、小鼎、方鼎、编钟等不同器形。大部分陶器表面均有绚丽多彩的纹饰，以三角云纹、卷云纹、斜角雷纹、鳞纹和菱形雷纹为主，划纹有山形纹、飞兽纹、绹索纹、垂叶纹、交叉 S 形纹等，拍印的花纹以饕餮纹、雷纹、蟠螭纹、双凤垂叶纹为主。另外，陶器把手和四耳、器足多为方冠兽首、长耳兽首、卧兽、羊首、象首、鸟形、兽面衔环、莲瓣等造型纹样。

1965 年，在武阳台村西第 44 号墓中，出土了大批文物，其中有剑、矛、戟、镈、刀、匕首六种六十二件铁兵器和弩机、镞等铜铁合制兵器二种二十件，以及铁胄（盔）等。

铁胄（盔）由铁札叶片穿缀而成，自顶至底有七层札叶。高二十六厘米，宽二十四厘米。全胄（盔）共用札叶八十九片（缺三片），用丝线或皮条穿缀起来。出土比较完整的铁胄（盔）在我国还是首次发现。

铁剑十五件。有八件完整或基本完整，形制没有显著区别，长七十三点二到一百零四厘米不等。经过对剑、矛、戟等七种九件铁兵器的科学考察，从金相分析看，其中六件为纯铁或钢制品，三件为经过柔化处理或未经处理的生铁制品。从而知道我国在战国晚期就已经流行块炼法，用这种方法得到的海绵铁增碳来制造高碳钢，并懂得了淬火技术。据《汉书》记载，王褒在上汉宣帝书中说，"巧冶铸干将之朴，清水淬其锋"，时当公元前 60 年前后。淬火钢剑的发现，把我国掌握淬火技术的年代提早了两个世纪。

　　1977 年，在辛庄头附近的第 30 号墓中，出土了二十件刻铭记重的金饰片，从记重铭文来看，燕国实行的也是两、铢制。它的记重单位有两、朱（铢）、半朱（铢）、四分之一朱（铢）、八分之一朱（铢）等。经测定，十四个数据的平均朱（铢）重约零点六六克，一斤约合二百五十三克。至今虽然尚未发现燕国的衡器，但这一测定，为研究燕国的衡制提供了依据。从一些资料看，战国时期各国使用的衡制大体相同。秦国一斤合二百五十六点二五克左右，楚国一斤约合二百五十克，晋国的一斤约合二百五十八克。

　　此外，在高陌村东发现了战国铜人像，高二十五点八厘米，宽十三厘米。在老姆台附近出土了大型青铜铺首，兽面长四十五点五厘米，宽三十六点八厘米。在东贯城出土了人物鸟兽阙形铜方饰，高二十一点五厘米，直径九厘米。在第 23 号遗址西南部出土了一百件铸有郾王名字的铜戈。这些珍贵文物为研究战国时期的服饰制度、铸造工艺、建筑形式以及燕王世系提供了重要资料。

满城汉墓

　　在满城县城西南的陵山上，有两座坐西朝东的陵墓，是西汉中山靖王刘胜和他的妻子窦绾的墓葬。刘胜墓居中，窦绾墓在它的北侧，均以山为陵。墓室是开凿的山洞，其结构和布局完全模仿地面上的宫殿建筑，规模宏伟，宛如地下宫殿。

　　刘胜是西汉景帝刘启的庶子、汉武帝刘彻的哥哥。他在景帝前元三年（公元前 154 年）被封为中山王，死于武帝元鼎四年（公元前 113 年），统治中山国达四十二年之久。中山国位于太行山东麓，大致包括易水以南、滹沱河以北的地区。首府设在卢奴（今河北定县）。西汉中山国有六代王，刘胜是第一代王。

　　刘胜墓全长五十一点七米，最宽处为三十七点五米，最高处为六点八米，由墓道、南北耳室、前堂和后室组成。

　　墓道是一条长达二十多米的隧洞。墓道的内端，开凿有南北耳室。南耳室是车马房，里面还修建有木结构的瓦房（已塌毁），放有马车六架，拉车马十七匹，狗十一只，鹿一只。马车都是刘胜生前使用的，有平时出行乘坐的"驷马安车"和狩猎时驾御的猎车。车器精美，装饰华丽，足见其生前的豪奢。

　　北耳室为库房。其大小、结构与车马房相同，是储存粮食和饮料的地方，放置有不同类型的陶器达五百多件。有盛酒的缸，存放粮食和鱼、肉的壶、罐、瓮，还有鼎、釜、甑、杯、盘等炊具和饮食用具。

　　前堂近似方形，长约十五米，宽十二米余，洞内原有木构建筑，屋顶盖板瓦和筒瓦，规模宏大，富丽堂皇，但是木料已朽毁无存。厅堂里摆满了铜器、铁器、陶器、漆器和金银器，还有象征侍从奴仆的陶俑和石俑，以及出行时使用的仪仗等等。

后室建造十分讲究，是在岩洞内用大小不同的石板筑成的，分石门、门道、主室和侧室。主室长五米余，宽四米多，是一间石屋，周壁涂满了红漆。北部有一个用汉白玉石铺成的棺床，放置棺椁。室内还放置了许多贵重器物。主室是刘胜生前卧室的象征，侧室则是浴室的象征。

窦绾墓与刘胜墓基本相同，车马房和库房比刘胜墓还大，但车马房没有木构建筑，器物也较少。后室建在前堂的南侧，而不是在后部。墓内埋葬有许多珍贵器物。

刘胜和窦绾都穿金缕玉衣下葬。刘胜玉衣形体肥大，长一点八八米，共用玉片二千四百九十八片。根据人体不同部位的需要，玉片分别设计为长方形、方形、三角形、梯形和多边形等几种形制。玉片角上有穿孔，以便缀连。刘胜玉衣共用金丝约一千一百克。玉衣分为头部、上衣、裤子、手套和鞋五部分，每部分由彼此分离的部件组成。玉衣大小与外形和人体相适。

窦绾的玉衣较小，全长一点七二米，由二千一百六十块玉片缀连而成，共用金丝六百克。窦绾玉衣的结构与刘胜玉衣相似，但制作方法略异。

刘胜和窦绾的金缕玉衣，是我国第一次发现的完整而又非常珍贵的历史文物。《汉书·杨王孙传》说："口含玉石，欲化不得，郁为枯腊。"刘胜和窦绾正是相信死后穿玉衣尸骨不朽，所以不仅穿玉衣，而且还在胸部和背部放置许多玉璧，口内有玉含，鼻中有玉塞，两眼有玉石眼盖，两耳还有玉瑱，结果尸骨还是腐烂了。

窦绾死后不仅身穿金缕玉衣，而且使用了镶玉的漆棺。棺的内壁镶满玉板，共一百九十二块，一般长十六到十八厘米，宽十一到十五厘米，表面经加工琢磨而光滑。在部分玉板的背面，残留有编号甲、乙、丙、丁……和上、下、左、右的朱书文字。按照编号复原的棺，两头大小相同，呈长方形。棺的外壁涂漆，并用玉璧加以装饰。棺盖和棺的两侧各镶两行玉璧，每行四块；棺的两头各镶一块大玉璧，共镶大小玉璧二十六块。这样的镶玉漆棺，在我国还是第一次发现。

刘胜和窦绾墓中，出土了大批珍贵文物，其中有显著特色的文物如下：

长信宫灯，窦绾墓出土。作宫女跪坐形象，通高四十八厘米，通体镀金，九处刻有铭文，共六十五字，内容包括灯的所有者、铸灯时间、重量和容量等。宫女身穿宽袖长衣，左手持灯盘，右臂上举，袖口下垂成灯罩。灯盘附短柄便于转动，上面有可以开合的两片弧形屏板，以调节灯光的照度和照射的方向。宫女体内中空，烟灰可通过她的右袖和右臂纳入体内，保持了室内清洁。灯的各部分和宫女的头部可以拆卸，以便清除烟尘。在两千多年前，能设计制造如此精巧和科学的宫灯，实属罕见。

朱雀灯，窦绾墓出土。通高三十厘米，为一只朱雀脚踩蟠龙，嘴衔一灯盘，作展翅欲飞状。灯盘作环形凹槽，分三格，每格有一银钎，整个器物造型独具一格。

博山炉，刘胜墓和窦绾墓各出土一件。博山炉是一种熏炉，使用时把香料放在炉内点燃，香烟通过炉盖上的小孔，袅袅上升，散发清香。炉盖造型如山峦重叠，象征海中仙山的"博山"，所以叫博山炉。

刘胜墓出土的博山炉，高二十六厘米，通体用金丝错出流畅精致的纹饰。博山炉底座铸成透雕的三条蛟龙腾出波涛汹涌的海面状，龙头托住炉盘。炉盘上部和炉盖铸出"博山"，山峰峻峭，层峦起伏。山峦间神兽出没，虎豹奔走；小猴或蹲坐于峦峰之巅，或骑在兽背上嬉耍；猎人奔走山间，或肩负弓弩，或追捕野兽。从而塑造出一幅秀丽的自然山景和生动的狩猎场面，意趣盎然。

窦绾墓出土的博山炉，底盘上卧伏一海兽，背驮力士。力士上身裸露，左手按住兽颈，右手高擎炉身。炉身镀银，呈朵朵白云。炉盖雕出两层透雕纹饰，下层分布着龙、虎、朱雀、骆驼等动物，草木和云朵点缀其间。上层群峰叠翠，流云缭绕，熊虎出没，虎捕羔羊，人击猛兽。在崎岖的山径上，驱车人在赶着一辆牛车。整个博山炉活现出一幅奇异的山景画面，具有浓厚的生活气息。它和刘胜墓出土的博山炉，充分显示了西汉铸造工艺的先进水平和金工工艺的卓越成就。

金、银医针 刘胜墓出土。共九枚，其中金针四枚，银针五枚。针长六点五到六点九厘米不等。上端呈方柱形柄，有一小孔。针尖钝、利不等，有的呈圆卵状，有的为三棱形，说明不同的针型有不同的用法，其疗效也不同。针灸在我国有着悠久的历史。根据《内经》之《灵枢经》记载的九种医针的形状、用法，刘胜墓出土的九枚医针中有毫针两枚，锃针、锋针、员针各一枚，其余四枚因残缺不能辨认。这是目前我国发现的最早的医针。

铁铠甲，刘胜墓出土，已复原。铠甲分甲身、双袖、垂缘三部分，共由二千八百五十九片甲片编制而成。其中甲身用一千五百八十九片甲片，胸前开襟。编缀的方法采用上下左右固定编法，形似鱼鳞，故称鱼鳞甲。双袖较短，上大下小，各由四百三十九片甲片，采用上下固定，左右活动的编法编成，便于活动自如。重缘连接在甲身下，共用三百九十二片甲片，形似短裙。铠甲各部分边缘均用皮革和丝织品锁边，里面用皮革和丝绢做衬里，这样不仅穿起来方便、舒适，而且外型美观。

铠甲是一种防御性的护身武器，在古代战争中经常使用。铁铠甲出现于战国。刘胜墓出土的铁铠甲，结构严密，使用灵便，是保存最好的西汉铁甲。

此外，在刘胜墓内，还发现有漏壶，为圆筒形铜器，高二十二点五厘米；铜鸟篆文壶两件，其中一件通高四十四点二厘米，口径十五点五厘米，腹径二十八点五厘米；

"中山内府"铜钫等等，都是极为珍贵的文物。

义慈惠石柱

义慈惠石柱位于定兴县石柱村。柱身刻有"标异乡义慈惠石柱颂"，长达三千多字，还有"大齐太宁二年"（562年）题刻，为石柱建立的确凿年代。距今已有一千四百多年的历史。

石柱高六点六五米，分基础、柱身和石屋三部分。

石柱基础为一方形巨石，东西两边各长两米，南北两边略短。基石上有覆莲座柱础，雕刻粗壮有力，为北朝时期的手法。

柱身高四点五米，呈不等边的八角形。自下而上每高一米，约收分二点五厘米。"颂文"和题名都刻于柱身各面。

柱身顶端有一块长方形石板，既是柱身的盖板，又是石屋的基础。在石板上建造石屋，面阔三间，进深二间，单檐四阿式建筑。石屋雕有柱、斗、阑额、檐椽、角梁、瓦垅和屋脊等，是研究北朝时期建筑结构、形式和手法的重要实物。

石柱"颂文"写道："……值魏孝昌之季，……杜葛猖狂，乘风间发，蚁集蜂聚，毒掠中原，……燕赵成乱兵之地，士不耘耨，女无机杼，行路阻绝，音信虚悬……"。它印证了《魏书》的记载，自北魏孝昌元年（525年）至永安元年（528年）间，杜洛周、葛荣等人领导的农民起义军，转战于幽州、燕州、瀛州、定州、冀州、殷州一带，攻州克郡，所向披靡，长达四年之久。

定兴一带是当年起义军与北魏统治者激烈交战的地方。起义军失败后，人们收拾残骨，集中埋葬，立木柱以为标志。北齐河清元年（562年），统治者下诏将木柱改换为石柱，并刻"石柱颂"，为统治阶级歌功颂德。但它却从另一方面反映了农民起义的重要史实，对研究北朝史，特别是农民战争史有重要价值。

开元寺塔

开元寺塔耸立于定县城内。有十一层，高八十四点二米，是我国现存最高的一座古塔。塔身为八角形，平面由两个正方形交错而成，一改宋以前早期塔的四方形式，显得雄伟大方，秀丽而丰满。塔身分内外两层，外涂白色，各层辟门。塔心和外层之间形成八角形回廊，层间有砖阶，直达顶层。塔刹为铜铸葫芦。塔身砖筑，砖的规格有十几种之多。为了增强砖与砖之间的拉力，还加筑了松柏木质材料。塔内回廊顶部，自下而上分别为砖雕天花、彩绘天花以及拱券式顶。回廊两侧有壁龛，或绘壁画，或置塑像。在回廊砖壁上，还嵌有许多珍贵的碑刻。

开元寺塔从宋真宗（赵恒）咸平四年（1001 年）始建，到仁宗（赵祯）至和二年（1055 年）落成，共用了五十五年。

当年，宋、辽对峙，定州地处前沿，宋王朝为了防御契丹，经常利用此塔瞭望敌情，因此，开元寺塔又称瞭敌塔。

开元寺塔距今已有九百多年的历史，曾经受了十多次地震，塔身虽然也受到一定程度的损害，但依然保持了它高耸入云的雄姿。可惜的是清光绪十年（1884 年），塔的东北面从上到下地自然塌落，破坏了这一珍贵古代建筑的完整。建国后，人民政府对开元寺塔的保护十分重视，曾多次进行了维修。

阁院寺

在太行山环抱的涞源县城西北隅有座阁院寺，现仅存天王殿、文殊殿、藏经阁以及两侧配殿建筑。

据县志记载，阁院寺是"汉创建，唐重修"。现存明成化二十三年（1487 年）重修阁院寺残碑记有："……汉朝初盖圣像，大唐齐修梵刹，宋时重修……"。明隆庆二年（1568 年）重修碑记中说："涞源原为燕云之重地，殿为辽元补葺之"。现存建筑中只有文殊殿为辽代建筑。

文殊殿是阁院寺的主体建筑。平面近似方形，面阔、进深各三间，单檐歇山式布瓦顶。殿前有月台，两棵古松对称而立，更使大殿显得古朴庄严。大殿的大木构件、斗拱配置和部分装修都保持着辽代的建筑手法。建筑彩画用色新颖。据勘察研究认为，该殿建于辽应历十六年（966 年），距今已有一千多年的历史。

殿内中央原有塑像，主像文殊骑狮及牵狮者小塑像、侍立女像和护法神将都已无存。在山墙上绘有大幅壁画，因用泥土覆盖，幸得保存至今，是辽代壁画中的佳作。

在文殊殿前，有辽应历十年（960 年）八棱石经幢一座。殿东南钟楼基址上，存铁钟一口，高一点六米，口径一点三五米，为辽天庆四年（1114 年）铸造。

天王殿和藏经阁等建筑，是辽代以后所重修、增建的。

北岳庙

北岳庙位于曲阳县城西部，建于北魏宣武帝时期（500—512 年），为祭祀北岳之所。历代沿袭成制，直至清顺治十七年（1660 年）还在这里遥祭北岳恒山，此后才改祭于山西浑源。

唐太宗贞观年间（627—649 年）重建北岳庙，俟后历代均有程度不同的修葺与扩建。现存主要建筑为宋元以后的遗物。

北岳庙主要建筑排列在南北中轴线上。现存建筑有御香亭、凌霄门、三山门、飞石殿（遗址）和德宁之殿。两侧还有一些碑亭。

德宁之殿是北岳庙的主体建筑，坐落在中轴线的北部，周围有白玉石栏杆，前有月台。大殿系元代至正七年（1347 年）重建，是元代木构建筑中最大的建筑，悬有"德宁之殿"匾额。据传，隋朝末年，农民起义军领袖窦建德曾率部转战于曲阳一带，军纪严明，赈济百姓，深得民心。后世人们为了纪念他，就把德宁之殿称为"窦王殿"。

德宁之殿建筑高大，雄伟壮观。殿高约三十米。面阔七间，进深四间，四周出廊，重檐庑殿顶，盖布瓦，琉璃花脊。整个建筑结构严谨，保持着宋元时期的建筑特征，在建筑史上有着重要价值。

殿内东西檐墙上绘有巨幅"天宫图"，高六点五米，宽十七点七米。东墙为"龙兴雨施"，西墙为"万国显宁"。相传为元人仿唐朝大画家吴道子的画风所绘。壁画画面完整，布局疏密得当。绘画技艺精湛，重彩勾填并使用沥粉、贴金，富丽堂皇，光彩夺目。西壁的飞天神，相貌狰狞，肌肉粗健，荷戟而视，顺风飞奔。传说飞天神与赵县原柏林寺大殿壁画上的水，皆出自吴道子之手，故有"曲阳鬼，赵州水"的赞誉。这样巨大、精湛的壁画，在我国绘画史上占有重要地位。

庙内保存有北齐以迄于清各代碑碣一百三十七通。其中大魏王府君碑、唐张家祯碑、宋韩琦碑、元赵孟頫碑和明朱元璋碑，在一定程度上代表了不同时期的书法艺术水平，对研究我国书法艺术具有很高的价值。

莲花池

莲花池坐落在保定市市区中心，总面积为两万四千多平方米，其中水面七千九百平方米。在池水中央有水心亭，其他建筑物和景点环池而设。

莲花池大门北向，门内东西两侧为碑廊。经池东岸的水东楼前向南，过石桥，进入池南岸风景区，有观澜亭、寒绿轩、藻咏厅等建筑。沿岸边西行，可达池西岸的君子长生馆和响琴榭。由响琴榭可通水心亭。若经池水东岸的濯锦亭，沿池北岸碑刻长廊西行，可到高芬轩，再达水心亭。

水东楼共两层，坐东向西。下层顶部为平台，上建厅轩三间，单檐歇山式布瓦顶。

登临平台，视野开阔，莲池景色，一览无遗。

观澜亭坐落在水东楼西南假山上，四角攒尖顶。山下弧形水渠环绕，亭周山石林立。登临亭间，眺望池中荷叶，犹如碧波滚滚。假山下有取宋代苏东坡"清篇留峡洞"诗意而取名的篇留洞，曲径幽深，别有情趣。

寒绿轩位于南塘的南岸。轩前绿竹，随风摇曳。宋代欧阳修有"竹色君子赋，猗猗寒更绿"的诗句，"寒绿轩"就是取此诗意以名轩。古代文人在这里赏雪品竹，吟诗唱和。清乾隆皇帝诗云："竹径延长不在多，寒潇飒更绿婆娑，坐轩人设卫风展，君子应怀勉切磋。"

藻咏厅在莲池正南。原名康乐厅，二层楼建筑，几经改建，才成今日的规模。面阔五间，单檐，周有虎廊。门前有石狮一对。厅前临池，设有假山，借景、对景颇多。以往文人墨客常在此吟诗作赋，故名"藻咏"。

君子长生馆在池西岸，坐西向东，歇山式建筑，四周虎廊环绕，门额有"君子长生馆"匾一块，寓意君子之德，与世长存。两边楹联为："花落庭闲，爱光景随时，且作清游寻胜地；莲香池静，问弦歌何处，更教思古发幽情。"馆基前伸池中，可凭栏赏荷、观景。

高芬轩取"高芬远映"之意。坐落在池北岸，原为二层楼建筑，后毁于八国联军，遂改建成轩。单檐，面阔二间，轩内北壁上嵌有清康熙皇帝题刻的"飞龙"两个大字。轩前有高大的太湖石，石上篆书"太保峰"，北有碑刻长廊。

碑刻长廊三十三间，内壁嵌碑刻八十二方，分为三段：西段二十六方，草书居多，其中有《罗汉赞》、《莲池十二咏》等；中段十四方，以行草居多，多为诗歌，其中有苏东坡诗；东段四十二方，是著名的《淳化阁帖》碑刻，为晋代王羲之、唐代怀素、颜真卿、宋代米芾、明代王阳明和董其昌等书法大师的杰作，是莲池书院的珍贵遗产，对学习和研究书法均有很高的价值。

水心亭原名临漪亭，重檐八角攒尖顶，高约十二米。亭西南有宛虹桥，西北有五孔曲桥，均衔亭接岸，成为莲花池的中心。清乾隆皇帝有诗赞道："临漪古名迹，清苑称佳构，源分一亩泉，石闸飞琼漱，行宫虽数宇，水木清华富，曲折步朱栏，波心宛相就。"

莲花池为元代汝南王张柔开凿。元太祖二十二年（1227年），张柔移镇于此，画市井，定民居，建城廓，修园苑。此园初名雪香园，因栽藕养荷，荷花繁茂，故又名莲花池。明万历年间曾大规模扩建，更名为水鉴公署。清雍正十一年（1733年）在其西北建莲池书院，后辟为行宫，乾隆和嘉庆皇帝，以及慈禧太后都曾在此驻跸。莲花池为胜甲畿南的"城市蓬莱"，是冀中平原上一座古代园林。建国后经多次维修，已成为人们游览和休息的场所。

药王庙

药王庙坐落在安国县南关。坐东向西，占地面积三千二百平方米。从前至后有旗杆、石狮、牌楼、马殿、钟鼓楼、碑房、配殿（厢房）、墓亭、大殿和后殿等。

两根旗杆高二十七米，上有飞龙舞凤等装饰，风格独特，比较少见。

马殿内塑有红、白战马各一匹。

大殿即正殿，塑有邳彤坐像。据安国县志载，药王邳彤，信都（今安国）人，字伟君，精通医理，遐迩闻名，殁后葬于安国南关。宋建中靖国元年（1101 年），徽宗追封为灵贶侯，始建庙祭祀。

药王庙于明成化十三年（1477 年）重修。明弘治、万历和清乾隆、道光年间均曾重修，并有增建。清乾隆二十年（1755 年）重修药王庙时，才在左右配殿内塑扁鹊、华佗、张仲景、孙思邈、张子和、李东垣、朱丹溪、李时珍、王肯堂、刘河间十大名医像。药王庙从始建至今，已有八百多年的历史。

药王庙的兴建，大大促进了安国药业的发展。自宋迄今，安国逐渐形成为我国中草药和中成药集散中心。据记载，清道光年间，云集安国的药商中，就有关东帮、京通卫帮、古北口帮、西北口帮、陕西帮、广帮、宁波帮、禹州帮、亳州帮、山西帮、山东帮、彰武帮和怀帮等十三个较大的帮会。为这些帮会服务的还有南会、北会（杂货饮食）、皮袄行、估衣行和银行五大会。常住安国的各地药商曾多达一千五百多户。我国医药界多年来有天下药材不经安国没有药味的俗传。因此，安国曾有"药州"和"药都"之美称。

建国后，党和政府对安国药业的发展十分重视。按照传统习惯，每年春秋两季在这里举行全国性的中药材交流会。

清西陵

清西陵位于易县梁各庄西。第一个在这里建陵的是清朝皇帝雍正（胤禛）。最初，雍正皇帝的陵址选在东陵九凤朝阳山，但勘舆大臣和雍正皇帝认为"形局未全，穴中之土又带砂石，实不可用。"后来，雍正皇帝十分要好的弟弟允祥亲王等在易州境内泰宁山下，为雍正皇帝选中了"万年吉地"。他们向雍正皇帝奏称这里是："乾坤聚秀之区，为阴阳和会之所，龙穴砂水，无美不收。形势理气，诸吉咸备。"雍正皇帝览奏后十分高兴，也认为"山脉水法，条理详明，洵为上吉之壤。"

但是，雍正皇帝把陵址选在这里，却直接违犯了子随父葬的制度，不便迳直同意，便叫大臣们考证另辟陵区有无先例。善于体承皇帝旨意的大臣们，引经据典，从夏禹葬浙江会稽，而自启以下葬山西夏县，少康又葬河南之太康；及至汉唐，帝王陵虽都在陕西，却都相去很远，多至几百里。最后得出结论，易州与遵化州同为畿辅之地，并列神州，实未为远，与古代帝王葬制并无不合。雍正皇帝十分欣喜，立即同意，并下旨在泰宁山下修建泰陵。

西陵先后建有帝陵四座、后陵三座、妃嫔和公主等园寝七座，埋葬了四个皇帝（雍正、嘉庆、道光、光绪）、九个皇后、二十七个妃子。

泰陵坐落在泰宁山主峰下，建于1730年至1737年，是西陵的中心，其他各陵寝分别位于东西两侧。帝后妃陵寝建筑规制与东陵基本相同。雍正皇帝泰陵的规模最大，建筑齐全，体系完备。沿五里长的神道向北，主要建筑有石牌坊、大碑楼、石桥、石象生、龙凤门、小碑楼、神厨库、朝房、隆恩门、配殿、隆恩殿、明楼、宝顶等。嘉庆皇帝的昌陵位于泰陵西侧，规模仅次于泰陵。

道光皇帝的慕陵建在泰陵西五公里处的龙泉峪。陵寝建筑布局比较特殊，没有神道、大碑楼、石象生，也没有方城、明楼等建筑。但整个陵区建筑却雅素大方，雄伟壮阔，特别是隆恩殿建筑与其他帝后陵不同。隆恩殿完全用金丝楠木建筑而成，不施彩绘，全系本色；门窗、隔扇、雀替、天花、藻井等处，雕有千姿百态的龙，恰似一座雕龙的艺术博物馆，使隆恩殿风格独具。

道光皇帝的陵寝原建在东陵，并已葬入孝穆皇后。后来地宫内浸水，道光皇帝大发雷霆，不仅追查主持建陵者的责任，而且用两年时间把建好的陵寝全部拆除。据说，他认为地宫浸水，可能是群龙钻穴、龙口吐水所致。后来在西陵修建隆恩殿时，就把群龙移到天花板上去了。

道光皇帝看了在西陵修建的陵寝建筑后，十分欣喜，随即写下了"……永慕无穷……其慕与慕也"的硃谕，并把它藏在隆恩殿东楹。整个陵建成后十七年内没有定名，直至葬入道光皇帝后，咸丰皇帝来谒陵时，心领道光皇帝硃谕的深意，才定名为慕陵，并亲笔写下了道光皇帝遗谕全文和"慕陵"二字，后来刻在隆恩殿后的石牌坊上。

光绪皇帝的崇陵在泰陵东五公里处的金龙峪，是我国现存帝陵中最后的一座。光绪皇帝名载湉，是醇亲王奕譞之子、同治皇帝的从弟，为慈禧太后的妹妹所生。同治皇帝十九岁早亡，没有子嗣。慈禧太后为了继续掌握大权，强立四岁的载湉为帝。后来，她又把胞弟桂祥的女儿立为光绪皇帝的皇后（孝定景皇后），姑侄成为婆媳，亲上加亲。孝定景皇后一直是慈禧太后的耳目和亲信。

中日甲午战争以后，光绪皇帝积极支持康有为、梁启超变法维新，并想借袁世凯等人的军事力量翦除以慈禧太后为首的反对力量，但被袁世凯出卖。慈禧太后以迅雷不及掩耳之势镇压了维新派，杀害了谭嗣同等六人。从此，光绪皇帝也被囚禁在西苑（今中南海）瀛台而死。

光绪皇帝死后，宣统元年（1909 年）才开始建陵。1911 年辛亥革命后，由逊清皇室继续修建。由于经费支绌，不得不另由"陵工大臣"梁鼎芬向逊清遗老募集了一部分款项，直到 1915 年才竣工。当年 11 月葬入了光绪皇帝和隆裕皇后（孝定景皇后）。建国前，崇陵地宫曾被盗掘，1980 年经国家批准进行了清理整修，现已开放。

在崇陵东侧建有崇妃园寝，这里埋葬着光绪皇帝的瑾妃和珍妃。珍妃性格爽直，因支持光绪皇帝，顶撞慈禧太后，两次被打入冷宫。1900 年八国联军攻入北京，慈禧太后令太监把她从冷宫拉出来，推入井内淹死，时年二十四岁。1901 年珍妃的尸体被打捞出来，埋在北京西郊田村。1915 年随光绪皇帝迁葬到这里。

清朝帝后陵的谒陵活动十分频繁，耗费惊人。慈禧太后谒陵坐腻了轿和马车，下令为她专修了一条去西陵谒陵的铁路，东起高碑店，西至易县梁各庄。现在在梁各庄村南还保存着一段路基。同时，还专为慈禧太后制造了二辆专门谒陵的龙车。车厢外用黄绒罩套，内壁以绸缎贴里。车厢布置十分华丽，内有高级铁床，铺着裀褥枕被，四周密围帐幔。地板上铺着五色毯子。厕所里有专供慈禧太后用的"如意桶"。车厢内设有吸鸦片烟用的卧榻，还摆设着古玩玉器、名人字画等等。这两套龙车共耗费十万金。另外，还备有万民伞一百把，慈禧下车以后，万民伞一齐打来，前呼后拥，缓缓而进；百姓回避，数里寂然。慈禧太后谒陵的耗费在清代帝后中是首屈一指的。

建国以后，国家设置专门机构负责西陵的保护和管理，并有计划的对陵寝建筑进行整修。陵区内松柏滴翠，一座座宫殿式建筑隐现于绿色的海洋之中，环境幽雅，景色秀美。

清远楼、镇朔楼和南门楼

在宣化城内有清远楼、镇朔楼和南门楼三座古建筑，排列在一条中轴线上，构成了一组完整的建筑布局。

清远楼位于城内正中，始建于明成化十八年（1482 年），清代重修，木构件基本上保持了明代的建筑手法。它坐落在一个高七点五米的砖砌墩台上，台下为十字形拱券洞。楼高十七米，面阔五间，进深三间，是一座三重檐歇山式建筑。一二层为布瓦，三层为琉璃剪边。楼的四面皆出抱厦，周有游廊。整个楼的平面呈"十"字形。楼的四面皆悬匾额，南面为"清远楼"匾。

楼上悬挂明嘉靖年间铸造的铜钟一口，故俗称钟楼。钟高二点五米，直径一点七米，重万余斤，声音宏亮，可达数十里之遥。

镇朔楼位于清远楼南二百米处，明正统五年（1440年）始建，清代重修。它建筑在一座高八点四米的墩台上，台下有贯通南北的拱形券洞。楼高十五米，面阔七间，进深五间，重檐歇山式布瓦顶。楼上南面悬有清乾隆六年（1741年）制的"镇朔楼"匾额。镇朔楼大木构件保存完整。楼内原有大鼓一面，故又俗称鼓楼。

南门楼又叫拱极楼，位于镇朔楼南五百米处，面阔七间，进深三间，重檐歇山式布瓦顶，系清代小式做法。

宣化是我国北方的一个古老城镇。明英宗正统年间（1436—1449年）在这里修城筑垣，宣化遂成为一个地方政治、经济、文化中心。在军事上也是保卫京师，镇守一方的重镇。清远楼北面的匾额为"声通天籁"、东面为"耸峙严疆"、西面为"震靖边氛"。镇朔楼原来的匾额"镇朔"和"雨谯"已无存，北面"神京屏翰"为清乾隆皇帝亲笔所题。这些匾额题字内容大都与军事活动、护卫京师有关，充分说明宣化城在军事上的重要意义。

避暑山庄

避暑山庄和外八庙位于承德市北部。承德是1982年国务院公布的全国第一批二十四座历史文化名城之一。它位于河北省东北部，处于燕山山脉环抱之中，磬锤峰（棒槌山）、蛤蟆石、罗汉山、僧帽山、天桥山、双塔山、朝阳洞等奇峰异石，组成著名的自然胜景。武烈河流经其间，热河泉涌出，风景优美，气候宜人。承德这座城市就是随着避暑山庄和外八庙的兴建而逐渐发展起来的。

清康熙二十年（1681年），康熙皇帝在今围场县设立木兰围场，每年在这里举行秋猎，以训练八旗官兵和"绥服远藩"，热河便成了"驻跸"的地方。同时，为了团结蒙古、西藏和新疆上层王公贵族，并为避暑享乐之用，康熙皇帝于康熙四十二年（1703年）开始营建避暑山庄，到乾隆五十五年（1790年）才竣工。在这期间，又相继修建了许多庙宇，借助宗教以实行"怀柔"与"绥服"的政策，从而达到国家统一，加强中央政权的目的。于是，宫苑蔚起，庙塔林立，承德逐渐成为我国北方一处著名的古建筑和园林荟翠的地方。

避暑山庄是我国现存最大的古代园林。它位于承德市区的北半部，是清代皇帝避暑和从事各种政治活动的地方，又称承德离宫或热河行宫。周围环境"虎皮墙"，随山势起伏，长达二十华里。山庄总面积五百六十万平方米，古建筑一百余处，殿阁楼亭，星罗棋布。原来古建筑内，大都有许多古玩和各种陈设品，仅松鹤斋等四十三处的陈设，就有铜、瓷、漆、竹、木、石、镶嵌、挂屏、珐琅、玉器等精美的装饰品达六万九千多件。

避暑山庄分为宫殿区和苑景区两大部分。

宫殿区

在避暑山庄南部，是清朝皇帝处理政务、举行庆典、会见外国使臣和帝后居住的地方。包括正宫、松鹤斋、万壑松风和东宫（已无存）四组建筑。

正宫主要建筑有丽正门、避暑山庄门、澹泊敬诚殿、四知书屋、烟波致爽殿、云山胜地楼。

丽正门是避暑山庄的正门，中间一门上部有用满、藏、汉、维、蒙古五种文字题写的"丽正门"三字。山庄门因悬有康熙皇帝题"避暑山庄"匾额而得名。清朝皇帝经常在这里检阅近侍射箭比赛和接见官吏，所以也称阅射门。

澹泊敬诚殿是正宫的主体建筑，因用楠木建造，不饰彩绘，保持本色，故俗称"楠木殿"。它是正宫的正殿，各种隆重的大典，如皇帝生日，正式接见文武大臣、少数民族王公贵族和外国使节等都在这里举行。乾隆皇帝的诞辰几乎都是在避暑山庄渡过的。

楠木殿北面是四知书屋，乾隆皇帝曾先后在这里接见了六世班禅和土尔扈特蒙古首领渥巴锡。

再北是十九间房子，它把正宫分为"前朝"和"后寝"两部分。

烟波致爽殿是清帝的寝宫，殿内布置富丽堂皇。嘉庆和咸丰皇帝就死在这里。自1820年9月2日嘉庆皇帝死在这里之后，一直到1860年的四十年间，清朝皇帝再也没有来这里避暑理政。1860年8月24日，英法联军攻占天津，进逼北京。9月22日，咸丰帝顾不得几天前自己颁发的"亲统六师"与敌决战的"上谕"，从圆明园仓惶逃往热河。9月30日，住进了烟波致爽殿，之后在这里批准了丧权辱国的《中英北京条约》、《中法北京条约》和《中俄北京条约》，从而使中国进一步沦为半殖民地半封建社会。

1861年8月22日，咸丰皇帝死在烟波致爽殿寝宫。

烟波致爽殿东西侧各有一座小院，叫东所、西所，有侧门与寝宫相通，是后妃们居住的地方。拉那氏（慈禧）当年就住在西所，并在这里秘密派亲信太监安得海赴京，召来恭亲王奕䜣，策划了从怡亲王载垣、郑亲王端华、额驸景寿、协办大学士户部尚书肃顺等顾命八大臣手中夺权，实行"垂帘听政"的行动步骤。此后，她成了统治中国长达四十八年之久的最高统治者。

松鹤斋在正宫东侧，原为乾隆皇帝母亲和妃嫔的住所，现存主要建筑为畅远楼。它的北面是万壑松风，主殿万壑松风殿是康熙皇帝读书、批阅奏章和接见官吏的地方。乾隆皇帝为纪念其祖父康熙皇帝将它改为纪恩堂。南面的鉴始斋，是乾隆皇帝少年时读书的地方。

东宫在松鹤斋的东面，原有勤政殿、清音阁等建筑，是清帝处理日常政务和会见少数民族王公贵族及外国使节的地方，现已荡然无存。

苑景区

苑景区在宫殿区的北面，包括湖区、平原区和山区三部分。

湖区是山庄风景的中心。湖沼总称塞湖，被洲岛桥堤分割为澄湖、长湖、西湖（无存）、半月湖（无存）、如意湖、银湖和镜湖等。主要建筑有水心榭、文园狮子林（无存）、清舒山馆（无存）、戒得堂（无存）、月色江声、如意洲、烟雨楼和金山等。其中仿镇江的金山亭，仿嘉兴的烟雨楼，仿苏州的文园狮子林和仿浙江西湖的芝径云堤，为塞外山城增添了江南景色。在湖区的东北角有热河泉。寒冬季节，流水淙淙，每当清晨，湖面一片热气蒸腾，蔚为奇观。

平原区在湖区的北面。自东向西有甫田丛樾、莺啭乔木、濠濮间想、水流云在四个亭子，可以坐揽湖光山色。在平原区西部，有仿浙江宁波范氏天一阁建筑的文津阁，原藏《四库全书》和《古今图书集成》各一部。在平原区还有万树园、试马埭和仿杭州六和塔建造的永佑寺塔等。

万树园傍山临水，是山庄内最开阔的平川。当年，这里古木参天，绿草如茵，饲养的麋鹿群出没其间。乾隆皇帝经常在这里接见少数民族的王公贵族等上层人物和外国使者，还多次在这里举行具有政治意义的宴会和娱乐活动。乾隆五十八年（1793年），乾隆皇帝在这里接见了英国政府第一个正式访华的马嘎尔尼使团。

1793年9月14日清晨，盛装的英使、王公大臣、蒙古诸王、贝勒、台吉等云集万树园。乾隆皇帝在一片乐声和喝道声中，在大幄中升帐。马戈尔尼按照谒见英王的礼节（免去了吻手一节）来谒见乾隆皇帝，行礼致词后，把装在镶有珠宝的金盒子里的英王书信呈给乾隆皇帝。而后，乾隆皇帝赐宴。

9月17日（阴历八月十三日）乾隆皇帝生日时，英使随同王公大臣到澹泊敬诚殿行庆贺礼，并观看盛大的阅兵典礼，一连数日参加了在万树园举行的祝寿活动。

山区在避暑山庄的西北部，约占山庄面积的五分之四。松云峡、梨树峪、棒子峪、西峪等奇峡幽谷，环峰直下，环抱湖区；山内峰回路转，清雅幽静。山区原有众多的寺庙等建筑，后来大都为北洋军阀、日本侵略者和国民党反动派所破坏。现在还有四面云山、锤峰落照、南山积雪几个亭子坐落在山峰之巅。登亭远眺，磬锤峰、蛤蟆石、僧帽山、天桥山、鸡冠山等奇峰怪石和外八庙尽收眼底。

避暑山庄是根据清朝统治者的政治和生活需要而修建的，体现了清代前期我国多民族国家的巩固与发展的特色，继承了我国南北园林建筑艺术的优秀传统，模拟我国地理风貌，构成了祖国锦绣河山的缩影。

外八庙

在避暑山庄的东、北两面，分布着一组寺庙建筑群——外八庙。

外八庙原有十一座庙宇。溥善寺和广安寺已不存在，普佑寺和罗汉堂的建筑也所剩无几。现在溥仁寺、普宁寺、安远庙、普乐寺、普陀宗乘之庙、殊象寺和须弥福寿之庙七座。这些庙宇是康熙五十二年（1713年）至乾隆四十五年（1780年），在解决北部、西北部边疆和西藏问题的历史过程中，为了供来承德觐见清朝皇帝的各少数民族王公贵族观瞻、居住和进行宗教活动而修建的。乾隆皇帝还采取了"因其教，不易其俗"的政策，把喇嘛教宣布为国教，这就顺应了藏、满等少数民族，特别是蒙古族上层人物的意愿，密切了他们与清中央政府的联系。因此，外八庙的文物在一定程度上记录了清政府与边疆少数民族的关系。在建筑上，它集我国各民族宗教建筑艺术之大成，是难得的艺术瑰宝。

溥仁寺

溥仁寺位于武烈河东岸的山麓下，依山傍水，坐落平原，占地面积三万七千多平方米。现存主要建筑有正殿和后殿。正殿称慈云普荫殿，正中佛坛上供三世佛和二侍者，东西两侧供有十八尊罗汉。这些造像都是用贵重的髹漆夹纻造。殿前左右竖有汉、满文石碑各一通，上刻康熙皇帝撰写的《溥仁寺碑记》。

后殿又称宝相长新殿，殿内放置九尊无量寿佛，表示对长寿的希求。

这座寺庙创建于康熙五十二年（1713 年），是保存至今的康熙时期的唯一庙宇，也是外八庙建造时间最早的一座。清政府平定了漠北厄鲁特蒙古准噶尔上层反动分子噶尔丹的武装叛乱后，蒙古各部与清政府的关系日益密切。在康熙六十岁生日时，蒙古各部王公贵族来避暑山庄祝贺，并请求建立寺庙为皇帝祝福和纪念这次盛会。康熙皇帝欣然同意，指定了地点，修建了溥仁寺和溥善寺。

普宁寺

普宁寺在避暑山庄东北五里处，背靠松树岭，武烈河萦绕其前。寺庙依山就势，规模宏大，占地面积二万三千平方米。大雄宝殿之前建筑布局规整，为一般汉族寺庙建筑形式。大雄宝殿之后建筑依据地势的高低变化，布局比较灵活，但着意突出了主体建筑大乘之阁，为藏族寺庙建筑形式。

寺内建筑从南到北依次为山门、钟鼓楼、碑亭、天王殿、配殿、大雄宝殿、大乘之阁，以及围绕大乘之阁建造的日殿、月殿和象征着所谓"四大部洲"、"八小部洲"等建筑。大乘之阁东南一组院落叫妙严室，西南一组叫讲经堂。

天王殿内东西两侧置四大天王像。大雄宝殿内正中为三尊巨大的三世佛，两侧坛上有十八罗汉像，墙壁绘有以佛教故事为题材的壁画。

大乘之阁高三十六点七五米，采取了汉族的楼阁殿亭等多种建筑形式。正面外观六层，背面四层，两侧五层；内部层次与外观层次不一，内部为三大层，外观三层以上统属于内部的第三层。阁的顶部造型设计奇特，四角各单独建造一个方亭形攒尖顶，上置鎏金铜宝顶；中间部分高出一层，略内收，上面覆以大方亭形攒尖顶，其上置巨大的鎏金铜宝顶。从外观上看，在不同的高度上，耸立着五个攒尖屋顶，四个小的簇拥着中间一个大的，高低错落，造型美观。

大乘之阁内矗立着一尊木雕大佛，高二十二点二八米，腰围十五米，用柏、松、榆、杉、椴五种木材雕成，重约一百二十吨。大佛头顶立高一点五三米的无量寿佛，据说为观世音菩萨的先师，放在头顶，以示尊敬。两侧有善财、龙女侍立。大佛名大悲菩萨，有四十二只手，各执法器，其中轮、螺、伞、盖、花、罐、鱼、肠八宝象征着吉祥如意，刀、枪、剑、戟用来降魔伏妖，双手托日、月显示主宰宇宙的宏量佛法，四只手高捧哈达是表示佛教徒对佛祖的敬仰；大佛有四十三只眼睛，俗称"千手千眼菩萨"。所谓"千手千眼"，是指除去它本身两只手和头部三只眼外，身躯两侧各有二十只手，每只手中均有一只眼，这样再乘以佛家的"二十五有"，就成为"千手千眼"了。这尊木雕大佛是我国最大的，也是世界上最大的木雕像。因而当地群众把普宁寺也称为"大佛寺"。

普宁寺建于乾隆二十年（1755年）。山门里碑亭内，竖立着三通石碑，为乾隆皇帝御制，用满、汉、蒙古、藏四种文字书写，记述了修建普宁寺的经过。《平定准噶尔勒铭伊犁之碑》和《平定准噶尔后勒铭伊犁之碑》，分别记述了清政府平定厄鲁特蒙古准噶尔部达瓦齐、阿睦尔撒纳叛乱的经过，是十分珍贵的历史文物资料。

乾隆皇帝为了庆祝平定达瓦齐的胜利，在避暑山庄大宴厄鲁特蒙古四部（准噶尔、都尔伯特、辉特、和硕特）的上层人物，并分别封爵。厄鲁特蒙古四部的上层人物，都信奉喇嘛教，所以乾隆皇帝下令"依西藏三摩耶庙之式"建造普宁寺，以为纪念。所谓"三摩耶庙之式"即普宁寺后半部分的布局与建筑。

安远庙

安远庙俗称伊犁庙，坐落在避暑山庄的东部，武烈河东岸的冈阜上。建于乾隆二十九年（1764年）。占地面积二万六千平方米。现存主要建筑有普渡殿、山门等。

普渡殿平面呈方形，殿高三层，顶盖黄剪边黑赭色琉璃瓦，别具一格。正中供大型木雕地藏王像，四壁有以佛教故事为题材的壁画。

殿前有一通卧碑，镌刻着乾隆皇帝撰写的《安远庙瞻礼书事（有序）》，以叙事诗的形式记载了修建安远庙的目的。

在厄鲁特蒙古准噶尔部达瓦齐、阿睦尔撒纳叛乱中，达什达瓦部为了维护祖国统一，在达什达瓦之妻的率领下，冲出重围，不顾贵族的干扰，拒绝了喇嘛的煽惑，带着剩下的牲畜，越过高山激流，向清政府西路军基地巴里坤前进。他们边走边战，历尽艰苦，终于来到巴里坤，受到清政府地方官吏的热情接待。清政府对达什达瓦之妻特令嘉奖，封授名号。后来达什达瓦部战士在平叛战斗中立下了赫赫战功。

乾隆二十三年（1758年）十一月，达什达瓦部总管布林（达什达瓦之妻已于1756年病故）向清政府请求向内地迁移，"承受恩泽"。清政府允其所请。次年，达什达瓦部六千多人从伊犁分两批出发，经过长途跋涉和多次战斗，到达热河时只剩下二千一百三十六人。清政府把他们安置在普宁寺一带，为他们建造房屋，发给粮饷，指定牧地。为了满足他们及准噶尔部、厄鲁特蒙古其他各部首领来承德时的宗教活动的需要，修建了安远庙，并以此"怀柔远人"。

普乐寺

普乐寺俗称圆亭子，坐落在避暑山庄东面、安远庙以南的山岗上。建于乾隆三十一年（1766年），次年落成。《普乐寺碑记》中详细记述了乾隆皇帝修建普乐寺，借以团结西北各少数民族的意图。普乐寺占地面积两万四千平方米。整体平面呈规则的长方形，坐东朝西，面向避暑山庄。寺内建筑分前后两部分。前部从山门至宗印殿，为汉族寺庙形制。主要建筑有山门、钟鼓楼、天王殿、配殿和正殿（宗印殿）。后半部主体建筑为阁城和旭光阁。

天王殿内置四大天王和弥勒、韦驮像。宗印殿内正面供三世佛，两侧是八大菩萨。配殿内各置怪金刚像。

阁城为三层，第二层台上四角与四面正中各建造不同颜色的琉璃塔一座。最上部为平台，正中圆座上仿北京天坛祈年殿形制建造的旭光阁，圆形，共二十四间，重檐，伞形攒尖黄琉璃瓦顶。阁内置一立体曼陀罗，内置胜乐王铜像。阁内藻井造形精美，雕刻细腻，中央悬有鎏金的二龙戏珠，金光灿烂，是具有很高艺术价值的珍品。

普陀宗乘之庙

普陀宗乘之庙位于狮子沟北岸的山坡上，与避暑山庄隔山相望。占地二十二万平方米，由近四十座殿宇、白台等组成，是外八庙中规模最大的一座。它仿照西藏拉萨布达拉宫的形式建筑而成。普陀宗乘是藏语布达拉的汉译，因此该庙有小布达拉宫之称。

庙宇分布依山就势。琉璃牌楼以南，以中轴线布列建筑物，往北随着山势起伏，步步升高，建筑物自由散置，极富变化。

山门内建有高大的碑亭，内矗立着三通巨大的石碑，中间一通为乾隆皇帝御制《普陀宗乘之庙碑记》，左右分别为《土尔扈特全部归顺记》和《优恤土尔扈特部众记》碑，是十分重要的历史文物资料。

亭北是五塔门。在北面山坡平台上，建有一座三间四柱七楼式琉璃牌楼。琉璃牌楼以北，有白台、白台僧房、五塔白台、单塔白台等三十多座。在白台如林的北面正中部位，耸立着中心建筑大红台，通高四十三米，宽五十九点七米，有城阁凌空之感，气势雄伟。大红台中央有一座万法归一殿，重檐四角攒尖鎏金铜瓦顶。这种瓦呈鱼鳞状，又称鱼鳞瓦。东北角的权衡三界亭和西北角制高点上的慈航普渡亭，均为鎏金铜瓦顶，与万法归一殿、大红台的红墙白石相互辉映，光彩夺目。

普陀宗乘之庙于乾隆三十二年（1767年）动工，历时四年多建成，是为庆祝乾隆皇帝六十寿辰（乾隆三十五年）和皇太后八十寿辰（乾隆三十六年）而修建的。当该庙落成时，蒙古、维吾尔等少数民族的上层人物齐集这里，向皇太后和乾隆皇帝祝寿祈福，钟鼓齐鸣，梵呗不断。

乾隆三十六年（1771 年），长期游牧于伏尔加河流域的厄鲁特蒙古土尔扈特部，不堪忍受沙皇俄国的奴役和压迫，在其首领渥巴锡的领导下，经过艰苦战斗，终于率众回到了祖国。乾隆皇帝在御制的《土尔扈特全部归顺记》碑文中写道：渥巴锡"以俄罗斯征调师旅不息，近且征其子入质。而俄罗斯又属别教，非黄教，故与各族台吉密谋，挈全部投中国兴黄教之地，以息肩焉。"

土尔扈特部回到伊犁后，清政府拨出价值二十万两银子的米、谷、牛、羊、茶、布等物资，安排他们的生活，并安置他们在伊犁河流域游牧；新疆、甘肃、宁夏等地各族人民也给他们以热情支援。

乾隆皇帝十分重视土尔扈特部众的归来，多次降旨，令地方官员妥善安置，并令其大台吉均到避暑山庄觐见。

乾隆三十六年九月初八日，渥巴锡等来到木兰围场觐见乾隆皇帝。之后，乾隆皇帝又在避暑山庄澹泊敬诚殿接见他们，还多次在万树园设灯宴，招待他们。清政府为了褒奖土尔扈特部归来，封渥巴锡为卓哩克图汗，策伯克多济尔为布延图亲王，其余的首领也分别给予封爵。

此时，正值普陀宗乘之庙落成，渥巴锡等随同乾隆皇帝前往瞻礼，与喀尔喀、蒙古、青海、新疆等地少数民族上层人物齐集一堂，举行盛大法会，表现了多民族国家的团结与统一。

殊象寺

殊象寺位于普陀宗乘之庙西侧、狮子沟北岸的山坡上，建于乾隆三十九年（1774年），次年完工。该寺按汉族寺庙规制，依山就势布置建筑物。现存主要建筑有山门、钟鼓楼、会乘殿，以及殿后的假山。

山门内置哼哈二将。登上三十五级台阶，在高坛正中建有会乘殿，是殊象寺的主殿，重檐歇山式，黄琉璃瓦顶。殿内正中供文殊、普贤、观音塑像。其前方左右置三层塔形佛龛，原有三百零四个镀金铜佛，后被军阀汤玉麟盗走。殿内原有经橱，放置满文藏经，早已无存。

会乘殿往后，为寺的岩庭部分，完全采用中国传统的庭园建筑手法。原有宝相阁，阁内有巨大的骑狮文殊像，高十二米左右，现已无存。

乾隆二十六年，乾隆皇帝陪同母亲到五台山烧香、游玩。五台山为文殊师利菩萨的道场，山上有座殊象寺，寺内塑有文殊菩萨像，相传是文殊出现的地方。太后默记文殊相貌，回北京后，命人按样制成石像，并略仿殊象寺在香山修建"宝相寺"供奉。承德殊象寺就是仿宝相寺和五台山殊象寺建造的。

须 弥 福 寿 之 庙

须弥福寿之庙位于狮子沟北岸山坡上，西与普陀宗乘之庙毗邻。落成于乾隆四十五年（1780年），占地面积三万七千九百平方米。它是仿照班禅六世在后藏日喀则居住的扎什伦布寺修建的，所以又称扎什伦布庙。须弥福寿是扎什伦布的汉译，故名须弥福寿之庙。乾隆皇帝七十岁生日时（1780年），班禅六世从后藏来承德朝贺，乾隆皇帝下令"肖其所居"，修建该庙供六世班禅居住和讲经，因此该庙又称为班禅行宫。

须弥福寿之庙的建筑，在山门之内有碑亭，亭内矗立一通乾隆皇帝御制的《须弥福寿之庙碑》。碑亭以北地势逐渐高起，在平台上有一座三间四柱七楼式琉璃牌楼。北部是该庙的主体建筑大红台，它融汉藏建筑艺术为一体，规模宏大，四角各建小殿一座。大红台内为群楼，中央是妙高庄严殿，内供佛像，是六世班禅的讲经处。

妙高庄严殿高三层，重檐四角攒尖顶，中央宝顶成钟形。殿顶盖鎏金铜瓦，瓦呈鱼鳞状，金光闪烁，光彩照人。殿脊呈波状，每个殿脊上置两条巨大的鎏金伏龙，一上一下，造型优美，跃跃欲飞。

大红台西北有吉祥法喜殿，是班禅六世的住室，为重檐歇山式建筑，殿顶盖鎏金铜瓦。

庙的最后部山岗上，建有一座琉璃宝塔，是仿杭州六和塔的形式建造的。

乾隆皇帝在他撰写的《须弥福寿之庙碑记》中，对六世班禅来承德的意义作了详细说明。

六世班禅，名哲布尊巴勒丹伊喜，生于乾隆二年（1738年）。乾隆四十四年六月，他自后藏扎什伦布启程，来承德觐见乾隆皇帝。清政府对此十分重视，下令驻藏大臣留保住专程护送他到西宁。六世班禅的随行人员有千余人。乾隆四十五年七月二十一日，班禅六世到达承德。举行欢迎仪式之后，进入班禅行宫。当天，他到避暑山庄依清旷（四知书屋）觐见乾隆皇帝。第二天，乾隆皇帝又去须弥福寿之庙看望班禅六世。按当时礼制来说，这是一种特殊恩典。

两天之后，乾隆皇帝在避暑山庄万树园宴请了他。过去达赖喇嘛觐见清帝时只跪不拜，但这次在有王公大臣和少数民族上层人物参加的宴会上，班禅六世请求对乾隆皇帝"行跪拜礼"，以表示拥护和尊重。

为了接待班禅六世，乾隆皇帝还下令停止了每年照例到木兰围场的秋猎。班禅六世每天率领众僧为乾隆皇帝诵经祝福，直到八月底离开承德前往北京。后因出痘（天花），久治不愈，于十二月二日病逝。

须弥福寿之庙的修建和班禅六世到承德觐见乾隆皇帝，及其所受到的优厚礼遇，是当时清政府维护民族团结和多民族国家统一所实行的民族政策的集中反映。班禅六世病逝后的第二年，清政府留下了他的弟子罗桑顿珠主持须弥福寿之庙。这座庙实际上成为清朝中央政府联系西藏地方的一个纽带。

革命纪念地

在近现代革命史的画卷中，河北省占有光辉灿烂的一页。无数革命前辈的足迹踏遍了河北的山山水水，许许多多革命先烈的鲜血浇沃了河北的大地。这里，我们仅选择其中一部分作一介绍。

李 大 钊 故 居

李大钊故居在乐亭县城东南大黑坨村。李大钊（1899—1927 年）字守常，中国共产党主要创始人之一，是中国共产主义运动先驱者、伟大的马克思主义者、伟大的无产阶级革命家。

为了纪念李大钊的革命功绩，1958 年 7 月 1 日，建立了李大钊故居纪念馆。李大钊故居是他的祖父李玉珍于 1881 年修建的。南北长约五十米，东西宽约十八米，占地面积为九百零九平方米。院落建筑布局系冀东农村典型的穿堂院形式，分前院、中院和后院。自中院往北至后院，又分为东西两个半院，后院中间有一道隔墙。李大钊青少年时代住在东半院，西半院是其三祖父李玉璧的住宅。

前院东侧有三间厢房，是李大钊的伯父李任元教学馆旧址。西侧有两间碾棚。东西两侧各有一座猪圈。

中院有东厢房三间，李大钊就诞生在这个屋子的最北头一间。现在屋内基本上按照原状陈放着他母亲的遗物。东厢房北面有三间正房，西边一间是穿堂屋，其他两间为住室，现在室内大体上按原状陈设。李大钊幼年和结婚以后，曾长期在这里居住。

后院东边有两间厢房和两间棚子。厢房原来是家里存放粮食的地方。李大钊经常在这里读书习字，写文章。后来人们也就把这两间厢房称为大钊书房。

西院现在是李大钊革命事迹陈列室，陈列的大量文物、图片和资料等，再现了李大钊毕生为中国革命建立的伟大业绩和大无畏的牺牲精神。

白求恩纪念地

诺尔曼·白求恩是加拿大优秀共产党员、伟大的国际主义战士、世界著名的胸外科专家。他在中国人民抗日战争的艰难岁月里，受加拿大和美国共产党的派遣，带着加拿大和美国人民的殷切期望及对中国人民的深厚友情，率领由三人组成的加、美援华医疗队，于1938年初来到中国。

在武汉和延安，周恩来和毛泽东等先后会见了他。毛泽东批准了他组织战地医疗队到前线去的要求。

1938年4月24日，白求恩离开延安，东渡黄河，奔赴晋察冀抗日前线，于6月17日来到晋察冀军区司令部所在地——山西省五台县金刚库村。聂荣臻司令员请他担任军区卫生顾问。从此，白求恩加入晋察冀边区抗日军民的战斗行列，把中国人民的解放事业当作自己的事业，全心全意为抗日军民服务，直至以身殉职。

1938年10月白求恩转战到河北。在此后一年多的时间里，谱写了他一生中最辉煌壮丽的篇章。

现在，河北的许多地方，都保留着白求恩的纪念地。

1982年7月23日，河北省人民政府决定河间县屯庄白求恩手术室旧址、唐县军城南关晋察冀边区烈士陵园（白求恩陵墓旧址在此）和石家庄华北军区烈士陵园内的白求恩墓为河北省重点文物保护单位。

屯庄白求恩手术室旧址

1939年4月23日，八路军一二〇师师长贺龙在河间县指挥了著名的齐会战役。白求恩和他的医疗队的手术室就设在南距齐会仅六里的屯庄小庙里。

这座小庙，只有一间，面宽三米，进深三点七米。白求恩和他的医疗队将庙内四壁及顶部绷上了白布，当中悬挂一盏汽灯。这座小庙便成了战地手术室。

小庙两侧是土坯房。右侧平房是伤员候诊室，左侧平房是药房，西南角两间平房是消毒室。

在齐会歼灭战激战的三天三夜里，白求恩连续工作了六十九个小时，施行手术一百一十五例。在极其艰苦的条件下，以他精湛的医术和极端负责的精神，创造了治愈率达百分之八十五的纪录。

建国后，党和人民政府对屯庄白求恩手术室旧址进行了维修和保护，并建立了纪念馆。

军城南关白求恩陵墓

1939年10月下旬，日本侵略者向晋察冀边区发动了大规模的冬季"扫荡"。为了配合八路军反"扫荡"，白求恩推迟了已经批准的回国募捐的计划，参加了军区卫生部组织的医疗队，奔赴涞源县摩天岭抢救伤员。手术室设在战斗中心地带孙家庄村外一个山包上的小庙里。他在这次战斗中，抢救一个伤员时，左手中指被划破。后来，病情恶化，经多方抢救无效，于1939年11月12日凌晨在唐县黄石口村不幸逝世。

1939年11月17日，晋察冀边区党政军领导机关和当地群众为白求恩举行了隆重的殡殓典礼。聂荣臻等向白求恩遗体告别。11月23日，八路军总司令朱德通电全军隆重哀悼白求恩。12月1日，延安各界举行隆重追悼大会，毛泽东送了花圈，朱德在大会上讲了话。12月21日，毛泽东又写了《纪念白求恩》一文，高度赞扬了白求恩的国际主义和共产主义精神，号召中国人民和共产党员向白求恩学习。

反"扫荡"胜利之后，晋察冀边区军民立即在唐县军城南关兴建了白求恩陵墓。白求恩墓地呈圆形，周围有墙环绕。正门里面竖立着白求恩的大理石雕像，后边是白求恩墓。

在墓的四面，镌刻着中国共产党中央委员会和聂荣臻、吕正操等的题词。墓前，矗立着两通汉白玉石碑。一通正面镌刻着中国共产党中央委员会的悼词，碑阴刻着晋察冀军区司令部、政治部的志文。另一通石碑正面镌刻着晋察冀军区全体指战员1940年1月5日追悼白求恩的志文。这两通石碑记载了白求恩在晋察冀边区工作期间的光辉业绩，表达了中国共产党和抗日军民永远缅怀白求恩的深厚感情。

1942年，日本侵略者对晋察冀边区发动了又一次疯狂的大"扫荡"，竟把陵园当成打靶场。败退时，又残暴地破坏了白求恩陵墓。

1952年，白求恩灵柩迁往石家庄市华北军区烈士陵园。党和政府对军城白求恩陵墓旧址的保护仍然十分重视，多次进行了整理和维修。

华北军区烈士陵园白求恩墓

白求恩墓位于陵园的西南部，周围绕以长青松柏。墓坐西朝东，建在高约一米的平台上。墓下部为方形，上部呈圆球形，形制朴素而庄重。左侧的汉白玉石上，刻有白求恩大夫的简历；右侧镌刻着毛泽东《纪念白求恩》一文的节录。

白求恩墓前，矗立着白求恩高大的全身塑像，风尘仆仆，神态逼真，再现了白求恩饱经风霜，毫不利己，专门利人，为中国人民解放事业而英勇献身的光辉形象。

在白求恩墓的北部，建有陈列馆，通过大量珍贵的照片和文物，展现了白求恩的模范事迹和崇高的国际主义、共产主义精神。

白求恩国际和平医院和白求恩纪念馆

中国人民解放军白求恩国际和平医院的前身是创建于1937年秋季的晋察冀军区后方医院。1940年4月被命名为白求恩国际和平医院。1940年8月，印度援华医疗队成员柯棣华首任院长。1948年初，医院由冀西山区迁至石家庄市。现在，医院有病床八百多张，是一所医疗、教学和科研相结合的综合性医院。

医院内部建有白求恩纪念馆，陈列了大量珍贵的文物、资料和照片等，系统地再现了白求恩伟大的一生。

冉庄地道战遗址

清苑县冉庄地道战遗址，是全国重点文物保护单位之一。冉庄距保定市三十公里。在抗日战争和解放战争时期，冉庄人民在人民战争思想指引下，展开了神奇的地道战。冉庄曾荣获"抗日模范村"的光荣称号。

冉庄地道以该村十字街为中心，有东西南北主要干线四条，长四点五华里，同时还挖了南北地道支线十三条，东西地道支线十一条，还开挖了通往外村的联村地道四条，全长约三十华里。

地道一般宽约零点七至零点八米，高约一至一点五米，上距地面两米多。从地道的用途来说，可分为作战用的军用地道和供群众隐蔽用的民用地道两种。

地道构造复杂，设计巧妙，里面建有储粮室、厨房、厕所和战斗人员休息室。同时，设有照明灯和路标。在地道总指挥部附近，挖有很深的陷井，井上设置"翻板"。敌人万一进入地道，一踏上"翻板"，就会落井毙命。地道与水井相通。水井既是地道的通风口，又解决了民兵和群众的用水问题。

地道的出入口灵活多变，有的修在屋内墙根壁上，有的则在靠近墙根的地面，有些则利用牲口槽、炕面、锅台、风箱、井口等作为地道出入口。这些出入口充分利用了地形地物，同时，加上了巧妙的伪装。

为了充分发挥地道的作用，冉庄人民把它与地面上的工事有机地结合在一起。他们在村里各要道口的房顶上，建筑了高房工事，在地面修建了地平堡。不仅如此，还利用小庙、碾子、烧饼炉、柜台、暗室、墙角等地形地物，修筑了一些工事。地道和地面工事相配合，各种火力相交叉，构成了密集的火力网，能够充分发挥地道的威力，痛歼来犯之敌。

冉庄地道战工事的主要特点，可以概括为"三通""三交叉"和"五防"。三通，就是高房相通、地道相通、堡垒相通。三交叉，就是明枪眼与暗枪眼相互交叉、地平堡火力与高房工事火力相互交叉、墙壁火力与地平堡火力相互交叉。五防，就是防封锁、防破坏、防火烧、防水灌、防毒气。

抗日战争和解放战争时期，冉庄的民兵和群众，充分利用地道，并配合我军与日伪军和国民党反动军队展开了殊死的斗争，成为冀中地道战的一面红旗。

建国后，人民政府对冉庄地道战遗址的保护十分重视，建立了地道战遗址纪念馆和展览室，维修和加固了部分干线地道和高房、小庙、烧饼炉等工事，基本上保持了当年地道战的轮廓。

西柏坡中共中央旧址

平山县西柏坡村，位于太行山东麓、滹沱河北岸的柏坡岭下。1948 年 5 月至 1949年 3 月，中国共产党中央委员会和中国人民解放军总部就设在这里。周恩来曾指出：西柏坡是党中央和毛主席进入北平、解放全中国的最后一个农村指挥所，指挥三大战役在此，开党的七届二中全会在此。1982 年国务院公布西柏坡中共中央旧址为全国重点文物保护单位。

现在的中共中央旧址大院，是 1958 年修建岗南水库后，于 1971 年开始在就近的山坡上复原建设的。为了保护中共中央旧址的建筑和文物，当时由有关部门组织力量，进行了详细的测绘、拍照和登记，并妥善地保存了木构件等建筑材料。复原建设的中共中央旧址大院，从布局、形式到使用的材料，都基本上反映了原貌。大门南向，分前后两部分。在前院，自东而西，分布着周恩来旧居、任弼时旧居、毛泽东旧居、军委作战室旧址、刘少奇旧居、董必武旧居、中央机关食堂旧址等。在后院东北角，有三间窑洞式建筑，是朱德办公室、休息室和会客室的旧址。在大院西部，前后院之间，有中共中央七届二中全会会址旧址。

1976 年开始修建西柏坡纪念馆，并在党中央、毛泽东等来西柏坡三十周年的 1978年 5 月 26 日开放。纪念馆建筑面积三千四百多平方米，展出了珍贵的革命文物、历史照片和资料，比较系统地介绍了党中央、中央领导同志在西柏坡期间的革命实践活动和为中国革命建立的丰功伟绩。

　　1946 年，蒋介石不顾全国人民的反对，发动了全面内战。1947 年 5 月，以刘少奇为书记，由朱德、董必武等组成的中央工作委员会来到西柏坡村。7 月 17 日至 9 月 13 日，刘少奇在这里主持召开了土地工作会议，通过了《中国土地法大纲》，并于 10 月 10 日由中共中央正式公布，从而大大地推动了各解放区土地改革运动的胜利开展。在一年中，有一亿多农民获得了土地。翻身农民参军参战，大大加速了全国解放战争的胜利进程。

　　1947 年 10 月底，朱德总司令由西柏坡出发，视察了部队和冀中地区财政、经济、工业及小学教育等情况，分别对当地野战司令部团级以上干部和冀中干部作了长篇讲话，并于 11 月 12 日指挥我军攻克了华北重镇石家庄。

　　1948 年春，中国人民解放战争取得了战略反攻的节节胜利。3 月 23 日，毛泽东、周恩来、任弼时等和中共中央机关从陕北吴堡县川口东渡黄河，经晋绥解放区，于 5 月 26 日先后来到西柏坡。一直到 1949 年 3 月 23 日党中央和解放军总部迁往北平止，这里是中国革命的领导中心。

　　1948 年中共中央九月会议，是在大院最西边的中央机关食堂召开的。会议检查了过去的工作，规定了今后的任务和我军的作战方针，为组织和夺取战略决战，夺取解放战争的胜利作了思想上、组织上和物质上的准备。会后，毛泽东发出了"军队向前进，生产长一寸，加强纪律性，革命无不胜"的伟大号召。

　　中央军委作战室旧址在毛泽东旧居西北。当年，党中央、中央军委和毛泽东等中央领导同志的许多重要文电、指示、命令就是从这里发往全国和解放军各部队的。1948 年 9 月，解放战争处于战略决战的重要关头，党中央把握时局，抓住战机，组织和指挥了举世闻名的辽沈、淮海、平津三大战役。从 1948 年 9 月 12 日开始，到 1949 年 1 月 30 日结束，历时四个月零十九天，共歼灭和改编了国民党军队一百五十四万多人，为彻底埋葬蒋家王朝，解放全中国奠定了基础。

　　1949 年 3 月 5 日至 13 日，中国共产党在这里召开了第七届中央委员会第二次全体会议。毛泽东主持了这次会议，并在会上作了重要报告。朱德、刘少奇、周恩来、任弼时等作了重要发言。

　　毛泽东在七届二中全会报告中，提出了促进革命取得全国胜利和组织这个胜利的各项方针；说明了在全国胜利的局面下党的工作重心必须由乡村转移到城市；规定了党在全国胜利以后，在政治、经济、外交方面应当采取的基本政策，以及使中国由农业国转变为工业国，由新民主主义转变为社会主义的总任务和主要途径。并且提出了因为胜利，党内的骄傲情绪，以功臣自居的情绪可能生长，告诫全党要警惕敌人"糖衣炮弹"的进攻。

晋冀鲁豫烈士陵园

晋冀鲁豫烈士陵园是根据 1946 年 3 月晋冀鲁豫边区参议会第一届第二次大会的决议兴建的。当年 3 月 30，邓小平和刘伯承与全体参议员为陵园破土奠基。在广大人民群众的积极支持下，历时四年，胜利地完成了陵园主要建筑工程。1950 年 10 月 21 日，隆重举行了烈士陵园落成典礼。

陵园位于邯郸市市区，占地面积约三百二十亩。园内主要建筑有烈士纪念塔、烈士公墓、烈士亭、纪念堂、"四八"烈士纪念阁和陈列馆等。园内苍松翠柏成荫，显得庄严肃穆。

陵园正门镶嵌着朱德为陵园题名的"晋冀鲁豫烈士陵园"匾额。门内耸立着一座大理石砌筑的烈士纪念塔。塔的正面镌刻着毛泽东为革命烈士的题词："英勇牺牲的烈士们千古　无上光荣"。西面和北面以及基座两侧的石碑上，分别有朱德、刘少奇、任弼时、董必武、彭德怀和林伯渠的题词。这些题词，高度表彰了革命烈士的丰功伟绩和崇高精神。

烈士纪念塔北面是烈士公墓。公墓的东边是左权将军墓。左权将军是八路军副参谋长，1942 年 5 月，在山西省辽县（今左权县）麻田战役中与日本侵略者作战，不幸以身殉国。当时曾在涉县石门村西北山麓为左权建造了陵墓。1950 年 10 月 21 日，晋冀鲁豫烈士陵园落成，中央人民政府政务院决定，将左权将军的灵柩迁葬于此。同时决定，把葬于石门村的在抗日战争中先后牺牲的高捷民、赖勤、何云、陈光华、杨裕民、张衡宇六位烈士迁葬于左权墓两侧。

左权墓雄伟壮观。墓区东西五十四点五米，南北五十二点五米，墓高六点六米。墓前有高大的碑楼，前额横书谢觉哉"人民共仰"的题词。碑楼内竖墓碑一通，正面为周恩来亲书"左权将军之墓"六个大字，背面镌刻着周恩来 1942 年 6 月写的《左权将军精神不死》悼文的节录，对左权光辉战斗的一生作了高度评价。东面碑上刻有朱德吊左权的诗："名将以身殉国家，愿拼热血卫吾华，太行浩气传千古，留得清漳吐血花。"西面碑上刻着彭德怀写的左权将军碑志。碑楼南面是左权纪念馆，陈列着左权将军的遗物和有关资料，再现了左权将军光辉战斗的一生。

在陵园的最东部，有一座仿古代建筑形式的重檐大殿，周恩来题写的"烈士纪念堂"匾高悬檐下。纪念堂内陈列着烈士们的遗像和遗物，再现了烈士们的革命生涯和崇高精神。

"四八"烈士阁坐落在陵园西北角。1946 年 4 月 8 日，王若飞、博古、叶挺、邓发、黄齐生等由重庆乘飞机返延安时，因飞机失事，不幸在山西省兴县黑茶山遇难。"四八"烈士阁就是为纪念这些烈士而修建的。

华北军区烈士陵园

华北军区烈士陵园坐落在石家庄市市区。1950 年，中共中央华北局、华北行政委员会和华北军区为纪念在战争时期牺牲的革命烈士，决定兴建华北军区烈士陵园。经过四年的施工，于 1954 年 8 月 1 日落成。

陵园占地面积二十一万平方米。园内苍松翠柏成荫，氛围肃穆。在这里安葬着建国前牺牲的团级以上部队干部、战斗英雄二百二十九人和建国以来的五百多位烈士。著名的回民支队司令员马本斋，江西宁都起义领导人赵博生、董振堂，国际主义战士白求恩、印度友人柯棣华等都安葬在这里。

柯棣华陵墓和爱德华纪念碑在陵园东部，与白求恩陵墓遥遥相对。柯棣华是印度医生，国际红十字会援华医疗队成员，1940 年 8 月，任白求恩国际和平医院第一任院长，中国共产党党员。1942 年 12 月 9 日，柯棣华逝世后，葬于唐县军城南关的晋察冀边区烈士陵园。1952 年迁葬于此。墓的形制下部为方形，上部呈圆形，朴素大方。汉白玉墓碑上镌刻着"柯棣华大夫之墓"几个大字。墓左侧的汉白玉石上，刻着柯棣华大夫的生平简历。毛泽东曾对柯棣华大夫给予高度评价，说他"远道来华，援助抗日，在延安华北工作五年之久，医治伤员，积劳病逝"。称他的死，使"全军失一臂助，民族失一友人"。同时号召中国人民永远不要忘记柯棣华大夫的国际主义精神。

爱德华博士是印度医生，在抗日战争时期担任国际红十字会援华医疗队队长，在中国工作两年后返回印度。建国后，周恩来多次邀请他来华访问，1957 年病逝于北京。遵照他的遗嘱，将骨灰撒在印度恒河和中国黄河潼关渡口。1958 年，中印友好协会为他树碑于柯棣华墓侧，以志纪念。

在陵园东部建有烈士纪念馆，西部建有陈列室和烈士纪念亭，亭内竖立着中共中央华北局为烈士镌刻的纪念碑。后部建有赵博生和董振堂纪念碑亭。

灵堂建筑在陵园正北部，其后部是烈士墓地。

文物保护管理概要

文物出版社·1987 年第 1 版

第一章 《文物保护法》和受国家保护的文物

1982 年 11 月 19 日，第五届全国人民代表大会常务委员会第二十五次会议通过并颁布了《中华人民共和国文物保护法》（以下简称《文物保护法》）。

《文物保护法》是我国文物保护事业的根本大法，是保护和继承祖国历史文化遗产，发扬民族传统文化，建设社会主义物质文明和精神文明的有力措施。《文物保护法》的颁布实行标志着我国文物工作进入了一个新的发展阶段。五届人大五次会议通过的《中华人民共和国宪法》第二十二条中，也有关于发展博物馆事业和"国家保护名胜古迹、珍贵文物和其他重要历史文化遗产"的明确规定。从我国宪法到《中华人民共和国文物保护法》和《中华人民共和国刑法》，对于保护祖国文物古迹和历史文化遗产都有明确的规定。对此，各级文化行政管理部门和文物工作者应该认真学习，加深理解，并结合实际情况，进行广泛深入的宣传，坚决地贯彻执行。在文物保护管理工作中，同样应做到：有法必依，执法必严，违法必究。

第一节 《文物保护法》是我国文物政策的延续和发展

《文物保护法》共八章三十三条。它是在总结建国以来文物工作正反两方面经验的基础上，结合当前文物保护管理工作中出现的新情况和新问题，对 1961 年国务院颁布的《文物保护管理暂行条例》（以下简称《条例》）进行了较大修改和补充后制定的。因此，它的内容全面、系统，是一个好的文物保护法规。它充分体现了我们党和国家对祖国文物的高度重视，是我们党和国家保护文物的一贯政策的延续和发展。

建国以来，随着经济建设的发展，我国政府颁布了一系列文物保护法令。1961 年国务院颁布的《条例》，总结了建国初期文物工作的经验，把这期间公布的一些文物法令和政策加以系统化，形成一个比较全面的文物法令。根据《条例》制定和颁发的关于文物保护单位、考古调查发掘、纪念建筑和古建筑修缮、文物出口等具体管理办法，将文物工作纳入了科学管理和稳步发展的轨道。后来，随着形势的发展和情况的变化，我国政府还就加强文物保护管理某些方面的工作发布了一些规定和办法。这些法令和政策，在当时的历史条件下，对于保护我国历史文化遗产和文物，都起了极其重要的作用。

但是，建国以来的文物政策法令，大都是为了解决当时文物保护管理工作中出现的具体问题而陆续颁布的；即使系统化了的《条例》，其内容也是不够全面的。《条例》除了包括一些总的原则规定外，更多的是针对地上地下不能移动的文物所作的规定。其中关于考古发掘和流散文物的条文很少，关于馆藏文物和历史文化名城的条文则根本没有。因此，后来我国政府又颁布了一些相应的规定和办法。如：1964 年国务院批准颁发了《古遗址、古墓葬调查、发掘暂行管理办法》，1982 年国务院发出了批转国家建委等部门《关于保护我国历史文化名城的请示》的通知等。文物工作面临的新形势，亟需我们制定一个具有法律效力的、全面的、系统的文物保护法。

《文物保护法》继承了经过实践证明是正确的、对保护文物行之有效的原则和办法，体现了我国文物政策的延续性。同时，又在总结了我国不同时期颁发的文物政策、法令的执行情况与有关经验的基础上，在新的条件下，根据新的情况，加以发展。从《文物保护法》与《条例》条文对照比较中可以清楚地看出下述的延续和发展的关系。

一、关于国家保护文物的范围

《文物保护法》第二条与《条例》第二条的基本内容相同，只是在前后顺序与某些用词上作了修改。这些修改加强了唯物史观，强调了文物的代表性和典型性。

二、关于文物保护单位

《文物保护法》第七条和《条例》第四条有关公布文物保护单位的内容基本相同，只是个别地方作了修改，使文字更加简练、清楚、准确。如《文物保护法》第七条删去了《条例》原有的"由文化行政部门报政府核定公布"等字样，直述由人民政府公布。文化行政部门本来就是人民政府的工作部门，由它对文物保护单位进行调查、研究、选择，而后报请人民政府核定公布，这是不言而喻的，不必再作一层去写。在内容上，该条还增加了这样的内容，即国家文化行政管理部门可以"直接指定全国重点文物保护单位"，同时报国务院核定公布。增加这一内容，是为了及时保护那些未能及时公布为文物保护单位的重要文物而制定的。

《文物保护法》的"文物保护单位"一章中，有七条基本内容与《条例》有关条款相同。这些基本相同的内容，可概括为：公布文物保护单位；做好"四有"工作[1]；纳入城乡建设规划加以保护；在保护范围内不得进行其他建设工程；涉及文物保护单位的工程的审批程序；和列入工程设计任务书、维修原则、保管机构和使用单位的批准权限等。

三、关于考古发掘

《文物保护法》的"考古发掘"一章中有三条内容与《条例》有关条款基本相同。所不同的是批准权问题。《条例》规定：考古发掘报经文化部会同中国科学院审核批准后，始得进行发掘。《文物保护法》将其改为"报国家文化行政管理部门会同中国社会科学院审查，经国家文化行政管理部门批准"。这是因为中国社会科学院是国家的学术研究机构，不是国家文化行政管理部门，即不是负责管理文化事业的权力机构，所以只能参与"审查"，没有批准权。

《文物保护法》对全国重点文物保护单位的发掘作出了新的规定："由国家文化行政管理部门会同中国社会科学院审核后，报国务院批准。"这一规定是为了管理好全国重点文物保护单位的考古发掘，以免有重要价值的文物因考古发掘管理不善而受到损坏。

四、关于流散文物的管理

《文物保护法》对流散文物管理的规定中，有些条款与《条例》有关条款内容相近，有些条款则有较大的发展。《文物保护法》第二十四条规定："私人收藏的文物可以由文化行政管理部门指定的单位收购，其他任何单位或者个人不得经营文物收购业务。"这是针对我国文物市场混乱、多头经营等问题而制定的，是多年来的经验总结。其目的是为了归口管理，统一收购，统一价格。

《文物保护法》第二十七条把文物出口由"海关会同文化行政部门鉴定"，修改为："经国家文化行政管理部门指定的省、自治区、直辖市文化行政管理部门进行鉴定，并发给许可出口凭证。"这主要是为了控制文物外流。文化部门和海关部门应共同努力，严格把关。

以上几个方面说明，《文物保护法》是我国多年来的文物政策、法令的延续和发展。

《文物保护法》对我国文物政策的发展主要表现为：明确文物所有权和管理权，增加了历史文化名城、馆藏文物、私人收藏文物、文物经费、奖励与惩罚等重要内容。这里仅谈谈关于历史文化名城的规定及其意义。

《文物保护法》第八条规定："保存文物特别丰富、具有重大历史价值和革命意义的城市，由国家文化行政管理部门会同城乡建设环境保护部门报国务院核定公布为历史文化名城。"

我国是一个历史悠久的文明古国。许多城市是古代政治、经济、文化的中心，如西安、洛阳、开封、杭州、北京、承德等。有些城市，在古代、近代史上占有重要地位或者发生过重大历史事件，如南昌、瑞金、遵义、延安等。这些城市保存了大量的历史文物和革命文物，体现了中华民族悠久的历史、光荣的革命传统和光辉灿烂的文化。把这些城市公布为历史文化名城，做好保护和管理工作，对于建设社会主义精神文明和发展具有中国特色的旅游事业都有着重要的作用。

世界上许多国家都十分注意保护历史名城。例如，意大利的威尼斯、法国的巴黎旧城区、美国的威廉斯堡等都得到妥善的保护。又如，苏联在 1949 年公布了历史名城名单；日本在 1971 年发布了《关于古都历史风土保存的特文措施法》等等。

为了保护我国的历史文化名城，1982 年，国务院公布了我国第一批二十四个历史文化名城名单。它们是北京、承德、大同、南京、苏州、扬州、杭州、绍兴、泉州、景德镇、曲阜、洛阳、开封、江陵、长沙、广州、桂林、成都、遵义、昆明、大理、拉萨、西安、延安。1986 年，又公布了第二批三十八个历史文化名城名单。它们是：上海、天津、沈阳、武汉、南昌、重庆、保定、平遥、呼和浩特、镇江、常熟、徐州、淮安、宁波、歙县、寿县、亳州、福州、漳州、济南、安阳、南阳、商丘（县）、襄樊、潮州、阆中、宜宾、自贡、镇远、丽江、日喀则、韩城、榆林、武威、张掖、敦煌、银川、喀什。今后，还可能继续公布一些历史文化名城。有些城镇目前虽未被国务院公布为历史文化名城，但应该作为历史名城来规划建设。在规划建设中，必须保护好文物古迹，保持自己的特点，防止单纯强调建高层建筑的倾向和单纯的形式模仿。以山海关为例，应充分保护山海关关城及其相关的军事设施（包括名胜古迹），注意保持当时的环境气氛，保持山海关的雄伟气势。因此，城内不能再搞高层建筑。在旧城区内，应保持原来风貌，保存一部分旧街道，恢复一部分古建筑。只有这样，山海关才能有自己的特点，而不致丧失其原有的风貌。

第二节　国家保护的文物的范围

我国历史悠久。"文物"一词源远流长。"文物"一词的出现，最早见于《左传》。

《左传·桓公二年》记载："夫德，俭而有度，登降有数，文物以纪之，声明以发之；以临百官，百官于是乎戒惧而不敢易纪律。"到了唐代诗人骆宾王在《夕次旧吴》诗中写道："文物俄迁榭，英灵有盛衰。"从这些文献可以看出，"文物"当时主要是指体现礼乐典章制度的礼器和祭器，与现今所谈的"文物"，虽然有些联系，但属于两种不同的概念。

我们现今所说的文物中的"流散文物"，在古代称作古物、古器、骨董、古董、古玩等。在建国前的革命根据地，由于这些古代遗存的器物中有些就是古代所称的"文物"，就把古代遗存统称为文物，并成立了文物保护管理委员会。这样，"文物"一词就有了新的含义。新中国建立后，继续使用"文物"一词，并通过法律形式固定了下来。

一、什么是文物

建国以来，对于什么是文物，没有一个准确、完整的定义，在实际工作中有多种不同的理解。

中国社会科学院语言研究所词典编辑室编的《现代汉语词典》中称文物："历史遗留下来的在文化发展史上有价值的东西，如建筑、碑刻、工具、武器、生活器皿和各种艺术品。"

《辞海》对文物的解释："遗存在社会上或埋藏在地下的历史文化遗物，一般包括：（1）与重大历史事件、革命运动和重要人物有关的、具有纪念意义和历史价值的建筑物、遗址、纪念物等；（2）具有历史、艺术、科学价值的古文化遗址、古墓葬、古建筑、石窟寺、石刻等；（3）各时代有价值的艺术品、工艺美术品；（4）革命文献资料以及具有历史、艺术和科学价值的古旧图书资料；（5）反映各时代社会制度、社会生产、社会生活的代表性实物；（6）反革命的历史罪证。"现在看来，这六条中除（6）外，其余（1）至（5）均属于1961年国务院公布的《文物保护管理暂行条例》第二条规定的关于保护文物的范围。

世界上不同国家或组织对文物的称谓也不一致。日本国叫"文化财"，联合国教科文组织等叫"文化遗产"或"文化财产"。联合国教科文组织1970年11月14日于巴黎通过的《关于禁止和防止非法进口、出口及转移文物所有权公约》[2]写道："文物"这个词只表示对于考古、史前史、历史、文学、艺术或科学都具有重要意义的文化财产。

由此看来，文物是指历史上的物质文明和精神文明的遗物。它具有历史、艺术、科学价值，是重要的文化遗产。文物应包括《文物保护法》第二条所列的五个方面。

文物的分类方法很多。依时间总的可分为古代文物和近代、现代文物。从文物存在的形态可分为可移动文物，其中包括出土文物、传世文物、馆藏文物等；不可移动文物，其中包括古建筑、石窟寺、古遗址、古墓葬等。按文物质地分类，可分为石器、陶器、铜器、铁器、瓷器、骨角器、竹木器、玉器等。文物还可以根据其用途、社会属性来分类。

二、国家保护文物的范围

《文物保护法》第二条规定："在中华人民共和国境内，下列具有历史、艺术、科学价值的文物，受国家保护：

（一）具有历史、艺术、科学价值的古文化遗址、古墓葬、古建筑、石窟寺和石刻；

（二）与重大历史事件、革命运动和著名人物有关的，具有重要纪念意义、教育意义和史料价值的建筑物、遗址、纪念物；

（三）历史上各时代珍贵的艺术品、工艺美术品；

（四）重要的革命文献资料以及具有历史、艺术、科学价值的手稿、古旧图书资料等；

（五）反映历史上各时代、各民族社会制度、社会生产、社会生活的代表性实物。"

同时规定："具有科学价值的古脊椎动物化石和古人类化石同文物一样受国家的保护。"

《文物保护法》的上述规定，十分明确地指出了国家保护文物的范围。在这些规定中，有几点应该注意。

1. 文物一般具备历史、艺术、科学三方面的价值。具体到某一件文物，不一定都具有这三方面的价值，但至少要具有其中一方面的价值，否则就不能被称为文物。我们在工作中，要对古代遗物进行认真的调查研究，作出切合实际的评价。

我国古代遗物十分丰富，如果不强调文物的历史、艺术、科学这三方面的价值，就会形成"凡古皆保"的局面。例如，各地保留下的大量清代旧建筑，其中不少并不具有"三个价值"，因此，也就不属于应予保护的古建筑范围。

2. 文物应是重要的、有代表性的实物。不具备这一点，也不宜作为文物保护。以"革命文献资料"为例，从中国共产党诞生到新中国建立的二十八年里，共产党领导人民群众在革命活动和武装斗争中，产生了大量的革命文献资料，我们不可能把它们都作为文物保护起来。只能选择其中重要的、有代表性的作为文物加以保护。当然，不作为文物的革命文献资料，无疑也应妥善保存。

3. 国家保护的文物具有广泛性，应是反映历代社会制度、社会生产、社会生活、文化艺术、科学技术等方面的有代表性的实物。各个方面的文物之间具有广泛和密切的联系。只有全面保护各个方面的文物，才能使文物的价值不受损害。

第三节　受国家保护的文物的所有权

《文物保护法》对文物所有权作了明确规定。它是我国文物政策的重大发展，也是党在社会主义时期总的方针政策在文物法规中的具体体现。

1982 年 12 月 4 日全国五届人大五次会议通过的《中华人民共和国宪法》规定，在现阶段，我国仍然存在着三种经济所有制。宪法第六条规定："中华人民共和国的社会主义经济制度的基础是生产资料的社会主义公有制，即全民所有制和劳动群众集体所有制。"第十一条还规定："在法律规定范围内的城乡劳动者个体经济，是社会主义公有制经济的补充。国家保护个体经济的合法的权利和利益。"

《文物保护法》是我国根本大法《中华人民共和国宪法》的子法，它必须体现宪法总的原则精神。《文物保护法》在有关文物所有权方面的规定正是如此。

《文物保护法》对文物所有权的规定有两条。它规定文物所有制有三种形式，即：国家所有、集体所有、个人所有。三种所有制形式中，国家所有是最主要、最基本的。

《文物保护法》第四条规定："中华人民共和国境内地下、内水和领海中遗存的一切文物，属于国家所有。"

"古文化遗址、古墓葬、石窟寺属于国家所有。国家指定保护的纪念建筑物、古建筑、石刻等，除国家另有规定的以外，属于国家所有。"

"国家机关、部队、全民所有制企业、事业组织收藏的文物，属于国家所有。"

上述规定，基本上包括了我国主要的文物。理解这些规定时，需要注意以下几个问题。

一、文物属于国家所有的标志

根据《文物保护法》的规定，凡已指定保护的古建筑和石窟寺以及其他一些建筑，属于国家所有。而作为国家设立的管理文物的行政机构，国家授权它对文物进行管理。

《文物保护法》第三条明确规定："国家文化行政管理部门主管全国文物工作。""地方各级人民政府保护本行政区域内的文物。"并可以设立文物保护管理机构进行管理。所谓由国家设立的文化（文物）行政管理部门及文物保护管理机构进行管理，就是由文化（文物）行政管理机构代表国家行使对文物的保护、管理权，这是文物属国家所有的重要标志之一。

有人认为：由某单位占用，或处于某单位范围内的文物（如古建筑），即属于该单位所有；有人甚至把文物（如古庙宇等）作为本部门的财产变卖，或私自拆除、利用。这些都是极其错误的。

如果像有些人所说的那样，文物建筑谁占用就是谁的，就必将使国家的文物变成某些单位的财产或个人的私产，从而使国家文物遭到各种形式的破坏。有些单位或个人以"我们解放初就住在这里"作为具有文物所有权的理由，其实这种理由是不能成立的。《文物保护法》明确规定，古建筑、纪念建筑除另有规定的以外，都属于国家所有；根本没有以占用年限确定所有权的规定。再说，古建筑、革命纪念建筑（特别是历史纪念建筑）都是建国前就存在的，它不知比占用单位要早存在多少年。

古建筑、纪念建筑中也有一部分不属于国家所有，即"国家另有规定"的部分。如某历史名人的祠堂，是该家族祖祖辈辈传下来的，甚至现在还由其后代居住着。这类祠堂虽被文化（文物）行政管理机构核定，公布为文物保护单位，但不属于国家所有。这种情况是有其历史原因的，和某个单位占用文物建筑具有不同性质，不能相提并论。

《文物保护法》第十五条规定，凡公布为文物保护单位的古建筑、纪念建筑物，除设立博物馆、保管所或辟为参观游览场所外，"如果必须作其他用途，应当根据文物保护单位的级别，由当地文化行政管理部门报原公布的人民政府批准。"这里，也清楚地表明了文物的所有权问题。最近几年，政府多次重申，对占用文物建筑的单位，要重新审查。凡不影响文物建筑安全和开放的，重新报批后，可以继续使用；凡有碍文物建筑安全和开放的，要限期迁出。

二、地下文物与土地所有权的关系

中华人民共和国《宪法》第十条规定："农村和城市郊区的土地，除由法律规定属于国家所有的以外，属于集体所有；宅基地和自留地、自留山，也属集体所有。""任何组织或者个人不得侵占、买卖、出租或者以其他形式非法转让土地。"《文物保护法》规定的是指地下遗存的文物属于国家所有，并不是指的土地。《宪法》和《文物保护法》对土地所有权和文物所有权的规定是明确的。

目前，我国农村普遍实行了各种形式的生产责任制。有人认为，在承包的责任田下埋藏的文物，就是他自己的；或者认为，对自己责任田内埋藏的文物有乱挖乱掘的权利。这些都是错误的，是违反宪法和《文物保护法》的。

实行对土地承包的生产责任制是国家在农村实行的经济政策的一种形式。这种承包只是规定了个人对土地的使用权，既不涉及土地的所有权问题，也不涉及地下文物的所有权问题。土地承包者只能根据国家在农村实行的政策在承包的土地上耕种，而不能对它下面埋藏的文物及古墓地上的封土进行挖掘或破坏。相反，应该很好地保护自己承包的土地下面埋藏的文物，这是公民的光荣职责。实行生产责任制和保护地下文物是不矛盾的，二者都受国家法律的保护。

按照《文物保护法》规定，对古遗址、古墓葬的发掘，只能由国家设立的专门的文物考古机构决定和进行。这些机构在进行发掘之前，要按照国家规定的程序，逐级报国家文化行政管理部门批准。其他任何单位和个人都无权挖掘。任意乱挖乱掘都是违法行为，严重的要追究刑事责任。

三、古墓葬与家族祖坟的关系

《文物保护法》规定，古墓葬属于国家所有。我们一般所说的古墓葬，是指辛亥革命（1911 年）以前的古墓葬。不论这些古墓的主人有无明确的后代，凡确定为古墓葬都属于国家所有，受国家法律保护，任何人均无权私自进行挖掘。即使古墓主人的后代执有明确的证据，古墓葬的所有权仍旧属国家所有，并受到国家的保护。

最近几年，有些地方的个别人提出，某某古墓是自己的祖坟，因此自己有权挖；有人甚至要挖出墓内的金银财宝卖掉，以"改变他（们）的经济状况"。这些观点都不符合《文物保护法》的有关规定，因而是错误的。

文物部门在处理有明确后代的古墓葬时要特别慎重。无特殊需要的工程，或遇到可能使古墓葬遭到严重破坏的情况，一般就不要去发掘，并应予以妥善保护。要注意尊重墓葬主人后代的感情。政府非常重视这个问题。以清东陵、清西陵为例：现已清理的几座帝后陵墓，都是解放前被盗并遭到严重破坏的。在此前提下，又经国家批准，才进行清理的。没有遭到破坏的墓则不允许清理发掘。未经国家批准，擅自清理发掘任何墓葬都是违法的，都要受到制裁。

四、收藏文物所有权问题

《文物保护法》第四条中规定："国家机关、部队、全民所有制企业、事业组织收藏的文物，属于国家所有。"这里所谓"收藏的文物"，是指文物藏品，即可以移动的文物。

在我国，一些国家机关和部队均收藏有文物。例如：中国革命军事博物馆收藏了大量我国革命战争年代的文物；全民所有制单位（包括各系统的博物馆、纪念馆、文物保管机构、研究单位、高等学校等）所收藏的文物就更多。任何机关、部队、学校及全民所有制的企事业单位等所收藏的文物都属于国家所有，而不属于该部门或单位的私产。这些部门有利用它进行研究、教学、陈列宣传的权力，没有私自转让、出卖的权力。近几年来，有的文物收藏单位管理混乱，个别领导或职工不顾国家文物政策的规定，监守自盗，把一些文物卖给走私分子，使国家文物受到了不应有的损失。对这种违法犯罪行为，要给予法律制裁。

《文物保护法》第五条规定："属于集体所有和私人所有的纪念建筑物、古建筑和传世文物，其所有权受国家法律的保护。文物的所有者必须遵守国家有关保护管理文物的规定。"

私人收藏的传世文物属于私人所有，受国家法律保护，任何单位或个人不得侵占。私人收藏的传世文物，有许多是文物所有者祖辈留传下来的，也有一部分是从国家设立的文物商店购买的，这些文物的收藏都是合法的。传世文物藏于民间，由收藏者妥善保护，这是保护好祖国文化遗产的一种形式，是我国主要由国家收藏文物的补充形式。收藏者应该遵守国家的有关规定，做好传世文物的保护工作。

五、关于集体和个人所有的古建筑、纪念建筑

纪念建筑物多有属于集体或个人所有的。对此，《文物保护法》第五条已有明确规定。

在我国的长期革命斗争中，我党政军机关和各部门所用房屋大都为群众所有。其中有许多随着机关转移或在解放后，又由群众居住。这种在特定历史条件下形成的革命纪念建筑物，所有权仍属于个人或集体。例如，涉县赤岸村八路军一二九师司令部旧址，解放后由学校使用，属于大队集体所有。1975年，有关部门决定保护、维修这处革命旧址。为了解决实际问题，省文物主管部门拨给大队另修建学校校舍的补助经费，为小学建了新校舍。双方订立了协议后，大队将一二九师司令部旧址房子腾出，

并交给了文物部门。文物部门对旧址进行了维修，举办了革命文物展览。

革命纪念建筑物属个人所有的情况更多了。以河北省涉县为例：当年晋冀鲁豫大军区、边区政府、太行区党委等党政军机关以及各个部门先后在一百多个村庄住过。这些房子现在大部分由群众居住。其中有的是土改时分的，有的原来就是群众自己的，现在除对一些主要旧址加以重点保护外，其他则主要向群众宣传文物政策，希望他们珍惜这段光荣历史，妥善保护。这些房屋仍属集体或个人所有。

历史纪念建筑物（有些也是古建筑）也有属于集体或个人所有的。例如有些名人旧居、祠堂就是如此。

根据《文物保护法》的规定，这些纪念建筑物、古建筑的所有者，都必须遵守国家有关文物保护的规定，很好地进行保护。在进行维修时，要遵守不改变原状的原则，不得任意拆改。其中被公布为文物保护单位的，要按有关规定，做好保护管理工作。

第四节　文物保护管理经费

《文物保护法》第六条规定："文物保护管理经费分别列入中央和地方的财政预算。"这是根据我国实际情况制定的一项新的文物政策。

一、文物保护管理经费项目

文物保护管理涉及的面很广。在制定预算计划时，应该把文物保护管理的主要项目包括进去，以使预算切合文物保护管理工作的实际，从而保证文物管理事业的发展。文物保护管理的主要项目有：保护管理、调查研究、保养维修、清理发掘、征集拣选、陈列宣传、收购、奖励等。

我国文物事业在解放后有了很大发展，取得了很大成绩。许多重要文物得到了妥善保护。但是，也有一些文物由于经费问题而没有得到很好的保护与维修，甚至有的已塌毁，造成了一定损失。仅以河北省为例，在财政体制改革前，文物事业经费是根据国家文物主管部门下达的指标，戴帽下达各地。它的优点是基本上保证了文物、博物馆机构的事业经费；缺点是没有文物机构的地方，就没有文物事业费。即使有文物机构的地方，也只是有该机构的经费，而没有文化行政管理部门的文物经费。尽管省财政部门对文物事业给予很大支持，但各地文物事业经费基本没有保证，使文物保护管理工作的开展遇到很大困难。财政体制改革以后，河北省财政部门对文物专项拨款等增加得比较多，有些地方的财政部门也拿出不少经费发展文物事业（如承德地区）。

但总的来说，仍未普遍把文物保护管理经费列入地方财政预算。

《文物保护法》第六条的规定，使各级人民政府及其财政部门把文物保护管理经费列入当地财政预算有了法律依据，使文物工作的开展有了经费保证。这些经费应由各级人民政府及其财政部门列入当地年度财政预算，由文化行政管理部门掌握，真正用于开展文物保护管理，发展文物事业。为了把这个问题解决得更好，各级文化行政管理部门要主动向财政部门介绍当地文物保护管理任务及开展各项文物工作所需的经费，并提出文物经费预算。当地财政部门负责安排解决。

二、文物机构预算外收入的管理与使用

我国有许多文物保护单位经过整修后向游人开放，有些已成为我国著名的游览胜地。文物机构在接待观众和经营为游人服务的项目中都有一些收入，个别单位收入还比较多。如何管理和使用这些收入是个十分重要的问题。我们认为，根据我国各地财政经济还不能完全满足文物保护管理所需大量经费的情况，文物机构的预算外收入应该用于文物保护管理工作，用于文物博物馆事业，以弥补正常事业经费的不足。在财务管理上，应把预算外收入与支出和财政部门拨给的正常事业费（预算内经费）分开核算。当地财政部门不应收回或抵顶预算内开支。把预算外收入用于文物保护管理的数量与效果，是评定一个文物机构方向和工作的重要内容之一。

有些地方的财政部门规定了这部分预算外收入上交的比例或数额，或不拨给正常事业费而由自己收入解决等。这样做的结果，使一些文物机构本来就紧张的经费更加紧张，使该做的文物保护管理工作难以进行。有的文物机构为了解决职工工资等正常经费，未能把文物工作的社会效益作为最高准则，放松文物的保护、研究、宣传等工作，用更多的工作人员去办服务项目，甚至开展与旅游无关的服务项目以增加收入，从而影响了文物事业沿着正确的轨道向前发展。

还有些文物开放单位，为了单纯追求经济收入，公然违背国家政策规定。例如，有的文物开放单位，公然违背"非国家批准的宗教活动场所，不得设香案、布施箱，不得搞宗教活动"的规定，影响极坏。这种违反国家规定，不利于社会主义精神文明建设的做法，应该立即停止。

三、集资和接受捐赠文物保护经费

我国自对外开放、对内搞活经济以来，国民经济和各项事业有了很大发展。集体

和个人投资修建科学、文化等设施的情况越来越多。这对活跃群众文化生活，提高人们文化水平有重要意义。为了整修一些规模宏伟、意义重大的文物单位，可以由文物等有关部门建立一定的机构，向各界进行宣传，广为集资，如"爱我中华，修我长城"的活动。开展这项工作，一定要有领导的进行，要贯彻自愿集资的原则，坚决杜绝摊派作法。同时，还应有相应的奖励办法，例如：赠送纪念品、立碑留名等。

我们在整修文物建筑时，也可以接受国外的捐赠。接受捐款，应注意不得有任何附带条件，不能有损我国利益和国格。对捐款要加强管理，专款专用，不得挪做它用。要按照我国文物法规的规定，修整好文物，使捐赠者满意。为了把这方面的工作作好，今后有关部门应研究制订出具体办法。

第五节　保护文物的目的是为了发挥文物的作用

《文物保护法》第一条指出，保护文物的目的是为了"有利于开展科学研究工作，继承我国优秀的历史文化遗产，进行爱国主义和革命传统教育，建设社会主义精神文明"。我们在保护文物的同时应注意发挥文物特有的作用。

一、为科学研究提供实物资料

我国是世界文明古国之一，有着悠久的历史。在漫长的历史岁月中，我们的先人所创造并保留下来的文化遗存异常丰富。各个历史时期的文物，从不同的侧面真实地反映了中华民族在各个历史发展阶段的政治、经济、文化和社会生活状况，标志着各时期的科学技术水平。

研究历史，研究古代的政治、经济、军事、文化和科学技术，除运用我国浩如烟海的文献资料外，还必须充分利用文物资料。二者缺一不可。

我国文献资料十分丰富，为研究工作提供了十分便利的条件。但大量的史前文化信息则为文献所不载。历史文献还因各方面多种原因，或有过简、讹载、残缺、错误等弊病，给研究工作带来很大困难。在阶级社会中，正史和许多著作多反映了统治者的意志和活动，而不能全面地反映当时的社会状况，带有很大的阶级局限性。

文物的重要特点，是具有真实性和形象性。它能如实地反映其时代的某些侧面，为人们提供多方面的历史信息。我们还可以通过文物，形象地复原当时的社会状况。这些都是任何史料所不可取代的。我们要通过自己的工作，为科学研究工作提供和保存好文物资料。

二、继承我国优秀的文化遗产

继承我国优秀的文化遗产，是建设社会主义精神文明和物质文明的一个重要方面。建设和发展需要借鉴。古代文物是祖国珍贵历史文化遗产的重要组成部分，是在建设新文化中需要不断吸收营养的一个重要方面。割断历史，不继承我们民族文化中的优秀传统，就不能很好地建设和发展社会主义新文化，例如，我们保护一座庙宇，是因为它有历史文化、建筑科学、建筑艺术、建筑美学等方面的价值；对于其中的塑像等文物，则是从史料及雕塑艺术的角度加以保护，而不是为了保护其有害的内容。对于历史文化遗产，我们不是兼收并蓄，而是要批判地继承。这是我们建设社会主义精神文明的必要条件之一。例如，甘肃省歌舞团对敦煌壁画进行了深入研究，吸取其艺术精华，经过再创造，创作出舞剧《丝路花雨》，受到国内外观众的好评。

历史文物还可以为物质文明建设提供有益的借鉴。我国古代发明的火药、指南针、印刷术曾被马克思誉为预告资产阶级社会行将到来的三大发明。河北省赵县安济桥，是一千三百多年前隋代工匠李春修造的。它那优美的造型和科学的结构，对后代桥梁建筑产生了深远的影响。安济桥"敞肩"型式的结构设计，不仅为后世的石拱桥普遍继承，而且也为现代的钢筋混凝土桥梁所广泛应用，呈现出千姿百态的新发展。我国古代还有许多先进科学成果，早已失传，但在出土文物中又重新被发现。大量事实说明，古代文物是我国科学文化遗产的丰富宝库。我们在两个文明的建设中，应利用现代科学理论和方法，整理、研究、总结我国古代科学、文化遗产，并予以继承和发扬。

三、进行爱国主义和革命传统教育的好教材

我国文物十分丰富，遍布全国各地，是进行爱国主义和革命传统教育的形象、生动的教材。1983 年 7 月，中共中央宣传部和中共中央书记处研究室在《关于加强爱国主义宣传教育的意见》的第三部分，讲到爱国主义宣传教育的内容和素材时，列举了十个方面，要求"宣传祖国的壮丽山河、名胜古迹"，"宣传历代文物"。我国历史文物、名胜古迹和革命文物、革命胜迹遍布全国各地，十分丰富。运用文物进行爱国主义宣传教育的工作大有可为。我国文物体现了中华民族在长期的生活和斗争中形成的共同的思想感情和心理素质。例如，一讲到长城、运河、丝绸之路、四大发明等等，凡是炎黄子孙，都会由衷地感到中华民族的伟大，感到骄傲和自豪。文物是一个国家和民族历史发展的无可替代的实物见证，可以潜移默化地、深刻地影响和培养人们的

爱国主义感情，成为团结全体人民的自聚力量。

遗存在我国大地上的文物，充分说明了我国是一个举世闻名的文明古国。古代文物和近现代文物是先人遗留给我们的一份极其珍贵的历史遗产。在社会主义精神文明建设中，我们应该充分认识祖国文物的这些重要特点，采取多种形式，运用文物作为向广大群众进行爱国主义和历史唯物主义教育，使人们深入了解祖国的历史，从而提高民族自尊心和自豪感，激发爱国主义热忱和革命精神。

四、目前在发挥文物作用方面存在的问题

文物工作概括起来主要有两点，一是加强保护，二是合理利用，利用就是指充分发挥文物的作用。

现在，我们在发挥文物作用方面认识不高，工作没有跟上。没有把充分发挥文物的作用看作是检验文物工作社会效益的标准，没有摆正对文物的保与用的正确关系，对保护文物的目的在于用缺乏认识。目前，存在的具体问题主要有以下几个方面：

1. 在研究文物，宣传文物的安排上，人员少，经费少。有的文物单位收藏文物较多，又有陈列阵地，却很少举办展览。文物藏品锁在库内，不能与观众见面，无法发挥其应有的作用。有的文物机构对自己保护的文物很少进行深入调查研究，撰写文章或编写宣传介绍材料。

2. 放弃宣传阵地，使封建迷信活动发展。有的文物机构在文物开放单位不宣传唯物论，不进行爱国主义教育，放弃宣传阵地。对封建迷信活动不管不问，甚至还参与封建迷信活动。文物工作者应该认识到，宣传科学、破除迷信、宣传唯物论、反对唯心论，是文物工作者的基本任务之一。

3. 有的文物机构放松文物保管、宣传等工作，用大量人力去单纯赚钱，有的甚至违反国家的有关政策。这些都是非常错误的。文物开放单位经营一些为游人服务的项目是必要的，但如果脱离了保护、宣传文物和为游人服务的目的，就是错误的了。

文物机构的工作要有主次之分，要有主有从，有取有舍，合理安排。总之，不能偏离自己的方向和任务。

注　释

[1]"四有"工作，详见本书第二章第六节。

[2] 1989 年 9 月 25 日，国务院批复接受该公约，正式文本译为《关于禁止和防止非法进出口文化财产和非法转让其所有权的方法的公约》。

第二章　文物保护单位

《文物保护法》第二章是"文物保护单位"。这一章共九条，对文物保护单位的公布、分级保护的职权范围、保护管理等均作了明确的规定。

第一节　什么是文物保护单位

文物保护单位是专指我国政权机关（人民政府）按照法定程序审核公布的历代遗留下来的，具有历史、艺术、科学价值的革命遗址、纪念建筑物、古文化遗址、古墓葬、古建筑物、石窟寺和石刻等一般不能整体移动的文物。

根据《文物保护法》规定，我国文物保护单位分为国家级、省（市、自治区）级、县（市）级三级。三级文物保护单位象一座宝塔。县级文物保护单位是省级和国家级文物保护单位的基础；省级文物保护单位是省级文化行政管理部门从大量县级文物保护单位中选择价值较大者，报经省级人民政府审核公布的；全国重点文物保护单位是国家文化行政管理部门从省级文物保护单位中选择有重大价值的，报经国务院核定公布的。也可以说，凡属是全国重点文物保护单位，必是省级和县级的文物保护单位。省级和县级文物保护单位的关系也是如此。但在管理要求上，要按该文物保护单位的最高级别进行管理。

从上述文物保护单位的定义出发，可以说，凡是不可移动的文物，不论它是单个个体，或者是群体，都可以构成一处文物保护单位。换句话说，文物保护单位就是不可整体移动的文物。一般来说，它形体、面积较大，不能收藏于馆内，不可能象馆藏文物那样可以轻易移动。像建筑群（如故宫、避暑山庄等）、故城遗址（如燕下都、赵邯郸故城等等），都属于不可移动的文化遗存。

在特殊情况下，有些文物保护单位也是可以移动的。如一通石碑，在原处既无其他建筑，又与周围风景名胜无关，且不便于保护；而移动之后，又不影响它的价值。在这种情况下，就可以经过一定的报批手续，迁到便于保管、便于群众参观的地方。

这种移动是允许的。河北省一些地方已着手集中一些分散的碑刻，建立碑廊或石刻馆。例如：定县石刻馆集中了北庄汉墓出土的几百块石刻和散存于县内其他地方的碑刻，隆尧县石刻馆也集中了县内散存的许多碑刻。

又如一座大殿，孤立于某地，其他建筑早已无存，在原地不便保护，而建筑本身有一定保存价值。这种情况可以按照文物保护单位的级别，报经批准，进行搬迁。例如，正定县隆兴寺毗卢殿，原是城内崇因寺的一座大殿。该寺其他建筑残破以至无存，毗卢殿内又有一座毗卢佛像，设计奇巧，铸造精工，价值很高。为了保护大殿及佛像，按照大殿的原状，搬迁到隆兴寺后部。

根据《文物保护法》的规定，在基本建设工程范围内的文物保护单位，如古建筑、石碑，可以进行搬迁。例如，五十年代末期修建黄河三门峡水库，山西芮城永乐宫建筑及其珍贵的元代壁画处于水库淹没区。为了保存这些珍贵的文化遗产，根据文物法令规定，经国家批准，把大殿及壁画全部搬迁到县城北部，按原来布局和原状复建起来。

因此，我们可以说，在一般情况下，文物保护单位不能移动。在特定的环境和情况下有的也可以移动，但毕竟是个别的情况。

即使如上所说，也还有一些种类的文物保护单位是无法移动的。如古遗址、古城址、古窑址、古地道、古墓葬、革命遗址等等。例如，古遗址是古代人们活动的遗存，其文化层代表了不同年代的遗存，其遗迹、遗物反映了不同时期的生产力水平，搞乱了就失去了价值。因此，它根本无法移动，而只能进行清理发掘。

古墓葬也是如此。它的形制、随葬品反映了古代的社会生活和一定的风俗习惯，因此也不能移动。当然，在清理发掘以后，在必要的情况下，古墓墓室是可以拆迁的。

革命遗址一般也是无法移动的。例如，河北省清苑县冉庄地道战遗址，有主干线地道四条（长4.5公里），南北支线十三条，东西支线十一条，以及通往村外的联村地道四条，地面上还有高房、碾子、牲口槽等各种工事。象这样的遗址是无法移动的。

有的革命旧址主要是地上建筑物，在特殊情况下，是可以搬迁的。例如，河北省平山县西柏坡中共中央旧址，位于滹沱河北岸的柏坡岭下。1958年以后要修建岗南水库，旧址处于水库淹没区。经中央批准，决定搬迁旧址。有关部门对旧址建筑物布局、建筑物本身进行了详细测绘、拍照、登记和记录，拆下的木构件均妥善保存。1971年以后，在原址北部的山坡上，按照旧址原来布局和建筑物原状进行了复建。

第二节　文物保护单位与文物史迹网

公布文物保护单位是文物保护、管理和向群众进行宣传教育的基础工作之一。公布的各级文物保护单位，包括全国重点文物保护单位、省级文物保护单位、县（市）级文物保护单位。这些文物保护单位横向可以反映某一阶段的历史，包括政治、经济、军事、文化等多方面的面貌；纵向（即按历史发展的先后顺序把各个时期文物保护单位排列下来）可以建立起历史文物史迹系列（或叫系统）。例如，从云南元谋、山西芮城西候度和河北阳原小长梁等旧石器时代遗址，经北京周口店中国猿人遗址、山顶洞人遗址……到遍布各地的新石器时代及进入阶级社会后我国先民留下的各种古遗址、古墓葬、古建筑、石窟寺、石刻等，将它们一个一个连接起来，就构成了中国古代文物史迹系列。又例如，按照中国近代史的发展进程，从鸦片战争到中华人民共和国建立，如果把每个阶段有代表性的革命遗址和革命建筑物的文物保护单位联接起来，就构成了中国革命发展史的文物史迹系列。通过文物史迹系列，可以看出我国历史发展的轨迹和革命的历程。由不同历史时期的文物保护单位所构成的纵向和横向文物史迹系列，汇总起来就形成表现我国历史发展的文物史迹网。这种史迹网形象、生动、具体，具有特殊的教育意义。

1961 年，国务院公布的一百八十处全国重点文物保护单位，是我国最重要的文物中的一部分，它们是全国文物史迹网的基础。1982 年国务院又公布了六十二处全国重点文物保护单位，使全国文物史迹网内容更加丰富，进一步填补了某些历史发展阶段的空白。随着调查工作的深入和文物保护单位范围的不断扩大，全国文物史迹网将更加完善。

一个省、自治区、直辖市文物史迹网的建立也是如此。例如，1956 年，河北省人民委员会公布了一百九十九处文物保护单位。1982 年 7 月，河北省人民政府根据文物工作的新情况和国务院通知的精神，同时以建立河北历史发展的文物史迹网作为指导思想，重新拟定并公布了省文物保护单位。新公布的省级文物保护单位三百零四处，其中革命遗址和革命纪念建筑物二十处，包括了辛亥革命、抗日战争和解放战争等时期的一些革命文物；石窟寺八处，包括了北朝时期的一些主要石窟；古建筑及历史纪念建筑一百零九处，包括了我国现存最早的木构建筑之一唐代钟楼（正定）。仅木构建筑而言，河北省级保护单位中，就有唐代钟楼、宋代隆兴寺（正定）、元代北岳庙（曲阳）、明代文庙（定县）和清远楼（宣化）、清代避暑山庄和外八庙（承德）等。它们构成了完整的河北省古代建筑史迹网。上述河北省文物保护单位的系列，是按其大的种类说的。由此类推，我们还可以通过不同种类的文物保护单位，建立各种专题的文物史迹系列，如古建筑、石刻艺术等等文物史迹系列。

全国或各省（市、自治区）及各地区的各类文物史迹网的建立，标志着我国的文物事业跨入了一个新阶段。文物史迹系列将成为中国历史上政治、经济、军事、文化的大陈列。它的建立将形成一个社会发展史迹的 "大地博物馆"，它也是我们进行历史唯物主义、爱国主义教育的生动教材。文化行政管理部门和文物机构在进行选择、拟定文物保护单位名单时，首先要有这个指导思想，要有这个奋斗目标。只有这样，工作才能主动，才能把文物史迹系列一个个地建立起来，形成一个个文物史迹网。全国以及省、市、县文物史迹网的建立，将是我国整个文物事业的一项巨大规模的基本建设，我们要为此而努力奋斗。

第三节　确定文物保护单位的前提

要公布文物保护单位，首先就要对当地文物存在与分布情况进行普查。只有把文物底码基本搞清，才能从中进行选择，把具有历史、艺术和科学价值的文物，分别核定公布为各级文物保护单位。

我国的文物普查工作，开始于建国初期。在调查中，不仅了解了古代文物和近现代文物保存情况，而且加强了对这些文物的保护和管理，并建立了一批文物保管所或纪念馆。河北省遵化县清东陵文物保管所和易县清西陵文物保管所等就是在建国初期建立起来的。

我国全面的文物大普查是从 1956 年下半年开始的。当时基本建设和农田水利建设正全面展开。为了正确处理文物保护与基本建设、农田水利建设之间的矛盾，对文物进行一次大普查，并加以妥善的保护和管理是十分必要的。正如国务院当时在《关于在农业生产建设中保护文物的通知》中所指出的 "在全国农业生产的高潮中，打井、开渠、挖塘、修坝、开荒、筑路、平整土地等各项农业建设，正在迅速而广泛地进行。由于我们历史悠久，被保存在地上地下的革命遗迹、古代文化遗址、古墓葬、古建筑、碑碣、古生物化石遍布全国。其中有许多是非常珍贵的，是对我国历史和文化进行科学研究最宝贵的资料，也是向广大人民进行爱国主义教育最有力的实物例证。……地方各级人民委员会必须在既不影响生产建设，又使文物得到保护的原则下，采取紧急措施，大力宣传，在农业生产建设中开展群众性的文物保护工作"。为此，通知要求 "必须在全国范围内对历史和革命文物史迹进行普遍调查工作。各省、自治区、直辖市文化局应该首先就已知的重要古文化遗址、古墓葬和重要革命遗迹、纪念物、古建筑、碑碣等，在本通知到达后两个月内提出保护单位名单，报省（市）人民委员会批准先行公布，并且通知县、乡，做出标志，加以保护。然后将名单上报文化部汇总审核，并在普查过程中逐步补充，分批分期地由文化部报国务院批准，置于国家保护之列"。

1956 年全国文物普查以及公布省级文物保护单位，就是在国务院这一通知的指导原则下进行的。通过这次文物普查，初步掌握了全国文物的基本情况，建立了第一部文物清册。许多重要的古代文物和近现代文物被发现了，许多历史上被作为"文物空白"的省份和"无古可考"的地区，都发现了大批历史文物。

各地在文物普查的基础上，对已掌握的文物分类研究，加以选择，把价值较高的文物，列出名单，报请省、自治区、直辖市人民委员会核定公布为省级文物保护单位。据统计，当时公布的省级文物保护单位有五千五百七十二处，其中河北省有一百九十九处（未含后来划给北京市、天津市部分），初步建立了各省、自治区、直辖市的文物史迹网。文化部汇总了省级文物保护单位名单，经过进一步调查研究，从中选择了一百八十处价值重大者，于 1961 年报请国务院核定公布为第一批全国重点文物保护单位。

在第一批全国重点文物保护单位中，河北省有二十一处，居全国各省首位。1958年该省进行了大规模的文物普查和复查。通过普查和复查，进一步摸清了河北省文物情况和保护现状，取得了丰硕成果。仅邯郸地区就登记文物一千零二十二处，石家庄地区六百三十八处。对这些文物都根据不同情况采取了保护措施，使其免遭破坏。

在建国后的十年间，据不完全统计，发现的新石器时代遗址将近万处，发现的古建筑有一千处左右。大量古建筑的发现，使我们能够在山西五台唐代的南禅寺大殿到广州南宋的光孝寺六祖殿这近五百年的时间里，平均每隔十年就有一座木构建筑的实例。如果再与元、明、清的古建筑连接起来，就组成了中国一千多年来一整套木构建筑的发展系列。总之，建国后十年的文物发现，远远超过了自北宋以来千余年间关于文物史迹的记载。当然，这并不能说明我们已掌握了我国文物的全部情况。随着各项建设事业的发展和文物、考古工作的深入开展，还将会有许多遗址及文物史迹被认识、被发现。

十年动乱后，我国许多省、市、自治区又一次进行了文物普查，收获很大。以河北省为例。该省为了全面了解现存文物情况，摸清文物的破坏和新发现的底数，更好地配合生产建设作好文物保护和管理工作，于 1976—1978 年进行了一次全面的文物普查和复查工作。据不完全统计，普查和复查文物四千多处。在这次文物普查中又发现了许多文物；有些地区的文物，比过去了解得要丰富得多（如张家口、廊坊地区）。在普查和复查的基础上，不少地区已编印了文物普查资料汇编；一些市、县重新公布了文物保护单位，加强了保护管理；一些地、县建立了文物保管所、纪念馆，有了文物保护管理机构。此外，各地还在这次工作中培养、提高了一些文物干部，大大促进了全省文物事业的发展。特别要指出的是，经过这次文物普查和复查，摸清了 1956 年公布的省级文物保护单位在十年动乱中的破坏情况和现存情况，以及新发现的文物情况。

在此基础上，省文物行政管理部门根据国务院关于加强文物保护的通知精神，经过选择、调查核实、反复研究，对1956年省人委公布的省级文物保护单位作了较大的调整和补充，拟定了新的省级文物保护单位名单，报请省人民政府审核公布。1982年7月省人民政府公布了三百零四处省级文物保护单位。

综上所述，公布文物保护单位，建立文物史迹网，必须以文物普查、调查和复查为前提。

第四节　文物调查的对象、范围及方法

文物调查（包括文物普查）的对象，总的来说，包括古代文物和近代现代文物。其中又可分为：可移动文物与不能移动文物以及民族、民俗文物等。在调查中，要通过宣传文物政策，调查访问，征集散存在群众手里的文物，并通过这些文物，进一步了解文物线索，去发现新的文物。

一、调查对象及范围

1. 革命文物。革命文物是近代现代文物的重要组成部分，是中国人民革命斗争中遗留下来的具有重要纪念意义、教育意义和史料价值的建筑物、遗址和纪念物。革命文物是在特定的历史条件下形成的。

一百多年来（即从1840年鸦片战争开始，到1949年新中国成立），中国革命斗争普及全国。特别是中国共产党领导全国人民进行了二十八年艰苦卓绝的斗争，赶走了帝国主义，推翻了封建主义和官僚资本主义，把一个殖民地、半殖民地的旧中国变成了独立自主的新中国。这是中国历史上的翻天覆地的大变化。在这一伟大的斗争中，各地遗留下来的革命遗迹和遗物，是当年革命斗争最生动、最忠实的记录，是革命历史的见证，是对广大群众进行爱国主义教育和光荣革命传统教育的好教材，也是学习、研究党史和革命史的重要材料。对此，有必要作好调查、征集、保护工作。

在文物普查和经常性的调查中，应把革命史迹和遗物的调查作为重点之一。革命文物的调查、征集、保护工作应以"五四"运动以来的新民主主义革命为中心，上溯到辛亥革命、义和团运动、太平天国运动以至鸦片战争。例如，革命起义地点、重大战役旧址、革命旧址、革命纪念建筑物（包括房屋、纪念碑、烈士陵园等）、重要史迹（包括各个革命时期的活动史迹、标语等）、重大纪念地（如党的第一次代表大会旧址、延安和西柏坡中共中央旧址）以及其他重要旧址（如晋冀鲁豫和晋察冀军区司令

部旧址）、领导人旧居、人民英雄住地、烈士墓地等等。我们在进行调查、征集、保护工作的同时，还要深入了解当时的革命活动情况以及与其有关的文物的情况。各省、市、县也应依照上述原则精神和基本方法，对革命文物做好资料整理和保护工作。

对革命文物的调查与征集，必须有高度的政治责任心和严格的科学态度。调查和征集时，一定要作好原始记录，并妥善保管。对革命文物来说，保护好它的记录档案，与保护好文物本身有同等重要的意义。一件革命文物即使本身没有破坏，如果丢失、毁坏了它的档案，就可能搞不清与它有关的人物活动或历史事件的关系，就会影响它的价值；在一定意义上说，也就等于破坏了这件文物。目前，对革命文物的调查，尤其是对新民主主义革命时期文物的调查，必须抓紧。一些了解当年斗争的同志大都年事已高，如果现在不抓紧调查、采访，就会给将来的工作带来无法弥补的损失。

2. 古代文物。古代文物是古代物质文明和精神文明的遗存。它包括的范围很广。中国是世界文明古国之一，我们的祖先给我们留下了一批极其优秀的民族文化遗产。解放以来，我国文物考古工作者发现的古遗址和古墓葬总数以万计，出土文物达数百万件。以河北省为例，目前已发现古代遗址一千一百多处，发掘各时期的墓葬一千二百多座，出土和征集到的文物十万余件。其中有许多极为珍贵的文物，例如，商代的铁刃铜钺、商代孤竹国的铜器、战国中山国文物、汉代金缕玉衣、宋代定窑和磁州窑瓷器等。我们对具有重大历史、艺术、科学价值的遗迹和遗物，如旧石器时代遗址、新石器时代遗址、商周遗址、秦汉遗址、农民起义地点、古代城廓、关堡、古代窑址、古墓葬和陵墓、石刻、古建筑、石窟寺、历史名人住址和遗迹，以及流散在群众手中的有重要价值的历史文物，都要进行调查、登记、保护。这里要特别指出的是，有的古遗址和古墓葬长期被埋于地下，不易发现。它们的分布情况和文化性质，只有经常进行调查、了解，才能不断发现，不断认识。对古代建筑的调查，要防止只注意寺庙建筑的倾向。对古代建筑调查的范围很广，内容很多。例如，对古代城市和村镇的调查，应包括城廓、城池、街衢、市、钟鼓楼、里坊、庄园、坞壁等；对建筑群组的调查，应包括宫殿、坛庙、寺院、衙署、学宫、藏书楼、库藏、店肆、酒楼、戏楼、作坊、会馆、旅邸、第宅、陵墓等；对单体建筑的调查，应包括殿、堂、楼阁、廊、亭、阙、坊表、台榭、塔、幢等。在调查中，我们应该进行广泛、深入、细致的工作。

3. 民族文物。民族文物是反映某一民族物质文明和精神文明的并具有该民族特色的遗物。少数民族文物，是反映少数民族物质文明和精神文明，具有其民族特色及历史、艺术、科学等方面价值的实物资料。

我国是一个有五十六个民族的多民族的国家。各个民族对祖国的社会发展，对中华民族的历史、文化的发展，都作出了自己的贡献。我国各民族都有其悠久的历史和丰富的独具特色的民族文化遗产。

少数民族文物，从不同的侧面反映了少数民族的社会发展、社会生产和社会生活，是研究少数民族历史，研究少数民族政治、经济、文化的实物资料。特别是有些少数民族由于历史的原因没有本民族的文字，没有关于本民族历史的文字记载。在这种情况下，该民族的文物就成了研究该民族历史的唯一可依据的材料，因此具有特别重要的价值。

在历史长河中，由于各民族在经济、文化上的相互往来，互相影响，促进了各民族之间经济、文化的交流和发展。通过对民族文物的研究，可以深入了解各民族文化演变、发展的历史，深入了解中华民族的传统文化的全貌。

有些少数民族由于历史原因，在解放时还处于奴隶社会、甚至原始社会的状态。在建国初期，我国历史、文物、民族工作者，对处于原始社会或奴隶社会的少数民族的遗迹遗物、社会生产、风俗习惯等进行了大规模的调查，征集了许多遗物。这些民族文物不仅是研究各民族历史的极为重要的资料，而且也是认识和研究人类社会发展的重要资料。那些在解放初还处于奴隶社会甚至原始社会阶段的少数民族，随着社会主义革命和建设事业的发展以及党的民族政策的落实，已经越过了几个历史发展阶段，进入社会主义。民族文物有着重要的教育作用。它能够帮助各族人民认识自己的历史和创造力量，提高和增强民族自信心和自豪感，激发各族人民的爱国热情和革命精神，从而有利于各民族团结和祖国统一，有利于社会主义现代化建设事业的发展。因此，我们对这些少数民族的文物要抓紧时间进行调查、征集和整理工作。

我国政府和有关部门对民族文物一直十分重视，并采取了积极的保护措施。有些重要遗迹已被公布为文物保护单位；有的地方建立了专题博物馆，作为征集、收藏、研究、陈列宣传少数民族文物的阵地。但是，也应该清醒地看到，我们这方面的工作还做得很不够，亟待抓紧和提高。一些反映少数民族不同历史时期的政治、经济、生活、文化、艺术、宗教方面的文物，至今未引起社会各方面的重视，以致使其仍在受到人为的或自然的损坏。有些少数民族文物正在消失。这方面的工作如不抓紧进行，随着社会的发展和进步，很多少数民族文物将继续迅速地被历史洪流所湮没。

综上所述，我们对抢救少数民族文物的工作要给予高度重视，要充分认识其紧迫性。我国民族文物是受到宪法、文物保护法、民族区域自治法的法律保护的。我们要根据各少数民族的发展历史，系统地调查、征集有关遗物，保护有关遗迹，逐步建立起少数民族文物的系列，以反映我国各少数民族的历史文化面貌，及其在中华民族文化中的地位和贡献。

4. 民俗文物。民俗文物也是近现代文物的组成部分。然而风俗则是历史的产物，皆有其渊源：一事一物，可表现古今习俗，文化风尚。我国幅员辽阔，民族众多，民俗不同，故有"千里不同风，百里不同俗"之说。

民俗文物作为不同风俗的代表性实物。对于了解各地人民生活的发展、变化，对于了解社会生活和文化，都是十分重要的实物资料。过去在这方面做的工作甚少，以至于被忽略了，这是今后应该注意的。

民俗文物包含的方面很广，内容异常丰富。它包括衣食住行、生产、信仰、节日活动等方面。大体可归纳为以下九类：

1. 衣食住方面，如衣服、佩戴、装饰品、饮食用具、家具、取暖用具、居室等；

2. 交通方面，如搬运器具（舟、车）、信使用具、关卡等；

3. 生产方面，如农具、渔猎用具、工匠用具、纺织用具、作坊等；

4. 交易方面，如计算器、计量器、幌子招牌、执照、店铺等；

5. 治保方面，如警防用具、刑罚用具等；

6. 婚丧嫁娶方面，如订婚用品、结婚用品、产育用具、丧葬用品等；

7. 游艺方面，如用于娱乐、演戏的戏装、道具、乐器、玩具、舞台等；

8. 信仰方面，如偶像类、供品等；

9. 年节方面，如年节用具和用品等。

以上种种，凡在形制、制作技术、用途等方面，具有我国各族人民（或不同地区人民）社会文化生活特色的，都应作为民俗文物进行调查、征集和保护、研究。

在这里还要特别指出，民俗文物与民族文物是交叉的，少数民族的民俗文物与民族文物更是如此。

二、文物普查或调查的方法

我国地域辽阔，各地区、各民族之间的历史发展极不平衡。同一民族在不同的历史阶段也都有其各自的特点。在现今河北省境内，有不少汉代的封国，遗迹遗物十分丰富。中山国就是最有名的一个。唐代是中国古代经济、文化很发达的一个朝代。但是，从目前来看，河北省的唐代遗迹和遗物却比较少，其原因尚需进一步调查研究。河北省面积187000平方公里，地跨长城内外。其中有平原、有山区、有坝上草原，遗留下来的遗物必然带有一些当地民族特点或地方特点。例如，保定地区是当年宋、辽对峙、交战的地方，当地的遗迹和遗物就反映了这两个民族文化的既有差别又相互影响的关系。

因此，各个地区、各个民族，各个不同历史时期的文物各有其不同的特点。在普查或调查之前，必须充分做好下述准备工作：

1. 要了解和熟悉以前的工作情况，以及当地历史发展情况。建国以来，各省、自治区、直辖市以至各地、市、县在文物调查方面作了大量的工作，积累了大量资料。熟悉了解这些材料，是做好文物普查的重要条件之一。同时，还要调查了解当地历史发展情况，进行一次有系统的乡土情况的调查研究，以便对本地区历史、革命、民族以及风俗习惯等有一个概括的了解，并根据本地区的情况，明确普查重点和要求。为此，就要查阅史料，作好资料准备。各地应根据地方志（府志、州志、县志等）和革命史，以及前人的考察记载、研究成果及其有关材料，对当地历史发展、民族分布、名胜古迹等方面的资料加以选择，整理成文物史料汇编，作为调查当地古代文物和近、现代文物时的参考资料。这种史料汇编也可以作为当地培训文物普查干部的教材之一。有些文献记载和实际情况不符。这种情况并不罕见，需要引起我们的高度注意。例如，汉中山靖王墓，有的文献记载说在河北省定县城内。后经发掘证明，该墓实际上在满城县陵山，而在定县城内者为后燕慕容氏墓。

2. 做出普查或调查计划，有计划有步骤的进行实地考察。要以实地考察所得，与过去记载相印证，逐一进行核实。有些记载虽然无误，但千百年来情况会有很大变化。如有些地方志上记载一些庙宇建筑分布情况，现已大部无存；如不进行实地考察，仍以志书记载为据，就不符合实际情况了。由于条件的限制，各地还有大量的地上地下文物未被发现，未被记载和著录。这也需要我们进行深入、广泛的调查工作，以新的资料补充，修订过去的记载。

搞好文物普查工作，首先要建立文物普查领导机构，并组织一支有一定专业水平和工作能力的文物普查队伍。

1. 文物普查领导机构。文物普查涉及面大，必须建立领导机构，以加强对这一工作的领导。全省范围的文物普查，要在省、自治区、直辖市人民政府领导下，组成以省级文化行政管理部门为主的普查办公室，负责具体、日常的文物普查工作。地、市、县级文化行政管理部门也应组成文物普查领导小组，负责本行政区域内的文物普查工作。

经常性的文物调查工作，在当地文化行政管理部门的领导下，由文保所、博物馆、纪念馆、文化馆、图书馆去做。

2. 普查队伍的组成与培训。进行大规模的文物普查，仅依靠专业文物干部是不够的，还要抽调一些非专业干部组成文物普查队（组）。河北省1976—1978年的文物普查或复查，各地都组织了普查队（组），省文物机构派专业干部参加普查工作，并进行业务辅导。

　　在普查队（组）组成之后，要进行短期业务培训。如果是全省范围内的文物普查，应该层层进行业务培训，可先由省为各地、市培训文物普查骨干，然后再由他们为各县（市、区）培训骨干，并由各县业务骨干培训普查队（组）的全体成员。这种层层培训的作法，可以使参加文物普查的人员都有一次业务学习机会，从而保证文物普查的质量。

　　在培训中，主要学习文物政策和法令、文物基本知识、文物普查知识与方法。在文物政策、法令方面，主要学习《文物保护法》以及有关条例、办法和规定。文物基本知识的培训，主要是学习地方历史、乡土知识、文物史迹分布的一般规律、文物鉴别和保护知识等等。例如，革命根根地和老区革命文物多，山坡、河叉、台地、河床两岸遗址多，古城址附近古墓葬多，寺庙及其遗址、名山大川石刻（碑刻）多，寺庙、名人故里古建筑多等等。这是一般的文物分布规律，可以作为文物普查（或调查）的线索。除此之外，还要讲授一些文物普查或调查的方法与技术，例如：记录、照像、测绘、拓片等基础知识，以保证普查（调查）资料的科学性。

　　此外，文物普查中还应注意以下问题。

　　1. 在一个省、地、市、县进行文物普查，要作好组织、干部培训等方面的准备工作，要注意普查队（组）人员的组织，做到新老结合，以老带新。文物普查工作应由点到面，及时总结点上的经验，逐步在面上推广。这是因为，在工作初期，工作方法应有一个摸索、总结的过程，普查人员的业务能力也需待在工作中逐步提高。有了一段点上工作的经验作基础，就可以全面展开普查，或分片逐一进行普查。省、地、市级文化行政管理部门应在文物普查先行一步的县搞好试点，总结经验，指导一般，推动面上的普查工作。即使各地在全面展开的情况下，也要注意重点与一般地区的不同情况；应有所侧重，集中主要力量，抓好重点地区的文物普查，并随时指导周围地区的工作。作为一个县来说，也应采取类似的做法。

　　2. 文物普查或调查人员在工作中要重视群众工作，虚心向群众学习。群众最了解本地的情况，可以向普查人员提供各种文物线索。因此，普查或调查人员应做到"四勤"、"四访"、"三查"，即：勤问、勤跑、勤看、勤记；访问当地干部、访问老农、访问军烈属、访问学校师生；查文献、查遗迹遗物、查群众的传闻。特别是对群众的传闻，要给予足够的重视；不经实地调查而轻易予以肯定或否定的态度是不严肃的。

　　3. 在文物普查或调查工作中，要随时做好各种资料工作，为建立普查或调查资料档案打下一个良好的基础。资料应及时整理。这不仅可以避免出现差错，还可以及时发现调查漏项或记录中的问题，以便及时采取补救措施。

　　4. 在文物普查或调查中，要克服单纯找宝的思想，注意向群众宣传国家的文物政策、法令，宣传文物知识和保护文物的重要意义，表扬保护文物的好人好事。广大群众懂得了上述道理，就会热情、主动地向文物普查人员提供文物线索，就会自觉地保护文物。没有群众性的保护，单靠文物机构和文物工作者是根本不可能把保护工作作好的。

第五节　公布文物保护单位

《文物保护法》第七条规定："革命遗址、纪念建筑物、古文化遗址、古墓葬、古建筑、石窟寺、石刻等文物，应当根据它们的历史、艺术、科学价值，分别确定为不同级别的文物保护单位。"

在文物普查或调查、复查的基础上，拟定文物保护单位名单，由国务院和各级人民政府分别核定公布为各级文物保护单位，是国家对文物进行保护、实行计划管理的一项重要措施，也是建立我国和各省、自治区、直辖市文物史迹网的中心环节。公布文物保护单位，就是由政府把该项文物正式列入国家对它的计划管理之中，任何单位和个人不经政府批准，不得加以拆改、损坏、乱占、乱用、乱挖等。应该使干部和群众通晓当地已列入保护单位的文物及有关保护的规定，激发他们热爱乡土的感情，从而主动地进行文物保护。在此必须明确指出，尚未列入文物保护单位的文物史迹，不等于就不重要、不保护，更不能因未公布为文物保护单位而任意加以破坏。有些文物史迹的真正价值是随着工作和研究的不断深入才被认识到的。如涞源县辽代建筑阁院寺，1956 年河北省人民委员会公布文物保护单位时未将其列入，就是因为当时还未确认它的年代和价值；后经有关专家考察，确定为辽代建筑，并确认其壁画的珍贵性，遂于 1982 年重新公布省文物保护单位时就列入了名单。有的文物史迹经过调查、鉴定，因价值较小，未能列入文物保护单位名单，但这并不等于说它没有价值，仍应对其认真加以保护。例如，在引滦工程沿线，调查发现了几十处古遗址，虽然遗物不多，但对这个地区文化面貌和历史的研究都是很重要的实物资料。因此，这类文物史迹无论是否被公布为文物保护单位，都应根据《文物保护法》第二条规定受到国家的保护。

文物史迹被分级核定公布为保护单位的标准，主要是根据其本身价值的大小和作用的范围来确定的。文物本身价值的大小，一般是根据它本身的历史、艺术和科学价值的大小来衡量的。这就要求文物工作者具备较全面的专业知识；既要了解当地的历史，也要了解中国的历史；既要了解本地的文物情况，又要了解全国的文物概况，以及本地文物在全国、全省所占的地位。只有这样，才能有所比较，才能看出文物史迹的价值和重要性。

一、分级公布文物保护单位的程序

《文物保护法》第七条规定："县、自治县、市级文物保护单位，由县、自治县、市人民政府核定公布，并报省、自治区、直辖市人民政府备案。"这就要求县级文化行政管理部门，根据对本地区文物普查、调查的情况，经过研究和选择，把具有历史、艺术、科学价值的文物史迹拟出名单，报请县级人民政府核定公布为县级文物保护单位。

《文物保护法》第七条还规定："省、自治区、直辖市级文物保护单位，由省、自治区、直辖市人民政府核定公布，并报国务院备案。"这就要求省级文化行政管理部门，应从各县、市公布的文物保护单位中加以选择，对具有全省意义和价值较高的文物保护单位，进一步调查、核实、研究；同时根据全省文物普查情况，选择虽未经县级人民政府公布而确有价值的文物史迹，一并进行研究、比较、平衡。综合以上两部分文物史迹，提出初步名单，征求各有关方面的意见，最后形成一个文物保护单位入选名单，正式报请省级人民政府核定公布，并报国务院备案。

《文物保护法》第七条又规定："国家文化行政管理部门在各级文物保护单位中，选择具有重大历史、艺术、科学价值的作为全国重点文物保护单位，或者直接指定全国重点文物保护单位，报国务院核定公布。"全国第一、第二批重点文物保护单位，基本上是从各省、自治区、直辖市公布的文物保护单位中选择的，或由有关省级文化行政管理部门推荐，最后选定的。

文物保护单位分为六大类，即革命遗址及革命纪念建筑物；石窟寺；古建筑及历史纪念建筑物；石刻及其他；古遗址；古墓葬。每一类中文物史迹以时代早晚为序进行排列。例如，河北省文物保护单位第三大类古建筑及历史纪念建筑物名单中，就是把明代城址、桥梁、寺庙建筑分别排列，同类文物保护单位则又按地区进行排列的。这样的名单具有科学性、系统性，便于人们从中了解文物保护单位的时代、类别及地区分布等情况。

二、文物保护单位分级保护管理的职权范围

《文物保护法》第九条至第十五条共六条，规定了文物保护单位分级保护管理的职权范围和保护管理的原则及措施。

《文物保护法》第十条规定："各级人民政府制定城乡建设规划时，事先要由城乡

规划部门会同文化行政管理部门商定对本行政区域内各级文物保护单位的保护措施，纳入规划。"要做好这一工作，需要在当地人民政府的领导下，城乡规划部门和文化行政管理部门通力合作。文化行政管理部门应把文物保护单位情况提供给城乡规划部门，并提出保护措施的建议。城乡规划部门应把城乡建设规划设想等情况告知文物部门，然后本着既有利于文物保护，又有利于城乡建设的原则，共同研究，纳入城乡建设规划，采取措施，搞好文物保护工作。我国文物极为丰富，各级文物保护单位众多。在城乡规划建设时，把它纳入规划，加以保护，对于建设具有中国特色的、富有民族传统风格的城市和城镇具有重大的意义。

《文物保护法》第十二条规定："根据保护文物的实际需要，经省、自治区、直辖市人民政府批准，可以在文物保护单位的周围划出一定的建设控制地带。在这个地带内修建新建筑和构筑物，不得破坏文物保护单位的环境风貌。其设计方案须征得文化行政管理部门同意后，报城乡规划部门批准。"这条规定的制定是对我国保护管理文物保护单位经验的总结，并吸取了世界许多国家保护文物的经验；同时也是根据我国许多文物保护单位周围被侵占、其本身价值和环境风貌遭到严重破坏的教训而制订的。我们要十分重视这一规定，并大力进行宣传和贯彻落实。

《文物保护法》第十三条规定："建设单位在进行选址和工程设计的时候，因建设工程涉及文物保护单位的，应当事先会同省、自治区、直辖市或县、自治县、市文化行政管理部门确定保护措施，列入设计任务书。"

"因建设工程特别需要而必须对文物保护单位进行迁移或者拆除的，应根据文物保护单位的级别，经该级人民政府和上一级文化行政管理部门同意。全国重点文物保护单位的迁移或者拆除，由省、自治区、直辖市人民政府报国务院决定。迁移、拆除所需费用和劳动力由建设单位列入投资计划和劳动计划。"这一规定从法律上保证了文物保护单位不被任意迁移或拆除。

《文物保护法》颁布以前，个别县领导或县委、县政府，竟任意决定出卖、拆除古建筑。他们认为：县文物保护单位既然是县政府公布的，也就可以由他们予以撤销，甚至将文物保护单位拆除。这种观点是极其错误的。文物保护单位是祖国重要的历史文化遗产，各级政府只有保护的责任和义务，决没有任意拆除、毁坏它的权力。现在根据《文物保护法》的规定，凡要迁移、拆除县级文物保护单位，必须经县级人民政府同意后，报省级文化行政管理部门审查；未经省级文化行政管理部门同意，不能动工。否则就是违法的，应追究法律责任。这就使各级文物保护单位的保护工作有了法律保证。

第六节　文物保护单位的"四有"工作

《文物保护法》第九条规定："各级文物保护单位，分别由省、自治区、直辖市人民政府和县、自治区、市人民政府划定必要的保护范围，作出标志说明、建立记录档案，并区别情况分别设立专门机构或者专人负责管理。全国重点文物保护单位的保护范围和记录档案，由省、自治区、直辖市文化行政管理部门报国家文化行政管理部门备案。"这一条规定的对文物保护单位划定必要的保护范围、作出标志说明，建立记录档案、设置专门保管机构或专人负责管理等四个方面的工作，我们一般把它称为"四有"工作，即有保护范围，有标志说明，有科学记录档案，有人保管。

"四有"工作是文物保护单位保护、管理、研究、宣传的基础，是文物部门的主要任务之一。自从1961年国务院在《文物保护管理暂行条例》中对"四有"作出规定之后，全国各地文物部门都程度不同地开展了这一工作。以河北省为例，当时着重抓了燕下都遗址、赵邯郸故城、隆兴寺、避暑山庄、外八庙、清东陵和清西陵等处全国重点文物保护单位的"四有"工作，提出了划定保护范围的意见，初步建立了科学资料档案，成立了群众保护组织，以省人委的名义为21处全国重点文物保护单位树立了保护标志。1964年初，文化部文物局在易县燕下都召开了十几个省、自治区大型遗址"四有"工作座谈会，推广了燕下都"四有"工作经验。最近几年，各地文物部门在"四有"方面又作了大量工作。实践证明，"四有"工作直接影响到文物保护单位保护管理工作的质量，我们一定要认真做好。

一、划定必要的保护范围

文物保护范围是在文物保护单位之外划出的区域，以保护文物本身及其环境不被破坏。每一处文物保护单位都要划出保护范围。

文物保护单位的类别、规模、地理位置和周围环境各不相同，其保护范围应根据具体情况划定。也就是说，要根据文物本身存在的情况，划定必要的保护范围。这是因为文物本身不是孤立存在的，一处文物保护单位的形成，往往和它的历史、地理环境等存在着密切的联系。有的文物保护单位是古建筑，它创建、重建和现存的规模与分布等，因历史的变迁都可能不同。以什么时期为准划定其保护范围，就需要做认真的调查研究工作，要有科学的依据。有的庙宇地上建筑不多，或已无存，但在它的地下还保存着原来的基础。这种情况在古建筑一类中比较常见。如河北省文物保护单位赵县柏林寺塔、灵寿县幽居寺塔和赞皇县治平寺石塔，除了塔之外，在周围同时还保存着原来的寺庙遗址。在古遗址中，也有类似的情况，其保护范围应包括地上、地下的全部遗存。有些遗址附近往往附有防护及附属设施，如壕沟、墓葬等。因此，在划定保护范围时，应根据该文物保护单位的年代、性质及其地上地下的保存情况，加以分析研究，确定应保护的范围（有的单体文物在拟文物保护单位名单时就应考虑它的范围），明确保护边界。这样，不仅可以使一处文物保护单位在整体上得到保护，而且对其暴露在地面上的遗迹也可起到一定的防护作用。对于那些特别珍贵而又不宜遭受剧烈震动的文物保护单位，如石窟寺，因岩石风化，或受到剧烈震动时极易脱落；又如古建筑、古塔历经千百年，有些已有倾斜或破裂现象，应避免剧烈震动。对此都要适当划出较大的保护范围，以利于保护。

保护范围一般可分为重点保护范围和一般保护范围。重点保护范围（或称重点保护区、安全保护区）是为了保护文物建筑或遗址的安全。一般保护范围（也称影响范围或一般保护区）是为了保护文物建筑和遗址的环境风貌，以及重点区之外的一些文物史迹，以便于保护、研究、游览或观赏。有的单体文物如独立存在的石碑、经幢等，也可以只划一个保护区，以保证其安全为目的。保护范围划定之后，要按照不同的比例把它标在文物保护单位的平面图上。同时，要根据文物保护单位的类别和具体情况，对保护范围内的保护要求作出明确规定。比如在保护范围内，严禁堆放易燃品、易爆品、放射性物质及有毒和腐蚀性物品，严禁开山采石、毁林开荒、砍伐古树、乱挖乱掘及一切危害文物安全的活动。根据《文物保护法》第十一条规定："文物保护单位的保护范围内不得进行其他建设工程。如有特殊需要，必须经原公布的人民政府和上一级文化行政管理部门同意。在全国重点文物保护单位范围内进行其他建设工程，必须经省、自治区、直辖市人民政府和国家文化行政管理部门同意。"我们要在工作中坚决执行这条规定。

对文物保护单位保护范围的划定工作，不论哪一级文物保护单位，其具体工作都应由县级文化行政管理部门和文物机构负责。对于全国重点文物保护单位或部分规模较大的省级文物保护单位保护范围的划定工作，应由省级文化行政管理部门和文物机构给予支持和协助。

保护范围划定意见提出后，要写出文字材料，说明该文物保护单位的历史、现状、价值、环境以及保护范围"四至"与保护规定，并附平面图、照片等，报当地人民政府审核，县级文物保护单位保护范围应由县人民政府审核、批准、公布，并报省文化行政管理部门备案。省级文物保护单位保护范围由所在地县级人民政府审核同意后，由文化行政管理部门逐级报省级文化行政管理部门批准，报省级人民政府备案，然后由县级人民政府公布。全国重点文物保护单位保护范围由当地县级人民政府审核同意后，逐级报省级人民政府审核、批准，并由省级文化行政管理部门报国家文化行政管理部门备案，由县级人民政府公布。文化行政管理部门和文物机构要做好宣传、贯彻工作。文物保护单位保护范围一经批准，就具有法律效力，任何单位和个人都应遵守，违犯者要视情节轻重给予处理，以至向司法部门起诉，追究其刑事责任。

二、作出标志说明

文物保护单位的标志用简洁的文字写成，表明该单位的级别、名称、公布机关、日期等。人们可以从标志了解到该文物保护单位在全国或省、市、县的地位和它的作用、影响范围和价值等。这本身就是一种很好的宣传形式。河北省内的全国重点文物保护单位标志，在 1966 年以前已全部由省统一制作，分发各地安装。河北省人民政府 1982 年重新公布省文物保护单位后，省文物部门又拨出树立文物保护标志的专款。自 1981 年以来，还拨出专款树立长城保护标志。据不完全统计，已安装长城保护标志四百二十九个，其中包括界桩八十一个。

保护标志的形式为长方形，横匾式，其长宽比例一般为 3∶2，最大者为 1.5∶1 米，最小者为 0.6∶0.4 米。它的质地可因地制宜，用石质或水泥制作；制作应严肃、认真。开放参观游览单位，保护标志应做得精致一些。大型的标志因置于露天容易损坏，不宜用木制。书写字体：文物保护单位的名称用楷书或隶书，文物保护单位的级别、公布机关、日期、树立标志机关用仿宋体。为了便于群众识读，不应用行书、草书和篆书。所有的文字均用国家公布的《简化字总表》的规范简化字，自左至右横排。

文物保护标志内容为保护单位级别、名称、公布机关、公布日期、树标机关。

保护标志要树立在显要地方，如要道口、出入口等，应注意不要影响参观视线和拍照。树立标志的方式，以坚固为原则，可因地制宜：有的可采用立柱式，双腿树立；有的可采用坐式，下面为承托标志的须弥座；有的则用镶嵌式。标志的高度以适合一般人的视线为宜。标志与基座要设计得朴素大方。

一个大的古建筑群、古墓群和大型城址等，除树立一块保护标志（或称总标志）外，还应树立若干分标志。如河北省定县汉墓群、磁县北朝墓群等，总体都属一处省文物保护单位，但每处都有古墓百座以上，分布在全县。只树立一个保护标志，显然不能达到保护目的，必须树立若干分标志。分标志的形式有小型和大型两种，其尺寸均应小于总标志。

再如，河北省遵化县清东陵和易县清西陵都是全国重点文物保护单位。每处墓区不止一座陵墓。为了加强保护和宣传，除由省人民政府树立总标志外，当地政府还应在每座陵墓所在地树立分标志。

文物保护单位应树立"标志说明"。"标志说明"包括保护标志和说明两项内容。说明牌要树立在通衢道口或文物附近，以便群众阅读。说明是向群众和游客进行宣传的一种好形式，应予以足够重视。说明的内容包括文物的名称、年代、性质、内容，以及它的历史、艺术和科学价值。文字应力求简明、准确。文物保护单位的说明，均由县级文化行政管理部门和文物机构拟写。县级文物保护单位说明由县文化行政管理部门审核同意；省级和全国重点文物保护单位说明应逐级报省文化行政管理部门审核同意，全国重点文物保护单位说明还需报国家文化行政管理部门备查。

三、建立科学记录档案

文物保护单位的科学记录档案是记录和研究该项文物保护单位的文字史料及其他史料，是研究确定该项文物保护单位价值和进行宣传教育工作的依据，是文物保护、管理工作的基础。没有科学资料，就无法进行文物的保护、管理、维修和科学研究，也难以发挥文物的宣传教育作用。一但文物损坏，科学记录档案资料即成为研究或修复的依据。如果文物保护单位失去了档案资料，在一定程度上就失去了保护、研究和宣传教育的依据。因此，建立和健全文物保护单位的科学记录档案是把祖国文化遗产留传给子孙后代的百年大计，千年大计。文化行政管理部门和文物机构应充分认识到科学记录档案资料的重要性，安排一定力量，认真把它做好。

科学记录档案的主要内容包括文献、文字记录、拓片、照片、模型、实测图以及录相，影片等。从时间上讲，可包括历史、现状和今后陆续补充的资料三个方面；从性质上讲，可包括科学资料和行政管理资料两大部分。

科学记录档案的建立，同样由文物保护单位所在地的县级文化行政管理部门和文物机构负责。对建立全国重点文物保护单位和部分规模较大的省级文物保护单位的科学记录档案，省级文化行政管理部门和文物机构应给予大力支持，必要时可派人指导、协助基层文物机构搞好这项工作。

科学记录档案要在初步档案资料的基础上，不断加以补充，使之逐步完善。只要这项文物保护单位还存在，资料档案工作就要不断搞下去，并永远妥善保存。为了便于使用和保管，每处全国重点文物保护单位的资料档案应一式五份，分别存放国家文化行政管理部门（二份）、省、地（市）、县级文物机构。以后续补的资料，应随时向上述保管档案资料的单位寄送，以便保持各级档案资料的一致性和完整性。文物保管机构体制如有变动，一定要处理好档案资料的归属或移交工作，严防损失或流失。

四、建立保管机构和采取相应措施

为了加强文物保护工作，应该根据《文物保护法》的规定精神，在规模较大的文物保护单位和文物保护单位较多（或文物较多）的地方，设立专门保管机构，如文物保管所、博物馆、纪念馆等，负责文物保护管理工作。新中国成立以来，我国各地陆续建立了许多文物保管机构。这些文物保管机构是国家对文物保护单位实行计划保护、管理的事业机构。

文物保管机构是文物系统的基层单位，直接担负着对文物保护单位的保护管理、调查研究、陈列宣传、维修保养等工作。各级文化行政管理部门应加强对他们的领导，支持他们工作，帮助他们解决问题。

在没有建立专门文物保管机构的地方，文物保护管理除由县级文化行政管理部门负责外，应在县文化馆或图书馆设立专职文物干部，负责做好文物保护单位和其他文物的保护与各项业务工作。

文物保护管理工作是一项业务性、政策性和社会性很强的工作，内容非常广泛，涉及的方面很多，有些问题的解决难度也很大；单靠文物部门是搞不好的，需要有一个权威机构，在政府的领导下，协调、统一负责文物保护工作。三十多年的实践证明，在各级政府领导和支持下，建立文物保护管理委员会是一个好办法。文物保护管理委员会是协调和负责本地区文物保护管理工作的一种有效的组织形式，大多都由政府主管文物工作的领导同志担任主任，由政府有关部门如文化（文物）、公法、城建、农林、工商、外贸、财政、旅游、宗教等部门的负责同志和专家担任委员。委员会在文化行政管理部门设立办公室。文物保护管理委员会的工作是协助政府领导文物保护管理工作，研究、处理文物保护中的重大问题，向政府提出有关建议；协调文物保护工作中各有关部门之间的工作，推动有关部门和社会各界贯彻执行《文物保护法》等。以河北省为例，该省承德地区、唐山和秦皇岛市等地所属的一些县1978年以来逐渐建立了县文物保护管理委员会或长城保护管理委员会；在文物保护管理工作中，特别是在保护长城方面发挥了重大作用，推动了文物保护管理工作的开展，取得了很大成绩。

除建立文物保护管理委员会外，还可建立多种形式的保护组织，如在文物比较集中的地方或以某项文物为对象，建立乡、村文物保护小组，由有关负责人和热心文物保护工作的人员组成。此外，还可以聘请热心文物保护工作的义务保护员，并由地

（市）或县级文化行政管理部门发给保护员证，明确他们的职权范围和任务。文化行政管理部门或文物保管机构应经常检查他们的工作，定期召开评比表彰会议，供给他们学习、宣传材料，使他们的业务水平在工作中不断提高，逐步成为优秀的文物保护员和宣传员。河北省各地在这方面做了大量工作，有些地（市）、县给保护员发了保护员证，每年（或半年）评比表彰一次。现在仅长城保护领导小组或长城保护小组有八百一十六个，保护人员近一千六百人。这些不完全的统计数字已足以说明这支文物保护力量的重要地位和作用。

我国幅员辽阔，文物众多，专靠文物保管机构去保护是不够的，必须采取专业与业余相结合的办法才能真正把我国文化遗产保护好。各级文化行政管理部门在政府的领导下，应十分重视组织和发展业余文物保护组织和保护员，这是我国文物保护工作的需要，也是我国文物保护事业不断发展的需要。

第七节　文物保护与保持原状

在文物保护管理工作中，如何保持文物的原状是一个非常重要的问题。《文物保护法》第十四条规定："核定为文物保护单位的革命遗址、纪念建筑物、古墓葬、古建筑、石窟寺、石刻等（包括建筑物的附属物），在进行修缮、保养、迁移的时候，必须遵守不改变文物原状的原则。"这项规定作为国家保护文物的一条原则，必须严格遵守。如何认识这个原则，并在文物保护管理工作中贯彻执行，是需要我们认真研究和对待的。

各类文物的"原状"，是指它产生和历史地形成的状况，不能理解为文物最早的状况。各类文物原状的内容，既有相同的地方，也有各自的特点。总的来说，"原状"应包括：1. 文物规模（或范围）和布局（或分布）及其相互关系；2. 建筑结构、形式和材料；3. 文物形式、内容和艺术手法；4. 文物周围的地形、地貌及自然环境等。这决不是说，每处（每件）文物的"原状"都必须具备这四个方面的内容，有的只具备其中一项内容，有的则具备其中某几项内容，这要根据文物的具体情况而定。

所谓"保持原状"是相对的。把"原状"理解为最早的状况，从而加以绝对化是不科学的。因为每一处文物在历史的长河中都历尽沧桑，有自己的一部变迁史。但是，这决不是说，我们可以因此而不贯彻执行"保持原状"的原则。相反，我们保存的文物的历史状态越多，文物的历史、艺术和科学价值就越大。这也是我们要坚持保持原状的原则的根本原因。为了更好地贯彻执行这个原则，必须根据不同文物原状的内容和特点，提出不同要求，制定切实有效的措施。那种不区别情况，搞一刀切的做法，不可能真正贯彻执行保持原状的原则。

一、古建筑的保护与保持原状

一处古建筑的原状，主要包括它的规模和布局、建筑结构、形式、材料和工艺以及它的周围环境风貌。在古代建筑保护管理工作中，坚持保持原状的原则是十分重要的。我国的古建筑，常常和周围的自然风光，相互借景，相互映衬，结合在一起，组成优美壮丽的文物风景区。古建筑的完整和统一，与周围环境气氛相协调，是中国建筑美学的重要特点。文物保护单位的古树名木，是它的原状和环境风貌的重要组成部分。古松、古柏、古槐等，不仅是一处文物历史悠久的佐证，而且也是名胜、风景的重要点缀。因此，对古树名木也必须很好保护。但是，多年来，由于缺乏城乡建设规划，或没有把文物纳入城乡建设整体规划加以保护，或者有规划而不遵守执行，致使文物（古建筑）环境的原状遭到了严重的破坏。一些单位不经上级文物主管部门同意和有关部门批准，任意在文物风景区，甚至在保护范围内搞建设，弄得烟囱林立，空气污染；或大楼耸立，破坏景观。这类事情，在全国许多地方都有发生。例如，承德避暑山庄，1975年以前，一些驻在山庄内的单位擅自大量增建新建筑，还有一些单位在山庄宫墙外、保护范围之内修建各种建筑，有的甚至把宫墙作为新建筑的后墙，从而使中国乃至世界上最大的皇家园林遭到了严重破坏。再如，北京白塔寺，寺前山门被拆除，修建了副食品商场，堵住了白塔寺的通道。后来又在旁边继续修建了楼房，把白塔寺完全挡住，严重破坏了这所古建筑的环境风貌。

《文物保护法》第十二条规定："根据保护文物的实际需要，经省、自治区、直辖市人民政府批准，可以在文物保护单位的周围划出一定的建设控制地带。在这个地带内修建新建筑和构筑物，不得破坏文物保护单位的环境风貌。"据我们理解，这条规定就是为了保护古代建筑以及其他文物保护单位周围环境的原状的。

在古代建筑保护工作中，必须遵守"不得改变原状"的原则。过去在维修工作中把它具体化为要"保持现状"或"恢复原状"。所谓"现状"也是历史形成的状况，决非残破的状况。从这一点出发，它也是"原状"的延续。我们保护古代建筑的目的之一，是要它作为历史的实物见证。只有它原来的面貌，才能真正地、确实地说明当时的历史情况和科学技术水平。维修中的任何修改，任何不按原来式样的做法，不论如何，都不能说明当时的真实情况，都不能体现它原来的科学性和历史价值，相反会有损于它作为某一历史时期产物的实物见证的科学性及价值。实际上，往往由于一些建筑年代久远，历经修葺，在一些方面已经改变了原来的面貌，而我们一时又没有确凿的根据去"恢复原状"。在这种情况下，只能按"保持现状"的要求去维修，不改变它现存结构和构件，以保留它的历史性和科学性。

在古建筑维修工作中如何贯彻"保持现状"或"恢复原状"的原则，要根据不同建筑的不同情况，实事求是地去确定具体方案。

二、石窟寺的保护与保持原状

一般来说，石窟寺可分为两部分，一部分是寺庙建筑，一部分是洞窟造像，而在不少石窟寺，这两部分又是紧密地结合在一起的。寺庙建筑部分的保护和维修与古建筑的保护和维修的要求相同，不再赘述。

洞窟造像的保护与维修加固，同样要贯彻保持原状的原则。洞窟开凿在山上，一般都选在石质优良的地方凿窟造像。因此，保护石窟安全和它周围环境的原状，首先要保护好石窟所在的山峦，这是保住洞窟造像的先决条件之一。"皮之不存，毛将焉附"。如果石窟所在的山峦遭到破坏，不仅破坏了风貌，石窟也会受到直接威胁，以至遭到破坏。例如，河北省隆尧县宣务山石窟，唐代所凿，有较高的价值，是一处重要石窟。但有的单位在这里修建了石灰窑场，逐年开山放炮，挖山取石不止，而当时又没有采取果断措施加以制止，以致使石窟遭到了毁灭性的破坏。因此，在石窟保护工作中，要加倍注意保护它赖以存在的山。换言之，就是要保护好石窟周围环境的原状。

对洞窟和造像的维修加固，只有保持原状，才能使不同历史时期的洞窟形制和造像风格得以保持，才会保持它的时代特点和艺术风格，否则将失去其科学性及研究、借鉴和欣赏的价值。对造像的修复问题，要十分慎重，在没有确切资料的情况下，一般不要去"恢复"。邯郸峰峰矿区北响堂石窟，有一尊缺头的石造像，不知什么人给它做了一颗水泥头安上。这决不是什么恢复，而是破坏，绝不能同与有目的、有计划地恢复石造像同日而语。它从反面告诉我们，对已破坏的造像，必须坚持一般不恢复的原则，主要是保持现状。

三、石刻的保护与保持原状

我国石刻遗存十分丰富。对石刻的保护要根据不同情况，采取相应的措施。但都要贯彻保持原状的原则，同时应注意以下几点：

1. 现存于寺庙或陵寝等范围内的石刻，其内容大都与寺庙、陵寝建筑或风景名胜、某一历史事件（或人物）等有关。因此，对它们的保护主要是使其不遭到破坏，而不应增建不必要的、与周围建筑不协调的保护设施，或将其随意移动与集中。

2. 庙宇或陵寝等建筑已废毁，尚存的石刻是该庙宇、陵寝等的历史见证，一般应随其遗址（或陵墓）一起保护，使人们通过这些石刻与遗址互相印证，了解原来建筑的规模、布局。这样，才能够发挥它应有的作用。为此，就不要把这些石刻轻易迁往它处。河北省灵寿县幽居寺遗址就保存了不少碑刻，为了使这些石刻和遗址得到保护，特意在外围修建了围墙。

3. 零散的、孤立的石刻，如周围已没有什么直接的关联物，就地保护又有一定困难，迁移后并不影响它的价值，反而便于保护、研究和群众参观，可以经过上级文物主管部门批准，有计划地迁移、集中于一地。全国各地集中的石刻已为数不少。河北定县已修建了石刻馆，集中了北庄东汉中山简王刘焉墓中出土的一批石刻和散存在县内的一些碑刻。

4. 名山大川的摩崖石刻，为祖国大好河山增添了光彩，应该就地保护，并做好周围环境保护工作。对由于岩石风化、破裂等原因造成的损坏，应及时采取加固措施。

保护石刻原状的根本点是保护石刻文字以及花纹的原状。石刻文字及花纹，呈现出千姿百态的状况，不仅反映了不同时期、不同书法家和艺术家的不同风格，而且反映了不同历史时期刻石勒铭的技术，以及使用的工具等。石刻文字和装饰的内容丰富多彩，其中的一些关键性的文字如果被破坏、捶毁了，就会给研究工作带来很大困难，甚至使一些历史事实发生混乱。同样，如果认为文字、花纹模糊不清了，而随意加刻，也必然损坏它原有的风格，给后人的研究工作带来麻烦。

解放前，一些古董商或"收藏家"为了抬高自己碑刻拓片的价格，在拓完一块碑刻后，往往捶掉某些字。这种情况在解放后基本上不存在了。目前，尚有一些人私拓碑刻，甚至倒卖拓片；有的文物工作者也缺乏捶拓碑刻的常识与技术。在这种情况下，我们必须加强石刻的保护，严防私拓碑刻或损坏碑刻的事件发生。

前几年，在一些地方为了看起来方便，或为了拓出的拓片清楚，出现了用红漆、白漆描石刻文字的事，个别地方还有加刻文字的。殊不知这样做正好破坏了它的风格特点，实际上是破坏了文物。还有的为了保存碑刻，用水泥把它嵌在墙上，把很好的边幅花纹给泯没了。这种缺乏碑刻常识，不了解保护碑刻文字和花纹原状重要性的事，不应该再发生了。因此，在保护石刻原状工作中，要特别注意保护石刻文字及花纹的原状。对已经模糊不清的字，不能用油漆描，更不能加刻。对已被捶去或风化掉了的字，也不能重刻；因为重刻很难恢复原状，反而会使一块碑刻中风格统一的文字，变得风格各异，失去它原有的艺术美。

四、古遗址和古墓葬的保护与保持原状

古遗址（包括古城址和古窑址）和古墓葬都是历史的产物。

古遗址周围的地形、地貌，是古遗址原状的组成部分。它对于了解古代人们的生产和生活以及政治和军事斗争，都有很大的价值，在保护工作中应给予足够的重视。

一处古遗址，可能是一个历史时期的堆积，也可能是前后几个历史时期的堆积；这几个时期可能是前后衔接的，也可能是不衔接的。保持古遗址的原状，最根本的是要保护它在历史上形成的地层叠压关系不受扰乱和破坏。否则会带来一系列混乱，其后果和损失将是不可估量的。

古遗址大都湮没于地下，一般不被人们所了解和重视。因此，为了做好古遗址的保护工作，文物考古部门应认真做好古遗址调查勘探工作，真正摸清古遗址的分布和每处古遗址的基本情况。为规划部门和有关单位提供可靠的古遗址资料。各级政府在制定城乡建设规划和基本建设计划时，应把本地区的古遗址（还应包括各类文物）纳入总体规划，加以保护。基建单位和有关部门在工程范围内发现古遗址时，应立即停工或局部停工，并保护现场，同时报告文物主管部门。只有这样，才能不使古遗址堆积遭到破坏、扰乱。与此同时，应坚决制止对古遗址乱挖、乱掘现象。

古墓葬，特别是古代帝王陵墓，从墓葬规模、形制、构筑方法、随葬品的有无与多寡等，都明显地反映了当时的社会制度、葬俗、生产力和技术水平。保存有地上帝王陵寝建筑，保护和维修工作中"保持现状"或"恢复原状"的要求与古代建筑的要求完全相同。

保存有封土的古墓葬，必须保护封土，这是保护古墓原状和墓室的一个重要方面。这是因为有些封土上原来有建筑，只是年代久远，由于自然或人为的原因塌毁无存了，但往往还保存有其遗址，这是研究墓上建筑制度、做出复原图的可贵资料。战国中山王𡺉墓封土上就保存着建筑遗存，有柱础、散水石等。许多学者据此写出了有关的论文或绘制出了墓上建筑复原图。相反，如果把古墓封土挖掉了，就使我们根本无法知道当时墓上建筑的概况，更无法了解有关的典章制度。

许多古墓的墓室修筑在地面以上，用封土包围，保护封土尤为重要。如果把封土挖掉了，墓室也会遭到破坏。例如望都一号汉墓的墓室即建在地上，周围用封土包围。由于保存了封土，墓室及其珍贵的壁画才得到了保护。发掘以后，有关部门修了墓门，以便就地保护壁画。

五、纪念建筑的保护和保持原状

在纪念建筑的保护和维修工作中，关于"不得改变原状"的要求，在一定意义上说更为重要。

纪念建筑，特别是革命遗址和革命纪念建筑，是特定的历史条件下和环境中的产物，保持它本身和周围环境的原状，有着更加重要的意义。我国革命在中国共产党的领导下，经过极其艰难困苦和长时期的斗争才取得了胜利。保留下来的革命遗址和革命纪念建筑，是中国人民艰苦奋斗、英勇牺牲、前仆后继地进行革命斗争的真实记录和见证。保持它们的原状，可以如实地表现当时革命斗争的艰苦环境，体现中国共产党人和人民群众的革命思想、艰苦朴素的作风和顽强斗争的精神，再现当年革命斗争的情景。如果把革命遗址和革命纪念建筑本身和周围环境大加改变，就很难收到上述效果。例如，河北省清苑县冉庄地道战遗址是抗日战争和解放战争时期冀中人民运用地道战与敌人进行英勇斗争的代表和见证。地道战遗址在 1963 年特大洪水中塌坏。在后来修复时，没有加高、加宽地道。只是为了避免地下水位上升时造成地道坍塌，才在修复时用水泥进行了加固，同时用黄土等作假，并作上了镐印等；粗看起来，给人的真实感比较强，效果较好。此外，解放后在保护维修中，还保留了一系列原来的工事和原有建筑。现在以冉庄十字街为中心的街道、高房工事、小庙工事、碾子工事、烧饼炉工事和地道，以及十字街的大槐树（已死、仍保留）等，大都保持了原来的状况。

在革命纪念建筑的迁移当中，也要执行"保持现状"或"恢复原状"的原则。例如：河北省平山县西柏坡中共中央旧址，是党中央进入北平前最后一个农村指挥所。1958 年修建岗南水库，旧址处于淹没区。为了作好拆迁工作，当时组织力量对中央旧址建筑和中央领导同志旧居建筑都进行了详细测绘、拍照、登记、记录等工作。拆除后的主要建筑材料都分别加以妥善保管。1971 年以后，在原西柏坡村北山上，对中央旧址进行了复原修建。复建的旧址，大院位置、主要建筑布局与原来的基本一样。为了达到保持原状的要求，对山势（地形）作了一定的修整，同时遍植柏树，象征原来的柏坡岭。已复建的原旧址建筑，完全是按原来布局、建筑形式和尺寸复建的；建筑主要构件也都是原物；保持了平山山区原有建筑的特点。因此，旧址地点虽然变了，但建筑布局、结构、主要材料和特点等没有变，周围环境相似，所以它产生的效果并未因搬迁而大减。有些地方对革命遗址、革命纪念建筑的保护和维修违背了保持原状的原则。有的任意拆改，撤换陈设，粉饰一新；有的追求形式，另搞新的大型纪念建筑物；有的在老一辈革命家故居院内安葬了子女骨灰，竖立了墓碑等等。这些问题今后应严格禁止。

六、馆藏文物的保护与保持原状

馆藏文物主要包括两部分，即传世文物和出土文物，对它们的保护也必须坚持保持原状的原则。

馆藏文物有青铜器、陶瓷器、铁器、金银器、玉石器、玻璃器、漆器、竹木牙骨器、纺织品、书画、货币等。它们的质地、类别不同，在保护、维修时，要根据其质地、形制、用途和特点，或采用常规方法和传统技术，或采用现代技术，都要遵守保持原状的原则，以保持其原来的工艺和历史价值。

第三章　地上文物的管理

从保护管理的内在联系上，文物保护单位可以分为地上文物和地下文物两部分。

第一节　什么是地上文物

地上文物，一般来说是指存在于地面以上的不可移动的文物，包括革命旧址、革命纪念建筑、古建筑、历史纪念建筑、石窟寺、石刻、经幢、石阙、雕塑、金属构造物或铸造物等。

有些文物保护单位兼有地上、地下文物；这就需要综合研究，根据其具体内容来确定它的归属。例如，全国重点文物保护单位河北省清苑县冉庄地道战遗址，它的主体部分即地道是在地面以下的，似应属地下文物；但其地面上仍有许多工事，如高房工事、小庙工事、牲口槽工事、碾子工事、烧饼炉工事等。这些地上工事又是与其他建筑物联系在一起的；在维修时，要按照地上文物来处理。因此，我们认为可划入地上文物，按地上文物进行保护管理，又如古城址，其中年代久远，早已废弃的，属于古遗址，可列入地下文物；保存较好的明清以来的城址则属于古建筑，可列入地上文物。

地上文物和地下文物，只适宜于不可移动的文物保护单位的分类，不包括可移动的文物。这种分法是否合适，尚有待于进一步研究。

第二节　地上文物的保护管理

在第二章，我们已根据《文物保护法》的规定，对文物保护单位的保护管理作了概括的说明，这里仅就地上文物的保护管理作进一步说明。

一、纳入城乡建设规划

《文物保护法》第十条规定："各级人民政府制定城乡建设规划时，事先要由城乡规划部门会同文化行政管理部门商定对本行政区域内各级文物保护单位的保护措施，纳入规划。"这条规定的实施，是对文物保护单位实行计划管理、科学管理的重要组成部分，对地上文物的保护管理有着特别重要的意义。

三十多年的实践证明，凡是在规划建设城镇时，把文物保护单位纳入规划，加以保护的，不仅保护了文物，保护了祖国的文化遗产，而且把文物周围的建筑加以协调，形成了很好的景点或景区。河北有的地方对此比较注意，尽量设法保留城镇上的古建筑，并拨款进行维修，以保留其历史和文化风貌，有的城市因此而成为游览胜地。例如，河北省邯郸市内的武灵丛台，是省文物保护单位。解放后以武灵丛台为中心，建设了一个规模巨大的公园，既保护了丛台、美化了城市，又成为人们休息的场所，成为冀南胜景。邯郸还保留了赵王城、回车巷、学步桥等古迹，同时在市区内新建了晋冀鲁豫烈士陵园。这就使人们既可以了解这座古都的历史文化，又可以看到它的复兴和发展。

可以看出，文物保护和城乡建设是紧密关联、相辅相成的。然而个别地方规划城乡建设时，没有注意把文物保护单位纳入城乡建设规划加以保护，使文物在建设中受到了损失。有些地方，由于没有规划，或有规划而没有严格执行，乱占乱建，不仅破坏了文物及景观，而且也不可能搞好城市建设。

承德市名胜古迹十分丰富，但解放以来，特别是十年动乱期间，文物保护范围内及其附近乱占乱建问题十分严重。在避暑山庄内，先后共建筑了十多万平方米新建筑，严重地破坏了古代园林风貌。1975 年，国务院决定驻在避暑山庄内的单位分批迁出，第一批已迁出十多个单位，在一些单位迁出后，拆除了一部分严重损坏文物风景的新建筑，加之逐步实施国务院批准的十年整修规划，在一定程度上恢复与保持了原来的园林风貌。此外，过去在外八庙一些庙宇旁边也修建了一些新建筑，使一些景观和环境风貌遭到破坏。自从国家确定承德为风景游览城市后，不许在文物风景区建工厂，不许任意增添新建筑，情况开始有了明显好转。同时，一直变化不大的市容，也有了较大的改观。现在到承德旅游参观的人越来越多。

我国现阶段的文物保护工作，是在全面开创社会主义现代化建设新局面的历史条件下进行的。如何保护好文物，在考虑和对待这个问题时，不能脱离这个全局。我们是社会主义国家，我国的建设是有领导、有计划进行的。我们要充分发挥社会主义制度的优越性，加强规划，加强法制，加强领导，按照《文物保护法》的规定，把文物保护纳入建设规划，杜绝一切文物破坏现象。为了达到这个目的，根本措施之一，是要把文物的保护管理作为进行中国式社会主义现代化建设的有机组成部分，纳入全国和各地区的城乡建设规划中去，使它占居应有的地位。要根据文物分布的实际情况，区别不同的类型和级别，作为全国和各地城市规划、进行科学布局的重要依据，从而建设成具有中国特色的城镇。

为了做好规划工作，应在各级政府的领导下，成立由城乡建设部门牵头，有文化（文物）等各有关部门参加的规划小组，在听取各方面意见和整理研究了有关资料后，再开始拟定规划。文物部门应主动与城乡建设部门联系，提供文物分布情况，特别是已公布的文物保护单位或其他文物的情况，提出保护意见，以便作规划时有据可依。应该指出，城乡建设部门进行规划时，文物部门如果不提供情况、意见或建议，就是没有尽到职责；如果文物部门提供了情况和文物资料，而在规划时未纳入规划，致使文物在建设中遭受到破坏，则责任不在文物部门。

二、划出建设控制地带

《文物保护法》第十二条规定："……在文物保护单位的周围划出一定的建设控制地带。在这个地带内修建新建筑和构筑物，不得破坏文物保护单位的环境风貌。其设计方案须征得文化行政管理部门同意后，报城乡规划部门批准。"

在文物保护单位周围，根据保护文物的实际需要，划定建设控制地带时，首先要明确它的目的和要求，即保护文物保护单位的环境风貌。所谓文物保护单位的环境风貌，是与该文物保护单位同期形成的环境面貌，它具有时代的特点和风格。这些特点和风格，与文物保护单位的环境气氛基本上是协调的。

建设控制地带与文物保护范围既有相同之处，又有区别。建设控制地带是在保护范围之外划出的更大区域，它不仅是为了保护文物本身，而且更重要的是为了保护文物景观和风景区。

古代建筑等与风景联系在一起的，建设控制地带应包括风景部分，以确保文物风景不受破坏。一些园林、寺庙、石窟寺等都与名山大川有关，有不少风景点是借景或对景。在划定建设控制地带时，就要考虑它们之间的关系，以保护景观。如果在它们之间建设高层建筑，就会挡住视线，把景点割裂，改变环境风貌。

建设控制地带的大小，要根据文物保护单位的实际情况确定。

以河北省为例，在拟定清东陵保护规划时，确定了一个文物风景区，即建设控制地带。范围东自马兰峪岗峦，西至黄花山，北自昌瑞山分水岭，南至天台山、烟墩山。同时规定，在这个范围内，不能建工厂、高层建筑，严格控制开辟新的居民点等。该建设控制地带范围是否妥当，还可以进一步研究。但应该注意的是，一处文物保护单位的建设控制地带如果划得过小，就达不到保护景观和环境风貌的目的。

文物部门在划定文物保护单位保护范围时，应同时提出划定建设控制地带的意见，与城建部门共同研究。

总之，文物部门在确定建设控制地带时，应首先从理论到实践，搞清其目的、依据、后果等各方面进行综合考虑，然后确定其范围。

文物部门和城乡建设部门研究提出控制地带划定意见后，应与文物保护单位保护范围一起上报审批。要把建设控制地带也标在文物保护单位平面图上，并附材料说明划定建设控制地带大小的依据，以便上级政府审查批准。

建设控制地带被批准后，要通知各部门，并进行广泛的宣传。在建设控制地带内，不得修建有污染的工厂和高层建筑或构筑物；对已有的应区别情况，限期治理、改造、搬迁或拆除。如因特殊需要，必须在建设控制地带内修建新建筑物或构筑物时，应对其形式、高度、体量、色调、用途等方面提出具体要求，务使不得破坏文物保护单位的环境风貌。建筑物的设计方案应由文化行政管理部门逐级报国家文化行政管理部门同意，由城乡建设部门审批。凡未经上级文化行政管理部门同意和城乡建设部门批准的设计方案，建设银行应拒绝拨款。

三、在保护范围内不得进行建设工程

《文物保护法》第十一条规定："文物保护单位的保护范围内不得进行其他建设工程。如有特殊需要，必须经原公布的人民政府和上一级文化行政管理部门同意。"

任意在保护范围内兴工动土，搞其他建设工程，如开山取石、建大楼、修厂房、筑铁路等，都会影响到地上文物的安全，破坏它的风貌。例如，承德避暑山庄外有一些单位、工厂的房子竟然利用宫墙作后墙，对周围环境造成了很大破坏。清东陵裕陵东沙山外和裕妃园寝前边的商店、饭店等也属于在保护范围（或建设控制地带）内增添的新建筑，破坏了陵区风貌。这类例子很多。出现这些问题的具体原因可能各不相同，但其中主要的一点可能是一致的，即只从眼前利益或局部利益出发。文物保管机构及其领导，乃至文化行政管理部门，对不按文物保护单位级别请示批准，在保护范围内增添新建筑的单位和个人，应及时向他们宣传文物政策，进行制止，同时书面向有关部门、当地政府和上级文化行政管理部门报告，以求问题得到解决。强调书面报告是因为它郑重其事，有据可查；但这并不排斥在特别紧急情况下采取其他形式的报告。如果对任意增添新建筑不管不问，不宣传，不制止，不向当地政府和上级文化行政管理部门报告，则属于文物管理部门的失职，应先追究有关人员的责任。

《文物保护法》还规定，如有特殊需要，须在文物保护单位保护范围内进行其他建设工程时，必须报经文物保护单位的公布机关和上一级文化行政管理部门批准。所谓"特殊需要"，是指必须在文物保护范围内进行的关系到国计民生的具有重大和长远利益的建设项目。

这种"特殊需要"的建设项目，必须按照《文物保护法》的规定，经过批准。在批准时要采取对文物的保护措施，既要有利于文物保护，又要有利于基本建设。有关部门应该从我国长远利益着眼，共同努力做好保护祖国文化遗产的工作。建设工程的批准手续涉及文物保护单位时，必须报公布机关和上一级文化行政管理部门同意。"在全国重点文物保护单位范围内进行其他建设工程，必须经省、自治区、直辖市人民政府和国家文化行政管理部门同意。"这一规定是为了确保国家重点文物保护单位的安全。

同样，因"特别需要"而必须对文物保护单位进行迁移或拆除的，也必须按《文物保护法》第十三条的规定报批，经批准迁移或拆除的文物保护单位所需的费用和劳动力，应列入建设单位的投资计划和劳动计划。

第三节　地上文物的保护与利用

《文物保护法》第十五条规定："核定为文物保护单位的属于国家所有的纪念建筑物或者古建筑，除可以建立博物馆、保管所或者辟为参观游览场所外，如果必须作其他用途，应当根据文物保护单位的级别，由当地文化行政管理部门报原公布的人民政府批准。全国重点文物保护单位如果必须作其他用途，应经省、自治区、直辖市人民政府同意，并报国务院批准。"

这一规定的基本精神，已见于1961年国务院颁发的《条例》中。但是，三十多年来，这一方面存在的问题比较多，其中有一些问题是历史上形成的。我们要解决这些问题，就应通过研究它的历史和现状，寻求解决它的具体途径和办法。仅就占用古建筑而言，占用的时期主要为解放初期、1958年前后和"十年动乱"三个时期，占用者则有工厂、机关、部队以及个人多种情况。

十多年来，国务院在加强文物保护的文件中，都要求占用古建筑或其他文物建筑的单位迁出，并解决了承德避暑山庄内十多个单位迁出的问题等；一些地方根据国务院文件要求，已解决了占用单位迁出古建筑的问题，有些地方正在解决。

凡经批准使用古建筑、纪念建筑物的单位，或在这些地方专设的博物馆、文保所、研究所等机构，"都必须严格遵守不改变文物原状的原则，负责保护建筑及其附属文物的安全，不得损毁、改建、添建或者拆除。使用纪念建筑物、古建筑的单位，应当负责建筑物的保养和维修"（《文物保护法》第十五条）。

过去，这方面存在的问题主要是改变古建筑物原状，任意增建新建筑物，任意拆除古建筑，以及只使用、不交房租、不维修。这些做法都不符合国家规定。我们必须认真贯彻、严格执行《文物保护法》第十五条规定，以改变那种状况。

一、专设的博物馆、文保所等机构的工作

1. 对文物保护单位划定必要的保护范围，作出标志说明，建立科学记录档案，开展群众性的文物保护工作。

2. 对文物保护单位要经常进行维护保养，整理环境，防止人为的和自然的破坏；开展科学保护的研究、试验工作和有关的学术活动。

3. 做好文物现状调查和收集有关历史资料、文献及实物，组织和参加有关调查与勘察工作。所收集的资料应包括以下几个方面的内容：

（1）文字记录。文字记录是科学资料档案中的重要组成部分，主要为调查、勘察记录和维修资料。调查、勘察记录应详细记述文物建筑的位置、面积、坐向、序列、创建、重建重修等情况，具体记述主要建筑物（或洞窟）的面阔、进深、殿（屋）顶、梁架、斗拱、门窗、基础、雕像或塑像、壁画等内容、特点和保存情况，以及附属文物（如碑碣）的名称、位置、大小、雕刻、主要内容、年代、保存情况等。对于砖、石古塔，要记述其高度、层次、造型等，凡具有特点的要逐层记述。维修资料应包括维修方案、施工做法说明、批准机关和施工单位、动工与竣工日期、经费来源与开支及决算、材料来源与使用情况、负责维修单位和人员等。在施工中，维修方案和施工做法说明如有变动，应及时记述变动原因、批准情况等。

在文字记录中，还有大事记、文献资料及简介等。大事记主要记述与文物保护单位有关的重大事件。对此一定要给予足够重视，要随时记录，不能事隔很久才去追记。一部大事记，就是一处文物保护单位的保护管理简史。文献资料主要分三类：①与文物保护单位有关的文章、报道、调查报告；②古文献上的有关记载，如地方志上的记载；③专著。上述三类资料都应收录，重要的要全录或摘抄，一般的要列出目录索引。简介就是对一处文物保护单位的简明介绍，包括地理位置，历史沿革，历史、艺术、

科学价值和保护情况等。所以简介也属文字记录的一种。

（2）图纸。图纸也是科学资料的重要组成部分。特别是古建筑、石窟寺、石刻等地上文物，只有文字的描述是不够的，必须由测图来印证、补充。测图可以真实地记录一座建筑的形式、结构、法式特点以及大小等，从而为古建筑的保护、研究、维修以至重建提供了科学资料。

图纸主要包括文物保护单位平面图、地理位置图、保护范围和建设控制地带图、单体图等。古建筑和纪念建筑物应有总体平面图。重要的单体建筑应有平面图、立面图（正、侧立面图）、剖面图（纵、横剖面图）、仰视图、俯视图、局部大样图（如斗拱、门窗、脊饰等大样图）。古塔除应有平面图外，还应有每层平面图、塔心室的仰视图、剖面图、局部大样图（如塔刹、装饰、门窗、砖雕大样图）、结构图等。石窟寺应有位置图、平面图；单体洞窟应有平面图、剖面图（纵、横剖面图）、仰视图以及主要造像正、侧立面图和局部大样图等。碑碣应有平面图、立面图（正、侧立面图）和碑额、碑座的大样图。上述所有图都要晒成蓝图，并要逐项填写图标（包括图名、构稿、测量、绘图、描图、校对、审定、比例尺、日期、单位、编号等项）。

（3）照片。照片是资料的重要组成部分，也是图纸的辅助资料。照片应包括从不同角度拍摄的文物保护单位的局部和全景，有条件的还可以进行空中摄影。对古建筑的主要构件和有代表性的花纹图案、雕刻细部等，应拍摄特写镜头。在古建筑维修或修缮中，施工的每一步都应拍照，并应拍摄工作像。照片要求清晰，突出主要部位，还要有准确的文字说明，以免出现差错。照片尺寸以 6×6 为宜，全景照片以 6 寸的较好。所有底片都应妥善保管，并注明编号、名称，登记造册。

（4）拓片。拓片是保护、研究碑碣的重要资料。碑碣、题记、艺术雕刻等，凡能拓的，都应捶拓入档。

4. 定期全面检查工作，向当地文化行政管理部门和省级文化行政管理部门汇报。对保护工作中存在的和不能解决的问题，要及时提出处理意见或解决办法；如发现特殊情况，应及时报告。否则即为失职。

5. 举办文物陈列展览，编写宣传材料，撰写研究文章，向群众宣传文物知识和文物法规，破除迷信，对群众进行历史唯物主义和爱国主义教育。

6. 做好开放服务及其他工作。

二、使用古建筑的单位应做的工作

经文物保护单位公布机关和上一级文化行政管理部门批准，使用古建筑、纪念建筑物的园林、宗教部门，应做好以下工作：

1. 经常进行维护保养、整理环境的工作；采取必要措施，加强管理，防止人为的和自然的破坏。

2. 负责对建筑物进行维修，按《文物保护法》和有关规定办理，在维修中要保持原状，不得拆改。

3. 做好文物现状记录、登记工作，调查、搜集、整理有关历史资料和文献，建立科学记录档案。

4. 定期进行全面检查，向主管部门和文化行政管理部门汇报文物保护工作；如有特殊情况，应及时报告。

5. 向群众宣传文物保护法规。

6. 其他。

园林和宗教部门对使用的文物保护单位的"四有"工作，应在文物部门的指导下进行。资料档案主要由使用单位建立，具体要求与对专设的保管机构的要求相同。

这里要特别指出，不少宗教建筑物被确定为各级文物保护单位，目的是为了保护这些建筑物的设计、布局和结构等方面所反映的古代科学技术、建筑艺术的成就，以及其中保存的雕塑、壁画等艺术杰作；或是为了纪念在这些建筑物内曾发生的重大历史事件。宗教部门在使用这些建筑物时，应把执行文物保护政策和落实宗教政策统一起来考虑，这是文物和宗教部门共同的责任。一处庙宇是否需要恢复宗教活动，要看这座庙宇及其宗教活动的历史与现状，特别要从现实出发，看它与落实宗教政策的关系如何。正确处理这种问题的作法是：经文物和宗教部门共同商定，报省级人民政府或国务院批准，其他部门都不能作出决定。凡未经批准，现由文物、园林部门管理的寺观和教堂，都不能开展宗教活动，不允许游人烧香焚帛，不得设布施箱收取布施。对于不属于宗教信仰的封建迷信活动，要严加制止，予以取缔。

目前，已经批准、开放作为宗教活动场所的文物保护单位，在从事正常的宗教活动时，应加强对文物的保护，特别是对灯火和香火要严格管理。对这些庙宇中特别珍贵的文物，应由宗教、文物部门共同协商，采取特殊的保护措施，以确保文物的安全。宗教职业人员和管理机构应接受文物部门对文物保护情况的检查。文物部门对宗教部门的文物保护工作要给予支持。

三、接受委托负责保护的组织和其他使用单位的工作

接受委托负责对文物保护单位作保护管理的组织，和除园林、宗教部门外其他经

批准使用古建筑、纪念建筑物的单位，都应按照《文物保护法》的规定，做好文物保护工作。使用单位要与文物部门签订使用协议，必要时可经公证部门公证。上述单位应做的工作有：

1. 做好文物保护，防止人为破坏，不得改变文物保护单位的原状。

2. 对文物经常进行检查，发现损坏或其他危及文物安全的情况时，应及时报告当地文化行政管理部门或文物保管机构处理。

3. 使用单位要做好保养维护、维修、整理环境等工作，维修方案需报文化行政管理部门批准。

4. 向群众宣传文物法规、文物知识和保护文物的重要意义。

5. 其他工作。

省、自治区、直辖市和市、县级文化行政管理部门，对文物保护单位专设的保管机构、接受委托负责保护的组织（或经批准使用的单位）的保护管理工作，要进行检查，使他们真正负起保护管理的责任；要不断提高他们的工作质量，并帮助他们解决工作中的问题。对于保护工作做得好的单位应给予表彰，并推广其经验；对于保护工作差的单位应给予批评，并限期改变，以促进文物保护工作不断向前发展。

第四节　维修与修缮

《文物保护法》第十四条规定："核定为文物保护单位的革命遗址、纪念建筑物、古墓葬、古建筑、石窟寺、石刻等（包括建筑物的附属物），在进行修缮、保养、迁移的时候，必须遵守不改变文物原状的原则。"这一条规定是维修与修缮工作必须遵守的基本原则。

一、保养、维修工程

古建筑、纪念建筑物、石窟寺等在保养、维修工程方面，按照维修工程的性质，可分为三类：1. 经常性的保养维护工程；2. 抢救性的加固工程；3. 重点进行的修缮、修复工程。

1. 保养维护工程。它是指不改变建筑物原来结构而进行的经常性的小型维护工程。所谓不改变建筑物原结构是指不改动原结构（如梁架大木）、外貌（如建筑形式）、装修（如门窗隔扇）、色彩（如有无彩画）等。在这一前提下，维护工程包括对建筑物的屋顶除草、勾抹、揭瓦补漏，对梁柱和墙壁的简易支顶加固，对排水设施的疏导、庭院及环境的清理等。这一类工程，应由保管机构或使用单位列入年度工作计划，报上级主管部门批准后进行。工程所需经费，应在本单位事业费中解决。

2. 抢险加固工程。该工程系指建筑物、石窟岩壁以及壁画、造像等发生严重危险时所进行的抢救性措施，如支顶、牵拉、堵挡、捆绑等。此类工程应在认真进行技术检查的基础上，拟定加固施工方案，报请省级文化行政管理部门审批后实施。全国重点文物保护单位的抢险加固工程方案，应报国家文化行政管理部门批准。险情特别严重或在特殊情况下不能事先申报批准时，应边施工边上报，或竣工后及时补报。

抢险加固工程是保护建筑物安全所采取的一种临时性措施。我们的祖先把这种抢救性措施用于木构建筑是屡见不鲜的。如曲阳县北岳庙德宁之殿，在外檐加了许多支顶的柱子，内部一些部位也有支顶加固的。采取抢救性措施的目的在于保固延年，以便在技术、材料、经费、施工力量等条件具备时，再进行修缮。因此，在采取抢救加固措施时，应特别注意不要妨碍以后修缮工程的进行，不宜采取浇铸式的固结措施。

3. 修缮、修复工程。它是指对古建筑、石窟寺等进行较大的修缮或局部以至整体的修复。一般来说，对一座建筑局部或全部落架重修，称为修缮工程；对一座已不复存在的建筑按原状重建，称为修复工程。例如，河北省承德普宁寺大乘之阁、遵化清东陵孝陵大碑楼、正定隆兴寺摩尼殿、灵霄塔等的整修，都是落架或大部落架重修的修缮工程。进行此种工程，必须先做好勘察、测绘。在经过充分调查研究、勘察测绘的科学资料的基础上，制定修缮方案，进行设计，拟定施工做法说明等。在这些工作作完之后，应广泛征求意见，经研究论证后，按照文物保护单位的级别，报请该级文化行政管理部门批准后才能施工。进行这类工程，除需要解决经费、材料、施工力量等问题外，还需要有一定的技术力量。

修复工程与修缮工程有共同点，所不同的是：修复工程是在原建筑物整体或局部已不存在的情况下进行的；从这一点说，它比修缮工程的设计要求更高。首先，必须勘察或清理、发掘原来的基址，弄清平面布局及尺度。同时要查阅原来的资料，包括文献、图纸、绘画、照片等；在充分掌握可靠资料的基础上，制定修复方案，进行设计，上报审批。根据我国目前的经济状况，对已不复存在的建筑，一般不急于修复。因此，修复工程除个别重要的项目或点缀风景的项目外，应从严掌握。河北省属于修复的工程项目主要是避暑山庄内一些建筑，如卷阿胜境殿、四面云山亭、锤峰落照亭以及湖区北岸的甫田丛樾、莺啭乔木、濠濮间想、水流云在四亭等。修复这些建筑，主要是为了恢复园林景观，或点缀风景。

二、修缮、修复工程方案设计内容

古建筑、石窟寺等修缮和修复工程（包括一部分较大的维修工程），规模大，难度大，技术要求高。因此，必须首无做好方案。修缮方案主要是解决修缮的总的原则和指导思想。例如，一座建筑是部分落架，还是全部落架；对后代增加的构件是去掉，还是保留；对改换的构件是保留，还是恢复原来式样；对壁画是揭取，还是加固等等。对于这些重大问题，都应在勘察的基础上，经过充分研究，写出文字方案。修缮方案批准后，才能进行具体设计。同一建筑可能产生几种不同的修复工程方案。例如，某座建筑物是经过几个朝代的重修或重建，在修复时就可能出现以哪个朝代的形式修复的问题。这是一个原则问题，应组织有关专家认真研究，慎重对待。

修缮和修复工程设计，内容很多，主要应包括：

1. 方案设计：

①现状实测图和修缮设计方案图；

②现状勘察报告（包括历史沿革、法式特征、残破现状，并附必要的照片）；

③修缮概要说明书；

④工料估算及概算总表。

2. 技术设计：

①技术设计图和施工详图；

②施工说明书；

③工程计算书（包括设计预算总表、工程量计算表、材料总表）；

④现状照片（包括残破状况及法式特点）；

⑤必要时应提出材料试验报告书。

3. 重点修缮工程属于现状维修性质的，可以一次性设计。其内容包括：

①现状实测图、技术设计图和施工图；

②勘察研究报告，必要时应提出材料试验报告；

③技术设计说明书；

④施工做法说明；

⑤工程预算书；

⑥建筑残破现状及建筑特点照片。

三、维修、修缮、修复工程审批权限

在古建筑等维修中，经费是个重要问题，在报批方案时应作出安排。《文物保护法》规定："地方各级人民政府保护本行政区域内的文物。"（第三条）"文物保护管理经费分别列入中央和地方的财政预算。"（第六条）上述规定说明，一切文物保护单位的保护和管理（包括维修和修缮）都由所在地的人民政府负责。关于文物保护管理经费，包括维修、修缮费，中央和地方都列入财政预算。各地应根据《文物保护法》的规定和自己财政收入情况，合理安排文物保护管理经费，以保证对文物建筑的维修和修缮。

国家和省文化行政管理部门在财政部门的大力支持下，每年都拨出一部分维修或修缮古建筑、石窟寺等地上文物的经费（称直拨经费），用以保证重点文物项目的维修或修缮。但总的来说，这部分经费数量有限，只能是保证重点和补助性的，与实际需要尚有较大差距。在这种情况下，为了把我国文化遗产保护好，各地应根据《文物保护法》的规定，拿出一部分经费，用于文物建筑的维修和修缮。例如，河北省注意发挥国家和地方两个积极性，邢台清风楼、保定大慈阁、涿鹿文昌阁等维修项目的经费就是这么解决的。

维修、修缮或修复工程方案和技术设计、预算等，要报上级文化行政管理部门审批。全国重点文物保护单位的修缮方案、技术设计和预算等应报国家文化行政管理部门审核批准。省级文物保护单位的维修、修缮或修复项目，报省级文化行政管理部门审批，并报国家文化行政管理部门备案。县、市级文物保护单位的维修或修缮计划由县、市级文化行政管理部门审核同意后报省级文化行政管理部门备案。

为了加强对维修、修缮工作的领导，这里有必要进一步说明申报时的一些具体程序和作法以及要求。不论是全国重点文物保护单位、省级文物保护单位或其他重要文物建筑的维修和修缮项目，一般来说，除省主持施工的项目外，都应由文物所在地的文化行政管理部门、文物保管机构提出计划、方案、设计及施工做法说明等。没有设计技术力量的地方，上级文物部门应给予支持，由文物保管机构提出的计划、设计等，应由县级文化行政管理部门签署意见，逐级报省级文化行政管理部门。有些维修或修缮项目，县级文化行政管理部门在报告中应说明地方投资和申请补助经费的数额。全国重点文物保护单位的维修或修缮项目，由省研究提出意见后，统一报国家文化行政管理部门审批。

具体来说，维修计划的申报，均应以地（市）级文化行政管理部门为单位，把所属单位的维修或修缮计划集中。统一审查、签署意见后，报省级文化行政管理部门，同时抄送省级有关文物机构。这样做是为了加强省级文物机构对全辖区文物的业务管理和保证维修的科学性及质量。一般情况下，应在每年十月份把下一年的维修或修缮项目、施工方案、做法说明、工程进度与所需材料、经费等报省。这样做的好处是便于集中研究，统一拨款。如果各地申报的时间先后不一，过于分散，就不利于统一考虑全省计划安排，给研究及拨款带来困难。抢险加固工程应随时上报，以免延误时间，造成损失。

四、施工和竣工要求

大的修缮、修复工程涉及的问题比较多。为了加强对工程的领导，及时研究解决一些诸如工程进度、工程质量、劳力调配、材料供给、经费以及其他后勤等方面的问题，应建立由当地政府、各级文化行政管理部门及有关单位、施工部门和技术人员参加的该工程修缮委员会。修缮委员会设办公室，下设技术组、材料组、后勤组等。办公室既是修缮委员会的办事机构，又是工程的具体领导机构。其工作内容是向修缮委员会和上级文化行政管理部门汇报工作情况。办公室主任为工地的总负责人，负责工地全面工作；副主任为技术总负责人，负责技术、工程进度、材料调配、经费开支等工作。一项修缮工程抓得好不好，办公室负有重大责任。因此，应选派强有力的领导担任办公室主任，选派技术水平较高、有组织领导能力的技术干部担任工地技术总负责人。

在施工中，最重要的是质量和安全问题。我们维修、修缮的是祖国的历史文化遗产，关系到百年大计。因此，质量问题至关重要。质量不高不仅会造成人力、物力、财力上的浪费，还会在一定程度上损坏文物。

古建筑一般比较高大，修缮、维修施工时要搭很高的脚手架；技术人员和工人在高空作业，安全问题十分重要。一些大的修缮工程工期较长，有的两三年，甚至三五年；脚手架长时间使用，很容易出现松动、倾斜、脱扣等问题；如果用杉杆支架，经风雨侵蚀，有可能出现糟朽、中空。因此，必须经常（或定期）认真检查，作好记录；发现问题及时处理。这方面我们有过不少教训，一定要严肃认真对待。

为了保证施工质量和安全施工，必须注意以下事项：

1. 要严格按照设计图纸、施工说明书（或做法说明）的规定进行施工。如果确有需要变更设计、补充设计或改变做法，应按原报批手续办理，不能自行改变。

2. 在施工中如发现新的资料和文物，或发生施工偏差时，应切实做好记录、拍照、实测或拓印，并加以妥善保管；对于重要发现，应及时报告上级文化行政管理部门。

3. 垛放木材或木活加工的场地，不能设在木构建筑比较集中的寺庙内。要制定严格的消防规定，采取消防措施，严禁烟火。

4. 不能在砖漫地上或雕刻艺术品附近做水泥活，以防污染文物，造成文物损坏或改变面貌。

5. 重要维修、修缮工程，应按工程进度，于每一阶段施工任务完成后，及时检查工程质量，小结工作，以利下一阶段工程的进行。

维修、修缮和修复工程要善始善终。在一项工程竣工之后，要由主持工程的单位（或修缮委员会）写出工程总结，一式五份，逐级报省级文化行政管理部门。省级文物保护单位的维修工程竣工后，应由省、地（市）级文化行政管理部门检查验收，或委托地（市）级文化行政管理部门验收。比较大的修缮工程竣工后，应由省级文化行政管理部门组织验收。全国重点文物保护单位的修缮工程，竣工之后应由国家文化行政管理部门检查验收。

为了记录重大修缮工程，保存资料，昭示后人，一般在十万元以上的修缮工程竣工后，应刻碑立石，以作纪念。碑文主要记述修缮时间、主持工程单位、主要技术人员、批准修缮机关、经费和材料等。对赞助维修、修缮古建筑等的单位或个人，也应立碑纪念。

施工中，对新发现的资料和文物要及时、认真地做好记录、照像、测绘等工作。维修、修缮工程竣工后，一定要整理好施工资料，形成一套系统、完整的科学资料档案。

五、拆除、迁移及其他

根据《文物保护法》的规定，"因建设工程特别需要而必须对文物保护单位进行迁移或拆除的"，应经过公布机关和上一级文化行政管理部门同意。对尚未公布为保护单位的文物，遇到上述情况时，应由当地文化行政管理部门根据文物的历史、艺术、科学价值，提出拆除或迁移的原因及其方案，报请当地人民政府和上一级文化行政管理部门审查批准。

拆除或迁移文物建筑之前，要认真做好详细记录、实测、拍照等工作。在拆除过程中，还要做好构件编号、登记、照像等工作。拆除的艺术品、建筑构件、附属文物（如碑碣、匾额）等，须交博物馆或文物保管机构保存。拆除的木、石、砖、瓦等材料，由文物部门保存，作为文物建筑维修之用。

在收集、保存已拆除古建筑材料方面，河北省定县博物馆做得比较好。定县历史悠久，古建筑较多，但由于解放前年久失修，许多建筑在解放时已面临倒塌的危险。该县博物馆对无法维修又没有什么文物价值的小庙进行拆除，把砖瓦木料全部集中到县博物馆。1963年河北特大洪水后，博物馆所在地县文庙的建筑大都倒塌；修复时所利用的大都是原来收集的旧料，不仅为国家节省了开支，更重要的是利用旧料往往能够更好地保持古朴的面貌，效果较好。

对碑碣、阙、幢、雕刻、雕塑、金属铸造物或构造物的保护性建筑物，在维修或修缮时，也应按古建筑等地上文物的维修、修缮规定办理报批手续，进行施工。如需对上述各项文物添建保护性建筑物，应按照这些文物保护单位的级别，报请批准。保护性建筑的风格应与被保护的文物的时代风格大体相同，互相协调，以便在保护文物的同时，收到较好的观赏效果，如果实在不能做到这一点，也应注意使增添保护性建筑不致影响文物的景观。

第五节　历史文化名城的规划与保护

《文物保护法》第八条规定："保存文物特别丰富、具有重大历史价值和革命意义的城市，由国家文化行政管理部门会同城乡建设环境保护部门报国务院核定公布为历史文化名城。"

历史文化名城的规划与保护涉及城建等一些部门，需要有关各部门共同研究，协同工作。

历史文化名城都有它自己的特点和传统。在规划时应根据这些特点和传统来确定各个名城的城市性质和发展方向。对于这些历史文化名城的建设，一定要既符合现代化生产、生活的要求，又要保持其优秀历史文化传统的风貌。这应成为名城建设规划的一个总的指导思想。河北省以承德市为例，中央已确定承德市为风景游览城市，它的规划与建设就要根据这个性质来进行。老市区不宜扩大，应严格控制人口；老市区内不应再建工厂（特别是有污染的工厂），可以发展电子工业、工艺品生产等。尤其要保护好的是避暑山庄、外八庙及其他胜景风光。炼钢、煤炭等工业项目应建设在新市区和矿区。

为了保持历史文化名城的传统风貌，要特别注意整个城市空间环境的协调。承德市在规划建设中为了做到这一点，曾听取了多方面意见。总的意见认为，在避暑山庄南宫墙外道路以北、普宁寺—殊象寺后山分水岭以南、磬锤峰以西、水泉沟以东的宽广范围内，不得建设工厂、高层建筑或构筑物，以保持整个风景名胜区的特点和风貌，保持城市空间环境不受破坏。

在历史文化名城内，不仅要保留具有高度历史、艺术、科学价值的革命旧址、纪念建筑物、古建筑、古遗址及其环境风貌，而且要特别注意保留这些名城固有的合理的总体布局，并把一些有典型性的地段、街区成片地保存下来，确定为重点保护区，划出一定范围的建设控制地带。通过规划，把重点保护区有机地组织到城市的整体环境中去。同时，应制定保护和控制的具体要求和措施，以显示历史文化名城的历史连续性。北京市的总体规划已经体现出这一点，并已经中央和国务院正式批准。

为了保护历史文化名城，必须严格禁止在名城新建有严重污染或破坏城市环境风貌的工业项目。对于污染严重，至今仍对重要文物古迹、风景名胜造成破坏的原有工厂企业，应采取措施限期搬迁或转产。

文物、城建部门应在人民政府的领导下，对使用各级文物保护单位的机关、部队、工厂企业等进行一次普遍检查，区别情况，提出处理意见。必须迁出的应限期迁出。经检查、审核可以继续使用古建筑、纪念建筑的单位，必须经过批准，并要严格遵守《文物保护法》的规定，负责保护文物安全，对损坏文物的单位或个人要追究责任，严肃处理。

历史文化名城的保护是该城市各个部门、全体市民的共同责任。文物、城建部门在人民政府的领导下，不仅要做好名城的规划保护工作，而且还要做好广泛的传统教育工作，动员各方面力量和广大群众，共同保护好历史文化名城。

第四章　地下文物的管理

　　地下文物，即《文物保护法》第四条中所规定的"中华人民共和国境内地下、内水和领海中遗存的一切文物"。凡是地下文物，一律属于国家所有，任何单位或个人都不得私自挖掘；发现出土文物，应及时送交文化行政管理部门或文物保管机构。任何单位和个人都不得隐匿，或据为己有，更不许买卖。要保护好祖国丰富的地下文物，就应加强对地下文物，特别是古遗址和古墓葬的管理。

第一节　古遗址和古墓葬的调查工作

　　地下文物种类繁杂，时代不同。要做好保护和管理，首先要对它们的分布情况作详细的调查。

　　对文物的调查是各级文化行政管理部门一项经常性的工作。有关单位应有计划地组织力量，对本地区的古遗址（包括古城址、古窑址）和古墓葬进行调查，并将调查的重要发现和收获及时报告上级文化行政管理部门。

　　地下文物调查，可分为日常调查、全面普查、重点调查与勘察和配合工程调查等几种形式。

一、日常调查

　　日常调查即经常性的调查。各级文化行政管理部门或文物机构，应把日常调查列入自己的年度工作计划，安排一定的人力，给予一定的经费保证，使调查计划得以实施。文化行政管理部门应经常检查文物机构调查工作进展情况，及时总结推广调查工作经验，并及时解决存在的问题。

　　各地文物保管机构和文物干部配备情况不同。例如：有些县（市）没有文物保管机构，文物工作由文化馆或图书馆负责；各文化馆、图书馆有的有专职文物干部，有的仅有兼职文物干部。因此，日常文物调查应在文化行政管理部门的统一安排和领导下进行。

在没有专设文物保管机构的地方，调查工作的安排，应该先易后难。先查阅地方志或史书上有关当地文物古迹的记载，了解前人调查、研究及工作成果，同时与地名普查单位取得联系，了解他们在地名普查中发现的文物线索。经过初步摸底，再安排一个时间比较长一点的调查计划，做相对深入细致的工作。在调查中，可先调查有封土的古墓，因为封土是古墓的重要标志之一，调查时目标明确；也可以先调查已暴露出文化遗存的古遗址。暴露于断崖、路沟、地面上的文化遗存是古遗址的重要标志，对于了解该处遗址的时代、文化内涵有重要价值。另外，要及时调查、处理好在生产建设中新发现的古遗址或古墓葬。

在文物保管机构比较健全、文物干部力量较强的地方，日常调查工作一定要有组织、有计划地进行。调查之前，应做好组织和查阅文献资料等方面的准备，做出详细调查计划，有步骤地组织实施。每工作一段，就要认真加以总结，肯定成绩，找出不足，明确下一步的工作方向和任务，从而不断提高调查水平，争取获得较多的成果。

省级文物机构的工作面向全省，任务比较大，人力也有限，不可能对每个市、县地下遗存的文物都作经常性的调查，只能有计划、有重点地去作，或配合建设工程进行调查。因此，经常性的地下文物调查工作主要由县级文化行政管理部门组织实施。

二、全面普查

这方面的内容在第二章文物普查中已有阐述。省、自治区、直辖市地下文物的全面普查，应由各级文化行政管理部门作出详细计划，组织力量进行，同时在财力、物力上给予支持。这种全面的文物普查工作，各省、自治区、直辖市曾在五十年代做过。自1976年以来，河北、辽宁、贵州等省文化行政管理部门也组织和开展了全省范围的文物普查工作。全省范围的文物普查，由省文化行政管理部门召开各地（市）级以至县（市）级文化行政管理部门负责人会议，进行统一部署。

在组织形式上，一般应与地（市）或县（市）为单位，组织一定数量由专业干部、技术人员和技工等人员组成的调查组。普查组以各级文物干部和职工混合编组为好，以保证普查组的业务水平和工作质量。河北省1976—1978年文物普查时，就采取了这种混合编组的形式，取得了较好的效果。

在普查工作步骤上，应在普查之前，以地（市）为单位召开普查人员会议（或培训班），讲明普查的目的、意义、计划和要求，同时讲授文物知识、普查方法等。这是一次思想上和业务上的准备，对保证普查任务的完成十分重要。

在普查工作开始后，省、地（市）级文化行政管理部门，应加强对普查组工作的领导，经常保持与各普查组的联系。普查组应把工作情况、普查中的发现和问题及时报告省、地（市）级文化行政管理部门。在工作进行到一定阶段时，省级文化行政管理部门应召开地（市）文化行政管理部门文物普查工作负责人会议，总结交流经验，研究解决普查工作中出现的带有共同性的问题，部署下一段工作，保证普查工作顺利发展。

三、专题调查和区域调查

专题调查是围绕学术研究课题进行的调查；一般不受行政区划的限制。文物机构、科研单位、高等院校等单位由于工作、研究、教学的需要，准备进行专题调查时，应首先明确调查的目的和要求，制订计划，经省级文化行政管理部门同意后实施。

区域调查是对某个区域文化遗存进行的有计划的调查。区域根据调查的不同目的和要求，分为行政区域和自然区域两种。按自然区域开展的文物调查（如某河流域考古调查）往往涉及不同的辖区；事先应很好研究，作出周密计划，并征求省级文化行政管理部门的同意。

四、重点调查和勘察

在文物普查、区域调查中发现的重要古遗址或古城址，应进行重点调查（或称复查）和勘察。调查和勘察的目的，一方面是为加强保护与管理提供科学依据，另一方面是为学术研究提供更详细的资料。这两个方面既各有侧重，又密切联系。以河北省易县燕下都遗址的调查与勘探为例。河北省文化行政管理部门组织文物单位投入很大力量，工作多年，调查、勘察了燕下都遗址的城墙、宫殿建筑基址、宫殿夯土建筑遗迹、手工业作坊遗址、居住遗址、古墓葬和古河道等，了解了它们的分布及关系。这不仅为保护管理好燕下都遗址提供了科学依据，而且也取得了重要的学术成果。同样，对重要古遗址或城址进行的以学术研究为目的的调查和勘察，在取得学术成果的同时，也会为古遗址或城址的保护工作提供科学依据。例如，中国社会科学院考古研究所和河北省文物机构合作调查和勘察临漳县邺城遗址，就属于这一种情况。南北邺城是曹魏至北朝时期的重要都城，它的中轴线明显，左右对称均衡，在中国城市发展史上处于承上启下的重要地位。但由于当年人为的和后来漳河泛滥的破坏，地上建筑除残存的金凤台、铜雀台外，其他均已无存。因此，把地下遗迹（布局）勘察清楚，无疑对学术研究和保护城址都是很大的贡献。

重点调查与勘察在业务上要求较高，一般应由省级文物机构负责进行，或由省组织古遗址所在地的文物专业人员参加共同工作，这样做既保证了工作质量，又培养了基层文物干部。调查队应由业务骨干领队，配备钻探、测绘、修复等技术人员和相应的设备，做出周密的调查与勘探计划，逐年实施。

五、配合工程的调查

文化行政管理部门和文物机构应积极配合基本建设工程或一般工农业生产建设做好文物调查工作。为了做好这一工作，文化行政管理部门应主动向工业、农业、水利、交通、城建等部门了解建设规划、工程计划和具体安排情况，以便组织力量，进行配合调查。

《文物保护法》第十八条规定："在进行大型基本建设项目的时候，建设单位要事先会同省、自治区、直辖市文化行政管理部门在工程范围内有可能埋藏文物的地方进行文物的调查或者勘探工作。调查、勘探中发现文物，应当共同商定处理办法。遇有重要发现，由省、自治区、直辖市文化行政管理部门及时报国家文化行政管理部门处理。"工业、农业、水利、交通、国防等建设单位在规划建设重大工程项目时，在进行大规模建设工程之前，应事先会同文化行政管理部门在工程范围内进行文物调查和勘探工作。对于调查和勘探中发现的文物，应当商定具体的保护或处理办法。如发现重要文物，应及时报请上级文化行政管理部门，直至国家文化行政管理部门处理。其中有的纳入工程规划予以保护，有的组织清理发掘。文物调查和勘察工作应做在施工之前，以便有较多的时间研究制定措施，达到既有利于工程进行，又有利于文物保护的目的。

工程部门在施工中，或农民在农业生产中临时发现了文化遗存，有关单位或个人应根据《文物保护法》第十八条的规定精神，保护好现场，及时报告文化行政管理部门进行调查处理。"遇有重要发现，当地文化行政管理部门必须及时报请上级文化行政管理部门处理。"

文物调查应高度重视对调查资料的整理。每次调查工作结束或告一段落后，都应把调查成果报告上级文化行政管理部门。在调查中如发现重要文物，应及时上报。这样要求是因为在一般情况下，地方上技术力量有限，技术设备较差，或者缺乏经验，在处置一些重大发现时，往往会有许多困难。及时向上级以至国家文化行政管理部门报告，会得到上级主管部门的及时指导和技术力量、财力、物力的支持，以保证新发现的重要文物不受损坏，并取得完整的科学资料。有关单位和个人切不可自以为当地技术力量强，财力、物力有保证，或担心上级把发现的重要文物调走，就不向上级报告。隐匿重大发现不报，是直接违反《文物保护法》规定的行为。

调查资料应由调查单位负责保管。如果是省、地（市）级文物机构到县（市）进行文物调查，应给县（市）复制一份基本材料留存。在调查中搜集到的文物，一般在调查报告整理工作完成之后，除留标本和部分文物外，其余标本和文物应登记造册，经省级文化行政管理部门批准，移交有保管条件的文物保管机构或博物馆保管。当地如果没有文物机构或专职文物干部，或保管条件太差，也可暂不移交；待以后条件具备了，再办理移交手续。

地下文物调查批准手续的规定如下：

1. 上级文化行政管理部门（或文物机构）到某个地方进行文物调查工作，应持公函或正式介绍信，当地才予以接待，并协助进行调查工作。

2. 国家科研机构或高等学校到地方进行考古调查，事先应征得省级文化行政管理部门意见，由国家文化行政管理部门批准后，正式逐级通知调查项目所在地的县级文化行政管理部门，当地才予以接待，协同工作，或在工作上给予支持和提供便利。

3. 省级文物机构和高等学校需要到外省、自治区、直辖市进行文物调查时，原则上应按上述第二点精神办理。

4. 省级科研机构和高等学校需在本省进行文物调查时，应与省级文化行政管理部门协商，经同意后，把计划报国家文化行政管理部门审批。省级文化行政管理部门把批准的计划逐级通知调查项目所在地的县级文化行政管理部门，当地才予以接待，并协同工作；否则，不予接待。

5. 省、自治区、直辖市内跨地区的文物调查应报省级文化行政管理部门批准，并予以正式介绍，跨县（市）的文物调查，应报地（市）级文化行政管理部门批准。

上述第二、第四条所说的文物调查，一般指有计划的或重大的文物调查；至于单项的一般调查，其批准手续也可由省级文化行政管理部门根据情况确定。

各级文化行政管理部门对各该行政区域内的地下文物负有保护管理的责任，享有管理职权。任何进行地下文物调查的单位或个人，都必须遵守有关规定，履行有关手续。没有上级文化行政管理部门的正式通知（或介绍），地方不得自行接待调查单位或者个人，否则属于超越自己的职权范围，也违反了文物保护的有关规定。

如果出现不按规定履行报批手续任意调查甚至发掘，致使历史文化遗产遭到损失的情况，首先应追究文物所在地文化行政管理部门的责任。各级文化行政管理部门，特别是县级文化行政管理部门，在发现没有上级文化行政管理部门正式介绍的人员进行地下文物调查时，一定要对其宣传有关文物政策，并予以制止，同时将情况及时向上级文化行政管理部门报告。对自行挖取化石、石器、骨器、铜器、金银器、陶片、瓷片、货币等文物者，除扣留其所获文物外，还要根据情节轻重，按照《文物保护法》的规定，给予必要的处罚。

第二节　古遗址的保护管理

古遗址一般埋在地下，地上没有明显的标志，不容易被人们发现和了解，也不容易引起人们的注意和重视。因此，如何保护和管理好古遗址，就显得特别重要。

一、古遗址的保护管理工作

古遗址或古城址的管理，特别是对已公布为各级文物保护单位的古遗址的保护和管理，应该首先做好"四有"工作（"四有"工作总的原则和要求详见第二章第六节）。这里主要结合地下文物遗存的特点再作一些说明。

1. 划出必要的保护范围。对古遗址首先必须划出保护范围。一处遗址可以划出重点保护区和一般保护区。对大的古城址来说，城墙（或墙基）外侧若干米以内的整个城址，均为一般保护区；然后再对古城址内各种文化遗存，如城墙、夯土建筑遗存、手工业作坊遗存、居住遗存和古墓葬等分别划出重点保护区，必要时还可再划出它们各自的一般保护区（或叫影响区）。河北易县燕下都遗址和邯郸赵王城基本上就是按照这个办法划定保护范围的。划出不同的保护范围之后，应制定对保护范围内文化遗存的保护要求或规定。例如，在遗址或建筑遗迹重点保护范围内，可以从事一般性生产活动，但不得挖沟、开渠、修路、深翻、盖房等。

2. 作出标志说明。在一处大型古城址内，除了树立总的标志、说明之外，为了更好地落实保护管理规定和向群众宣传，还应以县级人民政府的名义，为各个具体遗址或墓葬树立标志说明，可称之为分标志。在古遗址内树立分标志，应选择适中位置，或树立在遗址丰富区。在说明中，除说明遗址的性质和重要性外，还应说明遗址的保护范围、有关保护措施和保护员姓名。

3. 建立科学记录档案。建立古遗址的科学记录档案，是遗址保护工作和研究工作的基础。古遗址（包括古城址）的记录档案应包括如下内容：

（1）文字资料。①调查、勘察记录：详细记述遗存的位置、面积、暴露的遗迹和遗物以及重点保护区和一般保护区情况等。例如，记述手工业作坊遗址和居住址的分布、灰层厚度、包含物以及保存情况；对出土的典型器物，记述它的时代、器形、尺寸、质地、色泽、纹饰等；对古城址记述它的位置、面积、城墙周长和各面的长度，城门与道路的位置，城墙与城门以及城墙附属建筑物的结构和保存情况，历代沿革与修复情况等。②考古资料：包括该遗址发现经过、历次试掘、发掘以及重要发现等资料。③大事记：与古遗址有关的重大事件、有关保护、发掘的文件等。④文献资料：凡与该遗址（包括古城址）有关的记载、文章、报道、调查和发掘报告等，均应列出目录、索引，重要的要全录或摘抄。

（2）图纸资料。对古遗址和古城址，都应测绘它的地理位置图、平面图、保护范围图。勘探的要有勘探详图。已进行发掘的应有坑位图、结构图、地层关系图（纵、横剖面图）、出土器物及其他遗存图等。

（3）照片资料。对古遗址、古城址的地貌、出土文物、发掘现场等，均要拍摄、留作详细的照片资料。

记录档案建立之后，要不断加以补充。如先有调查材料，以后如进行勘探，就要增加勘探材料；如再进行清理发掘，则及时补入发掘材料。这样使一处遗址的材料不断增加，档案逐步完善，只要一处古遗址和古城址未清理发掘完，保护工作一直要做，资料工作也一直要做。

4. 有人保管。对于古遗址的保护管理，由于情况不同，实现"有人保管"的办法也应有所区别。全国重点文物保护单位中大型古遗址和古城址的保护管理，一般应建立文物保管机构，负责日常保护管理工作。未建立专门保管机构的地方，可委托某个单位负责保护管理。此外，还要建立群众性的文物保护小组，聘请义务保护员，这一点对大型城址来说，尤其重要。这样专设的保管机构与群众性的保护小组以及保护员相结合，才能真正把古遗址的保护管理工作做好。

我们认为，在古遗址的保护管理工作中，还应根据它们的特点，采取不同的保护管理措施。

二、古遗址的保护管理措施

古遗址一般多位于高地上。特别是原始社会的遗址，大都位于河流附近的台地上。要保护好这些遗址，首先要保证遗址所在地的地形地貌不受损坏。凡有损于保存古文化遗址地形地貌的生产活动，应注意加以控制。例如：在旧石器时代原始人群居住的山洞附近一定范围内，不允许大规模地开山取石；新石器时代人们居住的河旁台地附近，不允许大规模地搞改土造田活动。

古遗址保护管理的中心和一切保护管理措施，都是为了确保文化遗址的地层不被破坏和扰乱，文物不被私自挖取和毁坏。

现存的古遗址，很多是现代人从事生产活动的地方。对古遗址威胁最大的农业生产活动，主要为深翻、挖沟、开渠、整地、取土等。这就出现了农业生产和保护古遗址的矛盾。随着土地机耕面积的逐渐扩大和水利事业的发展，这种矛盾有时会发展得十分尖锐。因此，认真进行调查研究，积极采取措施，解决这些矛盾，做好古遗址的保护和管理工作，显得十分重要。

总的来说，应加强调查研究，区别情况，制定办法，合理解决。例如，有的古代遗址的重点保护区，往往因有古代遗存而使土地肥沃，于是成为群众垫圈取土的目标。遇到这种情况，文化行政管理部门和文物保管机构应积极向群众宣传文物政策与保护遗址的意义，同时要与村委会协商，划出一定的使土地段，以解决群众用土的困难。又如：有的专业户要在遗址保护区建造砖瓦窑场，用土量较大，几年就可能把一处古遗址挖掉。对此，除宣传文物政策外，要帮助他们选择没有文化遗存的地方；并要考虑到砖瓦窑的生产能力和土场使用年限，使窑场建在有足够土源的地方。如果窑场建立在文物部门发现古遗址之前，而这处遗址经调查了解被认为非常重要必须加以保护时，文化行政管理部门应根据文物政策规定，除划出保护范围之外，还应对遗址进行详细钻探，从中选出文化堆积不丰富的地方作为使土区。采取这些措施后，如仍不能解决保护遗址与使土的矛盾，就应及时作出清理发掘计划，办理考古发掘报批手续后，及时清理发掘。

有些古遗址与村庄相邻，常常遇到群众扩大宅基地占用古遗址的问题。这应区别对待：遗存不丰富的古遗址，在经过试掘掌握了它的文化内涵、取得了科学资料的前提下，而盖一般房子夯打地基挖得又不深，则可以考虑同意群众盖房；如果遗址文化遗存十分丰富，一时又无法清理发掘，则应与村委会协商，另为群众选择宅基地。

三、古城址的保护管理措施

古城址，特别是大型古城址，在它的范围内，包含着多种类型的重要程度不一的遗址。要做好保护管理工作，必须根据《文物保护法》的规定，经过充分调查研究，从实际出发，区别不同情况，制订一些具体措施。

以河北省燕下都遗址为例，1973 年，高陌、百福公社的一些生产队，申请在燕下都遗址保护范围内，打井、修渠、平整土地、建场、使土等，其动土地点共达一百六十五处。为了解决这一矛盾，做好古城保护管理工作，省文化行政管理部门派人与易县文化馆专职保护燕下都遗址的干部一起，到燕下都遗址进行了实地调查和考察，总结了群众保护遗址的好经验，同时结合省文物机构多年在这里工作所取得的科学资料，根据"两重""两利"方针，研究制定了保护意见，报经国家文物事业管理局批准后实行，保护意见如下：

1. "在古文化遗址（居住址、手工业作坊址等）保护范围内，可以打井，同时推广高陌公社的经验，采取地块不平扇平，扇不平畦平的办法，解决灌溉问题"。制定这一条的目的是禁止深翻土地和搞大面积的土地平整，但允许机耕和打井。一般来说，机耕还构不成深翻；打机井占地面积有限，且可以缩小平整土地的面积。这样，既保证了文化遗址的堆积不受扰乱和破坏，又有利于农业生产。

2. "在夯土建筑基址（武阳台等高大夯土台基）和夯土建筑遗迹保护范围内，禁止挖沟、挖窖、使土、盖房、修路、打井、修渠"。这一条的目的主要是确保宫殿建筑遗存的安全，使其不致因长年挖掘、使土而渐渐消失，也不致因众多地窖积水而造成坍塌。在夯土遗迹范围内，允许修毛渠、灌溉，不会影响一般农业生产活动。重要的夯土遗迹，不允许机耕深翻；可采取其他补救措施，尽量不使群众利益受到损失。

3. "在古墓葬保护范围内，禁止挖掘和使用封土，在古墓封土根不许打井、修渠"。这一条的根据是古墓封土所占的面积一般都不计算在生产队耕地亩数之内，它属国家所有，生产队无权占用。另外，在古墓封土根打井、修渠，会因常年流水冲刷导致封土坍塌，甚至墓室内灌水，不利于古墓的保护。

4. "在古城墙（包括城墙基址）保护范围内，禁止挖掘使土、修干（支）渠。在城墙上禁止开荒种地和盖房，在城墙基址上一般不许打井"。这一条规定的根据与第三条相同。

5. "在上述重点保护范围之外，西城其他土地可以平整；东城其他土地可在'块不平扇平，扇不平畦平'的原则下进行小平整。在平整土地时，如果发现文物，要保护好现场，立即向文化行政管理部门和文物机构报告；重要发现要逐级报省文化行政部门和国家文物局处理"。这一条是对燕下都遗址一般保护区的保管规定。这是因为西城经多年勘察了解，遗址、墓葬很少，所以可以在其重点保护范围以外进行土地平整。东城遗址很多，文化遗存丰富，因此在重点保护范围之外，也只能在小范围内平整土地。

6. "各生产大队应于每年年底以前，向当地文物机构提出下一年打井、修渠、平整土地、使土等计划。当地文物机构和省文物机构驻燕下都工作组根据上述原则，研究确定打井、修渠位置和使土地点，以及对需平整的地块规定平整的具体要求，报县文化行政部门批准，报省、地文化行政部门备案"。这一条规定使生产队及群众和文物机构紧密配合，把生产活动与保护文物都纳入工作计划和议事日程，更加有效地加强了燕下都遗址保护管理工作的计划性和科学性。现在实行农业生产责任制，该条应根据新的形势作出相应的修改。

7. 要求地、县文化行政管理部门进一步贯彻文物政策、法令，根据上述规定对燕下都保护管理工作中的问题进行检查，区别情况，作出处理。

8. 凡修建公路、进行大规模农田基本建设和水利工程等须通过重点保护区时，应事先由县政府逐级报请国务院批准。

以上介绍的燕下都遗址保护管理的情况，大体上说明了对北方古城址保护管理的基本要求。当农村实行生产责任制时，当地又出现了新的情况，如土地承包到户后，群众使土只能从自己承包的地里去取，而承包重点遗址保护区土地的群众则不能在承包的地里使土。为了解决这个矛盾，该文物保护机构与生产队协商，决定仍然划定集体使土场。这说明，有些具体办法要根据情况的变化及时进行修正。我们要在工作中不断研究新情况，解决新问题。

四、古窑址的保护管理措施

这里的古窑址主要是指古代瓷窑址，它是古遗址的一部分。保护管理古遗址的一般规定对它都是适用的。但是，由于具体情况不同，古窑址在保护管理上还有其特殊要求，主要有以下三点：

1. 禁止用瓷片作工业原料。一般瓷窑址及其附近都有大量瓷片堆积。其中往往有许多的文物、标本，对研究我国制瓷工业发展的历史有着重要的价值。这种瓷片与早期古遗址中的陶片一样，都属于文物、标本范畴，属国家所有，应按文物进行保护管理。现在有些地方的工业部门大量挖取瓷片作耐火工业原料，使古瓷窑址遭到很大破坏。对此，当地政府应该明令禁止。

2. 不许仿制古瓷单位乱挖。有些地方的工业部门，积极研究仿制古瓷，如研究仿制邢窑、定窑、磁州窑瓷器等。仿制研究单位如需调查古窑址、采集瓷片标本，应按照国家文物政策规定，向文化行政管理部门提出申请，经省级文化行政管理部门批准后才能进行。文物保管机构则应根据仿制古瓷研制部门的需要，经地（市）级文化行政管理部门批准并报省级文化行政管理部门备案，尽可能向仿制单位提供一些必要的资料。任何单位或个人未经批准，擅自挖掘古瓷的做法都是违反《文物保护法》规定的，文化行政管理部门和文物保管机构应坚决予以制止。

3. 不许任何单位或者个人挖取瓷片。文化行政管理部门和文物保管机构要广泛宣传文物政策和保护古窑址的规定，使广大干部和群众都知道，任何单位或者个人都不得私自挖掘、拣选瓷片、窑具。对违反规定的，应进行劝阻和制止，同时动员其交出拣选的瓷片等。对不听劝阻者，应没收其拣选的瓷片和标本；情节严重者，应根据有关法律会同有关部门进行处理。

五、古遗址的保护管理工作应纳入城乡建设规划

为了做好古遗址（包括古城址、古窑址）的保护管理工作，各级人民政府在制订生产建设规划和城镇建设规划时，应根据《文物保护法》的规定，将古遗址纳入规划，切实加以保护。在制订规划时，文化行政管理部门应积极主动地向人民政府及城乡建设部门提供有关古遗址、古墓葬的科学资料，作为制订城乡建设规划的参考。

在工业、农业、水利、交通、国防、城建等基本建设工程中，对于工程范围内的古遗址（或古墓葬），建设单位和文化行政管理部门应根据《文物保护法》的规定，研究制订具体保护办法，或拟定发掘计划（包括经费预算和所需劳动力）列入设计任务书。为了保护重要古遗址（或古墓葬），在可能的条件下，应移动工程位置，改变设计方案。如建设工程因特殊需要不能移动工程位置，而必须对古遗址（或古墓葬）进行发掘时，建设单位应与遗址所在地的文化行政管理部门协商，由文化行政管理部门拟定发掘计划报批；经清理发掘后，才能施工。全国重点文物保护单位中古遗址的发掘，要报国务院批准。

第三节　古墓葬的保护管理

古墓葬的保护管理，除同古遗址一样要做好"四有"和纳入城乡建设规划加以保护外，还要根据古墓葬的特点，做好管理工作。

一、无封土古墓葬的管理

这一般是指西周以前的古墓葬和西周以后的一般古墓葬。其保护管理办法和采取的措施与古遗址保护管理办法大体相同。

首先要进行勘察、钻探，弄清古墓葬的数量和范围，根据具体情况区别对待。要勘察古墓葬所在地的地形地貌，以便预测这一地区可能发生的变化，提高采取措施时的预见性。要调查清楚有无危及古墓葬的隐患，如附近有无砖瓦窑场或其他建筑设施等，以便及时制定保护措施。必要时，应早作规划，有计划地做好清理发掘工作。

二、有封土古墓葬的管理

一般是指西周以后的一些大的古墓葬。对这类古墓葬的保护管理，首先要保护好古墓封土。应由省、自治区、直辖市人民政府明确规定：不经省级文化行政管理部门批准，任何单位或个人均不得挖取古墓封土。

从实际情况看，对古墓封土造成威胁的因素主要是有些单位或个人随意取用古墓封土，严重者可以将封土夷为平地，从而造成不可弥补的损失。出现这种情况主要是由于文物保管机构对文物政策、法令宣传不够，保护措施不力。古墓及其封土虽然位于村委会的土地范围内，但它属于国家所有。一般封土所占面积没有计入耕地亩数，村委会和群众无权使用古墓封土。任何以扩大耕地为由，夷平封土的作法都是错误的、违法的。至于群众在生产与生活方面的用土困难，应由村委会统一安排解决，文物保管机构在可能情况下应积极协助做好这一工作。

自然风化作用也会对古墓封土造成破坏。我们应认真勘察，在力所能及的情况下采取保护措施，发现问题要及时处理。例如，对于獾、狐狸等动物在古墓封土上打洞，加之雨水冲灌造成的封土塌陷，就应及时采取措施，把塌陷的地方填好，以防破坏面扩大，造成更严重的后果。

一般来说，有封土的古墓，保住了它的封土，这座古墓就基本上保住了。但有的古墓墓室不在封土下边，而是在封土以外的地面下。造成这种情况的原因是多方面的。我们应该认真探清墓室位置，据此划出保护范围，加以保护。此外还有一种特殊情况，古墓封土依旧，但砖室墓的墓室被个别单位辟作它用。对这种情况，应按照《文物保护法》的规定，坚决给予制止，严重的要追究刑事责任。综上所述，我们不能认为只要封土完整就可以高枕无忧，从而放松了对有封土古墓的保护管理工作。

为了做好有封土古墓的保护工作，要经常进行检查，以便及时发现问题，及时采取措施加以解决。

三、帝王陵墓的管理

自商代以来，历代帝王均在地上建有不同规模的陵寝建筑。但现在只有明、清两代帝王陵墓保存有比较完整的陵寝建筑，其余的帝王陵寝建筑均已基本无存，只剩下遗址了。因此，对帝王陵寝应区别情况，采取不同的办法和措施加以保护管理。对无封土的帝王陵墓的保护管理要求，基本上与无封土古墓的管理相同。此外，还有以下几种情况：

1. 以山为陵的陵墓管理。自汉唐以来，有些皇帝和封王以山为陵，在山上开凿洞穴作为墓室。例如：西汉中山靖王刘胜及其妻窦绾墓（满城汉墓）以陵山为陵，唐太宗昭陵以九峻山为陵，唐高宗乾陵以梁山北峰为陵，唐睿宗桥陵以丰山为陵等等。为了保护这些以山为陵的陵墓的安全，应该以陵墓所在的山为中心，划出一个保护区。在这个区域内，禁止开山放炮，挖取石料；未经国家批准，不得在此范围内进行建设工程。

2. 有封土的帝王陵墓的管理。许多帝王陵墓有高大的封土（有关封土的保护可参见前文）。值得注意的是，自周秦至汉，许多帝王陵墓前后或两侧，都设有大规模的车马坑等葬坑。例如：战国时期中山王䁐墓封土前有车马坑两座、葬船坑和杂殉坑各一座，秦始皇陵封土东侧有庞大的兵马俑坑，定县三盘山西汉中山王及王室三座墓前都有大型车马坑。这些殉葬坑大都不在封土下边。如果不作认真细致的勘探调查，就有可能使这些殉葬坑遭到破坏。所以，对帝王陵墓封土周围要作详细勘探，弄清地下与陵墓有关的所有遗存。也就是说，要经过调查研究，并有资料作依据，然后再确定对封土及陵墓的保护范围。此后如又发现新的古代遗存，仍应及时划出保护范围，并根据遗存距地表的深度，区别不同情况，提出相应的保护要求。

3. 陵墓石刻的管理。地上陵寝建筑无存而陵墓石刻尚存的帝王陵墓为数不少，如汉、唐、宋等朝代帝王陵墓就是这样，这些石刻为研究当时的政治、经济、文化、艺术提供了重要的实物例证。因此，对这些石刻，除应划出保护范围、树立保护标志以外，还应根据它的特点，分别采取保护措施，防止人为的破坏和自然风化。

4. 明、清帝王陵墓的管理。明、清两代帝王陵寝规制完备、规模宏大，至今保存较好。按文物保护单位的类别来分，它们属于"古墓葬"一类。但就陵寝建筑之多，规制之完备来说，它们又是著名的古建筑群和石雕刻群。

以河北省遵化县清东陵为例。清东陵包括帝陵五座，后陵四座，妃园寝五座及公主园寝一座，共十五座陵寝，构成了规模巨大的陵寝建筑群。原建筑总面积约35000平方米，现存建筑面积占总面积的百分之八十一点六。在偌大的帝、后陵中，只是陵寝建筑的最后部才建有宝城、宝顶和地宫。这些虽然是陵墓的核心部分，但在整个陵寝建筑的布局中，仅占很小的位置和面积。如清乾隆皇帝裕陵地宫总面积仅327平方米，慈禧太后普陀峪定东陵地宫总面积仅154平方米。因此，对明、清帝王陵墓的保护与管理，从实际保护管理工作来说，以古建筑保护、管理、维修的任务最大。解放以来，对清东陵陵墓（这里指宝城、宝顶和地宫）的维修工程主要是加固了裕陵宝城，维护保养了一些帝、后陵宝城垛口和宝顶以及一些妃园寝的垛子，清理了几座早年被盗的地宫。总体来说，工程不大，开支不多。而陵寝建筑的维修或修缮工程则几乎年年有，而且比维修宝城、宝顶的投资要大得多。所以从保护管理来说，明、清帝王陵寝基本上与地上古建筑的保护管理相同。

为了做好陵寝建筑的保护和适应旅游事业的发展，对明、清陵寝应有一个全面规划。规划大体上应包括以下几个方面：

①划出文物风景保护区（也称建设控制地带）。它比古遗址和一般古墓葬多划出一个文物风景区。从这一点来看，它与有些古建筑的保护管理相同。这样做是为了保护整个文物风景区的环境气氛不受破坏。因此，在这个文物风景保护区内，不能修建高大的建筑物和有污染性的工厂，不能搞大规模的交通、水利等工程，也不宜新辟居民区。

②保护古树名木，搞好绿化。古松、古柏等树木，是陵寝建筑年代久远的佐证，是文物风景的重要组成部分。现存的古树名木已为数不多，应倍加爱护；任何单位和个人都不许私自砍伐。另外，还应搞好陵区神道两旁、沙山等区域的绿化。这样既保持了陵寝古老肃穆的气氛，又增添了环境的秀丽景色。

③做好陵寝建筑维修规划。首先应测量计算出陵寝建筑的总面积及现存建筑面积。在现存建筑面积中，应区分保存较好、需要维修、残破严重等不同情况，分别制订出维修规划及年度实施计划。维修规划的原则是：对现存陵寝建筑，应普遍做好维修，保证其不塌不漏。同时考虑到开放需要，可有重点地进行修缮。对于只有遗址，甚至连遗址也不复存在的陵寝建筑，目前一般可暂不恢复。

④规划好旅游服务设施和道路。随着旅游点的增多，需要建设相应的服务网点。应根据游览区的划分，在文物重点保护区以外的适当地点予以安排。在规划旅游道路时，应保护神道，并搞好神道两旁的绿化。

做好帝王陵寝的保护规划，对保护管理好陵寝有着重要的意义。文化、城乡建设等部门和文物保管机构应高度重视这一工作，并组织技术力量，认真做好这一工作。规划订出以后，由当地人民政府审核同意，逐级报省级人民政府批准后实施。

第四节　考古发掘的管理

《文物保护法》第三章"考古发掘"共分六条，对考古发掘的有关问题都作了原则规定。

考古发掘是保护地下文物并对其进行科学研究的重要手段之一。因此，考古发掘的管理，是加强地下文物保护管理的重要方面。《文物保护法》第十六条规定："一切考古发掘工作，都必须履行报批手续。地下埋藏的文物，任何单位或者个人都不得私自发掘。"我们应该认真贯彻执行这一规定。

考古发掘总的来说分为两类：一类是配合基本建设工程而进行的考古发掘。《文物保护法》第十九条规定："需要配合建设工程进行的考古发掘工作，应由省、自治区、直辖市文化行政管理部门在勘探工作的基础上提出发掘计划，报国家文化行政管理部门会同中国社会科学院审查，由国家文化行政管理部门批准。确因建设工期紧迫或有自然破坏的危险，对古文化遗址、古墓葬急需进行抢救的，可由省、自治区、直辖市文化行政管理部门组织力量进行发掘工作，并同时补办批准手续。"这一条十分明确地规定了配合建设工程进行考古发掘的要求及报批程序。配合建设工程进行考古发掘的目的，是为了避免古遗址或古墓葬在工程进行中遭到破坏，是一种保护措施。经过发掘，可弄清古文化遗址内涵，保护古遗址和古墓葬中的出土文物。另一类是主动进行的考古发掘。《文物保护法》第十七条规定："各省、自治区、直辖市文物机构、考古研究机构和高等学校等，为了科学研究进行考古发掘，必须提出发掘计划，报国家文化行政管理部门会同中国社会科学院审查，经国家文化行政管理部门批准后，始得进行发掘。"主动发掘的目的是为了解决某项学术问题或教学实习，这属于科学研究范畴。经过发掘，获得供研究用的文物、标本和遗迹，使学生在考古发掘中掌握田野考古知识、发掘方法和技能，得到基本训练。

此外，还有考古试掘和抢救性发掘。试掘主要在古遗址调查中采用。其目的是了解古遗址的基本文化内容，初步确定该遗址的重要程度，以便制订必要的保护管理措施。抢救性发掘，是在人为或自然的原因可能使古遗址或古墓葬遭到破坏的情况下，为了抢救地下文物免遭破坏而采取的应急措施。

按照《文物保护法》的规定，文物机构、科研单位、高等院校都可以进行考古调查和发掘，而且都应把配合建设工程进行考古发掘作为自己的重点。

一、考古试掘的管理

在考古调查中，如果对一处古遗址确因需要作较多的了解而进行试掘，则应作出计划，征得省、自治区、直辖市文化行政管理部门同意，然后方可进行试掘。试掘固然对进一步了解遗址的文化内涵有帮助，但也有可能产生损坏古遗址的负作用。因此，对试掘必须从严掌握，一般只能在遗址断崖处或边缘地带进行。在一处古遗址内，一次试掘以 50 平方米为限，不得超过。如超过此限，必须按考古发掘规定办理报批手续。有些古遗址已公布为全国重点文物保护单位，在一般情况下不允许再进行试掘；如因特殊情况需对某一部分进行试掘时，不论面积大小，都应正式报国家文化行政管理部门审批。各级文化行政管理部门，都应加强对古遗址试掘工作的管理。为了保护好古代文化遗址，地（市）、县级文化行政管理部门，对违反试掘规定的文物考古等单位，有权进行制止，并向上级文化行政管理部门报告；国家或省级文化行政管理部门有权禁止对某古遗址进行试掘。

按照国家文物政策规定，考古试掘只适用于古遗址，对古墓葬不许进行试掘。尤其不许试掘古墓葬的中心部位（包括墓室及殉葬坑）。因为任何类型的古墓一旦被打开墓室一部分，其他部分就难以保护。而且试掘部分墓室不仅得不到该墓的完整资料，还会扰乱墓内文物的位置，甚至破坏了墓内文物，从而把一座古墓毁掉。因此，对于违反这项规定的任何单位和个人都应给予严肃处理。

试掘出土的文物、标本，在业务报告完成后，除留存必要的文物、标本外，其他应由省级文化行政管理部门指定的单位保存。

二、主动发掘的管理

主动发掘，即为了解决学术问题或为了教学而进行的考古发掘。《文物保护法》第十七条对此作了规定。文物机构、研究单位或高等学校，为了解决学术问题或教学需要，拟对某古遗址或古墓葬进行发掘时，应做好下列工作：事先与发掘项目所在地的省、自治区、直辖市文化行政管理部门联系，说明对某古遗址或古墓葬发掘的主要目的和发掘计划、发掘队伍组成等情况。经同意后，还应与发掘项目所在地的土地使用单位或个人进行协商，征得他们同意。然后由主动发掘单位填写"中华人民共和国考古发掘申请书"，报国家文化行政管理部门会同中国社会科学院审查，并经国家文化行政管理部门批准，发给考古发掘证照。只有在经批准的考古发掘计划（申请书）通知省级文化行政管理部门，并逐级通知发掘项目所在地的县（市）级文化行政管理部门后，发掘单位才能对古遗址或古墓葬进行发掘。

国家为了对考古发掘进行统一管理，并对考古发掘计划、专业人员组成等进行审查，制定了"中华人民共和国考古发掘申请书"。它主要包括以下项目：

1. 申请单位的名称及负责人姓名；
2. 发掘对象的名称、时代、具体地点、文物保护单位级别、面积及范围；

3. 发掘的时间和期限；

4. 发掘的目的、要求和计划；

5. 发掘经费来源及数额；

6. 发掘设备情况；

7. 文物保护的技术准备情况；

8. 领队和业务人员的姓名、职务、职称、简历；

9. 所需劳动力情况；

10. 省、自治区、直辖市文物行政管理部门意见；

11. 中国社会科学院审查意见；

12. 中华人民共和国文化部审查意见；

13. 备注；

14. 考古发掘证照编号。

申请书要填写一式三份上报。主动发掘要求在当年第一季度末以前填报。

填写上述内容是为了对发掘的必要性、可行性和发掘质量进行审查。也就是说，审查该项主动发掘的学术价值、学术目的以及通过发掘能否达到预期目的；同时审查发掘单位所采取的组织措施。例如，申请书第八项，就是要看领队和业务干部的组织能力和业务水平能否保证发掘质量并达到预期目的；第七项，就是要审查对可能出现的重要文物准备采取哪些技术保护措施，如发现壁画、出土漆器或丝织品后的处理方法等等；第六项，除一般的发掘设备外，还要审查大型古墓发掘时起吊机械或抽水机等的准备情况。这一切，都是为了保证主动发掘工作的顺利进行。

申请主动发掘的单位在填写申请书时，应实事求是，认真填写，力求详尽。上级文化行政管理部门对此应严格把关。

由于申请主动发掘单位的情况不同，应按不同的程序报批。

中国科学院和中国社会科学院研究机构的年度发掘计划，或全国重点高等学校考古专业（系）教学实习发掘计划，应事先与省级文化行政管理部门协商，在取得一致意见后，由发掘单位填写申请书（年度发掘计划），报国家文化行政管理部门会同中国社会科学院审查，经国家文化行政管理部门批准并发给证照。然后，通知有关省级文化行政管理部门协助进行。地方考古研究机构和高等学校教学实习的发掘计划，除由省级文化行政管理部门上报外，其他均与前者相同。

文物机构的主动发掘计划，由省、自治区、直辖市文化行政管理部门报国家文化行政管理部门会同中国社会科学院审查后，由国家文化行政管理部门批准，发给发掘证照后，才可以发掘。

省（自治区、直辖市）级文物机构，不得到外省、自治区、直辖市进行考古发掘。如有特殊需要，事先必须征得古遗址、古墓葬所在地省级文化行政管理部门同意，并商定具体合作计划，经充分研究，填写考古发掘申请书，报国家文化行政管理部门会同中国社会科学院审查，由国家文化行政管理部门批准，颁发证照，然后才能进行发掘。

经国家文化行政管理部门批准的发掘计划，在实施过程中还应注意解决以下几个问题。

1. 国家文化行政管理部门审查批准发掘单位的发掘计划（申请书）后，应及时通知省级文化行政管理部门，并给发掘单位颁发"发掘证照"；省级文化行政管理部门接到国家文化行政管理部门通知后，要及时通知地（市）、县级文化行政管理部门，以利于及时开展工作。

省、地（市）、县级文化行政管理部门没有接到上一级通知时，不能接待发掘单位；对未经上级通知已进行发掘的单位，要检查其发掘证照，并根据不同情况，分别采取办法，或由发掘单位及时补办上级通知手续；或由该地文化行政管理部门对发掘单位进行劝阻，以至制止其发掘。

2. 由文化部颁发的"发掘证照"是发掘单位被批准发掘的证件。地（市）、县级文化行政管理部门在按照省级文化行政管理部门的文字通知接待发掘单位的同时，还应检验发掘证照。如果只有上级通知，没有发掘证照，也不许进行发掘。

3. 所谓"协助进行"考古发掘，是指当地文化行政管理部门对发掘工作给予支持。在有些情况下，则是由申请发掘单位为一方、省级文物机构等为另一方合作进行考古发掘。这类发掘应事先就考古发掘项目、考古发掘队的领队和主要业务人员的共同组成以及资料和文物（包括标本）的处置等问题订立文字协议，共同签署后执行，同时报上级文化行政管理部门备案。在工作中遇到问题，应根据协议，共同研究，互谅互让，相互支持，齐心协力，搞好发掘工作。

4. 考古发掘干部必须亲临考古发掘现场，自己动手，并指导发掘工作。在发掘工地，应随时记录发掘现象和出土文物情况，及时解决发掘中出现的问题，使发掘工作在保证科学性和安全的前提下进行。田野考古发掘也称田野研究。发掘中许多现象（遗迹）只能在发掘现场才能看到。因此，需要就地及时进行观察、分析、研究，并采取相应措施。那些只重视文物、忽视现象（遗迹）的思想和做法都是错误的。田野考古发掘工作是考古研究的基础，直接影响到以后的研究成果及其价值，必须引起高度重视。如果考古发掘单位的专业干部不到发掘现场，影响到发掘质量，当地文化行政管理部门有权对此提出意见；对坚持不改的，应报告国家文化行政管理部门。经检查，确有不符合田野考古工作规程、不符合质量要求的人和事，应给予警告，以至没收其发掘证照，停止其发掘工作。

5. 发掘单位在发掘工作中，如有重要发现，除向其上级领导机关报告外，还应及时告知当地文化行政管理部门，逐级上报。在发掘过程中，国家文化行政管理部门等在必要的情况下，可派有经验的专业人员指导发掘工作。这是因为有些重大发现的处理，不是某一发掘单位技术力量、科学设备等所能解决的；必须由上级领导部门及时与有关部门联系，共同采取措施，以便确保发现的重要文物不受损坏。国家对重大发现，负有保护的重大责任。任何发掘单位和工作人员不论出于何种动机，对重要发现隐匿不报，都是违背国家文物政策规定的；对由此造成的损失，应追究责任。

6. 在主动发掘工作结束之后，要及时做好土地平整工作（保留遗址或墓室的例外），写出发掘工作总结上报。在编写正式发掘报告以后，要做好出土文物移交等工作。

发掘工作报告（也可称工作总结）内容主要包括：发掘计划完成的情况，发掘工地平面图，典型部分的剖面图，重要遗迹遗物的照片与发掘的初步学术成果。该报告除报省级文化行政管理部门外，还应报国家文化行政管理部门审核。

发掘单位在发掘工作结束后，应尽快编写出正式发掘报告，或称学术报告。那种在发掘工作结束之后，不及时安排力量整理出土文物和编写报告或迟迟写不出正式发掘报告的情况，应该采取措施加以改变。在正式发掘报告未发表之前，未经上级文化行政管理部门批准，任何人不得向外单位或个人提供照片、拓片、摹本和文字资料等。

一切发掘单位在编写完正式报告后，应及时做好出土文物（指完整器物和可粘对成形的碎片）和标本（指可供研究用的碎片）的移交工作。根据《文物保护法》规定："出土的文物除根据需要交给科学研究部门研究的以外，由当地文化行政管理部门指定的单位保管，任何单位或个人不得侵占。"文物和标本应交发掘地所在的省、自治区、直辖市文化行政管理部门指定的具备保管条件的文物机构保存，以供研究和宣传之用；没有文物机构的地方，或不具备保管条件的文物机构不能保管文物。那种认为"当地"就是指县（市）的认识，并据此要求把出土文物留下的作法都是不妥当的。旧石器时代的文物标本需要进行较长时间的研究工作，可以暂缓移交。

发掘单位因学术研究和教学需要的部分文物、标本，应由发掘单位提出文物、标本清单，经省级文化行政管理部门同意后正式调拨。在提清单时，一般应避免选择孤品。发掘单位所需文物如特别重要，或在协商中意见不一致时，应报请国家文化行政管理部门决定。

我们还须严格遵守《文物保护法》的有关规定，"为了保证文物安全和充分发挥文物的作用，省、自治区、直辖市文化行政管理部门，必要时可以报经省、自治区、直辖市人民政府批准，调用本行政区域内的出土文物；国家文化行政管理部门经国务院批准，可以调用全国的重要出土文物。"

三、配合建设工程发掘的管理

建国以来，我国基本建设工程、日常的农业生产建设发展迅速。因此，配合工业、农业、水利、交通、国防、城市建设等工程，做好地下文物的清理发掘工作，并加强对这一工作的管理，是文化行政管理部门和文物机构的一项重要任务。

《文物保护法》第十八条规定："在进行大型基本建设项目的时候，建设单位要事先会同省、自治区、直辖市文化行政管理部门在工程范围内有可能埋藏文物的地方进行文物的调查或者勘探工作。调查、勘探中发现文物，应当共同商定处理办法。遇有重要发现，由省、自治区、直辖市文化行政管理部门及时报国家文化行政管理部门处理。"

这条规定要求，在一个大型建设工程范围内，即使原先并未发现有埋藏的文物，也要对有可能埋藏文物的地方进行文物调查或勘察工作。未经调查、勘察，绝不能因原来未发现文物，就主观确定工程范围内没有埋藏文物。调查、勘察后如发现了文物，建设单位应与文化行政管理部门共同研究确定具体的保护办法，并列入设计任务书。

工程范围内如早已发现有埋藏在地下的文物，或有已公布为文物保护单位的文物，在其保护范围内一般不得进行建设工程。如因特殊需要，而必须对古遗址或古墓葬进行发掘时，应根据它们的保护级别，报经原公布机关和上一级文化行政管理部门同意。同时，要按考古发掘报批手续申报，经批准后方可发掘。全国重点文物保护单位中古遗址和古墓葬的发掘，由省级文化行政管理部门报国家文化行政管理部门，"由国家文化行政管理部门会同中国社会科学院审核后，报国务院批准"（《文物保护法》第十七条）。

在商定建设工程范围内埋藏的文物的处理办法时，要全面权衡，应对古遗址或古墓葬作研究分析。对学术价值很高，而施工又必然对其造成重大损失的古遗址、古墓葬，一定要慎重对待。在这种情况下，建设项目可以另选址的，就应另行选址，以保护古遗址或古墓葬。

有些古遗址或古墓葬虽然很重要，但因建设工程特殊需要，也应配合建设工程发掘。发掘之后，既有利于地下文物的保护工作，又有利于重点建设工程的进行。凡属这种情况，就应配合建设工程进行重点发掘。如铁路建设，线路走向改动比较困难，在工程范围内比较重要的古遗址或古墓葬，应予发掘，以利铁路工程进行。

配合基本建设工程和农业生产建设做好考古发掘工作，是我国考古工作的主要任务。这些发掘都应该严格按照《文物保护法》和有关规定，履行报批手续，经批准后始可进行。《文物保护法》第二十条规定："凡因进行基本建设和生产建设需要文物勘探、考古发掘的，所需费用和劳动力由建设单位列入投资计划和劳动计划，或者报上级计划部门解决。"这是因为保护文物也是工程的组成部分，不论保护与发掘，都应列入设计任务书。那种不将其列入工程预算和劳动计划的做法都是错误的。

配合建设工程进行发掘的报批手续，与主动发掘相同。其发掘计划应由省、自治区、直辖市文化行政管理部门制定，经批准后，负责组织实施。一般工农业生产建设中发现文物，需要清理发掘时，由地（市）级文化行政管理部门提出计划，经省级文化行政管理部门同意后报国家文化行政管理部门审批。

关于配合建设工程考古发掘进行管理的其他方面，如报批手续、发掘中注意事项、发掘报告的编写、文物的保管等，均与主动发掘相同，不再赘述。

四、抢救性发掘的管理

根据《文物保护法》的规定，"确因建设工期紧迫或有自然破坏的危险，对古文化遗址、古墓葬急需进行抢救的，可由省、自治区、直辖市文化行政管理部门组织力量进行发掘工作，并同时补办批准手续。"据此，抢救性发掘有两类，一类是因建设工期紧迫的抢救性发掘，另一类是因自然破坏的抢救性发掘。

古遗址或古墓葬因雨水冲刷或其他原因造成塌陷或暴露时，当地文化行政管理部门应及时上报，并保护好现场。省级文化行政管理部门接到报告后，应及时组织力量进行抢救性发掘，同时报国家文化行政管理部门。抢救性发掘的范围，古遗址以塌陷、暴露或短期内有破坏危险的部分为限，古墓葬以塌陷并暴露墓室的单个墓为限；超过这个范围，就应按考古发掘有关规定办理报批手续。

无论上述何种类型的考古发掘，都应做好发掘出土文物的安全保卫工作。我国干部和群众前往参观时，应做好组织工作，并进行宣传讲解。未经上级文化行政管理部门批准，任何前往参观者，都不得拍照发掘现场和出土文物。在发掘工作结束之后，如有可能，应举办出土文物展览，向群众进行历史唯物主义、爱国主义教育，宣传文物知识和有关政策、法令。

在各种类型的发掘中，都可能发现一些重要文物或遗迹，需要在发掘后长久保存。

对此要慎重对待，严格把关。一般由省、自治区、直辖市文化行政管理部门报同级人民政府确定。保存大面积发掘现场和出土文物，应由省级人民政府和国家文化行政管理部门共同研究确定，或报国务院批准。凡配合工程发掘中遇到这种情况，建设单位应服从重要文化遗存的现场保护要求，以确保重要文物不受损害。

目前，我国保存的重要发掘现场有北京周口店"北京人"和"山顶洞人"洞穴遗址、西安半坡新石器时代村落遗址（已建博物馆）、湖北大冶铜绿山春秋战国时期的采矿井（保存原状）、秦始皇陵墓东侧的兵马俑坑（已建博物馆）等。这种保护发掘现场、再现古代社会情景的保护办法，已使我国建立了一些不同类型、内容丰富多采的博物馆，成为保存、研究、宣传我国古代灿烂文化的重要阵地。

我国《文物保护法》规定："非经国家文化行政管理部门报国务院特别许可，任何外国人或者外国团体不得在中华人民共和国境内进行考古调查和发掘。"这是为了保护我国文化遗产和考古调查、发掘及研究的权益。它涉及国与国之间的关系，应报国务院审批，任何一级地方政府都没有审批权力。如果外国人或团体向我国地方政府或有关部门提出要求，在我国进行考古调查（包括考察）和发掘时，应向他们说明我国《文物保护法》的规定。

外国个人或团体要求在我国进行考古调查和发掘时，应提出具体汁划，通过外交途径正式提出申请，经中华人民共和国文化部报国务院批准，并通知考古调查和发掘所在地政府。各级人民政府在接到通知后，才能接待，并根据特许批准的计划，允许其进行工作。调查搜集、发掘出土的文物、标本和有关资料，统归中国所有。如外国个人或团体需要部分文物、标本和资料时，应报我国国务院批准，其他任何单位或个人都不能擅自决定。

第五章　其他文物的管理

　　本章内容包括：一、可移动的文物的保护管理，即《文物保护法》中所说的"馆藏文物"、"私人收藏文物"和"文物出境"的管理；二、文物的复制、拓印和拍照的管理。

第一节　馆藏文物的管理

　　馆藏文物为经过科学鉴定，具有历史、艺术、科学价值，符合博物馆收藏标准，完成登记、编目登卡等入库手续的各类可移动的文物。

　　《文物保护法》第四章"馆藏文物"第二十二条规定："全民所有的博物馆、图书馆和其他单位对收藏的文物，必须区分文物等级，设置藏品档案，建立严格的管理制度，并向文化行政管理部门登记。"规定要求全民所有的博物馆、图书馆、纪念馆、文物保管和研究机构以及其他单位，必须对本单位收藏的文物进行分级。按照国家文化行政管理部门的规定，我国文物分三级，即一级品、二级品、三级品；或称一级文物、二级文物、三级文物。当然在三级文物之外，还有大量的文物藏品，都应登记保管好。文物分级的目的之一，就是要按级分别保管。例如：国家一级文物藏品，应做到专柜保管；有些一级文物还要在装囊匣后再入专柜。

　　收藏文物的单位对文物藏品都要进行登记，要登记总账和分类账。总账和分类账是文物收藏单位最重要的财产账。各文物收藏单位要按照文物账的项目和登记要求，认真登记。此外，还应认真填写文物藏品卡片，这是建立文物藏品档案的重要内容之一。做好文物藏品卡片登记工作，既是保管的需要，也是研究、宣传的需要。在一般情况下，了解文物藏品和查阅有关资料，藏品卡片即可满足要求。

　　文物收藏单位对于收藏的文物，要建立严格的保护管理制度，建立、健全各项规章制度，如岗位责任制，文物出入库制度以及防火、防潮、防盗、防霉变的措施等。另外，文物账与文物不能一人兼管，以确保文物安全。有了制度，关键在于执行。现在有些文物收藏单位，各项保管制度比较健全，但未能认真执行。这种状况必须改变。

《文物保护法》第二十二条还规定："地方各级文化行政管理部门，应分别建立本行政区域内的馆藏文物档案；国家文化行政管理部门应建立国家一级文物藏品档案。"各地应根据这一条规定，逐步建立起本行政区域内的馆藏文物档案。国家一级文物藏品档案已初步建立。1982年，各省、自治区、直辖市根据国家文化行政管理部门的要求，对一级文物藏品进行了鉴定、登记工作，目前已初步完成。今后随着文物的不断发现，还应继续做好国家一级文物藏品的鉴定、登记工作。国家一级文物藏品登记表，除文物所在单位留存外，省和国家文化行政管理部门分别各存一、二份。其目的是为了掌握国家珍贵文物收藏情况。在意外情况发生时，如文物及本单位的文物档案均遭损坏，则上级文化行政管理部门的文物藏品档案还可供研究、宣传和复制之用。分级保存国家一级文物藏品登记表，也是为了检查藏品保管情况，以及在藏品损坏、被盗时便于善后处理。

《文物保护法》第二十三条规定："全民所有的博物馆、图书馆和其他单位的文物藏品禁止出售。这些单位进行文物藏品的调拨、交换，必须报文化行政管理部门备案；一级文物藏品的调拨、交换，须经国家文化行政管理部门批准。未经批准，任何单位或者个人不得调取文物。"这条规定有四个方面的内容和要求：

1. 禁止出卖文物藏品。全民所有的文物收藏单位所收藏的文物，属全民所有，不是集体所有，更不是收藏文物单位的私产。因此，收藏单位不能出卖文物藏品。

2. 文物调拨、交换要经批准。我们认为，地（市）所辖县博物馆或其他文物收藏单位之间的文物调拨、交换，应由地（市）文化行政管理部门批准，报省文化行政管理部门备案。地（市）与地（市）之间的文物调拨、交换，应经省级文化行政管理部门批准。报批时，要开列详细的文物清单和写出文字报告。这样做，有利于对文物藏品调拨、交换的管理。

3. 国家一级文物藏品的调拨、交换，须逐级报国家文化行政管理部门批准。

4. 文物借调也须经批准。文物借调批准手续与文物调拨、交换批准手续相同，未经批准，任何单位和个人不得调取文物。

总之，这样做的目的是为了加强馆藏（收藏）文物的保护和管理，并把它纳入科学管理的轨道，以免造成文物损失。

第二节　流散文物的管理

一、流散文物

《文物保护法》关于流散文物的管理问题单立私人收藏文物一章，其最重要的内容之一是确认私人收藏文物的合法性。它和第四条、第五条关于文物所有权的规定是相呼应的。

个人（私人）收藏的文物，是指传世文物，即由祖辈传留下来的，或者个人从国家设立的文物商店选购的文物。私人收藏的文物受国家法律的保护。把生产劳动中发现的出土文物据为己有、并称之为"传世文物"，是错误的。

《文物保护法》第二十五条规定："私人收藏的文物，严禁倒卖牟利，严禁私自卖给外国人。"这项规定从法律上保证了我国私人收藏的文物不致外流。传世文物收藏者不能认为自己收藏的文物属于个人所有就可以倒卖，甚至卖给外国人。最近几年，由于未能严格执行《文物保护法》有关条款，又因一些文物走私分子和倒卖文物的分子相互勾结，套购我国珍贵文物，导致我国一些珍贵文物外流，使我国文化遗产受到了很大损失。我们一定要根据《文物保护法》的规定，加强管理，杜绝文物倒卖、走私、外流。

私人收藏的文物，根据《文物保护法》第二十四条规定"可以由文化行政管理部门指定的单位收购"。也就是说，个人所有的传世文物，需要出卖时，只能拿到经文化行政管理部门批准的收购单位出卖。鉴于目前文物市场比较混乱，收购文物的单位应经省级文化行政管理部门批准，工商行政管理部门发给营业执照，才能营业。"其他任何单位或者个人不得经营文物收购业务"。

目前，国内文物市场比较混乱的重要原因之一，就是有法不依。这就使投机倒把、盗卖文物者有机可乘。为了解决这个问题，应由各级人民政府根据《文物保护法》的规定，坚决整顿文物市场，实行文物购销归口经营和统一收购、统一价格的政策。除省级文化行政管理部门批准的收购文物单位外，其他任何部门、单位或者个人均应立即停止文物购销业务。文物市场应由工商行政管理部门和文化行政管理部门统一管理。对未经省文化行政管理部门批准的文物购销点，给予警告、罚款以至没收文物、并加以取缔。同时还应取缔文物商贩。各级文化行政管理部门应与工商、公安部门密切合作，做好文物市场管理工作。

值得注意的是文物与旧工艺品的关系。《文物保护法》第二条关于国家保护的文物范围包括："历史上各时代珍贵的艺术品、工艺美术品"。所谓"历史上各时代"，从历史文物角度来说，应指辛亥（1911年）革命以前的各历史时代；所谓"珍贵"，凡是具有历史、艺术、科学价值的都属珍贵的工艺品范围。至于珍贵的程度，要根据不同的对象来具体确定，而这只能由文物部门通过鉴定作出评价，决不能由非文物部门的收购单位论定。工艺品、工艺美术品的范围很广。有些非文物部门的收购单位收购了瓷器、玉器、金银器、铜器、字画等等，这些东西凡是辛亥革命以前的，都属历史文物，是不应收购的。有些未经文化行政管理部门批准的收购单位认为，他们没有收购文物，而是收购的旧工艺品。这种说法是不能成立的。

另一个值得注意的问题是珠宝翠钻与文物的关系。对这一问题我们应作具体分析。有些珠宝翠钻是一些工艺品、服饰及其他物品上的附属品，或称装饰品。未经加工的珠宝翠钻是很少的。凡是经过琢磨加工的和工艺品上附属的珠宝翠钻等，是文物的组成部分，不应作为单纯具有经济价值的珠宝翠钻去收购。在如何对待这些问题上，应该统一认识，作出政策性规定，以利于保护祖国历史文化遗产。

文物拣选工作是流散文物管理中的一个重要方面。《文物保护法》第二十六条规定："银行、冶炼厂、造纸厂以及废旧物资回收部门，应与文化行政管理部门共同负责拣选出掺杂在金银器和废旧物资中的文物，除供银行研究所必须的历史货币可以由银行留用外，其余交给文化行政管理部门处理。移交的文物须合理作价。"三十多年来，各地文物机构与银行、冶炼厂、造纸厂以及废旧物资回收部门共同努力，从废旧物资中拣选出了大批文物，其中有不少珍贵文物，为抢救、保护祖国历史文化遗产作出了贡献。今后应进一步提高对拣选文物重要性的认识，克服怕麻烦的思想，把拣选文物作为有关部门义不容辞的职责，继续加强合作，在拣选工作中取得更大成绩。文化行政管理部门应安排力量，定点联系，宣传文物政策和传授文物知识，共同努力，把夹杂在废旧物资中濒临毁灭的文物抢救出来。

二、文物出境

《文物保护法》第六章"文物出境"中第二十七条和第二十八条对文物出境有关问题作了明确规定："文物出口和个人携带文物出境，都必须事先向海关申报，经国家文化行政管理部门指定的省、自治区、直辖市文化行政管理部门进行鉴定，并发给许可出口凭证。文物出境必须从指定口岸运出。经鉴定不能出境的文物，国家可以征购。""具有重要历史、艺术、科学价值的文物，除经国务院批准运往国外展览的以外，一律禁止出境。"

按照原来的文物政策规定，清乾隆六十年（1795 年）以前的一切文物均不准出口。乾隆六十年以后部分存量较多的一般文物，经鉴定同意后允许出口。近些年来，每年都有几十万件乾隆六十年以后的文物大量出口，使乾隆六十年以后文物的国内存量显著减少，有些品类已非常罕见。如果不及时采取措施将会产生严重后果。同时，大量批发出口还会造成某些珍贵文物因鉴定不慎而随同外流。

从目前情况分析，需要我们根据《文物保护法》的规定精神，修改、调整文物出口政策，修改现行的限制文物出口年代标准，以保护我国文物不再大量外流、出口。在国家未解决这个问题之前，由文化行政管理部门领导的文物商店及其代购点应该认识上述问题的严重性，立即采取措施，把清乾隆六十年以后具有代表性、典型性的文物收购、保存下来。文物保管机构和博物馆也应注意征集、收藏乾隆六十年以后的文物藏品。

第三节　文物复制、拓印、拍摄的管理

《文物保护法》第八章附则第三十二条规定："文物的复制、拓印、拍摄等管理办法由国家文化行政管理部门制定。"

《文物保护法》公布之前，国家文化行政管理部门曾就文物复制、拓印、拍摄的管理，作出了一些规定，在保护文物中起了很大的作用。但是，目前这几个方面的管理比较乱，存在问题较多，已经产生了一些严重后果。我们应该很好总结这方面的经验教训，根据《文物保护法》的规定精神，结合实际情况，重新制定文物复制、拓印、拍摄的管理办法。

一、文物复制

文物复制工作的主要问题是有些复制文物的单位未经文化行政管理部门同意即复制文物；有的在复制时直接用文物翻模，损坏了文物；有的复制文物未标明复制时间和厂名。从文物保管机构和博物馆来说，主要是未经省级文化行政管理部门批准，私自提取文物供文物复制单位复制。还有个别的文物复制单位，不经省级和国家文化行政管理部门批准，擅自挖掘古瓷窑址等等。

要解决上述问题，首先要实现统一管理。文物复制是一种特殊商品的生产，这种生产是以文物为依据的。一件文物可否复制，应由省级文化行政管理部门来确定。不能单纯为了赚钱，不考虑文物安全和我国文物权益而任意复制。为了加强对文物复制的管理，文物复制品的生产应由文化行政管理部门统一管理，以文物部门为主进行，同时实行定点生产、定点销售。未经省级文化行政管理部门同意的文物复制单位，工商行政管理部门不予核发营业执照；凡无此种营业执照者，任何单位或个人都不得从事文物复制品的生产。

文化行政管理部门要对被复制的文物进行认真研究，严格把关。有些文物的复制，应根据国内外的行情进行确定。对文物的复制，要严格履行报批手续。未经批准，文

物机构和博物馆不得擅自向复制单位提供文物和资料。这样作的目的是为了保证文物安全和复制文物的价值。博物馆因展览需要复制文物，也必须执行国家有关规定。

复制文物要保证真品的安全。文物的复制与临摹，都必须在保证文物绝对安全和不损害其原有价值的前提下进行，都必须采取必要的安全措施。在技术不过关、没有安全措施的情况下复制文物，会造成无法弥补的损失，必须坚决杜绝。对经批准允许复制价值较高、具有独特艺术风格的珍贵文物，不得用石膏直接翻模。复制前，文物收藏单位与文物复制单位要签定协议，写明各项规定、要求和安全措施等（包括复制文物的数量和收益等内容）。双方要严格执行协议，不得违反。

复制文物必须保证质量，文物复制品只有符合质量要求，才能再现古代文物的历史、艺术和科学价值。粗制滥造的复制品不仅失去了其自身价值，还会歪曲文物的真实面貌，损害真品的价值，以至影响我国声誉。因此，一定要以严肃认真的态度对待文物复制工作。复制品在尺寸大小、外形色泽、所用原料（如铜、石等）方面，都要做到与原物基本相同，从而达到逼真的程度。复制品数量不宜过多，应以少而精为原则。

复制文物应标明复制品以区别真赝。现在，有许多文物复制品没有标明有关复制情况。个别复制品质量很高、很精工，已达到了乱真的程度。如不标明真赝，就会给一些不法分子以可乘之机，同时也给将来的鉴定工作带来困难。因此，所有文物的复制品（包括复制的碑刻）均应一律按照国家规定，在复制品隐蔽部位除标明文物的年代、出土地点、时间外，还须标明复制单位、编号等。文化行政管理部门对此要进行严格的检查，对不符合规定的要采取补救措施，或者销毁，以至停止该单位文物复制品的生产。

二、文物拓印

立碑刻石是我国的古老传统。这些古代石刻从不同的角度反映了我国古代政治、经济、军事、文化艺术、科学技术等方面的情况，是研究历史的宝贵的实物资料。有些文字石刻是我国书法艺术中的瑰宝；有些画像石刻、石雕是我国绘画、雕塑艺术中的珍品。我们应该采取各种措施，认真保护好这份重要的历史文化遗产。

在石刻保护管理方面，比较突出的问题是拓印缺乏管理。一些单位或个人出于各种目的随意拓印，致使一些碑刻受到了损坏，一些未发表的石刻资料外流。这种状况不能再继续下去了。

所有石刻，包括碑刻（文字、花饰、雕刻）、雕像、摩崖石刻、墓志等，只能由文物机构拓印、编号登记，作为资料妥善保存。拓印的数量要严格控制。未经省级文化行政管理部门批准，任何单位或个人不得私自拓印，如因特殊需要，可由文化行政管理部门提供拓片。

在我国石刻中，有许多内容和图画为天文、地理、水文、地震等科学资料。它们不仅对研究科技史有着重要价值，而且可以直接为今天的社会主义建设服务。其中有些资料尚未发表，在一定时期内还需要限制拓片流传范围，以保护我国重要文物的研究和出版权益。因此，对上述石刻应该很好地保护，不能传拓出售或翻刻副版传拓出售，也不能传拓作为礼品赠送外宾。国内外确有特殊需要，应报经国家文化行政管理部门批准。国内研究单位需作为资料的，应经省级文化行政管理部门同意。

不属于上述内容的石刻，其书法艺术价值很高，在国内已有定评的，文物机构如拟传拓出售，只能翻刻副版拓印，这样做的目的主要是为了保护原石刻。因为有些石刻年代久远，风化严重，直接传拓会严重损坏石刻。如果有些石刻没有原拓作为资料，而石刻的石质好、未经风化、字迹清楚，可报请省级文化行政管理部门批准，用原石刻传拓。用原石刻传拓的只能是极少数。对此，各地文化行政管理部门应严格把关。

为便于作好这方面的管理工作，应由国家文化行政管理部门划定可以直接拓印石刻和不可直接拓印石刻的界线。从河北石刻保存的数量和质量看，似应以元代作为界限，即元以前（包括元）的石刻，不能直接传拓；元以后的一般可以直接传拓，但对其中内容重要或书法价值较高的石刻，直接传拓时应报省级文化行政管理部门同意。

我国石刻内容丰富，涉及面广。为了严格把关，传拓出售单位应把拟出售的拓片种类、内容、大小、数量等情况报省级文化行政管理部门审查，未获同意的不能私自出售。

三、文物拍摄

我国文物十分丰富，许多文物与名山大川结合在一起，构成了一幅幅美丽的图画，成为国内外驰名的游览胜地。

近些年来，到文物区拍摄的单位或个人越来越多。如果在拍摄文物上缺乏统一管理，不仅不利于文物保护，还会造成珍贵文物资料外流。

为了加强对拍摄文物的管理，既保护文物安全、避免珍贵文物资料外流，又保证游人正常参观游览和拍摄，对拍摄文物应作出一些明确的规定。

1. 关于拍摄文物。凡是开放的文物单位或博物馆的陈列应该允许拍摄。不许拍摄的文物，应放置"请勿拍照"牌。任何文物陈列均不允许全面、系统地拍摄全部文物及文物细部，更不允许从展柜中提出文物拍摄。为避免文物资料外流，保证我国文物资料和研究成果的出版权益，凡是未经正式发表的文物资料，任何单位或者个人都不能向外国团体或者个人提供文物照片。同时，外国人也不能到我国非开放地区或考古发掘现场进行拍摄；如因特殊需要，应报国家文化行政管理部门批准，其中去非开放地区的，还应经有关部门批准方可前往。国内宣传部门拍摄文物进行宣传，各地文化行政管理部门和文物机构应给予协助。系统拍摄或到考古发掘现场拍摄，应经省级文化行政管理部门同意。非宣传部门因研究需要文物资料，应经地（市）级文化行政管理部门同意，重要的须向省级文化行政管理部门请示；文物机构不能私自提供。

2. 关于拍摄文物专题影、视片。国内外电影、电视摄制单位，需要拍摄文物专题电影、电视时，应通过我国有关部门，并应将拍摄计划、脚本（以至分镜头脚本）等报省级和国家文化行政管理部门审批。经批准的拍摄单位和文物机构，应签订详细的协议，严格按照批准的拍摄计划进行拍摄，不能在文物保护区内进行其他拍摄活动。如有特殊需要，应补报批准手续；未经批准，不得进行拍摄，文物机构也不得私自允许其拍摄。经批准的拍摄活动，文物机构应给予支持，但应制止影响文物安全（如用文物作道具等）的作法。

3. 关于拍摄文物场景。国内外电影、电视制作单位拍摄电影（视）故事片，必须借用文物保护单位拍摄场景时，应事先提出借文物场景的分镜头剧本及详细计划（包括借用文物场景的具体对象、借用形式、是否搞附加设施及其具体方法等），并根据借用文物保护单位的级别，报相应的文化行政管理部门批准。有关文化行政管理部门应对要求提供的材料进行详细研究，严禁影响文物安全的拍摄活动。例如，不允许将文物保护单位的室内作为拍摄场景，不允许将文物藏品作为道具，不允许利用文物建筑进行格斗等激烈的表演等等。总之，应在不影响文物安全的原则下，批准其计划，文物保管机构应根据批准的计划，与影（视）片制作单位签订具体协议（其中包括制作单位应付给文物保管机构的损失费，保证文物安全措施及其他规定等）。未经批准作为场景的文物，不允许拍摄。未经批准任意借用文物场景，以致使文物遭到损坏的现象应予杜绝。

4. 关于出版文物书刊。国内外的单位或者个人因出版文物书刊需要拍摄文物时，应区别对待。国内的应与文化行政管理部门联系，提出出版、拍摄计划，取得省级以上文化行政管理部门同意后，可按照计划拍摄，也可由文物部门按计划提供所需文物照片。大型专题文物书刊的编纂工作，可由出版、文物部门合作，以利于工作的进行和保证出版物的质量。为了保护我国文物出版权益，国外某机构或者个人因出版中国文物书刊需要在我国拍摄文物时，必须与我国有关方面联系。一般来说，可采取合作出版的形式。凡属合作出版，在中方出版单位与外国出版机构签订协议之前，应将双方协议的拍摄计划、权益分配办法、版权问题等，报国家文化行政管理部门审核同意，然后根据国家批准的计划与外国出版机构正式签订协议。经批准的拍摄计划应下达文物所在地文化行政管理部门。文物机构应予以配合，必要时也可签订具体协议，包括保证文物安全、收取劳务费等内容。在拍摄过程中，要严格按照批准的计划进行，不能超越计划范围。如确实需要增拍，应另行报批；文物机构不能擅自同意增拍。

第六章　文物保管机构的任务和惩奖工作

　　这一章的内容涉及《文物保护法》第三条、第十五条、第二十九条、第三十条和第三十一条。

第一节　文物保管机构的建立及其任务

　　《文物保护法》第三条规定："地方各级人民政府保护本行政区域内的文物。各省、自治区、直辖市和文物较多的自治州、县、自治县、市可以设立文物保护管理机构，管理本行政区域内的文物工作。"第十五条还规定，核定为文物保护单位的属于国家所有的纪念建筑物或者古建筑，可以建立博物馆、保管所或者辟为参观游览场所。

　　根据《文物保护法》的有关规定，文物较多的自治州、县和自治县也可以设立文物保护管理机构。所谓"文物较多"是指某地区地上、地下文物数量较多或文物保护管理任务比较大。一般来说，保护管理任务的大小与文物的数量及规模成正比。有的县仅一处文物保护单位，但其规模较大，保护管理任务自然也就大了。例如：明代长城行经九个省、自治区、直辖市的许多县。这些县即使没有别的重要文物，仅长城一项，其调查、研究、宣传、保护管理及长城文物搜集等任务就十分繁重。这种情况也应视为"文物较多"。

　　凡属文物较多的地区，应该按照《文物保护法》的规定，尽快建立文物保管机构，负责保护管理好本地文物。

一、文物保护管理机构的任务和种类

　　地（市）、县（市）级文物保管机构是地方政府（或行署）根据国家文物法规的规定建立起来的地方文物事业单位。县（市）级文物保管机构属基层文物事业单位。

　　地（市）、县（市）级文物保管机构的任务是负责本行政区域内文物的保护管理、

调查研究、维修保养、清理发掘、宣传陈列等工作。上下级文物保管机构之间是业务指导关系。由于各自工作范围和对象有所不同，工作任务也有差异，也可以说具体工作的方面有所不同。根据河北省的情况，文物保管机构可以分为两类：一类是地（市）、县综合性的文物保管机构，称文物保管所或文物管理所，如邯郸、石家庄、唐山、张家口市文物保管所（或管理所）和邯郸、邢台、石家庄、沧州、保定、廊坊、承德地区文物管理所。县级综合性的文物保管所或管理所也比较多，如正定、赵县、涉县、滦平、隆化、围场等县的文物保管机构。这些地、市、县综合性的文物保管机构，主要任务是负责本行政区域内的文物保护管理工作。另一类是以特定的文物保护单位为其主要工作对象的专门性文物保管机构，如山海关文物保管所、易县清西陵文物保管所、易县燕下都文物保管所、玉田县净觉寺文物保管所等。从它们的名称即可看出其特定的工作对象。它们的主要任务是做好该文物保护单位的保护管理工作。

二、调查研究

开展文物调查研究对各类文物保管机构都是至关重要的基础工作。只有充分做好科学的、深入的调查研究，才能够真正了解和掌握每一处文物的历史和现状，并预测它以后的变化以及保护管理中可能出现的问题。因此，文物保管机构要在文化行政管理部门的领导下，有计划地、积极地做好本地区或特定的文物保护单位的调查研究及资料整理工作，建立起科学记录档案。

每个文物保管机构，都要通过对文物的调查研究，培养自己的文物人才，培养本单位的文物专家，拿出成果。这也是衡量文物保管机构工作成绩的一个重要方面。

三、清理发掘

根据《文物保护法》的有关规定，一切考古发掘都必须经过批准。目前，许多文物保管机构由于考古专业人员缺乏等原因，一般不能单独进行考古发掘工作，在今后相当一个时期，考古发掘工作主要由省级文化行政管理部门组织进行；有的考古发掘由省级文物机构主持，有的在省级文物机构指导下由地、市级文物保管机构去做。个别文物保管机构考古专业干部力量较强，也可单独从事清理发掘工作。此外，凡具有考古发掘专业干部的县级文物保管机构，其考古发掘人员可参加上述机构在当地的考古发掘，或参加由省级文化行政管理部门组织的清理发掘工作；一般不能单独进行发掘。

县级文物保管机构工作人员的业务水平直接影响到其工作的进展和质量。因此，积极组织工作人员学习业务知识，努力提高其业务水平至关重要。省级文化行政管理部门要通过多种形式为县级文物保管机构培养考古人员。县级文物保管机构的考古人员应积极参加上述组织形式的考古发掘。在发掘中，一方面进一步学习有关知识，提高专业水平；另一方面通过发掘掌握本行政范围内的古文化遗存分布情况及概况，建立资料档案，为研究当地历史打下基础。

四、保养维修

文物保管机构大都有保护纪念建筑物或古建筑的任务，而有的文物保管机构就是以保护管理古建筑群为其主要职责的。因此，做好纪念建筑物、古建筑的保养、维修和修缮工作，是文物保管机构一项经常性的重要工作。例如，对古建筑扫垄、勾抹需经常进行，任务很大；而现在不少大型古建筑群还没有做到这点。瓦垄上积存了树叶和尘土，落上草籽或树籽后，第二年就会长草、长树。过去有的古建筑上的小树长成了大树，这对古建筑的破坏性极大。因此，纪念建筑物和古建筑、特别是树木比较多的地方的古建筑，一、二年就应对建筑物进行一次扫垄、勾抹。文物保管机构要特别重视扫垄、勾抹工作，安排好人力、物力和财力。

对纪念建筑物和古建筑的维修，要保证其不塌不漏，严格遵守保持原状的原则。负责保护纪念建筑物或古建筑的文物机构要培养懂建筑的人员。有些古建筑群保管机构应该配备古建技术干部，并组成不同形式的维修队伍。这样，才能把纪念建筑物和古建筑的维修或修缮工作做好。

五、保护与管理

对文物的保护与管理是文物保管机构一项经常性的重要工作，也是衡量一个文物保管机构工作好坏的主要标志之一。各级政府设立的文物保管机构的任务，就是保护祖国的文化遗产。保护和管理工作的内容很多，主要应包括以下几点：

1. 要做好文物保护单位的"四有"工作。文物保管机构要提高对"四有"工作重要性和长期性的认识；确实把它列入工作计划，安排一定的人力，在财力和物力上给予支持，扎扎实实地把这项工作做好。

2. 做好安全保卫工作。文物保管机构要积极采取安全保卫措施。负责保护纪念建筑物或古建筑的单位尤其要把防火工作放到重要地位。应及时建设消防设施，购置消防、灭火器材，安装避雷针，并要对这些设施经常进行检查，以防损坏失灵。在文物建筑内，严禁堆放易燃品、爆炸品，安装电线要增加安全设施；有些重要古建筑不能安装照明设备。所有这些，文物保管机构要以身作责，同时要对经批准使用文物建筑的单位进行检查和监督。这样，才能够把文物建筑安全防火工作切实做好。

3. 管理好为游人服务项目。在文物保护单位的保护范围内，为游人增设的服务项目，一般应由文物保管机构统一管理。

需要特别指出的是，文物保管机构经营的服务项目，应与文物及其旅游事业相关。与文物完全无关，甚至破坏文物环境的项目，如在古建筑群中修建大型游乐场等，则应当禁止。关于文物保管机构的预算外收入，要用于发展文物事业，以弥补文物事业经费之不足，不能挪作它用。

4. 执行国家文物政策、法令。文物保管机构要积极宣传和认真贯彻执行国家的文物法规。文物保管机构要在自觉模范地遵守文物法规的同时，对违犯文物法规、破坏文物的人和事，要作坚决的斗争。轻者批评教育、警告、罚款，重者追究刑事责任。在工作中，文物保管机构应向上级机关如实反映违反《文物保护法》的人和事，上级机关应给予支持和鼓励。对于那些不怕阻力，不殉私情和作出成绩者，应给予表扬或奖励；对于不制止、不向上级反映违反《文物保护法》的行为和破坏文物的事件者则在追究破坏者责任的同时，也应追究文物保管机构领导的责任。

六、宣传陈列

文物宣传工作是文物保管机构经常性工作之一。只有通过宣传，才能发挥文物的作用。文物保管机构要采取多种形式（如举办文物陈列展览、编印文物材料等），经常向广大群众宣传文物知识和保护文物的重要意义，对群众进行爱国主义和革命传统教育。有条件的文物保管机构，还可以在省和地、市级文化行政管理部门的组织与指导下，举办一些文物巡回展览。

在文物陈列展览中，要特别做好安全保卫工作；要建立严格的岗位责任制，采取各种措施，增加安全设施，确保文物安全。在陈列展览中，一级文物一般不展出真品，可用复制品代替。

在文物宣传中，文物保管机构应根据自己所保管的文物情况，编写各种宣传材料，介绍文物的历史、艺术和科学价值。开放单位，要把编印宣传文物的各种材料作为一项重要工作，切实作好，以满足广大游人的需要。

七、藏品保管

文物保管机构是文物系统的基层单位，对本单位收藏的文物，要按照《文物保护法》的规定，做好保管工作。一定要及时地做好文物、标本的登账、编目、入库等工作，每一件文物的名称、质地、时代、完残情况以及编号，都要与文物账相符，不得有丝毫差错，文物总账管理人员不能兼管文物藏品。对一、二级品要及时作好记录、照相、登卡等资料工作，并单独（专柜或专库）保管。目前有些文物保管机构文物藏品保管混乱、资料短缺，这种情况必须立即改变。

文物保管机构应制订文物库房安全守则，加强岗位责任制，严防文物丢失、损坏和被盗。文物库房不接待参观。除主管部门检查文物库房安全设施以外，未经文化行政管理部门批准，其他单位和个人不能进入文物库房参观。文物保管人员要记好进库记录，把进入文物库房的人员、批准手续、陪同人员、进出库时间等一一登记清楚。

文物保管机构的领导，要经常检查文物库房各项制度执行情况。对安全方面的隐患，要及时报告并提出解决办法，尽快加以解决。对出现的重大事故，要及时向上级文化行政管理部门报告；其中失火、失盗案件，要及时报告公安部门。

八、干部队伍

文物保管机构一般人员不多，任务繁重，应该选拔一些德才兼备、年富力强、具有专业知识或有较高文化水平、热爱文物事业的人担任领导。从领导到工作人员，都要加强自身建设。许多古建筑和革命纪念建筑建在名山大川、山青水秀之处，地域偏僻，交通不便。因此，在这些地方设立的文物保管机构，远离上级领导机关。这更加需要加强文物干部、职工队伍的自身建设，使他们自觉地贯彻执行党的政策和国家的文物法规，把文物保护管理的各项工作做好。

文化行政管理部门对文物保管机构要加强领导，经常检查和督促他们的工作。对干部和职工队伍的建设，应给予关心和重视。要关心干部和职工的生活，帮助他们解决工作、学习和生活上的实际困难。对不安心文物保管工作的人员应及时给予教育，对于失职和犯错误的工作人员应视情节轻重及时批评、处理，对老弱病残或文化水平太低而不能胜任工作的人员应予调整。文化行政管理部门和文物保管机构应相互配合，共同努力，为建立一支满足四化建设需要的文物保护队伍而奋斗。

第二节　奖励

《文物保护法》第二十九条规定："有下列事迹的单位或者个人，由国家给予适当的精神鼓励或者物质奖励：

（一）认真执行文物政策法令，保护文物成绩显著的；

（二）为保护文物与违法犯罪行为作坚决斗争的；

（三）将个人收藏的重要文物捐献给国家的；

（四）发现文物及时上报或者上交，使文物得到保护的；

（五）在文物保护科学技术上有重要发明创造或者其他重要贡献的；

（六）在文物面临危险的时候，抢救文物有功的；

（七）长期从事文物工作有显著成绩的。"

对保护文物做出贡献的单位或个人给予名誉和物质奖励，有利于调动群众的积极性，有利于《文物保护法》的宣传、贯彻。长期以来，许多部门如公安、工商、城建、文物部门的工作人员及广大群众，对文物保护做了大量工作。对其中保护文物有功的人员应给予精神鼓励或物质奖励。在具体执行中，各级政府应结合当地实际情况，从有利于文物保护的原则出发，制定具体的奖励办法。

制定具体的奖励办法时，可以把上述七个方面再进一步具体化。例如，第二款规定对"为保护文物与违法犯罪行为作坚决斗争的"给予奖励。其中可分为海关、工商、公安等部门与文物走私、投机倒把、盗窃文物的犯罪行为作斗争的，其他部门和群众与盗掘文物、倒卖文物等违法犯罪行为作斗争的等等。又如，第四款规定对"发现文物及时上报或者上交，使文物得到保护的"给予奖励。这里的"发现文物"主要指出土文物。我们可以将出土文物的各种情况归纳为若干方面，然后订出给予精神鼓励或物质鼓励的具体办法。

在制定具体奖励办法时，还可以在《文物保护法》有关条款的基础上，适当地作些补充使之更加明确，便于执行。例如，奖励在文物拣选中做出成绩的单位或个人应与在文物遭受有意破坏时抢救有功者相区别。奖励拣选文物涉及银行、冶炼厂、造纸厂以及废旧物资回收部门的单位和广大职工，"面临破坏危险"、"抢救文物有功"的规定就不很合宜。对此，有关单位可以根根各种具体情况分别制定奖励的办法。又如，做好文物安全保卫工作，是公安和文物部门共同的职责。安全保卫工作包括与违法犯罪分子斗争、与自然灾害作斗争、与违反文物安全保卫规定的行为作斗争等等方面。这些内容不易归入《文物保护法》的某一款，可以将其单列一项，作出规定，以利于落实执行。再如，做好文物市场管理工作，需要工商行政管理部门、文化行政管理部门以及广大群众的密切配合和共同努力。文物市场管理的工作内容可分为打击走私和倒卖文物、取缔违法经营文物购销、进行正常的市场管理等方面。从它的内容来说，不宜全部归入《文物保护法》第二十九条某一款。对此，制定具体奖励办法时，也可以单列一款，加以补充。

根据《文物保护法》的基本精神，研究制定具体的奖励办法是必要的。不过，实际工作中的情况和问题都是复杂的，即使制定了具体办法，在掌握和执行时还应做具体分析，以便根据不同情况，给予适当的各种形式的奖励。

第三节 惩罚

《文物保护法》第三十条和第三十一条是关于惩罚的规定。第三十条是给予行政处罚的规定，第三十一条是依法追究刑事责任的规定。这两条中，对惩罚各个方面的内容都作了比较明确的规定。

一、关于行政处罚

《文物保护法》第三十条规定："有下列行为的，给予行政处罚：

（一）在地下、内水、领海及其他场所中发现文物隐匿不报、不上交国家的，由公安部门给予警告或者罚款，并追缴其非法所得的文物；

（二）未经文化行政管理部门批准，私自经营文物购销活动的，由工商行政管理部门给予警告或者罚款，并可没收其非法所得或者非法经营的文物；

（三）将私人收藏的文物私自卖给外国人的，由工商行政管理部门罚款，并可没收其文物和非法所得。"

文化行政管理部门和文物机构要紧密与公安、工商部门配合，严格执行上述各项规定。

在文物保护工作中涉及第一项的问题比较多。主要情况是，一些干部或群众在建设工程中或生产劳动中发现文物后不上报、不上交；当文化行政管理部门或文物保管机构向其宣传文物政策，动员交出时，还拒绝上交国家或索取高价。出现这种情况，文化行政管理部门可用文字通知有关单位或个人限期上交。对按期交出者酌情给予表扬或奖励；如逾期不交，即由公安部门根据《文物保护法》给予警告、罚款并追缴其非法所得文物。我们应认真执行《文物保护法》的这项规定，使国家文物得到妥善保护。

第二项是工商行政管理部门依法整顿文物市场的重要依据。工商行政管理部门应与文化行政管理部门紧密配合，把文物市场整顿管理好。凡是未经省级文化行政管理部门批准的文物购销活动，都是非法的。不论哪个部门或单位以及个人，工商行政管理部门都可根据这一项规定进行处理，包括：警告、罚款，没收其非法所得或非法经营的文物。为了更好地贯彻《文物保护法》，以法治作好文物保护管理工作，各地应严格执行中华人民共和国治安管理处罚条例的有关规定，同时还应研究制定具体的行政处罚规定，作为贯彻《文物保护法》的细则之一。这里可考虑以下几点：

1. 擅自在文物保护单位的保护范围内开山采石、毁林开荒、挖沟取土、堆放垃圾、排放废水（或废气）等，对文物及其环境造成破坏的，给予警告、罚款，并限期治理。

2. 擅自在文物保护单位的保护范围内增添新建筑，对文物及其环境风貌造成危害或破坏的，给予警告、罚款，令其停建，以至限期拆除。

3. 擅自在文物建筑内或附近堆放易燃品、易爆品等，对文物建筑安全构成威胁的，限期移走。拖延者给予警告、罚款。

4. 擅自移动、损毁文物保护单位的标志说明或保护范围界桩的，给予警告、罚款，或令其赔偿损失。

5. 污损、刻划名胜古迹或纪念建筑物的，给予警告、罚款，或令其赔偿损失。

6. 违反文物拓印、复制、拍摄规定，造成文物损失或文物资料外流的，给予警告、罚款，或没收其拓片、复制品、底片，或令其赔偿损失。

7. 非法占用古建筑、拒不搬迁的，给予警告、罚款，并限期迁出。

8. 损毁文物消防设备和消防工具、或将其移作它用的，给予警告、罚款，或令其赔偿损失。

9. 损坏文物区风景树或砍伐少量树木的，给予警告、罚款，或令其赔偿损失。

10. 国家文物工作人员因失职造成文物损失的，给予行政处分。

上述各点在报请权力机关批准后，即可分别由公安、城建、工商、文化部门根据具体情况对违犯者作出处理，或相互配合作好处理。

二、关于追究刑事责任

《文物保护法》第三十一条规定："有下列行为的，依法追究刑事责任：

（一）贪污或盗窃国家文物的；

（二）盗运珍贵文物出口或者进行文物投机倒把活动情节严重的；

（三）故意破坏国家保护的珍贵文物或者名胜古迹的；

（四）国家工作人员玩忽职守，造成珍贵文物损坏或者流失，情节严重的。

私自挖掘古文化遗址、古墓葬的，以盗窃论处。

将私人收藏的珍贵文物私自卖给外国人的，以盗运珍贵文物出口论处。

文物工作人员对所管理的文物监守自盗的，依法从重处罚。"

除此以外，凡违犯行政处罚条款之任何一项而又情节恶劣、后果严重的，也要追究刑事责任。

长期以来，不少地方的政府及公安部门对文物安全保卫工作十分重视。一些地方的公安部门多次检查文物保护单位和馆藏文物保护、管理情况，发现问题及时帮助解决，并及时依法逮捕、惩治了一些破坏文物的犯罪分子。这对保护文物安全起了重大作用。

我们应该认识到：文物是祖国宝贵的文化遗产，许多文物不仅有很高的历史、艺术、科学价值，而且也有很高的经济价值。一旦破坏，其损失无法弥补。由此可见，破坏文物的犯罪分子给国家造成的危害与其他刑事犯罪分子的性质相同，而其造成的严重后果往往超过一般刑事犯罪分子（如盗窃犯等）。因此，对待破坏文物的刑事犯罪分子要与对待其他刑事犯罚分子一样，按照《刑法》第一百七十三条和第一百七十四条规定和有关规定，坚决予以打击，文化行政管理部门要主动与公安司法部门取得联系，密切配合公安司法部门坚决打击破坏文物的刑事犯罪分子。只有这样，才能根本扭转一些地方盗掘文物、盗窃文物、走私文物、破坏文物成风的局面，使国家文物真正置于国家法律保护之下。

后　记

　　《文物保护管理概要》以《中华人民共和国文物保护法》为依据，吸收了建国以来一些行之有效的有关保护文物的规定，同时结合文物保护管理工作的实践经验编写而成。其目的是为学习、贯彻、执行《中华人民共和国文物保护法》提供一个参考材料。

　　本书初稿于 1984 年上半年完成，后由国家文物局研究室编辑、《文物通讯》及《文物工作》相继选登了部分章节。最近，对书稿作了些必要的修改，并承蒙谢辰生同志为本书作序。这里对所有给予热情支持的同志，一并致谢！

　　由于笔者水平及其他各方面的因素，本书不妥和错误之处在所难免。诚恳地希望同志们提出宝贵意见。

作　者

1987 年 2 月于北京红楼